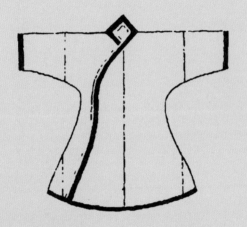

四
深衣辨析

深衣，在中国古代服饰发展的历史进程中占有重要位置，这不仅由于其超长的时间跨度——自先秦到明清，几乎伴随着整个华夏文明的发展；更重要的是儒教文化赋予其『规、矩、绳、权、衡』的法度意义。

引言

深衣，在中国古代服饰发展的历史进程中占有重要位置，这不仅由于其超长的时间跨度——自先秦到明清，几乎伴随着整个华夏文明的发展；更重要的是儒教文化赋予其"规、矩、绳、权、衡"的法度意义。其主要特征为上下分裁、腰部连接，这与传统礼服中"上衣下裳"以象征"天地"的观念有明显不同。

关于深衣的最原始、最基本的文献来自于《礼记》。其中《礼记·王制》云，"有虞氏皇而祭，深衣而养老"。《身章撮要》又载："深衣，古者圣人之法服也，考之于经，自有虞氏始焉。"可见，深衣在虞氏时就已出现。而且《礼记》之《深衣》篇及《玉藻》篇中，关于深衣的制式、意义和用途等，有更为全面系统的记载。

《礼记·深衣》：

> 古者深衣，盖有制度，以应规、矩、绳、权、衡。短毋见肤，长毋被土。续衽钩边，要缝半下。袼之高下，可以运肘；袂之长短，反诎之及肘。带，下毋厌髀，上毋厌胁，当无骨者。

> 制十有二幅以应十有二月，袂圜以应规，曲袷如矩以应方，负绳及踝以应直，下齐如权衡以应平。故规者，行举手以为容；负绳抱方者，以直其政，方其义也。故《易》曰，《坤》"六二之动，直以方也"。下齐如权衡者，以安志而平心也。五法已施，故圣人服之。故规、矩取其无私，绳取其直，权衡取其平，故先王贵之。故可以为文，可以为武，可以摈相，可以治军旅。完且弗费，善衣之次也。

具父母、大父母，衣纯以繢。具父母，衣纯以青。如孤子，衣纯以素。纯袂、缘，纯边，广各寸半。

《礼记·玉藻》："朝玄端，夕深衣。深衣三袪，缝齐倍要，衽当旁，袂可以回肘。长、中继揜尺，袼二寸，袪尺二寸，缘广寸半。"

由此可见，在先秦时期，深衣由于其"法度"意义，被"先王贵之"，且用途广泛，"可以为文，可以为武，可以摈相，可以治军旅"。虽然从经文来看，深衣制度系统而规范，但在一些具体结构上却显得简略，并无明制可考，这就成为历代注疏纷起的原因。现代学者齐志家先生在梳理历代注疏过程中，认为其中被一致认同并无异议的《深衣》篇的形制有："短毋见肤，长毋被土"，谓长短范围；"要缝半下"，谓腰围为下摆的一半；"袼之高下，可以运肘"，谓袖笼底要达到肘点位置；"袂之长短，反诎之及肘"，谓袖长；"带，下毋厌髀，上毋厌胁，当无骨者"，谓衣带位置；"袂圜以应规，曲袷如矩以应方，负绳及踝以应直，下齐如权衡以应平"，谓五法在裁制中的具体体现；"深衣三袪，缝齐倍要"，谓袖口、腰围与下摆大小。

依照这些具体规定，我们当今仍可以制作并还原其大致结构。但是，在"续衽钩边""衽当旁"以及"制十有二幅以应十有二月"等叙述的理解上却难以达成一致。然而，也正是这些地方使我们认识到了深衣的独特之处，是历代学者争论的焦点。

从考古发掘及图像资料来看，先秦时期深衣的具体形制无从知晓。根据湖南博物馆袁建平的《中国古代服饰中的深衣研究》，在深衣广泛使用的战国和两汉期间，江陵马山楚墓和长沙马王堆汉墓出土的上下连属的袍服虽具备了深衣的大致特征，但在"深衣三袪""缝齐倍要""制十有二幅以应十有二月"等方面则相距甚远。在目前的出土实物中，还没有完全对应古礼书中深衣形态的连制衣裳。那我们不免要问，深衣是先有实物，而后被赋予了如此意义，还是根据意识形态制作了深衣？这与冕服的起源一样，值得人们关注。

虽然完全符合古礼书的深衣并未发现，但在《后汉书》志第三十《舆服下》中"深衣制"多次出现，用于皇帝"通天冠服"及太皇太后、皇太后、皇后、贵人、夫人的"礼服"。"深衣制"与"深衣"有何关系呢？"深衣"是指礼书中所说的传统深衣，它在"色""形""意"上都有"礼"的要求；而"深衣制"则只取"深衣"之"形"，是广义上衣裳相连的服制。历代学者对"深衣"的注解起始于汉代郑玄和唐代孔颖达的注疏。

关于"衽当旁"，郑玄注曰："衽，谓裳幅所交裂也。凡衽者，或杀而下，或杀而上，是以小要取名焉。衽属衣，则垂而放之；属裳，则缝之以合前后。上下相变。"孔颖达疏曰："衽，谓裳之交接之处，当身之畔。"（《礼记正义·玉藻第十三》）

关于"续衽钩边"，郑玄注曰："续，犹属也。衽，在裳旁者也。属连之，不殊裳前后也。钩，读如'鸟喙必钩'之钩。钩边，若今曲裾也。续，或为'裕'。"孔颖达正义曰："衽，谓深衣之裳，以下阔上狭，谓之为衽。接续此衽而钩其旁边，即今之朝服有曲裾而在旁者是也。"

"衽当旁"者，凡深衣之裳十二幅，皆宽头在下，狭头在上，皆似小要之衽，是前后左右皆有衽也。今云"衽当旁"者，谓所续之衽当身之一旁，非为余衽悉当旁也。云"属连之，不殊裳前后也"，若其丧服，其裳前三幅，后四幅，各自为之，不相连也。今深衣，裳一旁则连之相着，一旁则有曲裾掩之，与相连无异，故云"属连之，不殊裳前后也"。云"钩，读如'鸟喙必钩'之钩"者，案《援神契》云："象鼻必卷长，鸟喙必钩。"郑据此读之也。云"若今曲裾也"，郑以后汉之时裳有曲裾，故以续衽钩边似汉时曲裾。今时朱衣朝服，从后汉明帝所为，则郑云"今曲裾"者，是今朝服之曲裾也。其深衣之衽，已于《玉藻》释之，故今不得言也。（《礼记正义·深衣第三十九》）

此后，在宋代由于儒学的复兴，深衣再次被儒学家关注，多种与"深衣"有关的著作出现,特别是单篇别行著作。宋代司马光、朱熹、文天祥,明代朱右,清代黄宗羲、江永、任大椿、戴震等,均有深衣类著作存世,且大多根据先秦经典《礼记》及其注疏中对深衣的记载而作,但由于年代久远,《礼记》所载又过于简赅,因此诸家对于深衣的理解也有不同。现列举部分论点于下。

宋代司马光在《书仪》中结合时俗,简化古制深衣中的部分细节,使其更为接近当时的社会现状,其主要特征为司马光对"衽"的理解,指出了"所续之衽当身之一旁,非所谓余衽悉当旁也"。并首次完善了与深衣搭配的大带、幅巾等,为宋代深衣的复兴奠定了基础。

南宋朱熹所著深衣的特点为直襟,穿着时为交领,裳为十二幅,由六幅交解为之。其深衣制度随着《家礼》的传播,而影响海内外,现韩国存世有朱子深衣文物和身着朱子深衣的古代人物画像。

明代丘濬在《家礼仪节》中考证了朱熹的深衣制度,认为《家礼》深衣与《礼记》之《玉藻》《深衣》篇部分不同,应恢复并以古礼为准。摒弃了朱熹的"直襟"式样,在领之两端各缀内外襟;裳仍为十二幅,但在布幅分配上则为左四幅、后四幅、右四幅。对照《家礼》深衣可知,丘濬基本恢复了朱熹以前的深衣制度。

黄宗羲作《深衣考》,"后附《深衣》经文,并列朱子、吴澄、朱右、黄润玉、王廷相五家图说,而各辟其谬。其说大抵排斥前人,务生新义"(《四库全书总目提要》)。黄宗羲的《深衣考》考朱熹、吴澄、朱右、黄润玉、王廷相五家深衣之说,其中黄润玉《考定深衣古制》与王廷相《深衣图论》本已亡佚,仅依赖黄宗羲《深衣考》而有所保留,值得庆幸。

江永在《深衣考误》及《乡党图考》中考证了深衣形制,主要特点在于裳十二幅的形制,四幅正裁,两幅杀之。裳前为六幅,通前后为十二幅,正裁八幅为前襟后裾,交解四幅为衽。前裳左衽与后裳左衽前后缝合,称之为续衽。前裳右衽与后裳右衽不缝合,内缝缀钩边以掩裳际。背部中缝一直及下齐以应直。

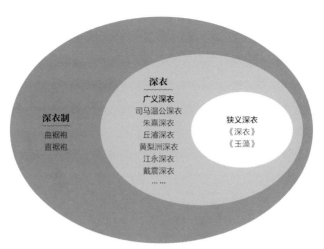

"狭义深衣""广义深衣""深衣制"的关系

　　戴震在《深衣解》中基本继承了江永对深衣的解读。

　　由此可见诸家所说主要的不同点在于"十二幅"的分配及对"续衽钩边""衽当旁"的解读等。需要说明的是，宋代以后的深衣与古礼书中的深衣有很大不同，甚至可以说相去甚远，被现在学者称为"广义深衣"，以区别于《礼记》中的深衣制度。根据上图可更形象地区分"狭义深衣""广义深衣""深衣制"的关系。

　　近现代学者对于"深衣"也有不同的著述。沈从文先生在分析江陵马山楚墓发现的衣服和衾被时，将小菱纹绛地锦绵衣腋下的矩形"嵌片"看作是古深衣制度中百注难得其解的"衽"。为将此与"左衽""右衽"所指的"衣襟"区分，称为狭义的"衽"，亦即汉代人所谓的"小要（腰）"。孙机先生认为东周时期的贵族妇女身份等级越高，"深衣"缠绕的层数也就越多，以用料的奢侈来体现贵族阶层的雍容与富足。高春明先生则将曲裾袍纳入"深衣"，将马山楚墓和马王堆汉墓出土的袍服作为"深衣"的出土实物进行分析。

　　深衣所蕴含的礼义法度之重要性，以及深衣所穿着的适用场合之广泛性，必然受到历代名士儒生的关注与讨论，探讨深衣形制的深层内核是对"礼义"不同见解的抒发和对回归礼仪不同观念的表达。可以说对礼的探源才是研判深衣的基本动力。本篇为《中国古代服饰文献图解》的"深衣篇"，在此以朱熹《家礼》、丘濬《家礼仪节》、黄宗羲《深衣考》、江永《乡党图考》和《深衣考误》以及戴震《深衣解》中的深衣图样为本，将诸家对深衣的理解及所著深衣主要特点呈现给大家，并以期在分析的过程中将深衣的发展，特别是宋代以后深衣的复兴发展脉络进行梳理，使读者通过本篇能够对深衣有较为全面的了解。

《书仪》及《家礼》[宋]

整理服饰文献资料发现，要探讨宋代深衣的复兴，则避不开司马光对深衣的研究及推动。因此，除前述文献外，将《书仪》补充在《家礼》篇一同分析。

说人

司马光（1019—1086），字君实，号迂叟，陕州夏县涑水乡（今山西夏县）人。北宋保守派政治家，著名史学家、文学家，其父司马池，曾任天章阁待制。

司马光做事用功，刻苦勤奋，七岁能读《左氏春秋》。以"日力不足，继之以夜"自诩，堪称儒学教化下的典范。宋仁宗宝元元年（1038），中进士甲科，时年二十岁。初任奉礼郎、大理评事一类官，后经枢密副使庞籍的推荐，入京为馆阁校勘，同知太常礼院。至和元年（1054），司马光随庞籍到了郓州（今山东），次年又随其往并州（今山西）为官，改任并州通判。嘉祐二年（1057），庞籍因事获罪，司马光引咎离开并州。宋仁宗末年，任天章阁待制兼侍讲同知谏院。嘉祐六年（1061），迁起居舍人，同知谏院。历仕仁宗、英宗、神宗、哲宗四朝，元祐元年（1086）去世，获赠太师、温国公，谥号文正。名列"元祐党人"，配享宋哲宗庙廷，画像于昭勋阁；从祀于孔庙，称"先儒司马子"；从祀历代帝王庙。

司马光生平著作甚多，曾患历代史籍浩繁，学者难以遍览，因欲撮取其要，撰纪传体史。初成《通志》八卷，起战国至秦二世，表进于朝，引起宋英宗的重视。治平三年（1066），诏置书局于崇文院，继续编纂。宋神宗即位，以其书"鉴于往事，有资于治道"，赐书名为《资治通鉴》，并序以奖之。元丰七年（1084）书成。另有《通鉴举要历》八十卷《稽古录》二十卷《本朝百官公卿表》六卷。此外，他在文学、经学、哲学乃至医学方面都进行过钻研和著述，主要代表作有《翰林诗草》《注古文孝经》《易说》《注太玄经》《注扬子》《书仪》《游山行记》《续诗话》《医问》《涑水记闻》《类篇》等，有《司马文正公集》。在历史上，司马光曾被奉为儒家三圣之一（其余两人是孔子和孟子）。

朱熹（1130—1200），于南宋建炎四年（1130）生于福建南剑州（今福建南平）尤溪县城外毓秀峰下郑氏馆舍。字元晦，又字仲晦，号晦庵，六十岁后称晦翁，晚年号遁翁，又号云谷老人，祖籍徽州府婺源县（今江西婺源）。

朱熹的生平大致可以分为三个时期：

第一个时期，从建炎四年（1130）到绍兴三十一年（1161），朱熹的少年和青年时代，是从事学习、参加科举考试和初涉政坛的阶段。据《宋史》本传和《宋元学案·晦翁学案》记载，朱熹自幼聪敏，非常人可比。朱熹从小就在其深受二程（程颢、程颐）理学熏陶的父亲的教育下，开始学习儒学经典。朱熹十四岁时，其父朱松病逝，他遵从父亲遗言，迁居崇安五夫里，受学于其父生前的三位好友——籍溪胡原仲、白水刘致中、屏山刘彦冲。这种广涉于儒释道的学风，为朱熹后来融合儒释道为一体，集理学之大成奠定了基础。绍兴十八年（1148），朱熹考取进士，三年后，被宋王朝授予左迪功郎，任命为泉州同安县主簿。绍兴三十年（1160），朱熹正式拜李侗为师。此后，朱熹的学术思想发生了很大变化，依李侗的教导，朱熹专心于儒学与"圣贤言语"。

第二个时期，从绍兴三十二年（1162）到光宗绍熙五年（1194），朱熹的中年及晚年，是多次参政和讲学授徒、著书立说、集理学之大成的阶段。绍兴三十二年（1162），在抗金问题上，朱熹主战。乾道四年（1168），朱熹完成了《二程遗书》的选编，朱熹借此宣扬"存天理，灭人欲"的伦理道德。除此之外，《论语集注》《孟子集注》《周易本义》等著作的完成，标志着朱熹理学哲学体系的建立。绍熙五年（1194），时年六十五岁的朱熹，在湖南修复岳麓书院，讲学授传，传播理学。他还修建了武夷精舍，也就是后来的紫阳书院。这一阶段，朱熹的理学思想得到很好的传播，形成了独立的学派——朱子学。

第三个时期，从绍熙五年（1194）七月宁宗即位到庆元六年（1200），朱熹的暮年，是宁宗诏免朱熹侍讲职位，理学遭到禁止的阶段。庆元元年（1195），光宗内禅，宁宗继位。八月，宁宗任命朱熹为焕章阁待制兼侍讲。但因朱熹的言论引起宁宗的不满，十月，宁宗免去了朱熹的侍讲职位，就此，朱熹被罢出朝。此后，一场反朱子学（理学）的斗争便开始了。庆元二年（1196）二月，朝廷将朱子学定为"伪学"，将诸多儒家经典定为禁书。

朱熹卒于庆元六年（1200），历高宗、孝宗、光宗、宁宗四朝。朱熹死时，朱子学处于被排斥、受打击、遭禁止的境遇。但其一生，成就卓越，终开一代理学宗风。在朱熹死后九年，宁宗于嘉定二年（1209）诏赐朱熹以表恩泽，谥号"文"，称"朱文公"。之后，又追赠朱熹为中大夫、宝谟阁直学士。嘉定五年（1212），把《论语集注》和《孟子集注》列入官学。此后，朱熹思想越来越受到统治者的重视。理宗追念朱熹，于淳祐元年（1241）下诏，朱熹从祀孔子庙。此后，朱熹的思想和学说继往开来，成为元、明、清三朝的官方思想体系，朱熹也是中国教育史上继孔子后的又一人。朱熹著述甚多，有《四书章句集注》《太极图说解》《通书解说》《周易读本》《楚辞集注》等，后人辑有《朱子大全》《朱子集语象》等。其中《四书章句集注》成为钦定的教科书和科举考试的标准。

与此同时，朱熹的著作和思想又远涉重洋，在日本、朝鲜半岛、越南传播发展，并在当地结合俗礼，形成新的变礼，展现出了其强大的生命力。

说书

南宋时期《仪礼》经学与实践礼仪分别向更纵深处发展，当代学者姚永辉在2019年《东亚礼学与经学国际研讨会》上指出：

> 《仪礼》复振主要沿两条线索展开，一是《仪礼》经学文本地位的提升，影响至元明。二是实践礼学的发展对《仪礼》的利用。宋徽宗时期首次在国家礼典中纳入庶民礼仪，比这更早，还存在着一股潜流，士人力图编纂既能使士庶有则可依，又能体现礼义精神、不同于汉唐的"仪注"，他们聚焦于《仪礼》并发掘经义，如胡瑗《吉凶书仪》《司马氏书仪》等，至南宋朱熹本《书仪》编写《家礼》，简省礼义阐释而突出礼文，更增强其实践价值。

《书仪》(图1)，宋司马光撰。凡《表奏公文私书家书式》一卷、《冠仪》一卷、《婚仪》二卷、《丧仪》六卷，共十卷。"书仪"本意为旧时士大夫私家关于书札体式、典礼仪注的著作，"盖'书仪'者，古私家仪注之通名"。除《司马氏书仪》外，考《隋书·经籍志》，谢元有《内外书仪》四卷，蔡超有《书仪》二卷，以至王弘、王俭、唐瑾皆有此著；又有《妇人书仪》八卷、《僧家书仪》五卷。

"三礼"书是儒家有关仪礼最重要的经典文献，虽然中国历代礼仪大多脱胎于此，但由于社会条件的不断变革，不同时代的礼仪仪节多有损益。司马光鉴于此而著《书仪》，书中不仅对古礼书进行探讨，还对古礼书进行了符合现状的修订，试图纠正不符合当代礼法的风俗。《司马氏书仪·提要》引《朱子语录》曰：

图1　四库全书本《书仪》

胡叔器问四先生礼，朱子谓："二程与横渠多是古礼，温公则大概本《仪礼》而参以今之所可行者。要之温公较稳，其中与古不甚远，是七分好。"

《书仪》不仅被朱熹高度评价，而且在朱子《家礼》的内容和形式上也有部分反映。朱熹《家礼》在《书仪》基础上再做简化，从而成为后世奉行的仪礼范式。

《四库全书总目提要》中对比了《书仪》"深衣之制"与朱子《家礼》"深衣制度"的区别，认为前者较《家礼》所说，更为详准。司马光《书仪·冠礼·深衣制度》，在以《礼记》及其郑注、孔疏以及《汉书》《后汉书》《释名》等古代文献为依据的同时，还进行了独自的考证。其中关于深衣的记述被《家礼》所继承，因此《书仪》在深衣研究历史上具有划时代的意义。

《家礼》（图2）一般认为是朱熹所撰。《钦定四库全书》中，对"《家礼》是否为朱熹撰写"这一问题进行了分析，最终得出的结论是："是书之不出朱子，可灼然无疑。然自元明以来，流俗沿用。故仍录而存之，亦记所谓礼从宜、使从俗也。"

现代学者主要从朱熹的文集和语录中找到其作《家礼》的线索证据，基本已证明《家礼》非伪书。朱熹《家礼》主记"冠""婚""丧""祭"诸礼，大抵自《仪礼》《礼记》节录诠释，按类系事，事下为论辩，多引古事证之，进而为律例，以申法度，警示后人。书成之后，广为刊刻，流布于世。但书中错误不少，因题为朱熹撰，学者驳正者少。明代文渊阁大学士丘濬撰《家礼仪节》，对《家礼》部分内容提出质疑，提出

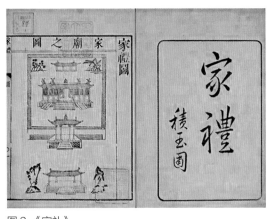

图2 《家礼》

谬误数十条，自此以后，此类著作屡有问世。《家礼》版本有：汲古阁宋刊本、孝慈堂目宋板本、东湖丛记宋刊纂图集注本、洪氏刊宋本、望三益斋刊本、日本须原屋茂兵卫等刊本、元刊本纂图集注、御儿吕氏刊本、康熙辛巳（1701）汪氏刊本、明邱文庄刊本、邓钟岳仿宋刊本（《四库全书》所著录本）。

由于《家礼》版本丰富，且已有学者进行详细考证，在此不做细究，而引彭卫民先生观点如下：

> 南宋著名理学家朱熹（1130—1200）所著《家礼》一书的原稿本在草成后未及付梓即被窃去，朱子易簀时，原稿本的誊录本始出。门人后学据原稿本分别刊刻广州本、余杭本、临漳本、潮州本、萍乡本等，均佚。传世的刊本中，依'通、冠、婚、丧、祭'礼的编排体例，可分为不分卷本、四卷本、五卷本、八卷本、十卷本。其中仅存的两种宋本为五卷本系统中的'宋刻杨注附图本'（又称'钞配本'）以及十卷本系统中的杨复附注、刘垓孙增注的"纂图集注本"（简称'集注本'）。论其臧否，以宋刻为善，元本、抄本、明本皆从宋本而出。"集注本"中的《家礼叙》为朱熹亲笔手书，仅凭此一点，便可平息自明代以来对《家礼》是否为朱熹所著的所有学术论争。

近年来，学界对司马光《书仪》及程颐、张载等的家礼著作与朱熹《家礼》的关系给予了高度关注，试图以此揭示出宋代四礼由北宋草创到南宋集成的历史过程；也有不少通过朱熹《家礼》在南宋以及后世的践行情况说明其源流、影响的研究。前者辨其源流，后者考证其流行；在前者的研究中，《家礼》为唐宋变革的"终点"，在后者的研究中，《家礼》为宋明相承的"起点"。

朱熹《家礼》成书后迅速流传，明洪武年间朝廷将其颁行于天下，作为民间嫁娶的典章制度："凡民间嫁娶，并依朱文公家礼。"（《皇明制书·大明令》"礼令"第九条）朱熹《家礼》更在元明之际传入朝鲜半岛，被李氏王朝奉为国家典礼和士庶礼的标尺，朝廷以《家礼》为依据制定和修改国家礼典。

朱熹《家礼》受司马光《书仪》影响较大，而又有自己的取舍与安排，这是学界的共识。从司马光《书仪·冠仪》和朱熹《家礼·冠礼》的比较中不难看出，宋儒试图通过简化《仪礼·士冠礼》的细密仪节，制定更加简单易行的士庶冠礼仪文，以期复兴这一儒家古礼。在对比两者的"深衣制度"时，也可看出简化之意。因为儒学复兴时期，虽然深衣的流行与发展迎来机遇，但时过境迁，宋儒面对的乃是一个胡服流行、服制混淆，甚至"服妖"现象频发的社会。所以将古礼书中的深衣制度简化成便于实行的制度尤为重要。古礼书中深衣制度虽然影响深远，且为世代儒家研究深衣的蓝本，但在经历过魏晋南北朝后，便已没落。深衣在宋明清的复兴则源于司马光"深衣制度"的奠基和朱熹"深衣"的推广。特别是《家礼》在汉字文化圈的传播，直接影响了深衣在东亚地区的发展。

说图

首先我们来看《书仪》中的《深衣制度》。

司马光《书仪》的体例可以概括为：参照"古礼"制定"时俗"。其中《深衣制度》的引文以《礼记·深衣》（郑玄注，孔颖达正义）为主，辅以《礼记·玉藻》《礼记·曲礼下》（郑玄注，孔颖达正义）。无绘制图录。

文中首先界定了深衣的概念："名曰'深衣'者，古之男子衣裳上下各异，惟深衣相连。"

深衣面料则为"深衣之制用细布"，"古者深衣用十五升布，锻濯，灰治。"

古者制布以苎始，棉花至宋元始入中国。宋以前所为布，皆是苎。细布，即细麻布。在古代，布八十缕为升，即单位幅宽内经纱

图3　马王堆汉墓出土罗地"信期绣"丝锦袍（曲裾）

王树金.马王堆汉墓服饰研究[M]//陈建明.湖南省博物馆藏品研究大系.北京：中华书局，2018：41.

八十根为一升布,十五升布就是单位幅宽内经纱为一千二百根。锻濯,也称打洗,即用木槌反复捶捣布料,使其柔软、有光泽,目前韩国仿制传统织物时,还有此工序。灰治,即用草木灰水对麻布做"精炼"处理,使其柔软。由于苎麻纤维分岔较多、毛糙易断,因而织造成布匹之前要先对其进行"上浆"处理,使苎麻纤维表面光滑,便于织造。但相应的,织物也会变硬挺,不适于穿着,所以用呈碱性的草木灰水来进行漂洗使其柔软。但在宋代,时俗似乎已经有了很大程度的改变。司马光就在《书仪》中说："今人织布不复知有升数,衣布者亦不复练,但用布之细密软熟者可也。"可见司马光的变通之处。

　　对于争议颇多的"续衽钩边""衽当旁",司马光将"衽"理解为"朱衣朝服"的曲裾。司马光在理解郑玄的汉时"曲裾"与"朱衣朝服"的关系时有误："郑以后汉之时裳有曲裾,故以'续衽钩边'似汉时曲裾。今时朱衣朝服后汉明帝所为,则郑云'今曲裾者'是今朝服之曲裾也。"根据图像资料可知,汉代曲裾袍（图3）与宋代朱衣朝服制式不同,曲裾形态差异较大。但相较郑玄和孔颖达对"衽"与"裳"及"衽当旁"的理解,司马光的观点"所续之衽当身之一旁,非所谓余衽悉当旁也"最为合理。

关于深衣尺寸，有具体尺寸的，例如"袪尺二寸"，司马光将"周尺"换算为宋代"省尺"，周尺一尺合宋代省尺一尺五寸五分左右。也有没有具体尺寸的，如"衣要三袪""缝齐倍要""袼之高下，可以运肘""袂之长短，反诎之及肘"。由于"人有长短肥瘦""经以臂短长，布幅阔狭皆无常准"，故他主张因人而为，只需遵循"法度"。

甚至对于"裳有十二幅，交解裁缝"，司马光认为只需由六幅交解为十二幅，交解后狭头与狭头相连、阔头与阔头相连之后，狭头向上，阔头向下，下倍于上。而具体尺寸则"其人肥大则幅随而阔，瘦细则幅随而狭，要须十二幅，下倍于上，不必拘以尺寸"。

对于《礼记·深衣》中的"曲袷如矩以应方"，司马光考证了郑玄、孔颖达、颜师古、朱勃等诸家所言之后，在多种逻辑推测中，司马光以"简易"——即古代造物的可行性为依据，认为以郑玄所说"袷，交领也，然则领之交会处自方"即"交领方"最为精准。这也出现在《四库全书》收录《书仪》时所作的提要中，提要中把它作为比较《书仪》与《家礼》的案例，并做出了"较《家礼》所说，特为详确，斯亦光考礼最精之一证矣"的评价。

此外，对于《礼记·深衣》篇中："具父母、大父母，衣纯以缋。具父母，衣纯以青。如孤子，衣纯以素。纯袂、缘，纯边，广各寸半。"司马光亦从"简易"，认为"缘用黑缯，缘广寸半，袷广二寸"。（今用黑缯，以从简易。）深衣用白衣，最早出现在《礼记正义》中，但却是司马光第一次明确了深衣使用白衣黑缘。

除《礼记·深衣》《礼记·玉藻》及其注疏内容外，司马光考证古礼书中"士"所用冠、巾、带、履等，首次完备了与深衣搭配的冠、巾、带、履的式样。

冠为玄冠，"玄冠亦名委貌，如今道士冠而漆之"。选用此冠的原因是："道士所着本中国之士服，不变改者。其冠与《三礼图》元（玄）冠颇相仿佛，故取之。"

用幅巾，"幅巾，用黑缯，方幅裂缉其边"。理由是"后汉名士

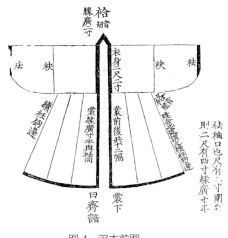

图 4 深衣前图

图 5 深衣后图

多以幅巾为雅"。

带为大带，"大带用白缯，广四寸，袷缝之，黑缯饰其绅。纽约用组，广三寸，长与绅齐。"制定过程中考证古者制度，又兼顾了可行性。

"黑履白缘"，"复下曰舄，禅下曰履。《周礼》：'舄、履用五色。'近世惟有赤、黑二舄。赤贵而黑贱，今用黑履、白缘，亦从其下者"。

"夏用缯，冬用皮。"

"古者夏葛屦，冬皮屦。今无以葛为屦者，故从众。"

由此可见，司马光考礼的巧妙性，不穷究至困，而用多维度多视角的考证方式，由此得出了最为合理可行的、符合现实社会的"时俗"。这是考证"深衣"历程中的里程碑。

接着我们来看《朱子家礼》中的《深衣制度》。

《朱子家礼》中对深衣的记载分为两部分。一是卷首《家礼图》中的深衣图说，由《深衣前图》（图4）、《深衣后图》（图5）、《着深衣前两襟相掩图》（图6）、

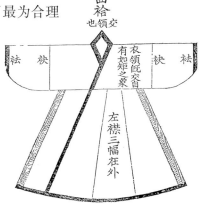

图 6 着深衣前两襟相掩图

《裁衣前法》图、《裁衣后法》图、《深衣冠履之图》构成，位于《家庙之图》及《祠堂之图》后。二是卷一《通礼》中的《深衣制度》，详细描述了深衣的制作方式，并介绍了由大带、缁冠、幅巾、黑履等构成的一袭制度。就其大略，列举如："裁用白细布，度用指尺，中指中节为寸。"虽如此，但在具体部位的尺寸及用量上，仍以数字说明。

相较于司马光对深衣的考证，朱熹更为详尽，具体到"衣""裳""圆袂""曲裾""冠""巾"的面料用量及裁剪方式。这些考证也体现在"深衣"图说中。

根据《深衣制度》可知，朱熹描述的深衣的做法为衣裳分裁，之后上下合缝。

"衣"用布二幅，中屈成前后四幅，"如今之直领衫，但不裁破腋下"。长度过肋，下与裳相连。衣一幅对应裳三幅，围度约七尺二寸。这样制作的结果就是对襟不相掩，如《深衣前图》所示。根据《裁衣前法》图（图 7）、《裁衣后法》图（图 8）可知，衣幅长度为四尺四寸，中屈后前后各二尺二寸。由于缝缀领子时，需要在领部裁剪，因此前襟处长为二尺四寸。"平正仅于着也"。在《深衣前图》裳的下侧有"裳下曰齐（音咨）"，但对襟下垂时，并不平正；两襟相掩之后，方能下边平齐。

"裳"用布六幅，交解成十二幅。上连衣片后长度及踝。"交解"方式为一头广、一头狭，狭头为广头的一半，狭头向上，广头向下。十二幅合缝后与衣相连，下边及踝处围度为上边的两倍，约一丈四尺四寸。《论语・乡党》中说"非帷裳必杀之"，孔子认为如果不是上

正身二尺二
寸中綴領處
斜長四寸庶
綴裳相接處
平正便於著
也

图 7　裁衣前法

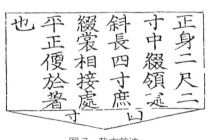

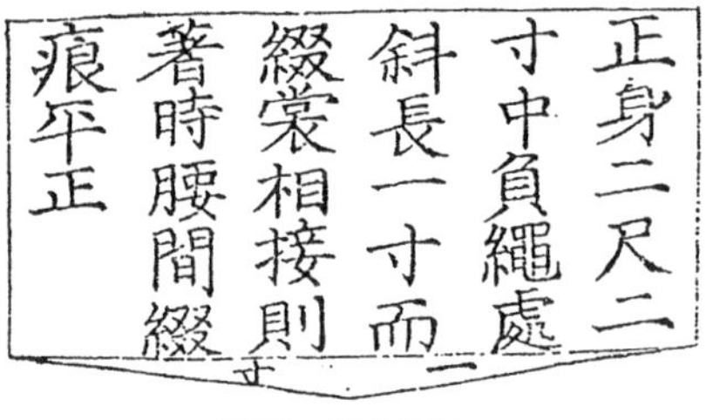
正身二尺二
寸中負繩處
斜長一寸而
綴裳相接則
著時腰間綴
痕平正

图 8　裁衣后法

朝或者祭祀穿的正幅做的下裳，一定要裁去一些布。《春秋左传正义》卷四十一有："郑康成云：帷裳，谓朝祭之服。其制正幅如帷。非帷裳者，谓深衣削其幅，缝齐倍要。《礼记》深衣制，短不见肤，长不被土。然则朝祭之服当曳地，服言是也。"

在《深衣前图》中裳之左侧有"续衽钩边"，右侧有"缝合此处,谓之续衽钩边"。在《深衣后图》中裳之左侧有"此边既合缝了再覆缝，方便于着。以合缝者为续衽，覆缝为钩边"。由此可知，朱熹对"续衽钩边"的理解并不合理。

左右"袂"各用布二幅，和衣片长度相同，连属于衣之左右。为形成"袂圜以应规"之象，由下而上渐圆杀之，以至袂口。袖口宽为一尺二寸。

"方领"，两襟相掩则两领之会自方。如《着深衣前两襟相掩图》。

"曲裾，用布一幅，如裳之长。交解裁之，如裳之制。但以广头向上，布边向外。左掩其右，交映垂之，如燕尾状。又稍裁其内旁大半之下，令渐如鱼腹，而末为鸟喙，内向缀于裳之右旁。"

虽有《曲裾裁制》图（图9）、《曲裾成制》图（图10）及《曲裾缝制》图（图11），但其说仍不详，深衣前、后及相掩图中均没有"曲裾"的绘制。因此曲裾的位置及功用无法确定。

大带（图12），"带用白缯，广四寸，夹缝之。其长围腰而结于前，再缭之为两耳，乃垂其余为绅，下与裳齐，以黑缯饰其绅，复以五采绦，广三分，约其相结之处，长与绅齐"。

缁冠（图13），"糊纸为之，武高寸许，广三寸，

图9　曲裾裁制

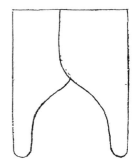
图10　曲裾成制

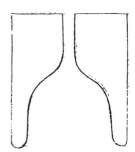
图11　曲裾缝制

图12　大带

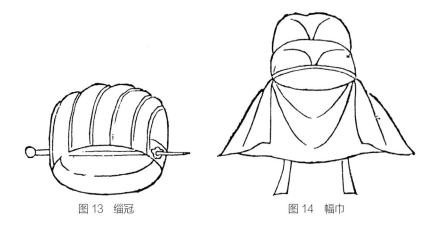

图 13　缁冠　　　　　　　　　　图 14　幅巾

衰四寸，上为五梁，广如武之衰，而长八寸，跨项前后，下着于武，屈其两端，各半寸，自外向内而黑漆之。武之两旁，半寸之上，窍以受笄，笄用齿骨凡白物"。

幅巾（图14），"用黑缯，六尺许，中屈之。右边就屈处为横幭，左边反屈之，自幭左四五寸间斜缝向左，圆曲而下，遂循左边，至于两末复反所缝，余缯使之向里，以幭当额前裹之，至两髻旁，各缀一带，广二寸，长二尺，自巾外过顶后，相结而垂之"。

黑履（图15），"白絇繶纯綦"。

以上则为朱子深衣制度，其中不合理的地方主要有以下几点：

1．"曲裾"的合理性。

2．对襟时，前后布幅尺寸相当；但交掩之后，则"左前"与"右前"大面积相交重叠，前后布幅严重不等，不符合常理。所以裳十二幅的分配有误。

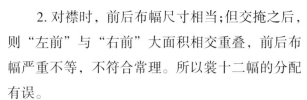

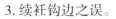

3．续衽钩边之误。

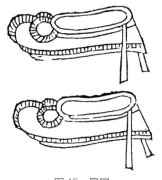

图 15　黑履

虽然该深衣制度有诸多不合理之处，特别是"交领""续衽钩边"之谬；但由于《朱子家礼》的传播，深衣由此开启复兴之路，中国以及东亚的儒服历史也进入新的阶段。

以上为司马光及朱熹的"深衣制度",但深衣在宋代的发展情况,根据宋末元初的马端临《文献通考》可以看出:

> 三代时衣服之制,其可考见者虽不一,然除冕服之外,惟元端、深衣二者其用最广……至于深衣,则裁制缝衽,动合礼法,故贱者可服,贵者亦可服;朝廷可服,燕私亦可服。天子服之以养老,诸侯服之以祭膳,卿、大夫、士服之以夕视私朝,庶人服之以宾祭,盖亦未尝有等级也。古人衣服之制不复存,独深衣则《戴记》言之甚备。然其制虽具存,而后世苟有服之者,非以诡异贻讥,则以儒缓取哂,虽康节大贤,亦有今人不敢服古衣之说。司马温公必居独乐园而后服之,吕荣阳、朱文公必休致而后服之,然则三君子当居官莅职见用于世之时,亦不敢服此,以取骇于俗观也。盖例以物外高人之野服视之矣,可胜慨哉。

（《文献通考·王礼考六》）

由此可知,及至后世,穿着深衣并不被社会大众所接受,就连北宋邵雍（康节）这样的贤者也厌恶穿着古服,司马光（温公）及吕希哲、南宋朱熹也只是私下穿着,即便如此,也被认为是骇俗之举。除此之外,可以确定的是,在北宋深衣制度失传或隐匿已久。且在北宋人们开始尝试复原古服深衣,这一点是非常重要的。这与宋代以道学家为核心,热切期望"复归古礼"不无关系。复兴长期以来被人忘却的深衣,符合当时的社会环境需求。

司马光曾制作并穿着深衣。关于这一点,邵伯温（邵雍之子）的《邵氏闻见录》中有更详细的记载:

> 司马温公依《礼记》作深衣、冠簪、幅巾、缙带。每出,朝服乘马,用皮匣贮深衣随其后,入独乐园则衣之。尝为康节曰:"先生可衣此乎?"康节曰:"某为今人,当服今时之衣。"温公叹其言合理。（卷十九）

> 公一日着深衣,自崇德寺书局散步洛水堤上。（卷

十八）

对于康节"某为今人，当服今时之衣"的说法，司马光"叹其言合理"，但朱熹的态度则相反。

> 康节说"某今人，须着今时衣服"，忒煞不理会也。（《朱子礼纂·丧》）

> 去古益远，其冠服制度仅存。而可考者独有此耳，然远方士子亦所罕见，往往人自为制，诡异不经近于服妖，甚可叹也。（《晦庵先生朱文公文集·书·答颜鲁子》）

因为朱熹的立场是，虽然不可能全面恢复古礼，但是有必要汲取古礼之精神，创造顺应时代利益的冠服制度，以保持礼的秩序。关于朱熹日常穿着深衣的情况，根据《朱子语类》和黄榦《朝奉大夫文华阁侍制赠宝谟阁直学士通议大夫谥文朱先生行状》所载可知：

> 其闲居也，未明而起，深衣幅巾方履，拜于家庙以及先圣。（黄榦《朝奉大夫文华阁侍制赠宝谟阁直学士通议大夫谥文朱先生行状》）

> 春夏则深衣，冬则戴漆纱帽。衣则以布为之，阔袖皂缘，裳则用白纱。（《朱子语类·内任·杂记言行第二十二条》）

可见，朱熹与司马光一样，制作并穿着深衣，但朱熹的穿着场合则与司马光仅限于私下穿着不同。而根据《宋史·舆服志》来看，在宋代"深衣"的用度似乎已经趋于制度化：

> 中兴士大夫之服，大抵因东都之旧，而其后稍变焉。一曰深衣，二曰紫衫，三曰凉衫，四曰帽衫，五曰襕衫。淳熙中，朱熹又定祭祀、冠婚之服，特颁行之。凡士大夫家祭祀、冠婚，则具盛服。有官者幞头、带、靴、笏，进士则幞头、襕衫、带，处士则幞头、皂衫、带，无官者通用帽子、衫、带；又不能具，则或深衣，或凉衫。有官者亦通用帽子，以下但不为盛服。妇人则假髻、大衣、长裙。女子在室者冠子、背子。众妾则假紒、背子。

图 16　金礭（1572—1633）夫妇合葬墓出土的深衣、大带，现藏于韩国京畿道博物馆。
出处：김확 합장묘 출토복식（金礭合葬墓出土服饰）[M]. 京畿道：京畿道博物馆，2007：151，290.

　　冠礼，三加冠服，初加，缁布冠、深衣、大带、纳履；再加，帽子、皂衫、革带、系鞋；三加，幞头、公服、革带、纳靴。其品官嫡庶子，初加，折上巾、公服；再加，二梁冠、朝服；三加，平冕服，若以巾帽、折上巾为三加者，听之。深衣用白细布，度用指尺，衣全四幅，其长过胁，下属于裳。裳交解十二幅，上属于衣，其长及踝。圆袂方领，曲裾黑缘。大带、缁冠、幅巾、黑履，士大夫家冠婚、祭祀、宴居、交际服之。（《宋史·舆服五》）

　　随着《家礼》的传播，"朱熹深衣"在汉文化圈广泛流传，现韩国存世有朱子深衣文物和身着朱子深衣的古代人物画像。

　　2001 年春，位于韩国京畿道抱川市苍水面楸洞里的金礭（1572—1633）夫妇合葬墓在迁葬过程中出土了百余件服饰，其中有深衣、大带各一（图 16）。深衣为麻布制作的单衣，衣长为 135 厘米（上衣 51 厘米加下裳 84 厘米），通袖长 118 厘米，上身宽 90 厘米，带子长 22 厘米，袖笼宽 51 厘米，袖宽 28.5 厘米。大带长 350 厘米，宽 10 厘米。对襟直领，裳十二幅均为梯形，基本属于"朱熹深衣"的范畴。现藏于韩国京畿道博物馆。

　　1999 年 12 月 20 日于韩国首尔市麻浦区上岩洞李益炡（이익정，

1699—1782）墓出土的深衣及大带（图 17）也属于"朱子深衣"的范畴。深衣长 145 厘米，通袖长 119 厘米，上身宽为 66 厘米，袖笼宽 52 厘米。对襟直领，裳十二幅均为梯形，是由素缎制成的单衣，上下分裁后缝合，在袖口、下摆和衣襟镶黑色缎制缘边。腰部系大带，在腰前系同心结，同心结上系组带（230 厘米）垂下。现藏于檀国大学石宙善纪念博物馆。

朝鲜半岛"朱熹深衣"制式的出土服饰不止于此，碍于篇幅不再一一列举，但仍可见朱子学在朝鲜半岛的影响力。

图 17　李益炡（이익정，1699—1782）墓出土的深衣及大带，（韩国）檀国大学石宙善纪念博物馆收藏

参考文献：

[1] 礼记 [M] . 胡平生，张萌，译注 . 北京：中华书局，2017.

[2] 郑玄，孔颖达 . 礼记正义 [M] . 吕友仁，整理 . 上海：上海古籍出版社，2008.

[3] 司马光 . 司马氏书仪 [M] . 台北：台湾商务印书馆，1983.

[4] 朱熹 . 家礼 [M] . 北京：北京图书馆出版社，2004.

[5] 杨逸 . 宋代四礼研究 [D]. 杭州：浙江大学，2016.

[6] 殷慧 . 朱熹礼学思想研究 [D]. 长沙：湖南大学，2009.

[7] 张玲 . 汉代曲裾袍服的结构特征及剪裁技巧——以马王堆一号汉墓出土的女性服饰为范例 [J]. 服饰导刊，2016，5（02）：47—54.

[8] 湖南省博物馆，中国科学院考古研究所 . 长沙马王堆一号汉墓 [M]. 北京：文物出版社，1973.

[9] 朱华 . 解析深衣之深意 [J]. 四川丝绸，2008（3）：52—54.

[10] 京畿道博物馆 . 김확 합장묘 출토복식（金鑊合葬墓出土服饰）[M]. 京畿道：京畿道博物馆，2007.

《家礼仪节》中的"深衣制度"［明］

｜说人

丘濬（1421—1495），字仲深，号深庵、玉峰，谥号文庄，广东琼山（今海南海口）人。明代中叶的著名理学家、政治家。先后出任翰林院编修、侍讲学士、翰林院学士、国子监祭酒、礼部尚书、文渊阁大学士等职，后累官至武英殿大学士，加少保，兼户部尚书。历事景泰、天顺、成化、弘治四朝。《明史·列传第六十九》有其传记，以下结合《明实录》中所载，对其生平进行介绍。

丘濬年少时即有神童之名。幼年父亲去世，母亲李氏教其读书，丘濬过目成诵。正统九年（1444）乡贡第一，景泰五年（1454）举进士后开始登上政治舞台，选为翰林院庶吉士，参编《寰宇通志》，书成后授翰林院编修，见闻益广，尤熟国家典故，以经国济民自负。

宪宗朝成化元年（1465），两广用兵，丘濬献言，受宪宗青睐，丘濬以此名重公卿间。任期满后，进侍讲。宪宗朝，丘濬以纂修的身份参与修纂《英宗实录》（《英宗实录·修纂官》据广本补），进侍讲学士。成化五年（1469）时任翰林院侍讲学士的丘濬以母丧去任，其母曾被封太孺人，成化十年（1474）起复还任。在丘濬还任前，宪宗于成化九年（1473）以朱文公《通鉴纲目》可以辅经而行为由下旨复修，以诸时任侍讲学士及修撰、编修分为七馆，待第二年侍讲学士丘濬起复时请丘濬一同编纂，再加一馆为八馆（《宪宗实录》卷一百二十二），可见宪宗对其重视。《续通鉴纲目》成，丘濬被提升为翰林院学士，后调任国子祭酒。当时经学文风崇尚险怪，时丘濬主南畿乡试，谆切告诫学生要返文体于正。后晋升礼部右侍郎，掌祭酒事。丘濬以真德秀《大学衍义》（四十三卷）于治国平天下条目未具，乃博采群书补之，成《大学衍义补》（一百六十卷）。

孝宗即位后，即成化二十三年（1487），丘濬与徐溥等人请辞，孝宗答："朕初嗣位，方用人分理庶务。不允所赐。"（《孝宗实录》卷三）

两月后，丘濬进《大学衍义补》，孝宗曰：

> 览卿所纂书考据精详，论述该博，有补政治，朕甚嘉之，已升职尚书，仍赏银二十两，纻丝二表里，其誊副本下福建书坊刊行。（《孝宗实录》卷七）

此后，丘濬屡次请辞，孝宗均不允。弘治元年（1488）丘濬作为副总裁，参修《宪宗实录》。弘治四年（1491）八月二十四日，孝宗以"皇考实录"修完，念各官勤劳，晋升诸官，升丘濬为太子太保，仍兼礼部尚书（《孝宗实录》卷五十四）；十月二十四日，太子太保及礼部尚书丘濬兼任文渊阁大学士，入内阁参预机务。尚书入内阁任职自丘濬始，时年七十一矣。丘濬以《大学衍义补》所载均可见之行事，请求摘其要者奏闻皇帝，并下内阁商议执行，孝宗批准他的请求。弘治五年（1492）丘濬以彗星屡现"甚可畏也"为由，列时弊二十二事，劝孝宗贤明，孝宗接纳。同年，丘濬请辞，孝宗不允，但今后凡大风并雨雪日俱免早朝。丘濬由于入内阁，受到了吏部尚书王恕的诋毁，后王恕入狱，这也致使丘濬受到更多的弹劾。丘濬屡次请辞，孝宗仍不允。弘治七年（1494）益王婚礼，孝宗御奉天殿传制遣官，遣保国公朱永为正使、丘濬为副使持节行"纳征发册礼"。八月九日，丘濬三年任满，加少保兼太子太保、户部尚书、武英殿大学士（《孝宗实录》卷九十一）。弘治八年（1495）正月十八日，丘濬告病请辞，孝宗"不允休致，痊可之日，免朝参，赴阁办事"。二月四日，丘濬卒于任上，年七十六岁。孝宗下旨辍朝一日，赐赙及祭葬如例，赠特进左柱国、太傅，谥文庄。遣行人归其丧，官其孙瓒为尚宝司丞。正德中，以巡按御史言赐祠于乡，曰"景贤"。
（《明史·列传第六十九》）

丘濬在位，曾以宽大为怀启发孝宗，以忠厚改变士气。丘濬廉洁，所居邸第极湫隘，四十年不易。丘濬性嗜学，既老，右目失明，犹披览不辍。历官四十余年，惓惓以经世宰物，忠君报国。丘濬的思想包括但不限于政治、经济、礼教几个方面，还包括具有独特性的思想如科学观、教育思想等几个方面，被明人誉为"当代通儒""中兴贤辅"，是明代实学开创者。

丘濬一生之功多在著述，在理学方面有《朱子学的》（成书于天顺七年，1463）及《家礼仪节》八卷。他是明代中叶朱子学的重要代表，《明儒学案》虽无收载，但并不影响其在朱子学史上的地位。在史学方面，参纂《英宗实录》《宪宗实录》《续通鉴纲目》等官修史书，《世史正纲》《平定交南录》等私修史书。在经济方面，《大学衍义补》首开经济思想，革新了以明理学为主导的思想，引起了务实浪潮，是丘濬经济治国思想集大成之作。此外，丘濬在文学、教育等方面亦有建树。

说书

丘濬自年少有志于礼学，认为：

> 士夫之好礼者，在唐有孟诜，在宋有韩琦，诸人虽或有所著述然皆略而未备，驳而未纯。文公先生因温公《书仪》，参以程、张二家之说而为《家礼》一书，实万世人家通行之典也。（《家礼仪节·序》）

随着礼学在明代的发展，官方与士大夫推崇的仪式范本《家礼》，在明中期丘濬生活的时代，实践意义上的传播似乎仍相当有限。丘濬作为实学的开创者，主张"礼以致用"，认为《家礼》之所以未

图1 《家礼仪节》

能更好地得到传播及实践，是因为"礼文深奥而其事未易以行也"，遂"取文公《家礼》本，注约为仪节而易以浅近之言，使人易晓而可行"（《家礼仪节·序》），即《家礼仪节》是丘濬根据朱熹《家礼》，结合社会现状作增减删补，编为仪节程式，使礼易于执行遵守的著作。

《家礼仪节》仍袭《家礼》，分通礼、冠、昏、丧、祭。凡八卷，其中《通礼》一卷《冠礼》一卷《昏礼》一卷《丧礼》三卷，《祭礼》一卷，末卷为《家礼杂仪》和《家礼附录》。从体例来看，前七卷均分为仪节、余注、考证、图式四个部分。丘濬《家礼仪节》在对《家礼》的仪节进行增补之外，同时也补充了相关的礼图。引用书目有《仪礼》《仪礼注疏》《周礼》《汉书》《开元礼》《政和五礼》《温

表1 《家礼》与《家礼仪节》的卷目与内容

	《家礼》	《家礼仪节》
卷一	通礼、深衣制度、司马氏居家杂仪	通礼、通礼余注、通礼考证、妇人拜考证、深衣制度、深衣考证、温公居家杂仪、通礼图
卷二	冠礼（冠、笄）	冠礼（冠、笄）、冠礼考证、图式
卷三	昏礼	昏礼、昏礼余注、昏礼考证、图式
卷四	丧礼、居丧杂仪、致赙奠状	初丧至大敛、丧礼余注、丧礼考证、图式；成服、丧服制度、丧服考证、图式
卷五	祭礼（四时祭、冬至初祖、先祖、忌日、墓祭）	朝夕哭奠至奔丧、丧礼考证；治葬至反哭、丧礼余注、丧礼考证、图式
卷六		虞祭至禫祭、家礼余注、丧礼考证；改葬、改葬考证；返葬仪
卷七		祭礼、祭礼考证附图
卷八		家礼杂仪（司马氏居家杂仪、冠礼杂仪、昏礼杂仪、居丧杂仪、祭祀杂仪、居乡杂仪）、家礼附录（通礼：家书、字说；昏礼：聘定格、回启；丧礼：疏书、墓志、祭文）

（转引自：姚永辉《重寻"吾礼之柄"：丘濬〈文公家礼仪节〉的文本生成理路》，2019，东亚礼学与经学国际研讨会）

公书仪》《文公大全集》《文公语类》《御制性理大全书》《大明集礼》等四十种书目。

　　丘濬的改编破解深奥的礼文使之通俗易懂，改变仪文使之切用易行。丘濬摒弃了注解会通的方法，最终选择在结构与体例上做大变动。《家礼仪节》被誉为"酌时宜、体物志，甚要约"，在明代刻印多、传播广，在日本、韩国也具有强劲的影响力。四库馆臣评价说，虽本之《家礼》，然"损益以当时之制，每章之末又附以余注及考证，已非原本之旧"（《四库全书总目提要》卷二十五《家礼仪节八卷》）。

　　《家礼仪节》在明代深受欢迎，曾多次重刊。目前可见，除了成化十年（1474）的原刊本外，尚有明弘治三年（1490）顺德知县吴廷举刊本、正德十三年（1518）常州重刊本、嘉靖十八年（1539）修补本、万历三十六年（1608）常州钱时刊本、万历四十六年（1618）何士晋刊本、天启丙寅年（1626）夏灵光郡刊本，以及清乾隆三十五年（1770）刊本、咸丰五年（1855）刊本。（《知见录》）本次所用为清乾隆三十五年（1770）刊本。

说图

　　《家礼仪节》卷一《通礼》中，有《深衣制度》《裁衣法》《深衣考证》，以及《深衣前图》《深衣后图》《深衣掩袷图》《新拟深衣图》《大带·缁冠》《幅巾图·履图》，此外还有《屈指量寸法图》《伸指量寸法图》。而在此时深衣的用度有了明显的变化，即在"丧礼"中用作陈袭衣。

　　在《深衣制度》中，丘濬首先概括了深衣的发展：

　　　去古日远，古服不复可见已，幸而遗制尚略见于《礼记》之《玉藻》，而其义则详著于《深衣》之篇，后之君子犹得以推求其制度……宋司马温公始仿古制深衣以为燕

图 2　深衣前图、深衣后图、深衣掩袷图

居服，而文公先生亦服之。

后世亦有考证，但与《家礼》不尽合。因此丘濬依照《家礼》兼用附注之说而折中于古礼，且文以浅近之言使览者易于理解。"裁用白细布，度用指尺"条下，丘濬附注："中指中节为寸"。

《裁衣法》为根据《家礼》的裁衣法而作考证及附注。其见解在后面的《新拟深衣图》中有更加直观的呈现。

《深衣考证》为丘濬对"深衣制度"的考证，丘濬引乐平马氏之言：

> 古人衣服之制不复存，独深衣则《戴记》言之甚备，然其制虽具存而后世苟有服之者。

结合康节、司马温公、朱熹对待深衣的态度，丘濬认为"深衣之在宋，服之者固已鲜矣"，何况数百年后的明代，"而文公之道大明于今世，《家礼》为人家日用不可无之书，居官莅职者固当遵时制，若夫隐居不仕及致政家居者，人宜依古制为一袭，生以为祭燕之服，死以为袭敛之具，岂非复古之一端也哉"？但由于《家礼》本《书仪》，较为简略，其制式不尽详备，丘濬遂考证经史诸说，以为"深衣考证"，有所折中。在此，丘濬主要以《礼记·玉藻》《礼记·深衣》《仪礼·士冠礼》《仪礼疏》《汉书》《书仪》为本，进行考证。

《深衣前图》《深衣后图》《深衣掩袷图》（图 2）是为朱子深衣图，

图3 新拟深衣图

下附丘濬之说。对于《家礼》深衣与《玉藻》篇、《深衣》篇不同的部分，丘濬认为应恢复古礼，以古礼为准。他认为朱熹"深衣制度"为温公根据《礼记·深衣》篇所新制，非古礼相传者也，愚于考证。

《新拟深衣图》(图3)则明确表达了丘濬对深衣制式的理解，此深衣领之两端各缀内外襟，穿着时两领相交则有"方领如矩"之势。裳六幅交解为十二幅，衣二幅连裳四幅，则裳前左四幅，前右四幅，后四幅。对照《家礼》深衣可知，丘濬基本恢复了朱熹以前的深衣制度。

《宋史·舆服志》中可见宋代对于深衣的下裳布幅的认识：

> 又古者祭服、朝服之裳，皆前三幅，后四幅，前为阳以象奇，后为阴以象偶。惟深衣、中禅之属连衣裳，而裳复不殊前后，然以六幅交解为十二幅，象十二月。其制作莫不有法，故谓之法服。(《宋史·舆服三》)

《大带图》(图4)、《缁冠图》(图5)、《幅巾图》(图6)、《屦图》(图7)则是以《家礼》中的图式为本，丘濬有不同意见的部分则另绘制图式。值得注意的是《屦图》，丘濬认为《家礼》中深衣用白而屦用黑不符合常理，根据《仪礼》中玄端用黑屦，提出了"屦当顺裳色"，这与古代礼服着装法度相合。

图4 大带图

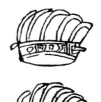

图5 缁冠图

图6 幅巾图

图7 屦图

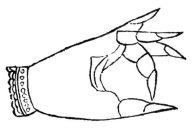
图8　屈指量寸法图

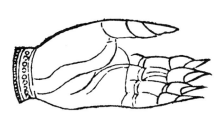
图9　伸指量寸法图

《屈指量寸法图》(图8)、《伸指量寸法图》(图9)是取《针经》图对指尺的说明。《家礼》中以人身有长短，所以裁深衣及衰服皆用中指中节为寸。但也有学者认为人的中指之长短略同，所以此不能为定法。《针经》图认为人的指节长短与人的身体长短相符，以此裁衣没有不合体之说。但由于世人不知取法，所以丘濬将《针经》图附于上，将其定法著之于下，使裁衣者有所依据。《针经》云"中指第二节内度两横文相去为一寸"，又云"中指中节横纹上下相去长短为一寸，谓之同身寸"。注云："若屈指，即旁取指侧中节上下两文角相去远近为一寸。若伸指，即正取指中自上节下横文至中节中从上第二条横文长者相去远近为一寸，与屈指之寸长短亦相符合。然人之身，手指或有异者，至于指文亦各不同，更在详度之也。"

由此可见，此时的裁衣方式已经融入了"个体定制"的概念，即以身体尺寸为根本，进行尺寸的设定。中国古代度量方式的演变也值得关注。

据史籍记载，"黄帝命伶伦始造律之尺名古律尺"。大约到了夏商周时代，人们营造城池、兴修水利、丈量土地、打造兵器、交换物品等活动已经离不开尺了。《六韬·农器》记载："丈夫治田有亩数，妇人织纴有尺度。"现存出土的古骨尺、古玉尺基本断定为殷商时代所出。

说起尺度的起源，基本上有三种说法，《汉书·律历志》记载：

度者，分、寸、尺、丈、引也，所以度长短也。本起

> 黄钟之长。以子谷秬黍中者，一黍之广，度之九十分黄钟
> 之长。一为一分，十分为寸，十寸为尺，十尺为丈，十丈
> 为引，而五度审矣。

什么意思呢？就是说计量长短有五个尺寸，尺度起源于记录黄钟音频并用黍表达出来（实际上还与体积、重量及音律相关）。这就是古代的"累黍定尺"之说，即以固定音高的黄钟律管的长度为九寸，选用中等大小的黍子，横排九十粒为黄钟律管之长，一百粒恰合一尺。律管容积为容量单位一龠，十龠为一合，十合为一升，一龠之黍重十二铢，二十四铢为一两。这使度量衡三者建立在物理量的自然基准之上。

尺度起源的第二种说法，就是以蚕丝为基本单位的参照。《孙子算经》说：

> 度之所起，起于忽，欲知其忽，蚕吐丝为忽，十忽为
> 一丝，十丝为一毫，十毫为一氂（厘），十氂为一分，十
> 分为一寸，十寸为一尺，十尺为一丈，十丈为一引，五十
> 引为一端，四十尺为一匹，六尺为一步，二百四十步为一
> 亩，三百步为一里。

除了蚕丝，也有以马尾为参照的。无论是蚕丝还是马尾，较之"黍"都要精细许多，这说明到了汉代随着社会的发展，人们对计算的精度有了更高的要求，因此"忽"这种细微的计量单位应运而生。"忽"上分别是"丝、毫、厘、分、寸、尺、丈"，并且还有了"引、端、匹"等长度单位。我们现在说"分寸""丝毫"在古代都是确实存在的尺度。历史证明凡是社会发展都会在精细和宏观两端有所诉求。

而最令人信服的起源之说应该是"布指知寸，布手知尺""一手之盛谓之溢，两手谓之掬""两手曰拱，一手曰把"。纵观历史，人们总是就地取材，用最简便的方法获取工具和成果。

我们是不是可以这样理解度量衡的起源，以身为度是尺度的萌发，累黍定尺是尺度的系统化，吐丝为忽是尺度的精细化。统一度

量衡对于社会的发展起到了强大的助推与维护作用，使诸如商代牙尺、骨尺等计量工具定型化、制度化。

尺度从古至今经历了一个从小变大的过程。唐以来历代营造工程中所用的尺子，也称"部尺"。一营造尺合0.32米，商代为15.8厘米，战国为23.1厘米，唐朝为30厘米左右，宋以后为32厘米左右，明清为35厘米左右。

综上所述，丘濬《家礼仪节》考证了《家礼》深衣制度，主要改变为在上衣前片加两襟，从而将朱熹深衣的"对襟"形制改为交领右衽；裳十二幅的分配也发生了变化，改为前左四幅、前右四幅、后四幅的形态。可见，《家礼仪节》本《家礼》而作，但对《家礼》并不盲从，而是将其中的不合理之处重新做了考证。

参考文献：

[1] 礼记 [M]. 胡平生，张萌，译注 . 北京：中华书局，2017.

[2] 郑玄注，孔颖达疏 . 礼记正义 [M]. 吕友仁，整理 . 上海：上海古籍出版社，2008.

[3] 丘濬 . 家礼仪节 [M]. 四库存目丛书本 .

[4] 齐志家 . 深衣之"衽"解析 [J]. 理论界，2012（6）：123—124.

[5] 沈从文 . 中国古代服饰研究 [M]. 上海：上海书店出版社 . 1997.

[6] 姜欣 . 试论深衣及其演变过程 [J]. 吉林工商学院学报，2012，28（03）：94—96.

[7] 정현정 . 朝鲜에서 家禮圖이해의 흐름 [J]. 한국실학학회：한국실학연구 . 2015（12）：251—287.

[8] 이승연 . 구준（丘濬）의 예학에 관한 고찰 –『가례의절（家禮儀節）』을 중심으로 –[J]. 동양예학회：동양예학 . 2003（10）：3—28.

[9] 姚永辉 . 重寻"吾礼之柄"：丘濬《文公家礼仪节》的文本生成理路 [C]. 2019，东亚礼学与经学国际研讨会 .

《深衣考》[清]

说人

"初锢之为党人，继指之为游侠，终厕之于儒林。"这是黄宗羲对己一生的概括。

黄宗羲（图1），字太冲，号南雷，学者称梨洲先生。浙江余姚人。生于明万历三十八年（1610），卒于清康熙三十四年（1695），门人私谥文孝，宣统元年（1909），从祀文庙。是我国明末清初杰出的史学家、思想家，是清代史学的重要奠基者，与顾炎武、王夫之并称为"明末清初三大思想家"。

其父黄尊素（1584—1626），明天启间官御史，东林党的中坚分子（阉党编造的黑名单《东林点将录》中称其为"急先锋"，《明史》

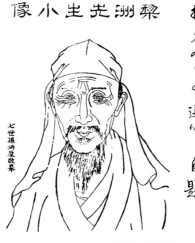

图1 黄宗羲

称他"謇谔敢言，尤有深识远虑"），终为魏忠贤所害，时年四十三岁。黄宗羲从八岁起，就随父在宣城、京师等处居住，父亲嫉恶如仇、敢作敢为的品格和"博览经史，不专为科举之学"的教养，影响黄宗羲一生。

父亲的无辜惨死，使黄宗羲深受刺激。随着不满阉党跋扈的崇祯皇帝的继位，崇祯元年（1628）春天，朝廷着手惩治宦官，黄宗羲时年十九，入都讼冤，锥刺魏余党许显纯、追杀狱卒颜文仲等，义声大振，崇祯帝叹称为"忠臣孤子"。崇祯二年（1629），黄宗羲遵父遗命，求学绍兴，拜明末大哲学家刘宗周（1578—1645）（黄尊素称其为"砥砺性命之友"）为师。黄宗羲治学坚守师说，但不受限于师说，善于广泛吸收，取各家之长。不久，黄宗羲离开刘宗周，频繁往来于南京、苏州、绍兴、杭州等地，求师访友，结识了许多著名文士。这段时间的求学经历，为黄宗羲的学术研究奠定了坚实的基础，使他初步形成了学以致用、实事求是的学风。

崇祯十五年（1642），黄宗羲三十三岁，赴京应礼部会试，结果名落孙山。大学士周延儒因器重其学识，打算推荐其为中书舍人。黄宗羲见时局艰危，内外交困，朝政腐败之极已无回天之术，便力辞不就，黯然南归。崇祯十七年（1644），腐朽不堪的明王朝，终于在农民大起义的暴风骤雨中"寿终正寝"。时年四月，黄宗羲跟随刘宗周到杭州，与明朝遗臣章正宸、朱大典、熊汝霖商议"招募义旅"之事。

顺治二年（1645），清军南下之际，黄宗羲同其弟黄宗炎募兵抗清,官明鲁王左副都御史。自此开启了他一生中"阮逆肆虐,勇赴国难"的艰难岁月。动乱的生活长达十年，晚年他在追忆这段经历时写下：

> 自北兵（指清军）南下，悬书购余者二，名捕者一，守围城者一，以谋反告讦者二三，绝气沙墠者一昼夜，其它染逻哨之所及，无岁无之。可谓濒于十死者矣。

顺治十六年（1659），黄宗羲带全家避居四明山北麓的化安山龙虎山堂，在这里"残年留得事耕耘，不遣声光使外闻"，过着"数间茅屋尽从容，一半书斋一半农"的隐居生活。直至南明永历政权覆灭，恢复明朝的希望全部破灭，他才于顺治十八年（1661）奉母返回故居，时年五十一岁。

黄宗羲的壮年时代，三十年的岁月都是在刀光剑影、血雨腥风中度过的，"身滨十死不言危"。"锋镝牢囚取次过，依然不废我弦歌"，黄宗羲在顺治四年（1647）至十八年（1661）间，仍以惊人的毅力写下大量著作，不仅有记录南明时期抗清历史的《海外恸哭记》《行朝录》等，更有天文、历法和数学方面的著作。

回乡定居后，黄宗羲满怀着国破家亡的痛楚和壮志未酬的遗恨，把劫后的余生全部投入到著述和讲学中去，成了足不出乡里而声名满天下的一代儒宗。自谓"一生著述未必尽传，自料亦不下古之名家"。凡三十余年，他避居乡间，潜心研究历史，勤奋著述，其开创的浙东学派影响深远。并且他通过讲学，培养了诸多人才，其中万斯大、万斯同和阎若璩三人对清代学术做出了重大贡献。

康熙十七年（1678），清政府议修《明史》，学士叶方蔼欲荐黄宗羲，黄宗羲执意不出。次年诏修《明史》，监修徐元文延请黄宗羲来京修史，亦被其婉拒，但遣弟子万斯同、万言赴京，清廷遂复诏誊抄其史著送京。由此可见黄宗羲在朝野的重要影响。"宗羲虽不赴征车，而史局大议必咨之……乞审正而后定。"（《清史稿·儒林一》）

清修《明史》是否沿《宋史》旧例设置《道学传》，一度成为史馆上下激烈争议的问题。为此，黄宗羲撰《移史馆论不宜立理学传书》（载于《南雷文定》卷四），指出《宋史》立《道学传》为"元人之陋"，断不可因袭。朱彝尊适有此议，得宗羲书示众，遂去之。因此《明史》无《道学传》，而立《儒林传》。

黄宗羲是开一代学术风气的学术宗师，不仅知识渊博，而且见解卓绝。明清之际，出现了一股由虚返实的实学思潮，大力提倡经世致用、实事求是之学。黄宗羲曾贬斥空谈道德性命的濂洛学派为

"土埂"。他认为，学问与事功应该是统一的，能否把这两者结合起来，是评判学问之真伪的标准，与事功相分离的"学道"是伪学问。他更明确提出了"学贵适用"的学术原则，指出：

> 道无定体，学贵适用，奈何今之人执一以为道，使学道与事功判为两途。事功而不出于道，则机智用事而流于伪；道不能达之事功，论其学则有，适于用则无。讲一身之行为则似是，救国家之急难则非也，岂真儒哉！（黄宗羲《姜定庵先生小传》）

黄宗羲的政治思想更是富有民主精神，对以君权为核心的封建专制主义做出颇为深刻、全面的批判。清代大学者全祖望在《答诸生问南雷学术帖子》中称他"兼通九流百家，则又轶出念台之藩而窥漳海之室，然皆能不诡于纯儒，所谓杂而不越者是也。故以其学言之，有明三百年无此人，非夸诞也"。

顾炎武在看了《明夷待访录》后，写信给黄宗羲，说他"读之再三"认为"百王之敝，可以复起；而三代之盛，可以徐还也。"《清史稿·宗羲传》载：

> 宗羲之学，出于蕺山，闻诚意慎独之说，缜密平实。尝谓明人讲学，袭语录之糟粕，不以六经为根柢，束书而从事于游谈。故问学者必先穷经，经术所以经世，不为迂儒，必兼读史。读史不多，无以证理之变化。多而不求于心，则为俗学。故上下古今，穿穴群言，自天官、地志、九流百家之教，无不精研。

黄宗羲对经学、史学、天文、历法、数学、音乐、地理、版本目录等都有深入研究。其几十年如一日，著述不辍，据学者统计，其著作多达一百一十二种，可惜"散亡十九"，至今尚存的著作有：

政治类：《留书》《明夷待访录》《破邪论》《汰存录》

经学类：《易学象数论》《深衣考》《孟子师说》《太极图讲义》

学术史类：《明儒学案》《宋元学案》（全祖望等续完）

历史类:《行朝录》《弘光实录钞》《海外恸哭记》《历代甲子考》

地理类:《四明山志》《今水经》《匡庐游录》

历学类:《授时历故》《授时历法假如》《西洋历法假如》《新推交食法》

杂著类:《子刘子行状》《葬制或问》《梨洲末命》《思旧录》《黄氏家录》

诗文集:《南雷文案》《南雷文定》《南雷诗历》

文集类:《明文海》

诗集类:《姚江逸诗》

黄宗羲曾自撰年谱,但正本及副本皆毁于火。现存《黄宗羲年谱》,原名《黄梨洲先生年谱》,为其七世孙黄炳垕所撰。

黄宗羲作为明清易代之际的亲历者,他目睹了宦官专政的朝局混乱,亲历了家国破碎之后的辗转流离,也参与了救亡图存的抗清斗争,从早期的替父入京伸冤,到组织忠义军抵抗清廷,再到心志已死讲学浙东,终成旷世大儒。其心路之艰辛,人生之遭逢,成为这一代知识分子典型的代表——以生死之志体现学问之大。

说书

黄宗羲《深衣考》(图2)今版本有:南菁书院丛书本、借月山房汇钞本、《续修四库全书》本三种。本文所考《深衣考》附于《易学象数论》之后,收录于《四库全书》。

《深衣考》成书于黄宗羲晚年。全祖望《梨洲先生神道碑文》载:

> 公于戊辰冬,已自营生圹于忠端墓旁。中置石床,不用棺椁,子弟疑之。公作《葬

图2 《深衣考》

制或问》一篇，援赵邠卿、陈希夷例，戒身后无得违命。公自以身遭国家之变，期于速朽，而不欲显言其故也。公虽年逾八十，著书不辍。乙亥之秋，寝疾数日而殁，遗命一被、一褥，即以所服角巾、深衣殓。得年八十有六，遂不棺而葬。

暮年的黄宗羲不忘国破家亡之憾。对于黄宗羲而言，深衣并不仅仅是华夏衣冠的文明象征，更暗喻了自身的立身处世之方。"应接之恭，外无圭角"，意在与时交接，入世弘道；"存主之定，内无低昂"，则表明其入世行为亦有不可逾越之界限。就立身言，拒绝入仕是其底线；就立志言，则是坚守"思复三代之治"的价值追求。

《四库全书总目提要》载：

> 前例已说后附《深衣》经文，并列朱子、吴澄、朱右、黄润玉、王廷相五家图说，而各辟其谬。其说大抵排斥前人，务生新义。

黄宗羲《深衣考》考朱熹、吴澄、朱右、黄润玉、王廷相五家深衣之说，其中黄润玉《考定深衣古制》与王廷相《深衣图论》本已亡佚，却依赖黄宗羲《深衣考》而有所保留，值得庆幸。

同时，根据《四库全书总目提要》可以看出，其收录的原因是：

> 宗羲经学淹贯，著述多有可传。而此书则变乱旧诂，多所乖谬。以其名颇重，恐或贻误后来，故摘其误而存录之，庶读者知所决择焉。

且在提要中历数其谬。

说图

黄宗羲《深衣考》可以分为三个部分，第一部分为黄宗羲对深衣制度的认识，并附深衣图示一幅；第二部分是对《深衣》经文的

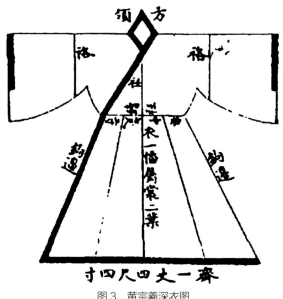

图3　黄宗羲深衣图

注解;第三部分收录了朱熹、吴澄、朱右、黄润玉、王廷相五家图说。图共四幅，分别为黄宗羲深衣图，朱子深衣前图及曲裾裁剪、缝制、成制图，黄润玉深衣图，王廷相深衣图。

第一部分附图一幅，为黄宗羲深衣图（图3）。

以白细布为之，度用指尺。

以各人中指中节为寸，羲尝以钱尺，较今车工所之尺

去二寸则合钱尺。

白细布，即白麻布。朱熹《深衣制度》及朱右《深衣考》中均有记述。

史载:"古者先布以苎始,棉花至元始入中国,古者无是也。所为布,皆是苎,上自端冕,下讫草服。"郑玄注《周礼·典枲》:"白而细疏曰纻。"后世称为白细布,是制作深衣的布料。《诗经·蜉蝣》中的"麻衣如雪",郑玄注:"麻衣,深衣也。"苎麻成布之后,需加灰锻濯漂白,制成白纻、白纻细布,即朱熹、朱右、黄宗羲所说的白细布。

指尺,古时以中指中节的长度为一寸,十寸为一尺,以指为度而量,故称指尺。

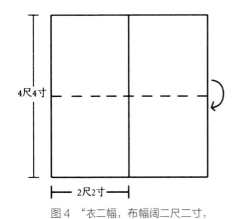

图4 "衣二幅，布幅阔二尺二寸，长各四尺四寸。"（本篇作者绘制）

衣二幅，屈其中为四幅。

布幅阔二尺二寸。用二幅，长各四尺四寸，中屈之，亦长二尺二寸，此自领至要之数，大略居身三分之一，当掖下裁入一尺，留一尺二寸以为袼，其向外则属之于袂，其向内则渐杀之，至于要中，幅阔尺二寸矣。

结合黄宗羲深衣图可以看出，衣二幅形制应如下（图4—6）：

衽二幅。其幅上狭下阔，阔处亦尺二寸，长与衣等。

内衽连于前右之衣，外衽连于前左之衣。

黄宗羲认为"衽"二幅，分别连于前衣之左右，即衣襟相掩处。朱熹《深衣制度》无此"衽"，衣襟为对襟，穿着时相掩形成交领右衽。江永《深衣考误》中将其称为"前右外襟"，且只有一幅。结合黄宗羲深衣图，衽二幅形制应如下（图7、8）：

裳六幅。

用布六幅，其长居身三分之二，交解之，一头阔六寸，

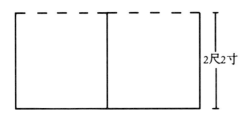

图5 "中屈之，亦长二尺二寸，此自领至要之数，大略居身三分之一。"（本篇作者绘制）

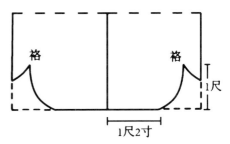

图6 "当掖下裁入一尺，留一尺二寸以为袼，其向外则属之于袂，其向内则渐杀之，至于要中，幅阔尺二寸矣。"（本篇作者绘制）

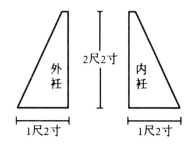

图 7 "衽二幅。其幅上狭下阔，阔处亦尺二寸，长与衣等。"（本篇作者绘制）

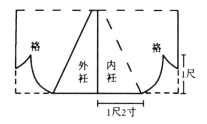

图 8 "内衽连于前右之衣，外衽连于前左之衣。"（本篇作者绘制）

一头阔尺二寸，六幅破为十二，狭头在上，阔头在下，要中七尺二寸，下齐一丈四尺四寸，盖要中太广则不能适体，下齐太狭则不能举步，而布限于六幅，两者难予兼济，古之人通其变，所以有交解之术也。世儒不察，以为颠倒破碎，思以易之，于是黄润玉氏有无裳之制，则四旁尽露，不得不赘以裾衽，王廷相氏增裳为七幅以求合乎下，则要中旷荡又假于辟积，何如交解之为得乎？

不难看出，黄宗羲"裳"的裁剪（图 11）与《家礼》"深衣制度"中裳的裁剪类似，均为"六幅交解为十二幅"，"上狭下阔"排列（图 9）。这与江永《深衣考误》（图 10）中四幅正裁、二幅交解不同。何为"交解"，在《家礼》及《深衣考误》中均有图示。

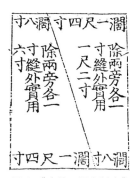

图 9 《家礼·深衣制度》曲裾裁制

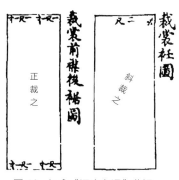

图 10 江永《深衣考误》曲裾

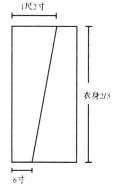

图 11 黄宗羲《深衣考》曲裾（本篇作者绘制）

续衽。

续衽者，衣与裳相连属之也。郑氏曰，凡衽者，或杀而下。或杀而下，是以小要取名焉。郑氏亦既明乎衽之说矣。而乃连合裳之前后以为续衽，何也？盖衣裳相合则上下大而中小，斯成为衽，不合故不可以为衽也。衣六叶，每叶广二寸，裳十二叶，每叶广六寸，故裳二叶属衣一叶，裳二叶乃一幅也，衣六幅，裳六幅，经文所谓制十有二幅者是也。或曰续衽者，以内外衽续之于衣也，后世失深衣之制，至为无衽之衣，则此续衽正足为有衽之证。羲曰：不然，深衣之所以得名，由其衣与裳续也。经言其制度，不应于得名之由，终篇不及，举末而遗本，有以知其不然矣。若夫有衽之证，则裳之不可为十二幅也。裕之所以能方，衽之当旁也。

该段文字内容有三：

其一，黄宗羲对"衽二幅"及"续衽"中的"衽"有两种不同解读。"衽二幅"中，黄宗羲将"衽"理解为衣襟。而在"续衽"中，则认为"衽"为"小要"之形，深衣上下宽而中间窄，形如"小要"。黄宗羲认为"续"非郑氏所说连裳之前后，而是衣裳相合。续衽，即衣裳相合形成小要之形。《四库全书总目提要》谓黄宗羲释"续衽"，其说尤为穿凿。

其二，此处也体现了黄宗羲对"十二幅"的解读，他认为经文所说的十二幅是衣六幅、裳六幅。结合前文中"衣二幅，屈其中为四幅……衽二幅"，可以看出，衣六幅中包含衣四幅及衽二幅。且衣六叶，裳十二叶，则裳二叶属衣一叶。由此可以看出，衽下亦属裳幅。所以黄宗羲深衣裳十二叶的组合形式为，后衣二幅下属裳四叶，前衣左二幅（衣一加衽一）下属裳四叶，前衣右二幅（衣一加衽一）下属裳四叶，即裳后宽为四叶，前八叶相掩后宽亦为四叶。所以黄宗羲深衣图只画裳四叶，《四库全书总目提要》谓：

盖其后四幅统于前图，其内掩之四幅，则不能画也。

考深衣之裳十二幅，前后各六，自汉唐诸儒沿为定说。宗
羲忽改创四幅之图，殊为臆撰。

其三，黄宗羲误解了"衽当旁"，谓"衽，衣襟也。以其在左右，
故曰当旁"。考郑注："衽，裳幅所交裂也。"郭璞《方言注》及《玉
篇注》俱云："衽，裳际也。"故《释名》曰："衽，襜也，在旁襜襜
然也。"盖裳十二幅，前名襟，后名裾，唯在旁者始名衽。黄宗羲将"衽"
理解为"衣襟"，是不知衽为裳旁。

> 钩边。
>
> 钩边谓缝合其前后也，盖衣裳殊者，衣则从袼下连其
> 前后幅而不尽者数寸以为裤裳，则前三幅后四幅各自为之。
> 深衣乃自袼下以至裳之下畔尽缝合之，左右皆然，郑氏谓
> 不殊裳前后，是钩边也。而以之解续衽，误矣。盖续衽其横，
> 而钩边其直也。合之制衣者，其礼，衣四旁以裾衽赘之而
> 不缝合，其去裾衽而缝合者，及谓之亵衣，去古远矣。

黄宗羲认为"裳有前后，今于其边皆钩连为一，故曰钩边"。
结合深衣图与《深衣考误》对比，无误。

> 袪二幅。
>
> 用布二幅，各中屈之如衣，不长。属于衣之左右，从
> 袼下渐圆以至袂末而后缝合之，留其不缝者一尺二寸以为
> 袪，其袂末仍长二尺二寸也。

此处对应的是深衣"五礼"中的"袂
圜以应规"，所以强调"袂末仍长二尺二
寸也"。考《说文》："袪，袂也"，《礼记·玉藻》
郑注谓"袪，袂口也"，盖袂末统称为"袪"。
黄宗羲谓"留其不缝者一尺二寸以为袪"，
言外之意即袂口之半缝者不称"袪"？且
袂口半缝之制，经书无明文，不知依据为
何。结合深衣图，黄宗羲所谓"袪二幅"

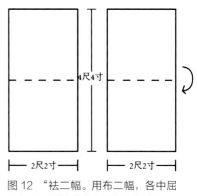

图12 "袪二幅。用布二幅，各中屈
之如衣，不长。"（本篇作者绘制）

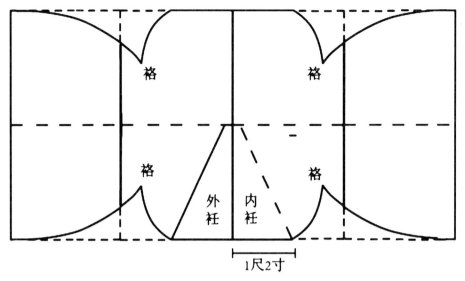

图 13 "属于衣之左右，从袼下渐圆以至袂末而后缝合之，留其不缝者一尺二寸以为祛，其袂末仍长二尺二寸也。"（本篇作者绘制）

形制应如下（图 12、13）：

袼二寸。

衣之两肩各剪开寸许，另用布一条阔二寸加于其上，一端尽内衽之上，一端尽外衽之上，两衽交揜则其袼自方。

此处对应"曲袷如矩以应方"。在深衣图中有标注"方领"，可以看出其形态。

缘寸半。

用黑缯三寸，领也，袖口也，两衽之边也，下齐也，内外夹缝之则缘寸半。

以上内容为深衣形制，根据深衣图均能了解其大致形态。除此之外，黄宗羲还说明了带、缁冠、幅巾、黑履的材质和尺寸规格，但无图示。对比朱熹《深衣制度》图说可以看出，他与朱熹的解读大致相同，可参考其中图示。

第二部分是黄宗羲对《礼记·深衣》《礼记·玉藻》中的深衣制度进行逐句注解，但其说多谬误，这在第一部分已多有体现，不作赘述。

关于深衣之法象，即"规、矩、绳、权、衡"，为什么偏偏要吻合所谓的规、矩、绳、权、衡呢？《淮南子·天文训》谓：

> 东方木也，其帝太皞，其佐句芒，执规而治春……南方火也，其帝炎帝，其佐朱明，执衡而治夏……中央土也，其帝皇帝，其佐后土，执绳而制四方……西方金也，其帝少昊，其佐蓐收，执矩而治秋……北方水也，其帝颛顼，其佐玄冥，执权而治冬。

黄宗羲认为：

> 举手为容者，应接之恭，外无圭角也。负直于后者，宅心之正，而无斜倚也。抱方于前者，制事之义，外无亏缺也。安志平心者，存主之定，内无低昂也。圣人服之，又言先王贵之者，谓贵此规矩绳权衡五者，非深衣也。

这反映了黄宗羲的处世之道，也可以解释其晚年在对身后事的安排中对深衣的态度，即深衣贵在其法象，而非深衣本身。

关于深衣之用度，中国古代的服制虽然有严格的等级要求，但是深衣的使用范围较广。吕大临认为：

> 深衣之用，上下不嫌同名，吉凶不嫌同制，男女不嫌同服。诸侯朝朝服，夕深衣；大夫、士朝玄端，夕深衣；庶人吉服，深衣而已。此上下同也。有虞氏深衣而养老，将军文子除丧受吊，练冠深衣，亲迎女在途，而婿之父母死，深衣缟总以趋丧，此吉凶男女之同也。盖简便之服，非朝祭皆可服之也。

黄宗羲谓：

> 端冕可以为文，而不可以武。介胄可以为武，而不可以文。兼之者，唯深衣。善衣，朝祭之服也，自士以上，深衣为之次，庶人吉服，深衣而已。以上言深衣之所以为善也。

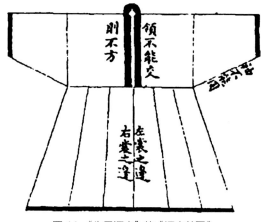

图 14 "朱子深衣"的《深衣前图》

第三部分，并列朱子、吴澄、朱右、黄润玉、王廷相五家图说：

关于"朱子深衣"，附《深衣前图》（图 14），及《曲裾裁剪图》（图 15）。黄宗羲认为其误可分为两类：第一类为因孔氏而失，第二类为不因孔氏之失。

由于孔氏而误解的有：一是"曲裾"之失，因孔氏错解钩边；二是"衣二幅不裁破掖下"之失，因孔氏"袂二尺二寸"，黄宗羲认为，若不裁破，则袼与袂同为二尺二寸，何来渐圆杀之，而形成"袂圜以应规"之象？

孔氏无误，而朱子之失有：其一，孔氏"去深衣外衿之边，有缘"，即已明确深衣有衽在衣，而朱子深衣则仿直领衫为之，上衣无衽；其二，裳三幅属衣一幅。

"吴澄深衣"（无图）："深衣之衣，用布二幅，袂用布四幅，布幅广二尺二寸，凡缝合处每幅削其两边各一寸，止留二尺，衣袂之

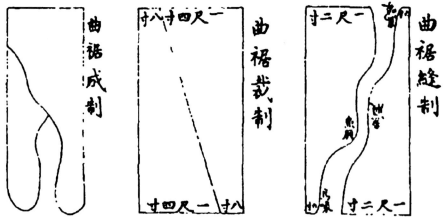

图 15 "朱子深衣"的《曲裾裁剪图》

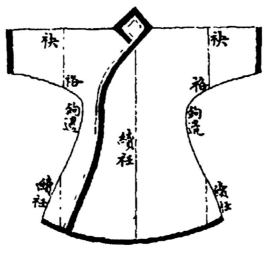

图 16 黄润玉深衣

左右，各布三幅，自背缝至袂口广六尺。"黄宗羲认为，人的手臂上下不过各一尺二寸，身脊至肩为一尺一寸，总不过三尺五寸，而此处袂用四幅，布幅广二尺二寸，与"袂之长短，反屈之及肘"不符。

朱右《深衣考》今存《明文衡》。黄宗羲对于"朱右深衣"评价较高，"按深衣之制，至宋儒而始复之，至朱氏而始正之"。但他认为未尽之处有二：其一，以贴边为续衽。黄宗羲认为贴边有无无关于大义，况且缘夹缝后又缀之贴边，则造成中只有一层，而外则有四层，厚薄不均，于服无宜。其二，袪与袼平，则与"袂圜以应规"不符。

黄润玉深衣制度，本已遗失，因黄宗羲《深衣考》而得以保存（附图一幅）。根据图示可以看出黄润玉对深衣的理解（图 16）。

> 黄南山（润玉）曰："其度用人左臂脉关外寸内尺，酌人肥瘠而裁之。盖古者朝祭衣短有裳，惟深衣长邃无裳，其法用十五升布度身，自肩至踝叠作身材四幅，合后两幅直缝为负绳，开前两幅，襟上度四寸斜裁向上四寸为袼领，另用布如身材一斜裁尖幅二，续前两襟旁为内外衽，又用布半身材二斜裁尖幅四，续腰下四旁为裾衽，仍将前身材四幅，度腋下可容转肘直接袂处，裁入袼裾，曲裁其边至

图 17　王廷相深衣

腰围约七尺二寸三分，衽居一，正俞氏所谓曲裾也。又度
衣下齐约围一丈四尺四寸，即《玉藻》所谓齐倍要也，又
度布二幅，叠如袼，为袂，从袼圆杀至袪，袪一尺二寸。
袖之长，中屈袂幅掩臂之尺。带用素缯博四寸，当肋无骨
处，围腰四尺八寸余，纽两耳，垂绅三尺，结组两齐。"

黄宗羲认为，此应为当时人们所服常服，其始源于深衣，但日
后逐渐简便，而使得衣裳不分，合并剪裁，失去了深衣的意义。且
下四旁设裾衽，中间为衽，两旁则为裾，衽为合古制，而裾则是因
为衣摆过于狭窄，行动不便而制作，与古制深衣相去已远。

"王廷相深衣"也已佚失，所以将内容附上，附图一幅（图
17）。

王浚川（廷相）曰：制衽，当以布一幅斜裁为二片，
一施于内，一施于外，狭皆在上，广皆在下，以本布直边

续属于衣上，以承袪，下以缀裳。旁之斜边，乃剪裂者，不可不钩结之，非若裳之边，乃本布之边，虽不钩亦可也。

裁衣之法，先量度人身，自肩至踝为尺几何，以三停分之，要以上用一分，要以下用二分，如长有五尺，则衣之长当用一尺六寸七分，裳之长当用三尺三寸四分。

裳七幅不用交解裁法，属于衣上，每幅三辟积，十二幅以衣裳通言之也，衣身二幅，内外衽一幅，袂二幅，裳七幅前三后四也。

黄宗羲将"王廷相深衣"之误总结为三点：其一，续衽钩边之误解，或因朱右之失；其二，要缝半下论，谓腰之半于下者，以纵言非以横言也；其三，裳为七幅，前三后四，且每幅三辟积，与古礼不符。

《深衣考》是黄宗羲的礼学专著，不但能具体呈现黄氏对典籍的理解，更是展现他时代意识的著作。结合历代诸家对"深衣"的见解，对比"朱熹深衣"的"直领对襟"式样，《四库全书总目提要》对黄宗羲《深衣考》的评价是否客观，值得我们思考。通过梳理《深衣考》的论点，我们认为黄宗羲之说虽有偏颇，但并未严重违背《礼记》中《深衣》篇与《玉藻》篇的记载。

参考文献：

[1]　礼记 [M]. 胡平生，张萌，译注 . 北京：中华书局，2017.

[2]　郑玄，孔颖达 . 礼记正义 [M]. 吕友仁，整理 . 上海：上海古籍出版社，2008.

[3]　黄宗羲 . 深衣考 [M]// 沈善洪，吴光 . 黄宗羲全集：第一册 . 杭州：浙江古籍出版社，2005.

[4]　黄曦 .《江慎修先生年谱》证补 [D]. 上海：华东师范大学，2005.

[5]　刘浩 . 黄宗羲政治伦理思想研究 [D]. 长沙：湖南师范大学，2012.

[6]　石凝智 . 深衣结构研究 [D]. 武汉：武汉纺织大学，2017.

[7]　邱春林 .《礼记》的深衣制度与设计 [J]. 东南文化，2007（04）：81—85.

[8]　王悦 . 春秋战国时期深衣探析 [J]. 装饰，2008（03）：104—105.

[9]　吴保传 . 社会与学术：黄宗羲与明清学术思想史的转型 [D]. 西安：西北大学，2010.

《深衣考误》及《乡党图考》[清]

说人

江永，生于康熙二十年（1681），卒于乾隆二十七年（1762），字慎修，又字慎斋，徽州府婺源县（今属江西）江湾镇人，终年八十二岁，《清史稿》有其传。江永为清代著名经学家、语言学家、天文学家、数学家及乐律学家，是康乾时期学术由宋明理学转向考据学的关键人物，在中国思想文化史上具有重要地位。

江永一生著述颇丰，《四库全书》收录江永著作有十三种，一百五十一卷。另有三种存目于《四库全书总目》，可知其书之价值与其人之影响。作为《四库全书》撰修官之一的戴震，在《江慎修先生事略状》中说：

> （江永）遗书二十余种，缮写成帙，藏于其家，书未广播，
> 恐就逸坠，不得集太史氏，敢以状私于执事。

据《清史稿·江永传》记载，江永著有《周礼疑义举要》七卷，《礼记训义择言》六卷（注：《清史稿·艺文志》标为八卷），《深衣考误》一卷，《律吕阐微》十卷，《律吕新论》二卷，《春秋地理考实》四卷，《乡党图考》十一卷（注：误，实为十卷），《读书随笔》十二卷，《古韵标准》四卷，《四声切韵表》四卷，《音学辨微》一卷，《河洛精蕴》九卷，《推步法解》五卷，《七政衍》《金水二星发微》《冬至权度》《恒气注历辨》《岁实消长辨》《历学补论》《中西合法拟草》各一卷，《近思录集注》十四卷，《考订朱子世家》一卷。

江永治学最大特征在于广博，举凡经学小学、历算乐律、天文地

理、名物制度等，无所不包。他秉持"实事求是"的治学精神，以小学工夫作基础，追溯名物、制度等古代文化和遗迹，借鉴西洋科技以考究古代历算律吕，同时兼备各种治经能力与工夫，取得众多的成绩。学者钱大昕曾赞誉其为东汉郑玄后第一人，开创东南儒学之宗派。

图1　江永

江永长于"比勘"，在研究中注重收集资料和罗列证据来考证名物制度，这对于史学研究尤其重要，体现出朴学家实事求是、无征不信的精神。《清史稿·儒林二》载：

> 永为之说，当以恒气为率，随其时之高冲以算定气，而岁实消长勿论，其说至为精当。其论黄钟之宫，据《管子》《吕氏春秋》以正《淮南子》。其论古韵平、上、去三声，皆当为十三部，入声当为八部，而三代以上之音，始有条不紊。晚年读书有得，随笔撰记。谓周易以反对为次序，卦变当于反对取之。

另，江永在西方新学方面用功尤深，为探索科学与实学做出了鲜明的表率，也为当时宋明理学转向乾嘉实学做出了重要的贡献。

江永在徽州朴学的发展史上是一位承上启下的关键人物。承上，表现在他对前辈学者如梅文鼎、顾炎武等人成果的吸收发展；启下，则是众多徽州朴学家在江永研究的基础上继承其学术的一个或多个方面，并进一步发扬光大。江永的礼学给清代中、后期礼学家带来了巨大的影响，尤其是解经方法、观念上的启发，将清中期考证之学推向更高境界。江永一生多数时间都在坐馆授徒，在授徒的过程中，江永培养出众多杰出的弟子，其中以戴震、程瑶田、金榜等人成就最大，构成了乾嘉皖派的基础。

说书

江永的礼学考证著作，按照成书先后，以及礼学类型划分，主要有《深衣考误》《周礼疑义举要》《仪礼释例》《仪礼释宫增注》《礼记训义择言》《乡党图考》等，其中记载深衣制度的有《深衣考误》及《乡党图考》两篇著述。这些考证著述的突出特点，是对于朱熹礼学的扬弃和郑玄注解的重视。由“朱学”向“郑学”的迁移，映照着清代学术变迁的影子。

《深衣考误》（图 2）是江永考证礼学最早的著作，此书具体成书时间已难以考定。但据余龙光《双池先生年谱》“乾隆三年四十七岁”条记载，江永回复汪绂的书信提到《深衣考误》作为《礼书纲目》的又一附录：“近又附入《深衣考误》一卷、《律吕管见》二卷，总九十一卷。”由此可以推知，《深衣考误》的成书年代，至迟不晚于乾隆三年（1738）。《深衣考误》主要版本有：《四库全书》本（影印文渊阁本第一百二十八册）、《艺海珠尘》本癸集、《皇清经解》本。

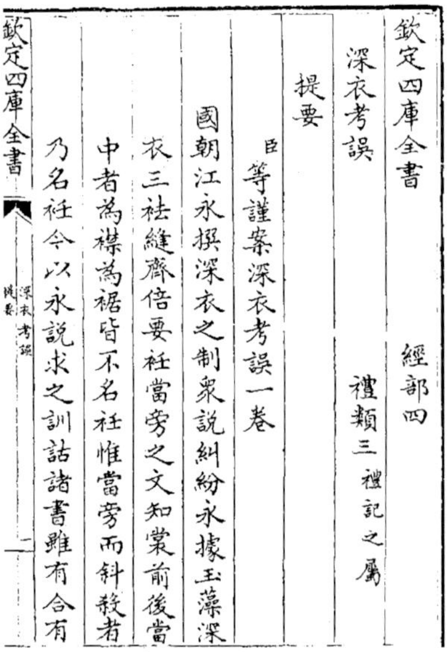
欽定四庫全書　經部四
深衣考誤　禮類三　禮記之屬
提要
臣等謹案深衣考誤一卷
國朝江永撰深衣之制衆說糾紛永據玉藻深衣三袪縫齊倍要衽當旁之文知裳前後當中者為襟為裾皆不名衽惟當旁而斜殺者乃名衽今以永說求之訓詁諸書雖有合有
欽定四庫全書　深衣考誤　提要　二

图 2 《深衣考误》

江永撰写《深衣考误》，原因在于历史上对深衣的理解有诸多舛误。《答汪双池先生书》提到：

> 《礼书纲目》后附《深衣考误》者，盖深衣为圣贤法服，自孔疏误解《玉藻》，失其裁布之法，遂令法服流于奇邪不正，先儒又失续衽钩边之制度，是以特为《考误》一卷，有图有辨，以俟后贤论定焉。

江永认为，郑玄对深衣文化含义的理解是正确的，但其裳、衽的制度，裁布的方法，续衽钩边的形制，后世注疏家如南

图3 《乡党图考》

朝经学家皇侃、北朝经学家熊安生、唐代经学家孔颖达不能够正确理解，使得郑玄本来的阐释逐渐被曲解。

由于《朱子家礼》及其改编本礼书脱离经典，考证礼学和重编礼书兴起。明代以《朱子家礼》为主导，兼载程颐、司马光等家礼，同时融入地方礼俗，这种礼书编撰的方式与经典悬隔太甚，遭到清初学者的批判。在这种情况下，清初的礼学研究更注重礼制的考证，以矫正前代的臆说，同时回归"三礼书"研究，强调经典证据，这一切促进了清代礼学尤其是《仪礼》学研究的复兴。江永《礼书纲目》的编撰是这一背景的产物，《深衣考误》作为《礼书纲目》的附录之一，从训诂学的角度来探究深衣制度，纠偏诸家疏言及朱熹之说。江永的考证有两点值得注意，一是对于郑玄注的尊崇，一是对于朱熹说的批评。通篇引用郑玄的原文近三十处，并言明此书是为了在此基础上进一步完备郑玄的学说，纠正后世学者在解读郑注时的错误，达到复原"深衣"之制的目的。江永于文末还发出"注、疏亦未易读也"的感慨，生动体现了清代学者好实证之精神。

《乡党图考》(图3)，清江永撰，成书于清乾隆二十一年（1756）。该书搜集经传中与《论语·乡党》篇有关的内容加以诠释，是名物制度的专门研究著作，分为图谱、圣迹、朝聘、宫室、衣服、饮食、器用、容貌、杂典九类。该书有学源堂刻本、集秀堂刻本、潜德堂刻本等十余个版本，因所历时间相对较短，版本没有发生太大变化。《乡党图考》收录于《四库全书》以及《皇清经解》中。

《乡党图考》远承朱熹"格物"遗教，意在完成朱子未竟之志，著述成为礼乐经典著作。该书的价值在于补经学研究之不足。江永在《乡党图考》序中痛惜经学研究中"著述家得其大者遗其细，如宫室、衣服、饮食、器用皆未暇数之"，鉴于经学研究中所存在的上述不足，他作了《乡党图考》十卷，自圣迹、名、物，必稽诸经传，根据注疏讨论源流、参证得失，宜作图谱者，绘图彰之，界画表之。江永《乡党图考》成书后，成为《论语·乡党》考核最为精密的著作之一，其中若深衣、车制及宫室制度尤为专门，非诸家之所及。

《乡党图考》共十卷，卷一为图谱，有《孔子先世图》《孔子年谱》及宜作图者，为数三十，每图皆辅以文字说明。卷二为圣迹，考孔子一生足迹所至，立目十。卷三为朝聘，立目十三。卷四为宫室，立目十一。卷五、卷六为衣服，立目三十一。卷七为饮食，立目二十九。卷八为器用，立目八。卷九为容貌，立目十八。卷十为杂典，立目二十，含吉月考、视朔考、朝君考等。总计图谱三十，考一百三十九。

《乡党图考》图谱在卷一，亦为总论，分设《孔子先世图》《诸侯宫寝朝廷庙社图》《天子外朝图》《诸侯治朝燕朝图》《公门图》《大门外摈介传命图》《庙中上摈相礼图》《庙中行聘礼享礼图》《庙中行私觌图》《宗庙制度图》《诸侯五庙图》《聘用圭璋图》《享用璧琮加束帛图》《服制差等图》《冕弁冠服所用图》《车舆图》等。图谱配有文字，以后各卷仅以文字详加考证。这种以"图谱"为总论的写法，形象直观，著述体例很有特色。

《乡党图考》卷一之后各卷不再画图。除了卷一、卷二、卷五、卷十，其他各卷开头都有一篇通考，卷三有《通考诸侯相朝聘》，卷四有《通考天子诸侯三朝》，卷六有《通考服色相称》，卷七有《通考食味调和》，卷八有《车通考》，卷九有《容通考》。每一大类下又分若干小类。

《乡党图考》一书，虽是对《论语·乡党》的专篇研究，但实际上所考证内容并不局限于《乡党》一篇中所涉及的礼器制度，而是以《乡党》篇为中心，向四面扩展，勾画出了古代礼器制度的大体轮廓，正如江永在该书的《例言》中所说"诸制度不必皆《乡党》所有，事有相关，亦兼考之，会通其全，乃能悉其曲折"。该书所作引证，除了十三经注疏外，还涉及后儒的注解，"引经稽典必以注疏为主，后儒之说附之"。

《乡党图考》成书时作者年七十六，时值晚年，江永此时的学识已经达到很高水平，著书经验也十分纯熟。江永《乡党图考》在当世即产生巨大影响，其诠释方法、编撰体例、诠释境界及资料之丰赡翔实、考据之深入精湛，在《论语》诠释史上拥有很高地位。上古的礼可以说是一个繁密、盛大的系统，各种礼之间有着非常细微的差别，而所表达的礼义却相差甚远。江永在进行考证时经常注重考证礼的细微差别，严密而审慎，因此《乡党图考》也是研究古代"礼"的一本重要著作。

说图

关于深衣的线图在《深衣考误》中共有十四幅，在《乡党图考》中共有十幅。两篇著述对于深衣制式及裁剪方法的描述基本一致，均有《深衣裁布图》《深衣裳裁布图》《深衣前图》《深衣后图》，但在篇末对前世深衣的订误部分，《深衣考误》则更为详尽，有《旧说深衣裳裁布图》《旧说深衣裳图》《家礼深衣前图》《家礼深衣后图》和《家礼着深衣前两襟相掩之图》。在此以《深衣考误》为主，对江永深衣的特征进行分析。

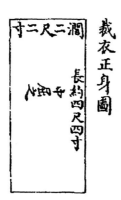

图4　裁衣正身图　　　　图5　裁前右外襟图　　　　图6　裁袂与祛图

一、深衣、裳裁布图

《深衣裁布图》及《深衣裳裁布图》对深衣各部位的裁剪方式的详细记载，使得"江永深衣"的制式更加直观。这在《朱子家礼·深衣制度》中是没有的，黄宗羲的《深衣考》中也只是绘制了"曲裾"部位。

《深衣裁布图》分为《裁衣正身图》《裁前右外襟图》《裁袂与祛图》及关于"曲裾""缘"的文字描述四个部分。

《裁衣正身图》（图4），一幅。附有文字：

> 布一幅，阔二尺二寸，长约四尺四寸，中屈而下垂为
> 衣之左畔，前后幅两边各去一寸为缝，下亦各去边缝。右
> 畔布幅亦如之。

由此可知正身为二幅中屈为四幅，分别为衣之左畔与右畔。

《裁前右外襟图》（图5），一幅。附有文字：

> 又布一幅，长约二尺二寸，阔二尺二寸，其上渐杀之，
> 皆各去边缝以为右前之外襟。《家礼》衣以二幅中屈为四幅，
> 右前无此外襟，其何以掩内襟乎？

在此，江永认为"朱熹深衣"的"直领对襟"式样不合常理。

《裁袂与祛图》（图6），一幅。附有文字：

> 又布一幅，亦如衣左右畔之长阔，中屈之，皆各去边

缝，属于衣之左幅，其外渐杀之，以为左袂，袂之口为祛，径一尺二寸，两面二尺四寸。右袂与祛亦如之。

"曲裾"，无裁剪图样，附有文字：

> 又有曲裾广二寸，两面四寸。又衣之右边与祛、裳之右旁及下边，皆有缘，盖以缯为之，用繢、用青、用素。详见深衣篇。

又见《礼记·深衣》篇：

> 具父母、大父母，衣纯以繢。具父母，衣纯以青。如孤子，衣纯以素。纯袂、缘、纯边，广各寸半。

由此可知，深衣的领及缘的用色有相应制度。父母、祖父母都健在，深衣缘则镶带花纹的真丝缘，可以增加喜庆色彩、欢乐气氛；只有父母健在则镶青色边缘；若是三十岁之前失去了父亲或母亲则称为孤子，深衣要镶白色生绢的边缘，以示孝道。袖口、下裳和衣襟侧边都需要镶边缘，宽度为一寸半，是深衣的形制要求。

根据《深衣裁布图》可以看出，"江永深衣"之"衣"的主要特征是前右外襟的出现。江永指出：

> 深衣之领，自左而掩于右，前襟亦自左掩右，右襟有表有里，则前后当有五幅，如后世之袍制。

由图下所附文字可知，前右外襟为"长约二尺二寸，阔二尺二寸，其上渐杀之，皆各去边缝"。江永指出《朱子家礼·深衣制度》中谓"衣前后四幅，如今之直领衫"而无此外襟，"其何以掩内襟乎"？结合《深衣前图》可以看出，前右外襟的使用使得深衣呈传统的"交领右衽"式样。对比《朱子家礼》中深衣的对襟直领式样，"交领右衽"更符合古代传统着用理念。

《深衣裳裁布图》载《裁裳前襟后裾图》《裁裳衽图》《裁钩边图》《小要图》四个部分。

《裁裳前襟后裾图》（图7），一幅。附有文字：

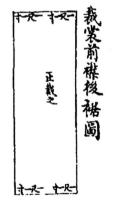

图7 裁裳前襟后裾图

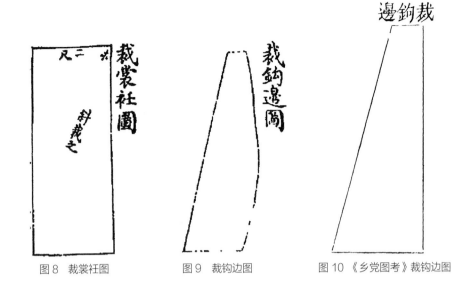

图 8　裁裳衽图　　　图 9　裁钩边图　　　图 10《乡党图考》裁钩边图

布一幅正裁为两幅，上下皆阔一尺一寸，两边各去一寸为缝，每幅上下皆阔九寸。凡用布四幅裁为八幅，各去边缝一寸，八幅上下皆阔七尺二寸，为裳之前襟后裾。

这是"江永深衣"有别于"朱熹深衣"的又一特征，"江永深衣"将裳幅区分为"前襟""后裾""衽"三类，其中"前襟""后裾"为正裁，而"衽"则为斜裁。

《裁裳衽图》（图8），一幅。附有文字：

布一幅交解为两幅，狭头阔二寸（勘误："尺"应为"寸"），宽头阔二尺，两边各去一寸为缝，狭头成角，宽头一尺八寸。凡用布二幅裁为四幅，各去边缝一寸，以成角一头向上，一尺八寸一头向下，为两旁之衽。

《裁钩边图》（图9），一幅（因《深衣考误》中线图潦草，特附《乡党图考》裁钩边图，见图10）。附有文字：

钩边，无明文，大约如此裁之，各去边缝，其斜杀一边缀于右后衽，上头狭处缝着于衣之右内襟。

图 11　小要图

附《小要图》（图11），一幅。附有文字：

棺上合缝之木曰小要，亦名衽。上半杀而下，象帷裳之衽。下半杀而上，象深衣裳之衽。

"裳衽"之制与"续衽钩边"之文是历代学者的"辩论"中心，也是"江永深衣"有别于前朝后世深衣形态的主要因素。江永指出：

衽者，斜杀以掩裳际之名。深衣裳前后当中者，不名衽。唯当旁而斜杀者名衽。故经云衽当旁，明其不当中也。当中则前襟而后裾是也。

这彻底否定了孔颖达以来的"以十二幅皆为衽"的说法，提出：

裳之中幅亦以正裁，惟衽在裳旁始用斜裁。

将裳幅区分为正裁的"前襟后裾"和斜裁的"衽"。这明显有别于孔疏"每幅交解之"，及"朱子深衣"中的"裳幅皆为衽"。

"前襟后裾"由四幅正裁为八幅，前后各四幅，前名襟，后名裾。每幅各去边缝一寸，则八幅上下皆阔七尺二寸。"衽"则由二幅交解为四幅，狭头阔二尺（勘误：狭头阔二尺，"尺"应为"寸"），宽头阔二尺，各去边缝一寸，狭头成角，宽头为一尺八寸，则四幅狭头向上成角，宽头向下阔七尺二寸。将"前襟后裾"与"衽"相连，共十二幅，以应十有二月，尺寸也与"缝齐倍要"吻合。齐，谓裳之下畔，为一丈四尺四寸；要，谓裳之上畔，为七尺二寸。江永认为"深衣裳裁缝之法本如此"，若按疏家之说，则"裳之前后，惟中缝正直，其余皆成奇邪不正之缝，可谓服之不衷，曾谓圣贤法服而有是哉"？

"钩边"，出自《深衣》篇"续衽钩边"。郑玄以"钩边，若今曲裾也"注解《深衣》"续衽钩边"，江永对此尤为推崇，但因郑注简约，江永不能尽得"郑氏解钩边为曲裾"之深意，"恨未得闻其说之详也"。江永在反复研读《礼记·深衣》原篇之后，"始知郑注'续衽'二字，文义甚明，特疏家乱之耳"。

江永认为"续衽""钩边"应分别言之，"续衽"为"裳之左旁缝合其衽也"；"钩边"为"裳之右旁别用一幅布斜裁之，缀于右后衽之上，使钩而前也"。由于裳之右畔前后衽不缝合，若无钩边，则行步之际露其后，缝着钩边而后可以揜裳际。结合《乡党图考》的《裁钩边图》可以看出，"钩边"形制为一边斜杀，布幅呈梯形，一边缀于右后衽，上头狭处缝着于衣之右内襟。

二、深衣前、后图

《深衣前图》（图 12）、《深衣后图》（图 13），各一幅（因《深衣考误》线图绘制潦草，特附《乡党图考》以作参考，见图 14、15）。此两图采用图文结合的形式，对深衣式样做了详细分析，可以看出深衣正面曲裾、正身、右前襟、袂、袪、纯缘、裳前襟、裳后裾、裳衽、下齐、背缝等各部位的形态特征。

江永认为深衣形态为：交领，右衽，上下分裁；领交如矩，袂如规；腰通前后为七尺二寸；下齐倍要，通前后为一丈四尺四寸；裳前为六幅，通前后为十二幅，正裁八幅为前襟后裾，交解四幅为衽；前裳左衽与后裳左衽前后缝合，称之为续衽；前裳右衽与后裳右衽不缝合，内缝缀钩边以掩裳际；背部中缝一直及下齐以应直。

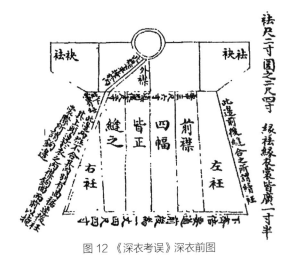

图 12 《深衣考误》深衣前图

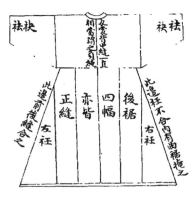

图 13 《深衣考误》深衣后图

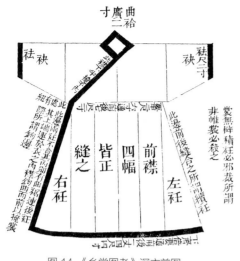

图 14　《乡党图考》深衣前图

图 15　《乡党图考》深衣后图

这对应《礼记·深衣》中对深衣制度的描述：

古者深衣，盖有制度，以应规、矩、绳、权、衡。

袂圜以应规，曲袷如矩以应方，负绳及踝以应直，下齐如权衡以应平。

虽然古制深衣形制究竟如何，无从考证，但根据江永对深衣注疏的文本分析及图样绘制可以看出，江永深衣与古制深衣最为相符，没有明显的相悖之处。

三、旧说深衣考误图

旧说深衣考误，有《旧说深衣裳裁布图》《旧说深衣裳图》《家礼深衣前图》《家礼深衣后图》和《家礼着深衣前两襟相掩之图》五个部分。

《旧说深衣裳裁布图》（图 16），一幅。附有文字：

六幅裁为十二幅，皆如此交解之。各去边一寸，狭头六寸，宽头一尺二寸，缝为裳。

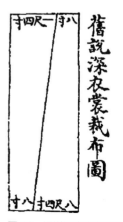

图 16　旧说深衣裳裁布图

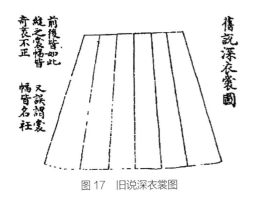

图 17　旧说深衣裳图

图 18　家礼深衣前图

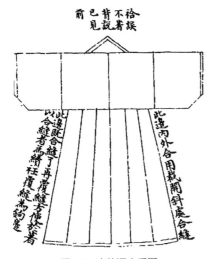

图 19　家礼深衣后图

《旧说深衣裳图》（图 17），一幅。附有文字：

前后皆如此缝之，裳幅皆奇邪不正。

又误谓裳幅皆名衽。

《家礼深衣前图》（图 18）、《家礼深衣后图》（图 19），各一幅。附有文字：

图有五误，裳幅斜裁不与焉。

按，此衣裳未掩之图也，然而图之误有五。衣右畔有外襟、内襟，其内襟不连裳，外襟连裳与衽，并左共六幅，而此图左襟三幅、右襟三幅，则中开不能掩右，一误也。裳后中幅不开，而此离之，二误也。衣裳内边不缘，而此缘之，三误也。两边皆续衽钩边，四误也。曲衽直上后悬空不着背，五误也。

《家礼着深衣前两襟相掩之图》（图 20），一幅。附有文字：

按，此图甚误。裳后既有六幅，则前襟之左掩右也，亦必有六幅，此谓左襟三幅在外，则右襟三幅重叠掩于内，通前后计之，要中只有

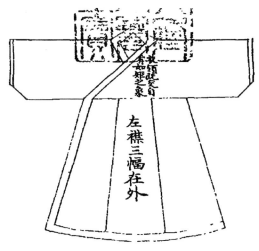

图 20　家礼着深衣前两襟相掩之图

五尺四寸,下齐只有一丈八寸矣。前图幅狭,此图幅忽阔,
亦无是理也。

该部分以旧说深衣及《家礼》深衣的制式为中心进行考辨。江
永批评《家礼》所记深衣制度谬不可及,逐一考辨《家礼》之《裁
前右外襟图》《深衣前图》《深衣后图》《着深衣前两襟相掩图》等
不可通之处。江永指出:

> 续衽钩边,朱子前后有三说:谓别布一幅裁之如钩缀于
> 裳之右旁,此《家礼》之说也;谓左边既合缝了,再覆缝,以
> 合缝者为续衽,覆缝为钩边,此衣图之说也;谓只是连续裳旁,
> 无前后幅之缝,左右交钩即为钩边,此蔡氏所闻之说也。

而以上三说之误皆源于孔氏释《玉藻》之误。他还对杨复的
辩护提出批评,指出"续衽与钩边是二事,郑注分言之,而杨氏即
以续衽当钩边,是误读郑注耳"。他认为杨氏"以郑注破疏家之谬"
原则上是正确的,但未细绎经文,造成"疏说本不误者以为误,而
其真误如孔氏所谓裳幅皆交解者反忽之"。

江永生于朱子故里,又遇国家尊崇程朱,礼学研究渐趋繁盛,
而礼书的钦定版本迟迟未现,江永自认其《礼书纲目》是在"为圣
朝备一礼乐之书"(见江永《答程栗也太史书》,林胜彩、钟彩钧整

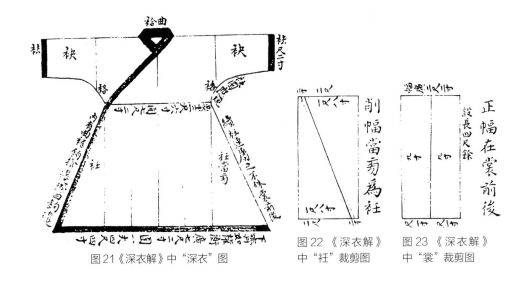

图21《深衣解》中"深衣"图   图22 《深衣解》中"衽"裁剪图   图23 《深衣解》中"裳"裁剪图

理）。最终他以"朱子为宗，式法黄氏"，卒终朱子未竟之绪。江永推尊朱子学术，但并非盲从，其对《家礼》深衣的考误，体现出学术的创新和独立。江永宗主郑玄的做法，揭开了清代礼学由"宗朱"转向"宗郑"的序幕。江永深衣满足蔽体、便事、规矩等多方面要求，相较其他诸家学说，江永深衣最为合理。四库馆臣以为：

> 以永说求之训诂诸书，虽有合有不合，而衷诸经文，
> 其义最当……其说亦考证精核，胜前人多矣。

江永之学，博大精深，能传承其学而又发扬光大者为戴震，且在小学、历算及礼学上最为突出。同时，对于江永学术的传播，戴震与有功焉。余龙光比较汪绂、江永二人学术，认为江氏其学及身而显世，其原因不仅在于"彼时士大夫竞尚考据"，还在于其高弟子戴震"揄扬师说"。江永一生老于乡间，受到经济条件的限制，他的著述无法刊刻，只在小范围内以抄本的形式流传，在这种情况下，戴震对于江氏学术的传播和发扬做出了贡献。《考工记图》是戴震的成名作，对"三礼"名物制度研究深入。在对"深衣"的理解上，戴震著有《深衣解》一卷，在郑注孔疏的基础上，详细解说了深衣的形制，其中有图三幅，分别为"深衣"图（图21）和"衽""裳"裁剪图（图22、23）。结合图说可知，无论是深衣制式还是裁剪方式，

均沿袭了"江永深衣"。

至此，关于"深衣"的图解工作告一段落，现节选各书目中图谱来看宋明以后诸家对深衣形态的不同见解（表1）。但这仅是深衣著作的冰山一角，随着儒学的复兴，宋明时期多种与"深衣"有关的著作出现，特别是单篇别行著作的出现。根据《千顷堂书目》（清·黄虞稷）、《宋史》（元·脱脱等）、《明史》（清·张廷玉等）、《清史稿》

表1 诸家对"深衣"式样的解读

朱熹深衣	丘濬深衣
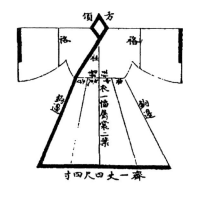	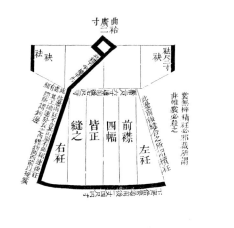
黄宗羲深衣	江永、戴震深衣

表2　宋明时期"深衣"研究书目

出处	著作	
《千顷堂书目》 （清·黄虞稷）	朱右《深衣考》 左赞《深衣考正》一卷 高均《深衣考》一卷 陈栎《深衣说》 黄润玉《考定深衣古制》 王廷相《深衣图论》一卷 郑瓛《深衣图说》 车坧《内外服制通释》	岳正《深衣纂疏》一卷 杨廉《深衣纂要》 许泮古《深衣订》 冯公亮《深衣考正》一卷 夏时正《深衣考》一卷 张庭《深衣考》 程时登《礼记补注》
《宋史》 （元·脱脱等）	王普《深衣制度》一卷	
《明史》 （清·张廷玉等）	岳正《深衣注疏》一卷 夏言《深衣考》一卷 黄润玉《考定深衣古制》一卷 王廷相《深衣图论》一卷 嘉靖七年帝制燕居之冠，日燕弁，服日玄端，并深衣带履，大学士张璁绘图 为说以进。	杨廉《深衣纂要》一卷 朱右《深衣考》一卷 夏时正《深衣考》一卷 张璁《玄端冠服图说》一卷
《清史稿》 （赵尔巽等）	黄宗羲《深衣考》一卷 任大椿《深衣释例》三卷	郑珍《深衣考》 《弁服释例》八卷
《四库全书总目提 要》 （清·纪昀等）	黄宗羲《深衣考》一卷 陈栎《深衣考》 车坧《深衣疑义》	江永《深衣考误》一卷 金履祥《深衣小传》 《两浙名贤录》载舒岳祥所著《深衣图说》
《书目答问》 （清·张之洞）	江永《深衣考误》一卷	任大椿《深衣释例》三卷

（赵尔巽等）、《四库全书总目提要》（清·纪昀等）、《书目答问》（清·张之洞）可以看出"深衣"研究在宋明时期的盛行（表2）。

　　以上著作多有佚失，毋燕燕博士将现存的关于"深衣"的单篇别行的著作概括为两类，一类是诠释《礼记·深衣》的礼法深意的释经性单篇别行著作；另一类是对"深衣"功用与服制进行考辨的考证性著作，注重对深衣样式、裁剪方法及尺寸的考察。司马光《书仪》、朱熹《朱子家礼》、黄宗羲《深衣考》、江永《深衣考误》、戴震《深衣解》均属于第二类。现存的著作详见表3。

　　随着《家礼》在汉文化圈的传播，深衣在朝鲜半岛广受关注，除前文中的部分深衣出土实物外，在文献方面也有大量家礼类著作

表3　现存单篇别行著作

朝代	作者	书名	类型	存佚	收录
元	金履祥	《深衣小传外传》合一卷	释经性	存	《仁山集》卷二，《全元文》第八册，等
元	陈栋	《深衣说》一卷	释经性	存	《全元文》第十八册，《定宇集》卷六，等
宋	司马光	《深衣制度》一篇	考证性	存	《书仪》卷二，《乐律全书》卷二十三，等
宋	朱熹	《深衣制度》一篇	考证性	存	《经义考》卷一百五十，《家礼》卷一，《性理大全书》卷十九，等
宋	文天祥	《深衣吉凶通服说》一篇	考证性	存	《经义考》卷一百五十，《文山集》卷十五，等
明	朱右	《深衣考》一卷	考证性	存	《明史》卷九十六，《全元文》第五十册，《明文衡》卷五十二，等
清	黄宗羲	《深衣考》一卷	考证性	存	《钦定四库全书总目》卷二十一，《皇朝文献通考·经籍考》卷二百十四，等
清	江永	《深衣考误》一卷	考证性	存	《钦定四库全书总目》卷二十一，《乡党图考》卷六，《皇朝文献通考》卷二百十四，等
清	任大椿	《深衣释例》三卷	考证性	存	《续修四库全书总目·经部·礼类·礼记》，《书目问答·经部》之"《礼记》之属"，等
清	戴震	《深衣解》三卷	考证性	存	《中国古籍善本书目·经部·礼类》卷二"礼记"条，《三礼研究论著提要·礼记类》，等
清	许克勤	《深衣图说》一卷	考证性	存	《中国古籍善本书目·经部·礼类》卷二"礼记"条，《三礼研究论著提要·礼记类》，等

表4　朝鲜半岛礼书中的"深衣"图

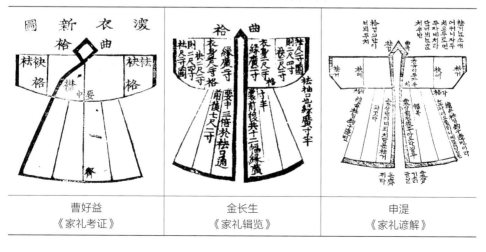

曹好益《家礼考证》	金长生《家礼辑览》	申湜《家礼谚解》

表4　朝鲜半岛礼书中的"深衣"图（续）

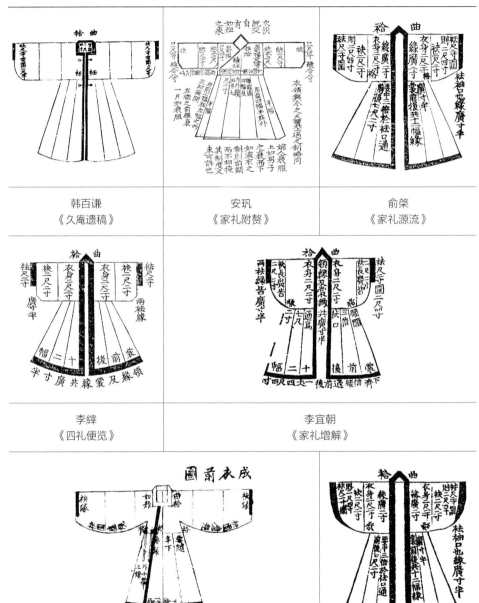

韩百谦《久庵遗稿》	安玑《家礼附赘》	俞棨《家礼源流》
李縡《四礼便览》	李宜朝《家礼增解》	
郑允容《深衣考证》	辛义庆《丧礼备要》	

存世，其中收录"深衣"图的也不在少数。且随着对家礼研究的深入，朝鲜半岛的儒学家不再一味崇尚朱熹《家礼》，而逐渐认识到《家礼》内容有失现实的事例，因此开始了礼学考证的高潮。其中，《家礼考证》（曹好益，1545—1609）、《家礼辑览》（金长生，1548—1631）、《家礼谚解》（申湜，1551—1623）、《久庵遗稿》（韩百谦，1552—1615）、《家礼附赘》（安玑，1569—1648）、《家礼源流》（俞棨，1607—1664）、《四礼便览》（李縡，1680—1746）、《家礼增解》（李宜朝，1727—1805）、《林园经济志》（徐有榘，1764—1845）、《深衣考证》（郑允容，1792—1865）、《士义》（许传，1797—1886）、《居家杂服考》（朴珪寿，1807—1876）、《丧礼备要》（辛义庆，1557—1648）中均有"深衣"图，现节选见表4。由此可见，"深衣"在朝鲜半岛发展的生命力。

参考文献：

[1]　礼记 [M]. 胡平生，张萌，译注 . 北京 : 中华书局，2017.

[2]　郑玄，孔颖达 . 礼记正义 [M]. 吕友仁，整理 . 上海 : 上海古籍出版社，2008.

[3]　丘濬 . 家礼仪节 [M]. 四库存目丛书本 .

[4]　江永 . 礼书纲目 [M]// 影印文渊阁四库全书 : 第 133、134 册 . 台北 : 台湾商务印书馆，1986.

[5]　江永 . 乡党图考 [M]. 北京 : 学苑出版社，1993.

[6]　赵尔巽 . 清史稿 [M]. 北京 : 中华书局，1976.

[7]　徐道彬 . 皖派学术与传承 [M]. 合肥 : 黄山书社，2012.

[8]　邓声国 . 从张扬朱氏学到倡为汉学考据——浅论江永的《仪礼》学研究 [J]. 人文论丛，2013（12）: 68—77.

[9]　徐道彬 . 论江永与西学 [J]. 史学集刊，2012（01）: 54—63.

[10]　徐到稳 . 略论江永之理校 [J]. 徽学，2013，8 : 270—278.

[11]　苏正道 . 清代礼学研究的复盛和礼书编撰的兴起 [J]. 闽江学院学报，2015（03）: 70—78.

[12]　曾军 . 义理与考据——清中期《礼记》诠释的两种策略 [D]. 武汉 : 华中师范大学，2008.

[13]　毋燕燕 .《礼记》单篇别行研究——以《檀弓》《王制》《月令》《深衣》《投壶》为中心考察 [D]. 武汉 : 华中师范大学，2015.

五

世俗风尚

『楚王好细腰，宫中多饿死』，《韩非子》载：『齐桓公好服紫，一国尽服紫。』历来时尚大都由上层引领，古代中国亦不例外。

引言

　　衣食住行都属于文化范畴，"衣"排在四大文化之首自然有其道理，服饰是文化的载体，是历史的见证。启蒙读物《千字文》有"始制文字，乃服衣裳"，将文字与服装相提并论，认为二者是文明之标志。

　　忽必烈曾说："国以民为本，民以衣食为本，衣食以农桑为本。"（《元史·食货志》）

　　《冕服考》序则说："三代制度散见于群经，而宫室之外最宜考核者莫如冠服，学经之士于冠弁、衣裳、佩韨、屦舄之制茫然莫辨，则经义不可通矣。"

　　以上两段叙述分别从物质层面和文化层面对衣的重要性进行了描述。不过，若研究古代黎民百姓的服饰，首先遇到的困难就是资料的匮乏与散乱。在古代文献之中，相比于官服的记载，对于士庶阶层的服饰记录既不系统也不丰富，而且多散见于笔记小说或者不同著作之中，需要研究者花大力气才能搜集整理出来。可是对普通人的服饰进行研究极为重要，因为它与社会形态的方方面面都有关联，并且相互发生作用，包括与社会经济的演变、生产力的进步、民风习俗的流变、纺织技术的提高、战争的进行、语言文字的流行，以及与文学艺术的发展都有实在的相互影响和作用。例如我国传统的社会形态是男耕女织，《商君书·画策》载："神农之世，男耕而食，妇织而衣。"《吕氏春秋·爱类》也认为："士有当年而不耕者，则天下或受其饥矣；女有当年而不绩者，则天下或受其寒矣。"

　　我国封建社会经济总体上是重农抑商，这在服饰上就表现为汉高祖规定商人不得乘车衣锦，晋朝继承了汉时歧视商人的政策而且表现得更为突出："非命士已（以）上，不得乘车马于都城百里之内。金银锦绣，工商、皂隶、妇女不得服之，犯者弃市。"同时，统治者在贱商方面更上一层楼。《晋令辑存》记载："侩卖者，皆当着巾，白帖额题所侩卖者及姓名，一足着黑履，一足着白履。"

为何会有这样带有侮辱性的公示方法呢？究其原因，一是朝廷需要把老百姓牢牢地拴在土地上，保证粮食生产以稳定社会；另一个原因就是通过经商逐渐富裕起来的商人往往是僭越服装制度的先锋。

古代服饰虽然作为一种制度带有浓重的政治色彩，可是并非与时尚毫无关系。什么是时尚？英文为fashion，所谓时尚，是时与尚的结合体。所谓时，乃时间、时下，即在一个时间段内；尚，则有崇尚、高尚、高品位、领先之义。时尚，就是人们对社会某项事物一时的崇尚，用我们现在的话语，可以表述为一种服饰美学。

"楚王好细腰，宫中多饿死"，《韩非子》载："齐桓公好服紫，一国尽服紫。"历来时尚大都由上层引领，古代中国亦不例外。然而就时尚来说，宫廷与民间并不是有一道鸿沟不可逾越，南宋王迈《臞轩集》有言："后宫朝有服饰，夕行之于民间。"

因此"时尚"化身为"民俗"，流行于民间。民俗又称民间文化，是指一个民族或一个社会群体在长期的生产实践和社会生活中逐渐形成并世代相传、较为稳定的文化事项，可以简单概括为民间流行的风尚、习俗。习俗有民俗、官俗之分，而民俗与官俗又在社会形势的左右下不断转换。例如：清军入关后对汉人颁布了"剃发令"，留发不留头，留头不留发。汉族自古以来就非常重视衣冠服饰。《孝经》有言："身体发肤，受之父母，不敢毁伤，孝之始也。"经过"江阴十日"和"嘉定三屠"等残酷镇压，汉人留发的民俗，变成了剃头的官俗。而仅仅过了二百六十多年，这官俗已经成为民俗，当辛亥革命以后，革命党人倡导剪掉辫子时，也有人非常不情愿，坚持留辫子。据说作为汉族人的张勋在复辟入见宣统帝时，一边叩头痛哭流涕地表达忠心，一边"以手探脑后，挈尺余长之小辫，举以示之"。另外就是学博中西，号称"清末怪杰"，精通英、法、德、拉丁、希腊、马来等九种语言，获十三个博士学位的辜鸿铭，在清朝灭亡后，依然留着长辫，穿长袍。当辜鸿铭梳着小辫儿走进北京大学课堂时，学生们哄堂大笑。有人戏称"全世界只有一条男辫子保留在辜鸿铭头上"。他反唇相讥："我头上的辫子是有形的，你们心中的辫子是无形的。"当然社会趋势才是时尚流行的强力推手。1911年辛亥革命以后，辫子没了，帽店火了，盛锡福当年在天津开张。

由于服饰与民俗密不可分，而民俗则涉及社会生活的各个角落，因此服饰作为社会生活史的一个重要的方面，有必要深入研究。

遗憾的是我们的史书忽略了平头百姓的日常穿着，而用图像表现平民生活的典籍实在不多。我们力图在本章的几部古籍之中尽可能从民间生活的角度去解读当时的耕织生活与衣着情景。在《古玉图考》中尽管普通人不是主角，我们也力争通过它描绘出我国流行几千年并深入人心的玉文化。

《事林广记》［宋］

｜说人

　　《事林广记》虽流行已久，版本众多，但是有关其编撰者陈元靓的事迹资料却极为罕见，"几近于无"，只有七零八落之处的只言片语。清初黄虞稷的《千顷堂书目》、乾隆间官修《续文献通考》皆言"元靓里贯未详"。《四库全书总目提要》卷六十七称："元靓不知其里贯。"对陈元靓的籍贯、年代有所发现，还是间接地通过其另一著作《岁时广记》。

　　《岁时广记》署名"广寒仙裔陈元靓"，表明他是广寒先生的后代。清末四大藏书家之一的陆心源在其《皕宋楼藏书志》卷六十"类书类二"著录有汲古阁旧藏明永乐刊本《纂图增新群书类要事林广记》，题曰"西颖陈元靓编"，说元靓有《岁时广记》已著录，仕履无考，当为季宋人。原因为是编各类所征引皆至南宋止，如"地舆"则止于宋四京二十三路，"历代"则止于中兴四将，"先贤"则止于罗豫章、李延平，"人事""家礼"则止于温公、朱子之说，唯"圣贤"类则有大元褒典，"字学"类则有蒙古书姓，当是元人增入；"郡邑""官制""俸给"三类全是明代之制，及明初人所加增也，新之名盖由于此。因此他怀疑："此书在当时取便流俗通用，自元而明屡刊屡增，即其所分子目，恐亦非元靓之旧矣。"陆氏指出《事林广记》本是"取便流俗通用"之书，元明间屡加刊行，多有增减改窜之处，并非旧貌，暗示不可轻易据书中内容判断作者之时代。陆氏另撰有《仪顾堂续跋》，其书卷十一《永乐椠〈事林广记〉跋》有云："元靓仕履无考，当为福建崇安人，广寒先生之裔。广寒先生名字无考，墓在崇安。其子名逊，绍圣四年进士。元靓必逊之裔也。"跋中所言《岁时广记序》乃陆氏《重刊足本〈岁时广记〉序》之省称，其文有云：《岁时广记》四十二卷，题"广寒仙裔陈元靓编"。……广寒先生姓陈氏，不知其名，福建崇安人，陈希夷弟子，后尸解，墓在建阳县西三桂里水东源。崇安有仙亭峰、白塔、仙洞，皆以广寒得名。子逊，绍圣四年（1097）进士，官至侍郎，尝构亭于墓所，名曰望考。后朱子尝居其地，故学者又称曰考亭先生。元靓盖逊之裔也。朱子即朱熹，有"考亭先生"之名。元靓则应该是陈逊的后裔。《岁时广记》前有刘纯所撰引文，内称："龟峰之麓，梅溪之湾，有隐君子，广寒之孙，涕唾功名，金玉篇籍。"崇安县东乡五夫里有龟山，又有西坑岭，为梅溪之源。梅溪西南流入崇溪，崇溪即崇安之主流也。因此可知陈元靓是崇安五夫里人。广寒先生仙亭峰胜迹亦在五夫里。"涕唾功名，金玉篇籍"，可知元靓并无功名仕历，只是隐居写书而已。陈元靓著作除了《岁时广记》《事林广记》以外，还有《博闻录》三编，朱鉴为《事林广记》所撰序言说："予惟陈君尝编《博闻》三录，盛行于世。"《博闻录》今已佚，唯在《岁时广记》《农桑辑要》及《永乐大典》残存各卷引用的文字中得其梗概。胡道静是海内外首位对《事林广记》做全面深入研究并有重大创获的学者，其认为陈元靓的书有一个共同的特点，即都是为取便流俗通用而编的。福建崇安、建阳之间的麻沙镇，在宋、元时代书坊林立，这些坊肆不但照本刻印古书，也新编一些适应士林、民间需要的书籍刊售。元靓是崇安人，去麻沙镇甚近，颇疑他因科场失利，遂绝意仕进，佣于书肆，以编写为生。所以他虽然编撰了不少为民间所喜好的书籍，但是姓名并不见于史传。

综上所述，研究者们认为陈元靓是福建崇安人，但也有学者研究推断"元靓之祖广寒先生实系建阳人，而绝非崇安人也"。其实崇安与建阳自古毗邻，无论元靓是这两处的哪里人，都是去麻沙镇极为便利的；无论是以编写为生还是为个人追求，元靓编写《事林广记》都具有很好的地域氛围。

元靓所生活的时代也可以从《岁时广记》中找寻到线索。《四库全书总目提要》卷六十七"时令类"《岁时广记》提要有云：书前又有"知无为军巢县事朱鉴"序一篇。鉴乃朱子之孙，即尝辑《诗传遗说》者，后仕至湖广总领。元靓与之相识，则理宗时人矣。后世学者大多采纳了《四库全书总目提要》对陈元靓所处时代的考证。胡道静认为陈元靓或有可能活到元初。朱鉴《岁时广记序》有云："仰以稽诸天时，俯以验之人事，题其篇端曰《岁时广记》，求予文而序之。予惟陈君尝编《博闻》三录，盛行于世。况此书该而不冗，雅而不俚，自当与并传于无穷云。宣教郎、特差知无为军巢县事、兼义武民兵军正、总辖屯戍兵马、借绯新安朱鉴撰。"文中用"求予"，可见朱鉴比元靓年长。朱鉴是朱熹的嫡长孙，方志中有关于他的记载。《万历建阳县志·人物志》有云："鉴字子明，熹嫡长孙，塾之子也。荫补迪功郎，累迁奉直大夫，湖广总领。宝庆间随季父在迁居建安之紫霞洲，建熹祠于所居之左。子孙入建安自鉴始。"清道光年间陈寿祺《福建通志·宋道学传》有云：鉴字子明，熹长子塾之子也。少颖敏绝人，读书一目数行，熹钟爱异于诸孙。及长，荫补迪功郎，累除户部郎中，总领湖广、江西、广西赋。……母丧，服阙请祠不出。随季父在徙居建安之紫霞洲，建朱子祠于所居左。子孙居建安自鉴始。宝祐六年卒，年六十九，积阶至朝议大夫。王珂博士对此进行了细致的推测，朱鉴去世时虚岁六十九，周岁应是六十八，其生年为光宗绍熙元年（1190），陈元靓较其年少，应生于此年之后。综合以上两段方志的记载，朱鉴"总领湖广、江西、广西赋"的时间必在"宝庆间随季父在迁居建安之紫霞洲"以前，则其"知无为军巢县事、兼义武民兵军正、总辖屯戍兵马"时理宗尚未即位改元。再根据朱鉴所序，在《岁时广记》之前陈元靓另编撰有《博闻录》一书，以上二书的篇幅均不算小，尤其后者，旁征博引、体例精善，非博观典籍、泛览九流者莫能为。宝庆元年（1225）朱鉴是三十五岁，元靓应该只比其略小几岁。如果年龄悬殊，元靓若还不到而立之年，其才学和经历是不足以架起两部颇具分量之书的。所以王珂博士假设朱鉴年长元靓五岁左右，元靓约生于宁宗即位改元（1195）前后。以此推测，至元军兵临杭州城下，恭帝出降，南宋灭亡之日，若陈氏健在，则已年登耄耋矣，其以遗民身份入元尚有可能。但在讨论陈元靓的朝代归属问题时，吾人以为系之以宋仍最为妥当。

综上所述，我们可以认为，陈元靓生于南宋，在其晚年有可能经历了元的改朝换代，但其撰写《事林广记》的时间应是宋代而不是元代。其次，元靓并无官职也不见于史书志书记载，但他的作品比人有名，尤其是《事林广记》，流传广泛、翻刻频繁。此外，从元靓所居之地到民间出版重地麻沙镇极为便利，这使其深谙出版市场的需求，也定下了《事林广记》以实用为要的基调。

说书

《事林广记》是一部日用百科全书型的古代民间类书。类书是指"古籍中辑录各种门类或某一门类的资料，按照一定的方法加以编排，以便于寻检、征引的一种知识性资料汇编"。陈元靓所编的宋代原本今不可见。现存的元、明刊本，均为增广和删改版。这些版本的内容无一完全相同，多多少少都有出入。《皕宋楼藏书志》说："疑此书在当时取便流俗通用，自元而明屡刊屡增，即其所分子目，恐亦非元靓之旧矣。"

据学者统计，《事林广记》一书的现存版本大约二十种，主要包括元明刻本、各类抄本及和刻本。一是元刊本，有三种共五部，其中一部系残本：元至顺间建安椿庄书院刻本一部（台北故宫博物院藏本），元至顺间西园精舍刻本一部（日本国立公文书馆内阁文库藏本），元后至元六年（1340）建阳郑氏积诚堂刻本三部，其中一部系残本（北京大学图书馆藏本暨李盛铎木犀轩旧藏、日本宫内厅书陵部藏本、日本佐贺县武雄市教育委员会藏残本）。二为明刊本，有七种共十一部，一部系残本：洪武壬申年（1392）梅溪书院刻本三部（庆应义塾大学斯道文库藏本、东洋文库藏本、韩国首尔大学奎章阁藏本），永乐戊戌年（1418）建阳翠岩精舍刻本两部（南京图书馆藏本、日本静嘉堂文库藏本），成化戊戌年（1478）建阳刘廷宾刻本三部（南京图书馆藏本、台北"国家图书馆"藏本、剑桥大学图书馆藏本），弘治辛亥年（1491）云衢菊庄刻本一部（日本天理图书馆藏本）、弘治壬子年（1492）詹氏进德精舍刻本一部（日本米泽市市立图书馆藏本）、弘治壬子年（1492）詹氏进德精舍刻本一部（日本米泽市市立图书馆藏本）、嘉靖辛丑年（1541）余氏敬贤堂刻本一部（辽宁图书馆藏残本）。三是刊刻年份不详之本，有六种共六部，其中四部系残本：日本长崎县立对马历史民俗资料馆藏本一部、山东图书馆藏本一部（残本）、安徽博物馆藏本一部（残本）、日本前田尊经阁文库藏本一部、日本东京大学东洋文化研究所大木文库藏本一部（残本）、梵蒂冈图书馆藏本一部（残本）。四是明抄本两种共两部，皆系残本：国家图书馆藏明抄四卷本一部（残本）、国家图书馆藏明抄一卷本一部（残本）。五是日本德川幕府时代抄本一种共一部（日本叡山文库藏本）。六是和刻本（日本翻刻之中国古籍）一种，部数不详。

众版本的题名也不尽相同，如：至顺刻本题"新编纂图增类群书类要事林广记"，至元刻本题"纂图增新群书类要事林广记"，日本翻刻泰定本题"重编群书类要事林广记"。所谓"新编""增新""增类""重编"，都表明了对陈元靓的原本有所增或改。如此多的版本，也可以看出这本民间类书是非常实用的，不仅从宋到元明，流传久远，而且翻刻频繁，每次翻刻也会与时俱进、有所增减，以适应时下的需要。

元至顺年间建安椿庄书院刻本是《事林广记》现存最早的版本之一，该版本较为完整，且错误较少，资料比较丰富，插图比较详明。原书旧藏故宫博物院，抗日战争前商务印书馆董事长张元济（菊生）先生曾据以摄影留版，原定列入《景印国藏善本丛刊》之中，由于抗日战争爆发，后又拖延，迄未印行。原书在 1949 年前流至台湾。此间所存，唯菊老先生所留书影。在目前来说，这个版本的全部书影对学术研究应是有很多用处的。中华书局于 1963 年影印出版，本文主要依据该版本。至顺刻本题名"新编纂图增类群书类要事林广记"，计前集十三卷十五类，后集十三卷十八类，续集八卷三类，别集八卷八类，共计四十二卷四十四类。前集目录标题下题"西颖陈元靓编"。后、续、别集缺目录。其各集类目为：

《前集》：

卷一：天文类 卷二：历候类、节序类

卷三：地舆类 卷四：郡邑类

卷五：方国类 卷六：胜迹类、仙境类

卷七：人纪类 卷八：人事类上

卷九：人事类下 卷十：家礼类

卷十一：仪礼类 卷十二：农桑类

卷十三：花果类、竹木类

《后集》：

卷一：帝系类 卷二：纪年类、历代类

卷三—卷四：圣贤类 卷五：先贤类

卷六：宫室类、学校类 卷七：文籍类、辞章类

卷八：儒教类 卷九：幼学类、文房类

卷十：服饰类、闺妆类 卷十一：器用类

卷十二：音乐类、音谱类 卷十三：武艺类

《续集》：

卷一—卷二：道教类 卷三：禅教类

卷四—卷八：文艺类

《别集》：

卷一：官制类　　　　　卷二：官员禄廪俸给

卷三：刑法类　　　　　卷四：公理类

卷五：货宝类　　　　　卷六：算法类

卷七：茶果类　　　　　卷八：酒曲类

从上可见，《事林广记》与传统类书不同，其最显著的特点是切于实际生活，所以被命为"通俗类书""民间类书"或"日用类书"。今人刘天振用"通俗类书"定义《事林广记》为首的新兴类书，并对此给予了较为详细的解释：通俗类书是相对于官修大型类书及文士私撰类书而言的、主要由民间书坊编刊的一类书籍。之所以冠以"通俗"的定语，也是就有别于官修、私撰类书庄严典重的文化品格而言的，是指它的题材和形式都体现出鲜明的通俗文化品格。胡道静先生将《事林广记》定义为"一部日用百科全书型的古代民间类书"，该书是"取便流俗通用而编"，"以供给民间日用常识为主"的。而王珂在其博士论文中，又直接将其定为"日用类书"。"日用类书"一词发源于 20 世纪 50 年代的日本学界，也有学者称"日用百科全书"或"日用百科辞书"。但无论怎样划分，我们都可以看到《事林广记》为生活之便的编辑目的，以及所收录的是与日常生活息息相关的实用材料。例如：续集卷六至卷八文艺类介绍了蹴鞠、双陆、打马、唱赚、幻术等当时流行的娱乐方式；续集卷八文艺类中，又有"绮谈市语"一项，记述了当时通都大邑中市民阶层中流行的切口语（帮会或某些行业中的暗语）。别集卷四公理类载列各种诉状的程式，其中有"军人告取封装状式""妇人夫亡无子告据改嫁状式"等；别集卷六算法类载有"累算数法""足数展省""省数归足""九九算法""亥字算法""下筹算法"等，都是当时民间运用的算法。同类中又载有"鲁般尺法""玄女尺法"和"飞白尺法"等过去民间营造工匠世代所习用的尺度。

　　不光在内容编排上贴近生活，《事林广记》的实用还体现在图文并茂、用图说话，使读者对书中所述之物有非常直观的理解。胡道静先生经研究后认为，真正有插图的类书其实是陈元靓创造的。我国自古以来便有"左图右史"的传统。郑樵《通志·图谱略·索象》说："古之学者为学有要，置图于左，置书于右；索象于图，索理于书。故人亦易为学，学亦易为功。"但是作为百科知识性质的类书，却自《皇览》以下，缺乏载图的传统。有的类书中所谓的"图"绝大部分是"谱"，即今日所谓"表解"；有的"图"也只有地图（如《禹贡九州图》)，而不是形象之"图"。而《事林广记》中不仅有谱表、有地图，还有很多描绘形象与动作的形象之图，也就是插图，如历候类的《律度量衡图》《古制莲漏之图》《今制莲漏之图》，仪礼类《习跪图》，农桑类《井田之制》《耕获图》《蚕织图》，圣贤类《先圣遗像》《昭烈武成王》《濂溪周先生元公像》等先贤像，学校类《天子五学图》《天子辟雍图》《诸侯泮宫图》，文籍类《河图》《洛书》，幼学类《习叉手图》《习祗揖图》《习展拜图》，服饰类各种冠冕衣服图，器用类度量衡具图、几筵俎豆图、车制图、旗制图，音乐类乐器图，武艺类步射图、骑射图，道教类《老子出关图》，禅教类《如来演教图》，文艺类《夫子杏坛之图》《投壶图》《北双陆盘马制度》及圆社摸场图等。尽管这些图刻绘得并不精美，但相对于只有文字而言，还是可以帮助当时的读者理解，也可以让我们这些当下的读者更形象地了解古人的生活状况。正如18世纪中叶，法国《百科全书》（科学、艺术和手工艺分类字典）的主编丹尼斯·狄德罗曾强调过的："看一下实物或这一实物的图像比一页纸的解释还要管用。"

　　此后，如明官修《永乐大典》、章潢《图书编》、王圻《三才图会》、清官修《古今图书集成》等类书对插图的运用，受了《事林广记》的影响。《事林广记》之草创插图，与它之为民间通俗类书的性质是相适应、有关联的，与麻沙书坊刻书之擅于附刊插图，也是有深刻的关系的。

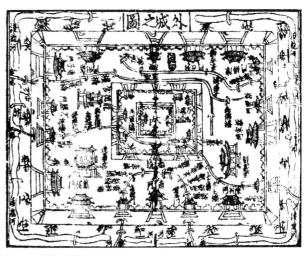

图 1　外城之图

　　《事林广记》涉及的内容非常广泛，留给后世许多可资借鉴的资料。在香学领域，宋元之际的陈敬、陈浩卿父子编撰的《新纂香谱》（也称《陈氏香谱》）前载"集会诸家香谱目录"，其中包括洪刍、颜持约、沈立等人的《香谱》七种以及其他书籍四种。《事林广记》是四种书籍之一。明代收藏家周家胄的《香乘》中，据说有"内苑蕊心衣香""熏衣笑兰香""香发木犀香油"三则出自《事林广记》。在音乐学领域，中央音乐学院中国音乐研究所编辑《中国古代音乐史料辑要（第一辑）》（1962 年 11 月中华书局出版）将《事林广记》中音乐部分和其他门类中与音乐有关的篇章引入书中，并在《例言》第二条说明："《事林广记》中保存了不少散佚不传的音乐资料，例如'遏云要诀'、'圆里圆'、'赚词'、'鼓板棒数'、'愿成双'、'狮子序'、'乐星图谱'、'总叙诀'、'八犯诀'、'四犯诀'、'管色指法'等。"在数学领域，数学史家李俨将《事林广记》中的"算法源流"辑入其专著《十三、十四世纪中国民间数学》（1957 年科学出版社出版）中。

　　《事林广记》中的插图，也被各个领域研究者所用。日本历史学家加藤繁在其《宋代都市的发展》（《中国经济史考证》第一卷第十四篇）一文中利用了日本翻元泰定刻本《事林广记》甲集卷十一的《（东京）外城之图》（图 1）。英国学者李约瑟编著的《中国科学

图2　古制莲漏之图

技术史》，在天文部分谈到中国古代的壶漏时，也参考了《事林广记》的《古制莲漏之图》（图2）。此外，作为类书的《事林广记》征引了诸多古籍，这些古籍是编纂者当时所见的版本，早于今日流行的版本。所以可作为参照，校正新版本的错误疏漏。

既然是"生活百科全书"，《事林广记》必然会涉及位于衣食住行之首的"衣"。其对于穿衣的描述主要见于"服饰类"篇目下，不仅用图像描绘了历代服饰，而且还在"后集"卷十"服饰类"的"浣泽须知"中特别辑录了关于衣物的清洗及防蛀的方法。首先是针对不同材质衣物的清洗方法，如洗皂衣需要"浓煎黄栀子"，洗毛衣则"用猪蹄爪煎汤乘热洗"，洗蕉葛衣需"用清水揉梅叶洗"，方可"经夏不脆"。还有针对不同污渍的清洗方法，这些污渍主要有垢腻污、墨污、青黛污、油污、漆污、疮汁、粪污七种常见的类别。洗垢腻污有四种方法："苦苣灰汁浣衣洁白如玉。又法，捣碎萝卜洗。又法，茶子去壳捣烂洗甚妙。又法，豆楷灰洗衣垢绝妙。"洗墨污需"嚼枣洗。又法，半夏末和水洗。又法，急用银杏去膜嚼破，揉污处，用新汲水浣之，嚼杏仁亦得久污则揉浸少，顷洗之无痕"。青黛污的清洗方式即为"嚼杏仁洗"，油污则"用蜜洗"，漆污"用油洗"，疮汁"用胶清洗"，粪污"埋土内一伏时取出洗"。此外还提到了衣物的防蛀，如"毡褥之属"的防蛀，提及两种情况，"若频频晾露，则蝇类遗种于中，反能速蛀；不晾，则蛀愈甚"；丝织服饰的防蛀也是如此，"五月五日，取苘苣顿厨篋中，辟衣帛虫蛀"。

其他文字部分，在节序类和礼仪类中均有提及。

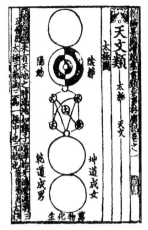 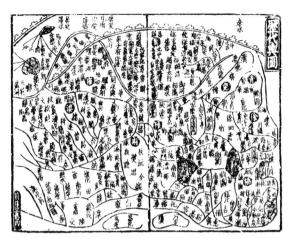

图3　太极图（谱表）　　　　图4　历代舆图（地图）

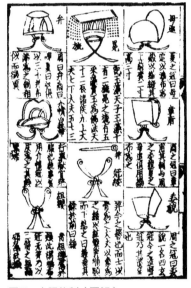 

图5　衣服仪制（图解）　　　　图6　蚕织图（图画）

说图

《事林广记》中插图分为谱表、地图、图解、图画四类（图3—6）。前三类插图，从表现形式到图像本身都沿袭了宋代插图本的传统和旧例，并非《事林广记》首创。而图画类插图在《事林广记》的众多插图中却是特殊的一类：它们不像谱表、地图和图解那样与较早的插图本之间有着明显的承袭关系，我们很难在现存插图本中找到这些大幅图画的图像源头。从版式上看，图画类插图多为单面式或双面连式，与前三类插图相比，图幅更大，与文本的关系更为疏离；从图像内容上看，其图更为丰富、细致、精美，如不考虑其木刻的形式，从书籍中单独分离出来，便称得上是一幅真正的绘画作品。过去，版画史学者讨论较多的"《事林广记》版画"，一般指的就是这类插图。从这些图画中，我们也可以更为清晰地看到所绘服饰的特征。

一、特色鲜明的蒙元服饰

《事林广记》的"跨页"插图中，最引人注目的是以元人形象表现内容的图。《步射总法》和《马射总法》中所绘之人，头戴笠子帽，身穿辫线袄子。笠子帽蒙古人经常使用，汉族人却不怎么佩戴。这种笠帽有方顶也有圆顶，顶中装饰有珠宝，清代"红纬帽"乃由其式逐渐发展形成。辫线袄子的腰部有很多襞折，伸缩性大，便于骑马。通常在辫线袄子的左腋腰侧，还要缀多组纽襻。于骑马飞驰之际扭身射箭，蒙古袍给予身体以充足的活动空间，蒙古靴保护了踩在马镫上的脚，而腰带可以佩挂箭筒和刀等兵器及用具。（图7—9）

图7　步射总法

图 8　马射总法

图 9　大茶饭仪图（局部）

图 10　双陆图

　　蒙古族习俗男子髡发，不同年龄有不同发式。这与其他北方少数民族是一样的，如契丹和女真人。髡发一般是将头顶的部分头发剃光，只在两鬓或前额部分留少量余发，额上留一桃形的一小撮头发，称为婆焦。有的在耳边披散着鬓发，有的将左右两绺头发修剪整理成各种形状，然后下垂至肩，还有的结发成环，悬垂耳后。《双陆图》中男子摘下帽子，发型清晰可见（图 10）。

图 11　酒令图

图 12　习跪图

元人尚金线衣料，加金织物"纳石失"（又称"纳阁赤"）最为高级，还有一种是金段子。元代文献常常讲到金段子，今日的专家们总说金段子即纳石失，不过，这是个误会，因为元人就已经把它们分开。当时，每逢年节，各衙门要向皇帝进奉，在中书省的新春献贡里，就分别有纳阁赤和金段子。宋人陈元靓编、元人增补的《事林广记》别集卷一《元日进贺礼物》记载：中书省。马二十七匹、纳阁赤九匹、金段子四十五匹、金香炉合一副。可见金段子和纳石失不是一回事。

而且通过《事林广记》的图像，学者们还发现了很多有趣的细节。如《双陆图》中左侧男子的背后有一方形装饰，这种位于袍服襟、背正中的装饰在唐代还是圆形，被称为团窠。到了元代，它的轮廓由圆形改为方形，称为"胸背"。到了明代，更进一步演变成官服上的补子。以上服饰特点在诸插图中都可以看到（图 11、12）。

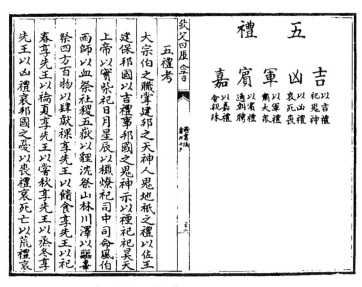

图 13　[明]章潢《图书编·五礼考》

二、礼仪中的服饰

以祭祀之事为吉礼，丧葬之事为凶礼，军旅之事为军礼，宾客之事为宾礼，冠婚之事为嘉礼，合称五礼(图13)。不同的礼仪活动中，服装是非常关键的，它不仅区分不同的礼仪，区分礼仪的不同等级，也显示参加礼仪的人的不同身份。《事林广记》在家礼类、仪礼类中有关于成年礼（男子冠礼和女子及笄）、婚礼、丧礼、祭礼等礼仪，其中可见服饰在礼仪中的重要作用。如在讲述男子成年礼冠礼的时候，引用唐代吕和叔的《乡仪》记载：

> 冠，古者未冠为童子，彩衣，紒……宾、主人、执事者皆盛服。执事者设盥盆于厅事阼阶下，东南有台，蜕巾在盆，北有架，陈服于房中西牖下东向。北上公服、靴、笏。次旋襕衫，次四袄衫。腰带、梣篦、总、幞头。席二在南，公服衫设于椸，靴置椸下。笏、腰带、篦梣、总、幞头置卓子上。酒壶在服北，次盏注亦置卓子上，幞头帽巾各承以盘，蒙以帕。……将冠者双紒、袍勒帛、素屦，在房中南向。

古代没有行过冠礼的男子称为童子，此时身穿彩衣，头梳发髻。十五到二十岁的时候，男子成人，要举行冠礼。在加冠的正日，主人、客人、执事者均要穿着盛装。在正厅的北面放置衣架，成人礼服陈列在西窗户下面，向北依次排列公服衫、靴子、笏板、旋襕衫、四襆衫、腰带、梳子、篦子、束发带和幞头巾子。在南面，公服衫摆放于衣架上，靴子放在衣架下面，笏板、腰带、梳子、篦子、束发带、幞头巾子都放置在桌上。幞头、帽子、巾子都用各自的盘子盛着，上面蒙着帕子。要接受冠礼的男孩子头束丫髻，用素帛勒紧袍子，脚穿木屐，在房中面朝南站立。

从整个冠礼的过程中，都可以看到服饰在礼仪中的重要作用。主宾为男孩子加冠穿衣的过程就是整个成人礼的核心。主宾为他解开原来的发髻，将散下来的头发梳拢到一起，束上幞头巾子。经过一系列的动作，主宾要祝告："令月吉日，始加元服；弃尔幼志，顺尔成德；寿考维祺，介尔景福。"意思是：吉日良辰，幼子要开始穿成年人的服装，从此就要放弃幼年的想法，修养德行，愿你长命百岁、福德绵长。然后主宾还要跪着为加冠者戴上巾子，之后站回原位。赞礼者为主宾取来篦子，主宾就为加冠者梳理头发。之后加冠者还要回到屋内换上四襆衫以及一系列配饰。接着，主宾还要洗干净手，接过他人递来的帽子，走到加冠者面前祝告："吉月令辰，乃申尔服；谨尔威仪，淑慎尔德；眉寿永年，享受明福。"意思就是：吉日良辰，我给你穿上正式的礼服，此时的你威仪具备，因此以后的日子更要谨慎自己的德行，愿你长命百岁，永享洪福。为加冠者戴上帽子后主宾站回原位。加冠者站起来向主宾作揖，然后回到房中，重新穿上旋襕衫配上腰带并整理仪表后走出房门，南向站立。接下来，主宾给加冠者戴上幞头，加冠者回房改换公服，如靴子和襕衫之类。

女子的成年礼及笄也是如此，"笄"同"冠"一样，不仅是配饰，更是成年的象征。"女子许嫁，笄。主妇女宾执其礼……陈服止用背子、元篦、幞头，有诸首饰。席一背设于椸，栉、总、首饰置桌子。

止冠、笄盛以盘，蒙以帕……宾祝而加冠及笄，赞者为之施首饰。……笄者适房，改服背子，既笄……余皆如男子礼。"

婚礼同样引用了吕和叔《乡仪》的记载。对比古时婚礼的严肃，书中指出："近俗六礼多废，货财相交，婿或以花饰衣冠，妇或以声乐迎导。猥仪鄙事，无所不为。"新郎用花装饰衣冠的现象，原来是被唐人所鄙夷的。接下来引用了"文公婚礼"的各婚礼程序，包括议婚、纳采、纳币、亲迎、妇见舅姑、庙见、夫见妇之父母。在亲迎之时，新郎官要"盛服"。在婚礼部分中，最有趣的记述是"佳期绮席诗"。佳期指成婚之日；绮席，是美丽的筵席。佳期绮席诗就是在婚礼的过程中吟唱的婚嫁喜歌，为美好的婚姻讨个好彩头。这些诗中不乏与服饰相关的内容。如"锦绣铺陈千百贯""愿觅红绡并利市""不妨剩与锦缠头"，都是说明锦绣、丝绸的贵重。所以在后文的"聘财等第"所列的聘礼中也必少不了丝织品。而且丝织品的多少直接把人家分成上、中、下三等。"上户"除了"金一两，银五两"外，还需要"彩缎六表里，杂用绢四十匹"；"中户"则是"金五钱，

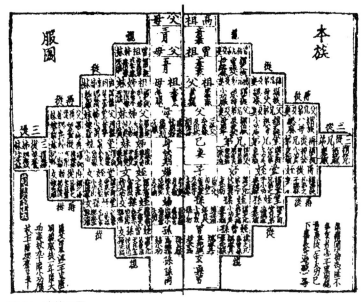

图 14　本族服图

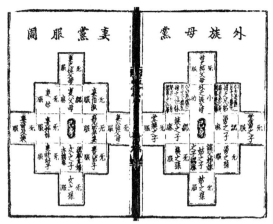

图 15　外族母党妻党服图

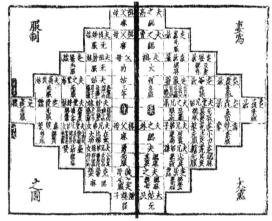

图 16　妻为夫党服制之图

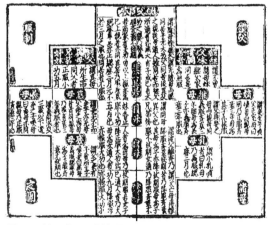

图 17　继父诸母服制之图

银四两。彩缎四表里，杂用绢三十四"；"下户"则是"银三两。彩缎二表里，杂用绢一十五匹"。除了金银，丝织品就是最直接的钱财等价物。

《事林广记》中的丧礼引用了《文公家礼》中的丧礼内容，称之为"文公丧礼"。《文公家礼》把斯人去世、停尸入殓、棺椁归葬、亲属祭祀等丧葬仪礼规定为二十一个步骤。它们分别是：（1）初终；（2）沐浴、袭、奠、为位、饭含；（3）灵座、魂帛、铭旌；（4）小敛；（5）大敛；（6）成服；（7）朝夕哭、奠、上食；（8）吊、奠、赙；（9）闻丧、奔丧；（10）治葬；（11）迁柩朝祖、奠赙、陈器、祖奠；（12）遣奠；（13）发引；（14）及墓、下棺、祠后土、题木主、成坟；（15）反哭；（16）虞祭；（17）卒哭；（18）祔；（19）小祥；（20）大祥；（21）禫。

《事林广记》中关于丧礼的记载要简略很多，但其中不乏有关服装的记述。如斩衰、齐衰、大功、小功、缌麻等五服。穿着不同的丧服,也要根据关系亲疏配以不同的服丧时间,即"五服年月"。有斩衰三年、齐衰三年、齐衰(不)杖期(丧期为一年)、齐衰五月、齐衰三月、大功九月、小功五月、缌麻三月。也许《事林广记》成书的目的是为了方便查询,所以并没有列出详细的五服样式,而是重点强调了什么样的人用什么样的丧服服制,并列出了《本族服图》《外族母党妻党服图》《妻为夫党服制之图》《继父诸母服制之图》等图(图14—17)。除此之外,没有相应丧服样式的配图。在聂崇义的《新定三礼图》中,对丧礼的各服饰及配饰均有更为翔实的图与说。

三、服饰图说

《事林广记》有专门的服饰类,用图文相配的形式,围绕衣服仪制、服用原始、浣泽须知几个部分展开叙说。

衣服仪制,"黄帝尧舜垂衣裳而天下治",君子端正衣冠,尊严瞻视,使人望而生敬。冕冠之制,画出了三种冠,也是男子冠礼的时候三次所加之冠。先加缁布冠,次授以皮弁,最后授以爵弁,一级比一级更加高贵。接着又分别介绍了毋追、章甫、委貌、冕旒、

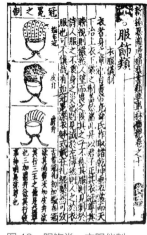

图18 服饰类:衣服仪制

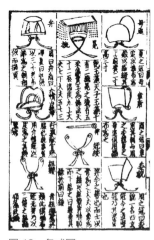

图19 各式冠

图20 衣和中单

图 21　裳和蔽膝

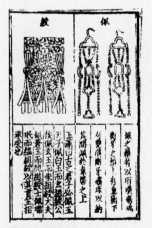

图 22　佩和绶

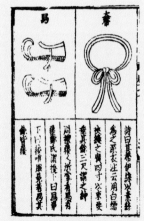

图 23　大带和舄

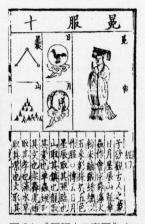

图 24　《冕服十二章图》之一

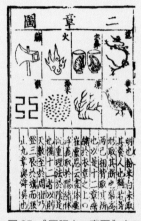

图 25　《冕服十二章图》之二

图 26　深衣正图

图 27　深衣背图

图 28　深衣冠

图 29　带履图

图30　[明]王圻、王思义《三才图会》中的乌纱帽、大袖衫、带与靴

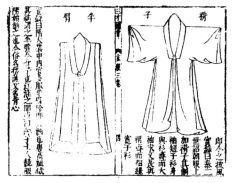

图31　[明]王圻、王思义《三才图会》中的褙子和半臂

笄、冠綏、弁、介帻、白抹带、组缨、衣、中单、裳、蔽膝、佩、绶、大带、舄等服饰品类，还有《冕服十二章图》以及深衣的正背图。（图18—29）

　　这种图文对照的方式，非常像今天的大百科全书，为我们描绘了比文字更加直观的服饰形象。同样的图文说明方式在后来明代万历三十七年（1609）《三才图会》中延续下来。王圻、王思义父子共同编撰了这部规模巨大的类书。《三才图会》为金陵版画，相比建安木刻《事林广记》，图形更加详细，描述的范围也更加全面，增加了男女人物着装像、服饰品类，甚至还增加了裁剪图和丈量方法。《三才图会》在传承《事林广记》图说相辅的基础上，内容更加细化。（图30—31）

　　服用原始，有点像我们今天的服饰历史名词解释，只有词条，没有配图。援引了《舆服志》《二仪实录》《独断》《梦溪笔谈》《实录》

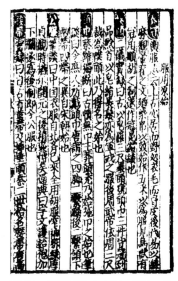

图32　服用原始之衣冠、幞头、头巾、公服、腰带

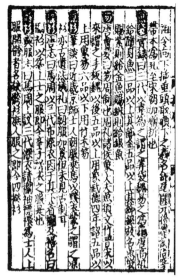

图 33 服用原始之鱼袋、笏、凉衫、襕衫、骻衫

《唐会要》《唐志》等古籍文献关于各服饰名词的解释。包括衣冠、幞头、头巾、公服、腰带、鱼袋、笏、凉衫、襕衫、骻衫、汗衫、半臂、袄、裤、犊鼻、被衾、布橐、手巾、大衣、霞帔、长裙、冠子、特髻、盖头、头带、玉钗、环钏、指环、梳篦、帽子等。甚至有具蒙古民族特色的笠子、固姑、靴衫。（图 32、33）

最后一个部分为浣泽须知，如说书部分所述，是关于衣生活非常细致的描述。

参考文献：

[1] 陈元靓. 事林广记 [M]. 北京：中华书局，1963.

[2] 胡道静. 元至顺刊本《事林广记》解题 [M]// 中国古代典籍十讲. 上海：复旦大学出版社，2004.

[3] 陈元靓. 事林广记 [M]. 耿纪朋，译. 南京：江苏人民出版社，2011.

[4] 王珂. 宋元日用类书《事林广记》研究 [D]. 上海：上海师范大学，2010.

[5] 王珂.《事林广记》版本考略 [J]. 南京师范大学文学院学报，2016（02）：167—175.

[6] 沈克. 元刻本《事林广记》图像考辨 [J]. 新美术，2010，31（05）：83—85.

[7] 陆心源. 皕宋楼藏书志·续志 [M]// 清人书目题跋丛刊一. 北京：中华书局，1990.

[8] 陆心源. 仪顾堂续跋 [M]// 冯惠民. 仪顾堂书目题跋汇编. 北京：中华书局，2009.

[9] 陆心源. 重刊足本《岁时广记》序 [M]// 陈元靓. 岁时广记. 北京：中华书局，1985.

[10] 万历建阳县志 [M]// 中国科学院图书馆. 稀见中国地方志汇刊. 北京：中国书店，1992.

[11] 陈寿祺，等. 重纂福建通志 [M]. 台北：华文书局股份有限公司，1968.

[12] 刘天振. 明代通俗类书研究 [M]. 济南：齐鲁书社，2006.

[13] 孙机. 中国古舆服论丛 [M] 北京：文物出版社，1993.

[14] 中国大百科全书总编辑委员会《新闻出版》编辑委员会，中国大百科全书出版社编辑部. 中国大百科全书：新闻出版 [M]. 北京：中国大百科全书出版社，2004.

《天工开物》[明]

说人

宋应星（1587—约 1666），字长庚，万历十五年（1587）出生于江西省南昌府奉新县北乡的一个士大夫家庭，其曾祖宋景于都察院左都御史任内嘉靖二十六年（1547）卒于北京，朝廷追赠其为太子少保、吏部尚书、诰封资政大夫，同时宋景父宋迪嘉、祖父宋宇昂也被荫封为同样的官阶，号称"三代尚书"。宋应星故里位于如今奉新城东南宋埠乡（明代称为北乡）的牌楼宋村，直到 20 世纪 60 年代初还保存有"三代尚书第""方伯第""世进士第"和"世科坊"等高大的石牌坊，可惜如今已无存。所幸的是，宋族祖茔地内仍有一些遗物幸免于难，其中有些被收入于 1987 年在奉新建立的宋应星纪念馆中，得到精心的保管。如果读者有机会到南昌不妨向西多走四十公里去了解一下这位明末清初著名的科学家。

宋应星出生的万历十五年（1587）是个特别的年份，据说万历皇帝在这一年开始就不上朝了，在历史学家黄仁宇的眼中，我们的大历史之旅也自此开始。有兴趣的读者可以读一下《万历十五年》。而宋应星生活的时代，经历了明代后期的万历（1573—1620）、天启（1621—1627）及崇祯（1628—1644）三朝，晚年还赶上了清初的顺治朝（1644—1661），可以说他是一位经历沧桑，生活在历史动荡和激流中的人物。

写《天工开物》时，宋应星已年过半百。他是一个朴素的唯物主义者，作品中充满着许多辩证思想，这与其生活的时代背景有着密不可分的关系。宋应星出生并成长于一个"渐以萧条"或日趋破落的中等地主家庭。家庭的经济地位和成分对他的思想有很大的影响。他与生长于深宅高墙内的富贵子弟不同，他有更多机会与平民百姓在一起并接触农田、作坊，了解粟帛之来历。他一生致力于对农业和手工业生产的科学考察和研究，收集了丰富的第一手资料；同时思想上的超前意识使他成为对封建主义和以往学术传统持批判态度的思想家。因此在他的著作《天工开物》中充满了"技术是自然和人类之间协调的产物"这一朴素唯物主义观点。《天工开物》一书反映了中国古代科技史的精髓，宋应星所处的16—17世纪是全球"近代化"的起步阶段，随着大航海而来的全球交流的热潮，刺激了资本主义和科技发展，《天工开物》可以视作中国主动参与早期科技交流"全球化"的重要成果，因此被外国学者誉为"中国17世纪的工艺百科全书"。

宋明理学是中国古代主流思想史上发展的重要阶段，但随着八股取士制度的确定，理学逐渐变为僵化的科举教条，严重阻碍了科学技术的发展。明嘉靖年间开始，王阳明的心学风行大江南北，宋应星生活的江西成为心学传播与发展的重要阵地，以王艮、李贽提出"百姓日用即道"的民本主张为平民儒学核心的泰州学派在长三角及赣江流域影响深远。创作了传世经典《牡丹亭》的汤显祖、著有《农政全书》的徐光启都是这个学派的传人。泰州学派这种崇尚经世致用、关心实用和民生的学术环境，促进了这一时期科学技术的发展，因而《天工开物》的诞生也绝非偶然。宋应星在《天工开物》序言中所说"卷分前后，乃'贵五谷而贱金玉'之义"暗合了这种主张，也反映了他重农富民的思想。

然而必须要指出的是，中国古代科技文献经验色彩浓厚，理论色彩淡薄，大多是经验的记载和直观的描述，缺乏理论的概括与升华。例如中国史籍中对哈雷彗星的记载达到二十九次之多，但是发现其平均出现周期规律的却是17世纪英国天文学家哈雷。又比如中国古代宫殿的屋顶坡度都符合摆线的曲度，然而发现最速下降原理的却不是我们。《天工开物》更多地着眼于手工业，反映了中国明代末年出现资本主义萌芽时期的生产力状况，可是也没能摆脱古代中国重道轻技与重实轻理的实用主义与经验主义的窠臼。

宋应星传世的著作除了《天工开物》外，还有《野议》《论气》《谈天》和《思怜诗》等，其中以《天工开物》成就最高，宋应星因此也被英国学者李约瑟誉为"中国的狄德罗"。

说书

《天工开物》是宋应星的代表作，初刻于明崇祯十年（1637），全书分为上、中、下三篇共十八卷，计有乃粒、粹精、作咸、甘嗜、膏液、乃服、彰施、五金、冶铸、锤锻、陶埏、燔石、杀青、丹青、舟车、佳兵、曲糵、珠玉等。除文字外还附有一百二十三幅生动的插图，描绘了一百三十多项生产技术和工具的名称、形状、工序，系统地总结了中国古代劳动人民丰富的生产实践经验和科技成就，在中国乃至世界的科学史上均占有重要地位。

本书第二卷《乃服》叙述与服饰密切相关的桑蚕、治丝、纺织、棉布、夏服、裘、褐毡等内容。其中介绍的有关丝绸制作技巧应该是代表着手工生产的巅峰，而这种介绍既全面又详细。第三卷《彰施》是将染坊里所使用的各种染料怎么来的，颜色又是怎么染到织物上的，做了概略性的说明。第十八卷《珠玉》主要讲了珍珠、宝石、玉的开采，并对水晶、玛瑙、琉璃等进行了介绍。这三个章节是服饰纺织研究者关注的重点。同时本书的图像非常写实，无论是着履赤足还是巾帽服饰，都依工种、区域而绘制，由此可以对明末民间服饰有一个直观印象。如果你仔细阅读，会有意外收获，例如《五金》卷，作者言：

> 宋子曰：人有十等，自王、公至于舆、台，缺一焉而人纪不立矣。大地生五金以利用天下与后世，其义亦犹是

也。贵者千里一生，促亦五六百里而生；贱者舟车稍艰之国，其土必广生焉。黄金美者，其值去黑铁一万六千倍，然使釜鬻、斤斧不呈效于日用之间，即得黄金，直高而无民耳。

以五金喻人之等级，指出没有生活必不可少的铁锅、刀斧之类，徒有黄金就像是只有高官而没有百姓。然后分别讲述金银铜铁锡的产地、种类、冶炼、用途等，让我们知道了"五金"一词的来历。美中不足的是所有插图都放在文末而不是随文，对照起来稍稍有些不便。

本书图文并茂，相辅相成，在数百年的流传过程中，经历了十多次修订和再版，有些版本对前版进行了校勘和添加，甚至整个重新绘制了文中插图。所以，为了深入了解其在国内外的流传情况及其对后世的影响，在此，有必要对此书的各版本及其相互关系——梳理。目前常见的版本一共有十五个，分别为：

一、涂本

"涂本"是最早的版本，因由宋应星友人涂伯聚资赞助刊行，故称为"涂本"。该版本是明刊初刻本，此后《天工开物》的所有版本都源于此。此本原名《天工开物卷》，分三册装订，以较好的江西竹纸印刷。序文与正文均为印刷体，序尾有"崇祯丁丑孟夏月奉新宋应星书于家食之问堂"的题款，因其文字、插图均来自宋应星手稿，故乃称为善本。涂本原藏于浙江宁波李氏墨海楼，1952年李庆城先生将此善本捐赠给北京图书馆。涂本还藏于东京静嘉堂文库及巴黎国民图书馆。1959年，中华书局上海编辑部按此本原样出版了分三册装订的影印本。

二、杨本

福建书商杨素卿于明末清初以涂本为底本而翻刻的坊刻本，古称"杨本"。杨本与涂本的不同是：序文为手书体，末尾无年款，只作"宋应星题"，书名《天工开物》，无"卷"字。杨本文字经校刊及部分修改，插图不及涂本精确。从正文内容来看，涂本中有明朝人口气，而杨本则有清朝人口气。如《乃服·龙袍》，涂本作"凡上供龙袍，我朝局在苏、杭"，杨本作"凡上供龙袍，大明朝局在苏、杭"。但文字改动得不彻底，如《佳兵》卷涂本中多处出现"北虏""东北夷"等反清字样，杨本仍旧保留，可见改得匆忙。但它作为清代刊行的唯一版本，保证了《天工开物》在清代继续流传，并为后世一些版本的校勘提供了重要参考。

三、菅本

"菅本"是《天工开物》最早在国外刊行的版本，因书的扉页上印有"浪华书林菅生堂"字样，故称为"菅生堂本"，简称"菅本"。早在17世纪，《天工开物》传入日本以后，就引起日本学者重视。为满足日本广大读者的需要，18世纪60年代日本出版商便酝酿出和刻本。从《享保以后大阪出版书籍目录》中所见，早在明和四年（1767）九月，大阪传马町的书林伯原屋佐兵卫就已向当局提出发行《天工开物》的申请，同年十一月得到发行许可。因一时缺乏善本，出版计划被推迟。后来刻书商从藏书家木村孔恭（1736—1802）那里借得善本，遂决定梓行。

菅本的出版，使《天工开物》与更多的日本读者见面，加速了该书在日本学术界中的传播。明和八年（1771），菅本有三册本，也有九册本，以后者居多，因传播较广，20世纪以来我国刊行的《天工开物》最初都以菅本为底本，或以之为校勘时的参考。

四、陶本

这是20世纪以来中国刊行的第一个《天工开物》新版本。在整个版本史上属于第四版，1927年以石印线装本形式出现，武进人陶湘在天津刊行，故称"陶本"，用安徽产的上等宣纸印刷，分三册。其较前三个版本主要的变更，一是在总目后另附分目，原书有图无目者亦列出其目，便于读者检索，并对书中一些文字错误进行了校勘；二是对全书插图重新绘制，并补绘了一些图，有的参照《古今图书集成》《授时通考》，有的参照《两淮盐法志》《河东盐法志》及《四川盐法志》等。这些插图虽然绘制精致，但因人为地增加了不少原来没有的插图，也产生了一些图文不符的错误，使得其在科学性上反不如前三个版本存真。

扬州广陵书社于 2009 年根据陶本影印出版《天工开物》，宣纸线装，一函四册，扩大了此版本的传播。

五、华通书局本或称"通本"

这是 20 世纪我国出版的菅本的影印本，在《天工开物》版本史上算是第五版，由早年留日学者罗振玉、章鸿钊等从日本引进菅本回国，1930 年上海华通书局根据日本明和八年（1771）菅本原样做了胶版影印本，故称为"华通书局本"或简称"通本"。此版本照菅本原样按九册装订，文字和插图一仍如旧，只是去掉了菅本中供日本人阅读用的训点和片假名，删掉了扉页、都贺庭重序和书尾版权页，没有对文字做校勘，可谓单纯的影印本。对于没有接触到菅本的读者来说，看到此本也就如同见到菅本了。

六、商务本或称"商本"

该版本是《天工开物》第一个现代铅印本。因由上海商务印书馆出版，故称为"商务本"或简称"商本"。20 世纪 20 年代丁文江从罗振玉处看到菅本后，曾请上海商务印书馆照相复制，谋求铅印出版。但因陶本已于 1927 年提前问世，因此这个铅印本迟至 1933 年才出版。商本以菅本为底本，文字校勘参考陶本。文字基本上是涂本系统，曾加句点，但插图则涂本及陶本兼而用之，成为混合系统，显得体例不一。但因是铅印本，阅读起来颇觉方便。此本有两种形式，其一作 36 开本，分三册装订，列入《万有文库》第七百一十九种，称"商万本"；其二作一册装 32 开本，收入《国学基本丛书简编》中，称"商国本"。二者版型、文字、插图全同，只是装订册数及开本不同。商国本使用起来方便，1954 年曾重印一次，因此是较通行的本子。此本发行量较大，使《天工开物》更为普及。

七、世界书局本或称"局本"

此本也是铅印竖排本，但文字经特别校勘、断句，在版本史上是第七版。1936 年，由国学整理社在上海世界书局出版，故称为"局本"。这是个正规的校勘本，可惜局本校订者当时没能掌握涂本、杨本等善本作为原始底本，书中插图皆"依陶本摄影制版"，而没有采用较为可靠的菅本。局本用大四号仿宋铅字，加以新式标点符号，全书作一册精装，书末附《陶订图目》、丁文江撰《奉新宋长庚先生传》及陶本丁跋。在 1965 年及 1971 年台北世界书局又出版了董文校对的版本，名为《校正天工开物》，仍属局本。

八、三枝本或枝本

这是日本科学史家三枝博音博士提供的版本，故称"三枝本"或简称"枝本"。它是 20 世纪以来在中国以外出版的第一个《天工开物》版本，在版本史上是第八版。该版于 1943 年由东京的十一组出版部出版，共发行 3000 册，在当时这个印数并不算少。此书分为两个部分：第一部分是菅本《天工开物》影印；第二部分是三枝氏的《天工开物之研究》，用铅字竖排。两部分合订为一厚册，作 32 开本。《天工开物之研究》是为解说《天工开物》而写的一部有价值的学术专著，为读者提供了很大便利。尽管因条件局限，他的个别结论难免失周，但总的来看，他的研究至今仍有其学术价值和历史意义。

九、薮本

这是 20 世纪 50 年代日本著名科学史家薮内教授主持出版的本子，故称"薮本"。它是二战后日本出版的第一个全新的《天工开物》版本，也是《天工开物》的第一个外文全译本和注释本。1952年由东京的恒星社以《天工开物研究》为名用铅字排印发行（竖排），作大32开本全一册精装。此本以东京的静嘉堂文库所藏涂本为底本，以菅本、陶本、局本为校勘参考，插图取自涂本，纠正了陶本在插图上的错误。全书分为三部分：第一部分是《天工开物》的日文译文及注释；第二部分是《天工开物》的汉文原文，附断句及文字校勘；第三部分是十一篇专题研究论文，书末附索引。因此数本集《天工开物》原著校勘断句、日文译注及专题研究于一体，在体例上是最为完善的本子。

十、影涂本

20世纪50年代以前中国出版的各种版本，因缺乏善本为底本，故在文字及插图上都有不尽如人意之处。1952年北京图书馆入藏明刊涂本后，大家都盼望一睹为快。因属珍贵版本，能见到的读者毕竟有限。为此，1959年中华书局上海编辑所将涂本照原样影印，以竹纸印刷，分三册线装，是为"影涂本"。书末有《天工开物后记》，简单介绍此书内容、作者及出版经过，为国内外研究《天工开物》的读者提供了最为可靠的善本。此本对原著没有做任何更动及附加，亦未加标点，是一部单纯影印本。

十一、任本

此版是1966年美国宾夕法尼亚州州立大学教授任以都及其丈夫孙守全合译的英文本，故此本称"任本"，是20世纪以来第一个英文全译本，在版本史上是第十一版。任以都是中国老一辈自然科学家任鸿隽教授的女儿，她所取用的底本是1959年上海中华书局的影印涂本，参考其他已出的版本，插图取用涂本。作一册16开精装，除译文外，还包括注释。此本的出版使《天工开物》在欧美各国获得了更多的读者，也为各国研究中国古代科学文明提供了原始文献。

十二、薮平本

这是 20 世纪以来日本出版的第三个《天工开物》版本，是薮内博士提供的第二个日文译注本，在整个版本史上属于第十二版。自从 1952 年薮本发行以来，各国学者们发表了书评，提出一些对译文的意见，而 1959 年中国又出版了影印的涂本，1966 年任以都的英文本也问世，而原本研究篇又有了汉文译本，1952 年版薮本早已售光。鉴于此，薮内氏决定再出个新版本，以简明精干为特色，主要面向青年读者。此本以薮本第一部分译注篇为基础，加以补充修改，删去其中汉文原文及研究论文，只取《天工开物》日文译文及注释。它作为《东洋文库》丛书第一百三十种，由东京的平凡社于 1969 年出版，故称为"薮平本"。此本作一册布面精装 36 开本，铅字竖排，便于携带。此本前有译者前言，接下来是译文正文及译注，最后有译者写的解说，附有索引，插图当然取自涂本。对照此本与 1952 年版薮本，译文上有很多改进，解说篇也增添了新资料。

十三、钟本

这是 20 世纪 70 年代在中国出版的译注本，在整个版本史上是第十三版。此本出版由中山大学主持，由各有关单位协作而完成，1976 年 10 月由广东人民出版社出版。它是集体编写的，但由于该本编者署名为钟广言，故称其为"钟本"。该本与中国先前出版的各本相比，采用了全新的体例。其特点是：（1）全书一律用横排汉字简体铅字印刷，附以新式标点符号；（2）正文原文经过文字校勘，错字较别本少，另又译成现代汉语；（3）正文后有注释，正文用四号铅字，注用五号字，易于区别。此本作一册大 32 开平装，以涂本为底本，插图也取自涂本，一改陶本以来插图安排之失当。书首有前言、目录，接下来是正文，但插图比例似乎缩得过小，书后无索引。各章前都有一段按语，但似无必要，因为在 1975—1976 年的历史条件下，写出的按语连同正文中某些注文，难于摆脱当时流行的某些错误观点局限。阅读此书时宜注意这些地方，其余大体说来是好的。这个版本的出版使《天工开物》更易于普及。

十四、李本

这是20世纪以来《天工开物》的第二个英文全译本，是中国境内出版的第一个外文译本，在版本史上是第十四版。此本于1980年收入"中国文化丛书"，由台北的中国文化学院出版部出版。译者在译者前言中指出，台北的李熙谋博士早在1950年便发起翻译《天工开物》的工作，并成立了工作小组。1956年完成初译稿，因某种原因没有及时出版。1975年李熙谋逝世后，译稿遗失。后来研究中国化学史的专家李乔苹（1895—1981）博士，找到失稿后再次主持英译工作，参加这项工作的有李乔苹、沈宜甲等十五位先生，译本终于在1980年问世。次年（1981）李乔苹先生也逝世了。由于当时海峡两岸信息不通，李本仍以过时的陶本为底本，插图亦取自陶本，因而有所不足。

十五、赣科本

此本是20世纪80年代出版的版本，在版本史上是第十五版，书名为《天工开物新注研究》，作一册大32开本，1987年由江西科学技术出版社出版，故称"赣科本"。将此本与1976年钟广言本对比，则可看出它在正文体例安排及文字内容上与钟本基本上相同。但钟本作者署名"钟广言"，这本来是当时集体写作组的共同笔名，而此次赣科本署名"杨维增编著"，则确有其人。料想他当年参加过"钟广言"写作组，现在于1976年原有集体劳动成果基础上对钟本加以改编，删去钟本对各章写的按语，重写前言，加入七篇他写的研究文章，排除了钟本一些错误观点及错字、错注，比钟本有改进。

以上就是《天工开物》的出版史。一本书能有如此多的版本，说明本书受到世界各国的重视，也说明其在文化、科技历史中的地位。

遗憾的是《天工开物》在文人眼里不过是"雕虫小技",清朝统治者因为书中的"北虏""东北夷"等字样将此书列为禁书。耐人寻味的是,此书在海外被翻译成多国文字广泛传播,1837年法国将养蚕部分译成法文,为法国提供了一整套有关养蚕、防治蚕病的经验,并对法国的蚕丝业产生积极影响。《天工开物》一书里的农机具也推动了欧洲农业机械的革命。多年以后,《天工开物》才最终被故土发现它的价值。

说图

《乃服》开宗明义:

> 人为万物之灵,五官百体,赅而存焉。贵者垂衣裳,煌煌山龙,以治天下。贱者短褐、臬裳,冬以御寒,夏以蔽体,以自别于禽兽。是故其质则造物之所具也。属草木者,为臬、麻、苘、葛,属禽兽与昆虫者为裘褐、丝绵。各载其半,而裳服充焉矣。天孙机杼,传巧人间。从本质而见花,因绣濯而得锦。乃杼柚遍天下,而得见花机之巧者,能几人哉?"治乱""经纶"字义,学者童而习之,而终身不见其形象,岂非缺憾也!先列饲蚕之法,以知丝源之所自。盖人物相丽,贵贱有章,天实为之矣。

文中提到人之所以穿衣服是为了御寒遮羞,因身份贵贱、经济基础有别,而有穿棉、麻、葛、丝等不同材质衣服的区别;因气候温度,产生了夏服、冬裘适合人体不同功效的服装;又因爱美的天性,发明了缫丝、扎染、刺绣等工艺,形成产业链。同时也指出许多治国的道理如"治乱""经纶"也源自织布、治丝的工艺,可是人们却对纺织视而不见,从而也难以真正理解其中深奥的道理。

《天工开物》中有一些制衣的工艺及倭缎、龙袍、布衣等不同服饰的文字介绍,因在当时生活中不陌生,所以没有配图,在此仅录其文字，与读者共同分享。

龙袍

凡上供龙袍，我朝局在苏、杭。其花楼高一丈五尺，能手两人扳提花本，织过数寸即换龙形。各房斗合，不出一手。赭黄亦先染丝，工器原无殊异，但人工慎重与资本皆数十倍，以效忠敬之谊。其中节目微细，不可得而详考云。

从文中"凡上供龙袍，我朝局在苏、杭"一句可以看出此版本绝非杨本。

倭缎

凡倭缎制起东夷，漳、泉海滨效法为之。丝质来自川蜀，商人万里贩来，以易胡椒归里。其织法亦自夷国传来。盖质已先染，而斫绵夹藏经面，织过数寸即刮成黑光。北房互市者见而悦之。但其帛最易朽污，冠弁之上顷刻集灰，衣领之间移日损坏。今华夷皆贱之，将来为弃物，织法可不传云。

尽管宋应星断言这种"制起东夷"的丝织品将来为弃物，织法也会失传，但他还是记录了下来。从福建漳州、泉州效法东夷，到原材料来自川蜀，再到"北房互市者见而悦之"，我们仿佛可以看到当时商贸往来的情景。

布衣

凡棉布御寒，贵贱同之。棉花古书名枲麻，种遍天下。种有木棉、草棉两者，花有白、紫二色。种者白居十九，紫居十一。凡棉春种秋花，花先绽者逐日摘取，取不一时。其花粘子于腹，登赶车而分之。去子取花，悬弓弹化（为挟纩温衾、袄者，就此止功）。弹后以木板擦成长条以登纺车，引绪纠成纱缕。然后绕籰，牵经就织。凡纺工能者一手握三管纺于铤上（捷则不坚）。凡棉布寸土皆有，而织造尚松江，浆染尚芜湖。凡布缕紧则坚，缓则脆。碾石取江北性冷质腻者（每块佳者值十余金）。石不发烧，则缕紧不松泛。芜湖巨店首尚佳石。广南为布薮，而偏取远产，必有所试矣。为衣敝浣，犹尚寒砧捣声，其义亦犹是也。

外国朝鲜造法相同，惟西洋则未核其质，并不得其机织之妙。凡织布有云花、斜文、象眼等，皆仿花机而生义。然既曰布衣，太素足矣。织机十室必有，不必具图。

布衣取自棉花，棉花自东汉传入中原以后，用途十分广泛。"古书名枲麻"一句有误，枲即麻之雄株，与棉花无关，上古所说布衣当为"麻布"或"葛布"。汉代之前所说的棉，一般指的是木棉。《水经注》有"吉贝"的描述，便是指木棉之布。正因为棉花的使用极为普遍，被后人冠以"衣被天下"之美誉，因此作者才有"织机十室必有，不必具图"的说法。

夏服

凡苎麻无土不生。其种植有撒子、分头两法（池郡每岁以草粪压头，其根随土而高。广南青麻撒子种田茂甚）。色有青、黄两样。每岁有两刈者，有三刈者，绩为当暑衣裳、帷帐。

凡苎皮剥取后，喜日燥干，见水即烂。破析时则以水浸之，然只耐二十刻，久而不析则亦烂。苎质本淡黄，漂工化成至白色（先用稻灰、石灰水煮过，入长流水再漂，再晒，以成至白）。纺苎纱能者用脚车，一女工并敌三工，惟破析时穷日之力只得三五铢重。织苎机具与织棉者同。凡布衣缝线、革履串绳，其质必用苎纠合。

凡葛蔓生，质长于苎数尺。破析至细者，成布贵重。又有苘麻一种，成布甚粗，最粗者以充丧服。即苎布有极粗者，漆家以盛布灰，大内以充火炬。又有蕉纱，乃闽中取芭蕉皮析缉为之，轻细之甚，值贱而质枵，不可为衣也。名为"夏服"实则介绍苎麻、葛蔓、苘麻、蕉纱几种材质，使

图1　治丝图　　　　　　　　图2　调丝

我们看到古代劳动人民在生产生活中不断积累经验、就地取材、解决温饱的智慧。由此联想到海南有树皮衣、东北有鱼皮衣。作者紧随其后还详述了"裘"以及"褐毡"，有兴趣的读者不妨找来原文一阅。

说到"治丝"（图1），就是将蚕茧抽出蚕丝的工艺。工欲善其事，必先利其器，作者绘图以佐助说明文字"凡治丝先制丝车，其尺寸、器具开载后图"，然后详述缫丝的过程与技巧：

> 凡茧滚沸时，以竹签拨动水面，丝绪自见。提绪入手，引入竹针眼，先绕星丁头（以竹棍做成，如香筒样），然后由送丝竿勾挂，以登大关车。断绝之时，寻绪丢上，不必绕接。其丝排匀不堆积者，全在送丝竿与磨木之上。

由图可见操作状况，并可以看到脚踏板的操作需要脚与手的娴熟配合。文中说道：

> 丝粗细视投茧多寡，穷日之力一人可取三十两。若包头丝，则只取二十两，以其苗长也。凡绫罗丝，一起投茧二十枚，包头丝只投十余枚。

也就是说投入的蚕茧越少则丝越细，织头巾的丝最细，织绫罗

图3　纺纬

的稍粗。有人计算过，一个蚕茧重约0.3~0.5克，丝长约1000~1500米，这样你就会对丝的粗细有一个直观的认识。1972年在湖南长沙马王堆一号汉墓出土的两件素纱襌衣，一件重48克，另一件重49克，不足一两。这就是丝绸最迷人之处。

调丝（图2）即为绕丝，这是织丝的准备工作。"以木架铺地，植竹四根于上，名曰络笃。"在"络笃"旁边靠近立柱上方八尺高的地方，用铁钉固定一根斜向的小竹竿，上面装一个半月形的挂钩，将丝悬挂在钩子上，手里拿着绕丝工具——籰（绕丝、纱、线等的工具），旋转绕丝，以备牵经和织纬时用。绕丝人身后的那根线段是为了接续断丝时将半月形小钩落下而设置的小装置。

上图标为"纺纬"（图3），而原文字却只有"纬络"。不知二者是否指同一个流程，但是可以从文字叙述之中判断出都是处理经纬线的过程。原文如下：

　　纬络

　　　凡丝既籰之后，以就经纬。经质用少而纬质用多。每丝十两，经四纬六，此大略也。凡供纬籰，以水沃湿丝，

图 4 溜眼、经耙

摇车转铤而纺于竹管之上（竹用小箭竹）。

"篗"是绕丝、纱、线等的工具，"铤"即锭子，纺车或纺纱机上绕纱的机件。由此判断"纺纬"和"纬络"就是处理经纬线。各种织品都有长度和宽度，与布边平行的长度称为匹长，匹长的方向就为织物经向；与布边相垂直的长度称其幅宽，幅宽的方向为织物的纬向。"经四纬六"是说经纬线分配的比例。

> 凡丝既篗之后，牵经就织。以直竹竿穿眼三十余，透过篾圈，名曰溜眼。竿横架柱上，丝从圈透过掌扇，然后缠绕经耙之上。

上图为经线准备的过程（图 4）。

文中有"经数"一条，专论丝线的缕数与织物稀疏厚薄的关系：

> 凡织帛，罗、纱，筘以八百齿为率；绫、绢，筘以一千二百齿为率。每筘齿中度经过糊者，四缕合为二缕，罗、纱经计三千二百缕，绫、绸经计五千、六千缕。古书八十缕为一升，今绫、绢厚者，古所谓六十升布也。

作者在此说明织造相对薄的纱或罗所用的筘以八百齿为标准，

织造相对厚的绢或绫所用的筘以一千二百齿为标准。这里的筘指的是一种形状像梳子一样的工具，经线从筘齿间通过并整齐排列于织机上。因为"四缕合为二缕"所以经过八百齿筘的经线就是八百乘四，所以"罗、纱经计三千二百缕"。作者其后引用古人"古书八十缕为一升，今绫、绢厚者，古所谓六十升布也"作比是不准确的。

古人对于纺织品的精细度是分别用"升"和"首"来表示的，《左传·襄公十七年》载："齐晏桓子卒，晏婴粗缞斩。"杜预注："粗，三升布。"孔颖达疏："郑玄云：布八十缕为升，然则《传》以三升之布，布之最粗，故谓之粗也。"杨伯峻注："布以八十缕为一升，布幅宽二尺二寸（周尺，约合今四十四厘米），以三升，即二百四十缕织成，比之最细之布用三十升，即二千四百缕者，当极粗疏。"

《礼记正义》在叙述丧服时记载："斩衰三升，齐衰四升、五升、六升，大功七升、八升、九升，小功十升、十一升、十二升。"唐代孔颖达解释道："斩衰三升者，此明五服精粗之异。"韦昭注《国语》也说："八十缕为升。"《仪礼·丧服》载："缌者十五升。"郑玄注："以八十缕为升。"升表示的就是在二尺二寸幅宽内含有的缕的数量，类似我们今天的纱支。古代朝服十五升，表示每个幅宽含有一千二百缕，"衣不过七升之布"表示每个幅宽含有五百六十缕以下的布，比起朝服当然是很粗的布。"斩衰三升"是幅宽仅含有二百四十缕的布，基本上类似麻袋片了。

"首"则表示丝织品的精细度。绶是古代用来系佩玉或者官印的丝带，《旧唐书》记载："小双绶长二尺一寸，色同大绶而首半之。"在这里讲到绶的时候说，大绶长二丈四尺，"五百首"；小绶长二尺一寸，"首半之"。这里的"首"是经丝密度的单位，《后汉书·舆服志》载："凡先合单纺为一系，四系为一扶，五扶为一首。"首多者丝细密，首少者丝粗疏。五百首等于一万丝。

《说文解字》曰："缕，线也。"段注："凡蚕者为丝，麻者为缕。"也就是麻线为缕，丝线为丝。由此可知"首"应该是描述丝织物，

图5　腰机式图

图6　弹棉

而"升"则描述布帛之类。也就是说孝服是粗布衣服，而绶带是丝织品。作者在文中一直讲述的是丝织品的纺织过程，因此应该使用"丝"与"首"作为密度单位。

回头再看纺纬那幅图，是三根丝线合为一股，明显是用于纬线而不是经线，因为若是经线则应为"四缕合为二缕"。

腰机是非常普遍的一种织机（图5），不但汉族使用，其他少数民族也使用。

中国早期织机大多为原始腰机，织造时，织工席地而坐，以身体作机架，以两脚蹬着经轴，腰上缚着卷布轴，手提综杆，形成梭口，再投梭打纬，织制织物。（引自《神机妙算——世界织机与织造艺术》）

在云南石寨山出土的汉代青铜贮贝器盖上就有原始腰机的形象出现。不知作者为何感叹"惜今传之犹未广也"，或许作者是单就图中所述而言，因为腰机也有从简单到逐步完备的多种形式。

对于左图中所绘的景象（图6），大概读者不会过于陌生，几年前弹棉花的吆喝声和劳作情景还不时出现在街头巷尾。由此让笔者产生的联想不是"悬弓弹化"的简单原理，而是毫不相干的"非遗"。这些年国家花了大力气保护非物质文化遗产，既有成绩也有遗憾，道路漫长且艰难。大概弹棉花不会列入保护目录，可是这种古老的技艺却始终存活于民间，流落于乡野。究其原因一是满足社会需求，二是可以勉强糊口。因此非遗的保护不应是束之高阁，仅存观赏效果，而是需要不断创新，赋予其使用价值。

图 7　抽线琢图

图 7 两图刊于本书第十卷《锤锻》，因为针是缝制服装离不开的工具，所以我们也摘录于此。作者描述：

> 凡针，先锤铁为细条。用铁尺一根，锥成线眼，抽过条铁成线，逐寸剪断为针。先锉其末成颖，用小槌敲扁其本，钢锥穿鼻，复锉其外。然后入釜，慢火炒熬。炒后以土末入松木火矢、豆豉三物掩盖，下用火蒸。留针二三口插于其外，以试火候。其外针入手捻成粉碎，则其下针火候皆足。然后开封，入水健之。凡引线成衣与刺绣者，其质皆刚。惟马尾刺工为冠者，则用柳条软针。分别之妙，在于水火健法云。

作者的叙述简洁明确，并不难懂，除简述了工艺流程，还指出软硬两种针的不同用途。过去有句老话用来形容人下功夫：只要功夫深，铁杵磨成针。常有孩子纳闷，这针眼是怎么磨出来的啊？其实钻孔是一门古老的技术，在古代玉器的制造中尤其重要。另外，除了我们常用的一孔针之外，古代文献还有多孔针的记载：

双眼针，南朝梁汴京风俗，七夕乞巧有双眼针。刘孝威《七夕穿针》诗云：

> 缕乱恐风来，衫轻羞指现。故穿双眼针，持缝合欢扇。

又有双针故事，刘遵《七夕穿针》诗云：

> 步月如有意，情来不自禁。向光抽一缕，举袖弄双针。

张子野词云：

> 双针竞引双丝缕，家家尽道迎牛女。不见渡河时，空闻乌鹊飞。

五孔针，七夕有玄针故事，又有五孔针事，未详出处，古诗云：

> 迎风披彩缕，向月贯玄针。

石延年《鹊桥仙·七夕》词云：

> 一分素景，千家新月，凉露楼台遍洗。宝奁深夜结蛛丝，纤五孔、金针不寐。

七孔针，《岁时广记》引《西京杂记》："汉彩女常以七月七日穿七孔针于开襟楼，俱以习之。"又引《吕氏岁时记》云：

> 今人月下穿针，实不可用，其状编如箅子、为七孔，特欲度线尔。

陈简斋诗云："七孔穿针可得过。"

九孔针，《天宝遗事》记载唐宫中七夕，嫔妃各执九孔针、五色线，向月穿之，过者为得巧。

古诗云："金刀细切同心鲙，玉线争穿九孔针。"

可以看出多孔针主要用于乞巧节的娱乐，可惜并未见到有实物出土。

右页两幅图（图8）出自第十八卷《珠玉》，作者说："凡珍珠必产蚌腹，映月成胎，经年最久，乃为至宝。"并以写实的手法描述采珠人的状况：

> 舟中以长绳系没人腰，携篮投水。凡没人以锡造弯环

图8　没水采珠船

空管，其本缺处对掩没人口鼻，令舒透呼吸于中，别以熟
皮包络耳项之际。极深者至四五百尺，拾蚌篮中。气逼则
撼绳，其上急提引上，无命者或葬鱼腹。凡没人出水，煮
热毳急覆之，缓则寒慄死。

这里的"没人"就是潜水采珠人。采珠人在船上先用一条长绳
绑住腰部，然后带着篮子潜入水里。潜水前还要用一种锡做的弯环
空管将口鼻罩住，并将罩子的软皮带包缠在耳项之间，以便于呼吸。
呼吸困难时就摇绳子，船上的人便赶快把他拉上来，命薄的人也有
的会葬身鱼腹。潜水的人在出水之后，要立即用煮热了的毛皮织物
盖上，太迟了的话人就会被冻死。唐代王建《海人谣》云：

　　海人无家海里住，采珠杀象为岁赋。恶波横天山塞路，
未央宫中常满库。

清代诗人冯敏昌也写过一首《采珠歌》：

　　江浦茫茫月影孤，一舟才过一舟呼。舟舟过去何舟得，

图 9　没水采珠船（广陵书社版）

采得珠来泪已枯。

沉重的赋税猛于波涛鲨鱼，这是对采珠人的同情，也是对当局者的控诉。

同样是没水采珠船，广陵书社版本则采用了陶本为底本，所绘采珠人状况有很大改善（图 9）。

这是一幅描绘当时海上潜水采珠的场景图。潜水人身穿包裹全身的连体贴身深色特制服饰，对头和脚也加以保护，并有一根软管连接采珠人口部和海面以上，用于呼吸。我们知道陶本是 1927 年以石印线装本形式出版的，而前一幅采珠船图则是明代原版，前后相隔近三百年。从这个线索看，我国在清代开始有潜水服出现。

现代意义上的潜水服是指完全沉入水里，并在压力环境中进行活动的潜水人员所穿的衣服。它是潜水装具的重要组成部分。潜水服除了能够防御水下生物等对潜水员的伤害外，最主要的是保护潜水员在高水压、低水温环境中不受寒冷的影响，即预防体热丧失，保持正常的人体生理学温度，以便进行安全有效的水下作业。

　　根据水下作业的需求，潜水服的样式可分为分体式和连体式；根据提供保暖的方式，可分为被动式和主动式两种，被动式有湿式和干式等，主动式有水加热式、电加热式及化学加热式等。传说中，二战中法国海军士兵潜入海中，在敌舰的船底下安放炸药，为了保护潜水人员在低温的海水中不致被冻死而研发潜水服，结果在战后终于研发成功。传统的湿式潜水服的主要材料是泡沫氯丁橡胶，但随着潜水深度的增加，材料受压变薄，保温能力下降。因此，湿式潜水服的发展趋势是研究和开发在压力下不变薄的材料或具有防水、保温功能的层压复合材料。而干式潜水服的传统材料是氯丁橡胶或橡胶涂层布。

　　而上文图中的"潜水服"所用的材质既不是氯丁橡胶，也不是橡胶涂层布，而是动物的皮毛，《天工开物》中对此有文字解说：

　　　　凡没人以锡造弯环空管，其本缺处对掩没人口鼻，令舒透呼吸于中，别以熟皮包络耳项之际。极深者至四五百尺，拾蚌篮中。

因此，其保护能力无论在保暖效果还是防御水下生物方面都非常薄弱。

　　图中记载的采珠法非常原始，也很危险，当水下采珠人感到水压或者危险动物对自己构成生命威胁的时候，立即摇动系在腰上的绳子，船上的人得到信号，立马向上拉绳子。即使这样，也有很多采珠人丧命，拉上来时只剩下手或者脚。王士性在《广志绎》卷四"江南诸省"中这样记载入海采珠景象：

　　　　旧时蜑人采珠之法，每以长绳系腰，携竹篮入水，拾蚌置篮内则振绳，令舟人汲上之。不幸遇恶鱼，一线之血浮水上，则已葬鱼腹矣。

可见其残酷与危险。

其实，珍珠采捞活动在我国有着悠久的历史，明代之前的历代王朝大多都有针对珍珠采捞活动的管理措施。在明朝，采珠活动达到了鼎盛，并演变成了一个特殊的官办行业——珠池业。明朝政府建立了系统的管理部门，制定严格的管理措施，委派珠池太监进行监控，确保足额供应。

据记载，在明朝长达二百七十六年的历史中，平均每隔十年左右就有一次采珠活动，这个数字是十分惊人的。特别是嘉靖在位四十五年，就有十次下诏采珠的"壮举"，这在整个中国古代历史上也是绝无仅有的。这除了与皇家各种吉礼对珍珠的应用及不同等级人员礼服、冠服对珍珠的应用等用途有关之外，也与嘉靖皇帝狂热追求长生不老，在炼制所谓灵丹妙药的过程中大量地使用珍珠密切相关，给人民造成了很大的伤害。

参考文献：

[1] 潘吉星 . 宋应星评传 [M]. 南京：南京大学出版社，1990.

[2] 廖丽华, 胡新富, 彭白云 .《天工开物》成书背景探析 [J]. 宜春学院学报, 2012, 34（03）：68—70.

[3] 潘吉星 .《天工开物》版本考 [J]. 自然科学史研究，1982（01）：40—54.

[4] 曲明东 . 明代珠池业研究 [D]. 广州：华南师范大学，2005.

[5] 顾靖华, 倪萍 . 潜水服的特点及发展趋势 [J]. 中国个体防护装备，2006（02）：45—47.

[6] 中国丝绸博物馆 . 神机妙算——世界织机与织造艺术 [Z]. 杭州：中国丝绸博物馆，2018.

[7] 郑玄, 孔颖达 . 礼记正义 [M]. 吕友仁，整理 . 上海：上海古籍出版社，2008.

[8] 许慎 . 说文解字 [M]. 上海：上海古籍出版社，2007.

[9] 刘歆 . 西京杂记（外五种）[M]. 上海：上海古籍出版社，2012.

[10] 王仁裕 . 开元天宝遗事（外七种）[M]. 上海：上海古籍出版社，2012.

[11] 王士性 . 广志绎 [M]. 北京：中华书局，1981.

《冠谱》及《汝水巾谱》[明]

说人

顾孟容，《冠谱》一书的作者，钱塘（今浙江杭州）人，生卒年及事迹均不详。其书卷首有永乐甲辰刑部员外郎尤芳作序（图1—2），甲辰年是永乐二十二年（1424），据此我们可以推测顾孟容当为明代早期人士。此外序言中透露：

武陵顾孟容多能艺，凡所制之冠必遵古法。

这可以让我们推测顾孟容大约活动地点在湖南一带，此外再无其他有价值的线索。而永乐时刑部员外郎尤芳的资料亦无考。

朱术埛，《汝水巾谱》的作者，《四库全书总目提要》载：

术埛，字均焉，自号汝水居士，辽简王植七世孙，由辅国中尉换授镇江府通判，迁户部主事。

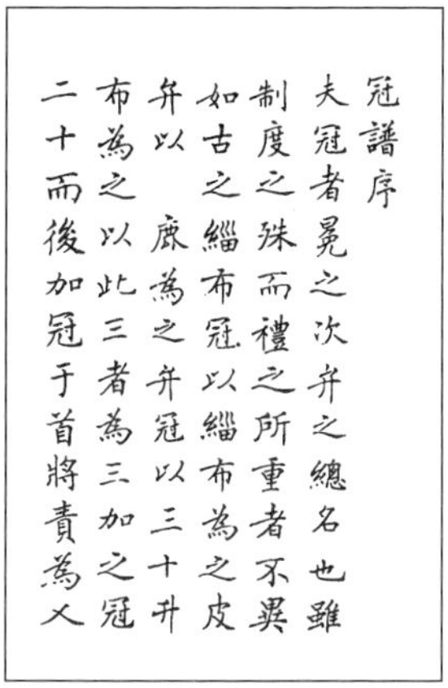
冠譜序
夫冠者冕之次弁之總名也雖
制度之殊而禮之所重者不異
如古之緇布冠以緇布為之皮
弁以鹿皮為之弁冠以三十升
布為之以此三者為三加之冠
二十而後加冠于首將責為人

图1《冠谱》序书影

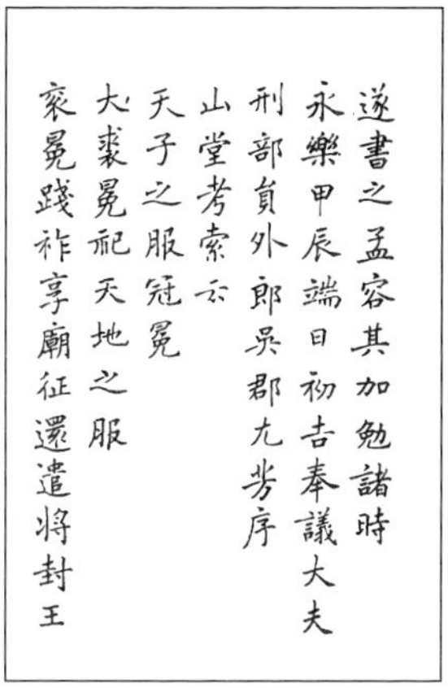
遂書之孟容其加勉諸時
永樂甲辰端日初吉奉議大夫
刑部貟外郎吳郡尤芳序
山堂考索云
天子之服冠冕
大裘冕祀天地之服
袞冕踐祚享廟征還遣將封王

图2《冠谱》序书影

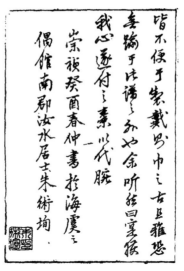

图3 《汝水巾谱》书影　　　　图4 《汝水巾谱》序言书影

　　辽简王朱植系明太祖朱元璋第十五子，而永乐帝为朱元璋第四子，由此说来朱术垍身世不凡，与皇亲贵族沾点边。看书序可知此序言作于海虞（图4），也就是今天的常熟，与朱术垍任职的镇江府相距不远。序言末"崇祯癸酉春仲"使我们得知序言写于明崇祯六年（1633）。其他均不可考。

　　两位明代作者，一先一后，为我们留下两部首服图谱，也留下身世之谜。

　　首服，也叫头衣，泛指一切裹首之物。

说书

　　对于《冠谱》《汝水巾谱》多数人给出的评价是三个字：不靠谱。原因也很简单，谱中冠巾虽然有古籍文献记载若干，但是其叙述多舛略；谱中冠巾虽然也有古代图像描绘些许，可是其形状多附会。就是《四库全书总目提要》也对这两部文献给了"差评"，认为《汝水巾谱》：

　　　　至贝叶巾以下十九种，则无所证据，皆术垍以意创为

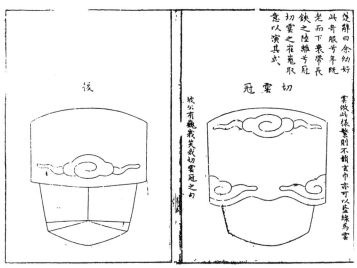

图5 《汝水巾谱》之切云冠

之耳。

比如《汝水巾谱》中的切云冠（图5）。从图中文字可以看出，作者引《楚辞》为出处："余幼好此奇服兮，年既老而不衰。带长铗之陆离兮，冠切云之崔嵬。"并以坡公有"巍峨笑我切云冠"之句为据，明确说明"取意以演其式"。

而《冠谱》更是有些牵强附会：

是书统载历代冠制……均不见传记，殊为杜撰。又每冠必绘之为图，若亲见其形制者，虚诞尤甚。卷首有永乐甲辰刑部员外郎尤芳序……亦不考之甚矣。

比如《冠谱》中的独醒冠（图6）。图中冠名"独醒"，以纪念屈原"众人皆醉我独醒"之意。

正是这两部书的内容良莠不齐、不着边际，给人以"不靠谱"的感觉，导致后人对其重视不足，研究不够。其实我们完全可以通过其序言、题后记等文字，去设想当时情景，还原作者所处环境，以此给出客观的评价与认识。

图6 《冠谱》之独醒冠

541

历史研究离不开考据，大多数人都赞同王国维先生提出的二重证据法，即以"地下之新材料"补正"纸上之材料"，两者互相印证。之后又发展成为多重证据方法，诸如古文字以及少数民族文字资料、实物及图像，这些都极大丰富了史料的来源，推动了史学研究。可是就服装的历史来看，除了传世文献、金石文献、出土实物、历代图像、传世遗存、口述历史以及非物质文化遗产以外，还需要重视其中一个重要的环节，那就是想象或者叫推测。因为只有将这些孤立零散的材料串联起来，通过逻辑判断加以组合才能找出最接近事实的本相。只要这种推测与思辨符合逻辑，那么对于认识就具有推动与深化作用。比如雕塑、绘画等图像，对于美术研究算得上第一手资料，而对服饰研究来说则不能完全认定是第一手资料，在这里"有图有真相"只说对了一半，毕竟美术作品是要完美，而不一定真实地表现社会。

从图像本身来看两部图谱确实有些不靠谱，有些图像基本上找不到出处和参照物。可是如果我们不是以历史上是否存在其形制作为其是否靠谱的标准，而是从两部著作所反映的当时社会实际状况来探讨这两部书，就会发现一个有趣的现象，那就是如同我们现在所做的一样，早在明代，民间就有人在回溯前人的衣冠成果，同时试图探索和创造他们认为更美更新颖的冠巾形式。由于当时资讯并不发达，或许作者注意力偏重于"意创"，结果"明制本有"的"失于登载"，"尺幅形制"可考的"略而不叙"，显得资料不系统且散乱，甚至有些过于牵强。可是他们的探索和记录客观上为我们留下了重要的资料。

顾孟容和朱术垧对首服都有浓厚的兴趣，《冠谱》序言说：

> 武陵顾孟容多能艺，凡所制之冠必遵古法。而近世庄居敬制冠之精妙，孟容则出其右矣。故户外之屦相接，皆成德之君子进退也。若夫刑曹陈元宗、包山徐木石亦求冠于孟容，遂与坐而论焉。

《汝水巾谱》跋言亦曰：

> 汝水王孙负侠骨，而具绣口走龙蛇，而餐月露，故辙

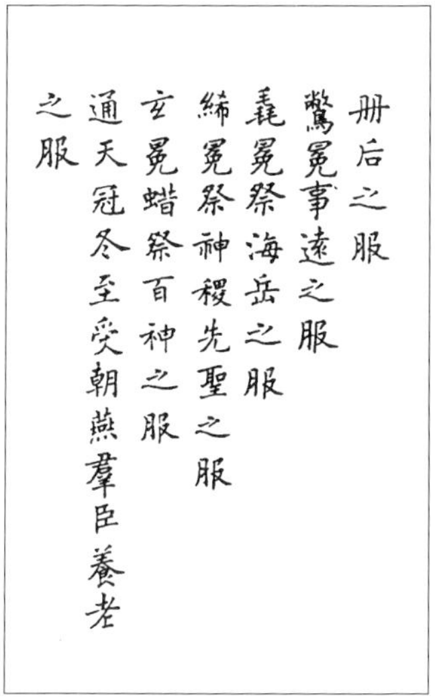

冊后之服
鷩冕事遠之服
毳冕祭海岳之服
絺冕祭神稷先聖之服
玄冕蜡祭百神之服
通天冠冬至受朝燕羣臣養老
之服

图 7 《冠谱》中的避讳字

汝水巾譜目録
華陽巾
岌岌冠
切雲冠
羲之巾
折角巾
白綸巾
唐巾
純陽巾

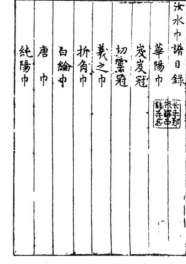

图 8 “长乐郑振铎西谛藏书”之印

迹所至，人人愿为执鞭。

从字里行间可以看出二位先生在当地都是小有名气，以至于“户外之屦相接”“人人愿为执鞭”。人们不但“求冠于孟容”，而且“坐而论焉”，实在是出于共同的爱好。这说明当时有一群人对古代首服十分热衷，他们与顾孟容、朱术埛两位当时的名流时常交流聚会，酒酣耳热之际，一时兴起，发幽古之情，探思古之微，似乎也是人之常情。偏偏二位就认了真，不但“或采古书，或征画籍”，更是“而仿为之”，“以意创为之”。也就是说他们出于热爱，也曾下功夫搜集文献证据，也曾费心思模仿古服形制，其意不外乎保存古风，光大传统。可惜由于用力过猛，执着演变为任性，非要将道听途说之物创制于世，镌录于版，才留下后世的议论纷纷。

但是无论如何，这两部古代文献不失为我们研究首服的重要参考材料。《冠谱》序言之中避讳字的出现（图 7），是我们将其视为清抄本的重要依据，即书中凡出现“玄”字皆用缺笔方式处理。《汝水巾谱》中钤有“长乐郑振铎西谛藏书”之印（图 8），当为郑振铎先生旧藏。

国人历来重视头面，故此“以首饰为重”，“在身之物，莫重

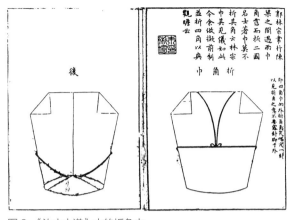

图 9 《汝水巾谱》中的折角巾

图 10 《冠谱》中的泰素冠

于冠"，成人仪式也以冠为礼。从历代舆服志我们也可以管中窥豹，如《续汉书·舆服志》的叙述模式为"以冠统服"，隋唐以后才逐步开始以官阶地位为纲领来叙述服装制度。这种观念在民间也深入人心，如先秦时期孔子的门生子路"君子死而冠不免"的故事流传至今。子路为了儒家的信仰，在从容结缨正冠的瞬间，被人趁机杀死并剁成肉酱，他很可能是为冠巾威仪而死的第一人。我们现在把竞技比赛的第一名称为冠军，过去把士大夫家世称为"衣冠之家"，历史上三次因动乱而发生的大规模人口南迁现象，则被称为"衣冠南渡"。可见冠在中国历来备受重视。

正是因为重视，国人在几千年的历史长河中创造了丰富的首服样式，从实用功能到装饰作用皆全，从识别身份到教化制度皆备。从明代两部文献的目录我们能看到这些首服的遗留痕迹，也能看出作者以首服为工具企图为古代先哲、帝王诸侯、明君志士、道家隐士及服饰制度树碑立传之良苦用心。

《冠谱》目录：

司寇	章甫	杏坛	一披	琴尾	卧龙	子房	燕
居	德行	进礼	思美	淄布	子游	子夏	三纲	四
静	五常	高士	处士	渊明	独醒	士成	翰林	招
贤	晋贤	文宪	崔婴子	子建	伯夷	子陵	正节	泰

素　汉帝　一捲　香山　玄晏　安乐　端居　陈思　五
夷　东坡　学士　圆明　士章　九轮　七弦　抱朴　纯
阳　桃源　益首　紫阳　太霄　三山　三桃　混沌　降
魔　毅弁　力士　辅弼　两仪　二仪　文毕春　武毕
春　逍遥　冲虚　碧霞　翙玄　翠虚　空洞　昆仑　万
安　禅真　上清　奇阳　清溪　金莲　芙蓉　华阳　鱼
尾　清净　隐居　洞阳　并桃　玉阳　五岳

洋洋洒洒凡八十五种。

《汝水巾谱》目录：

华阳巾　岌岌冠　切云冠　羲之巾　折角巾　白
纶巾　唐巾　纯阳巾　东坡巾　仙桃巾　琴尾巾　四方
巾　周子巾　贝叶巾　竹叶巾　三岛蓬莱巾　泰巾　葵
巾　象鼻巾　蝉腹巾　朝旭巾　方山巾　玉锁巾　三台柱
石冠　悬弧巾　玉盘巾　斗印巾　育珠巾　天柱巾　悬岩
巾　如意巾　灵芝巾

共三十二种，其中巾二十九种，冠仅三种。

比较二者目录，可以看出《汝水巾谱》偏重于隐逸风范，《冠谱》
则涵盖纲常仪礼。相比较而言，《汝水巾谱》更贴近现实，而《冠谱》
更为理想化了。

两书唯有"琴尾""东坡""纯阳""华阳"四种重复（图11—18），

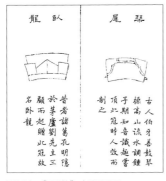

图11　《冠谱》之琴尾冠

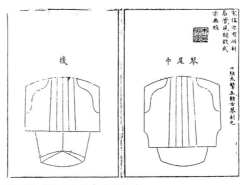

图12　《汝水巾谱》之琴尾巾

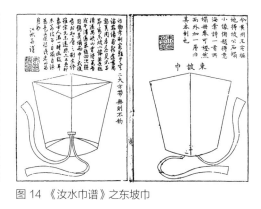

图 13 《冠谱》之东坡冠　　　　图 14 《汝水巾谱》之东坡巾

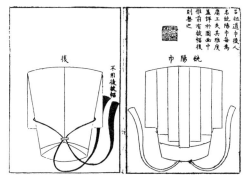

图 15 《冠谱》之纯阳冠　　　　图 16 《汝水巾谱》之纯阳巾

而且巾冠分明。

　　我国的衣冠制度与习俗的一大特点是随场合、事件的不同而更换衣服，随事而异，因地而衣。因此《冠谱》序言云：

　　孔子尝为：君子，正其衣冠，尊其瞻视，俨然人望而畏之。又《家语》记子桑，户不衣冠处，欲同人道于牛马。至汉武帝坐武帐，不冠不见汲黯。于是今之士夫，合乎天地之理者而加两仪，穷乎造化之妙而加混沌，明乎君臣、父子、夫妇人伦之道者而加三纲，尽乎仁义礼智之性者而加五常，辨律吕之音者而加七弦，文学之至者而加游夏，闲暇之时申申夭夭者而加燕居。求仁得仁者而加伯夷，有学士之才美者而加翰林，有七步之才者而加子建，能赞礼接宾者而加章甫，学仙得道者而加抱朴、纯阳之冠。岂非

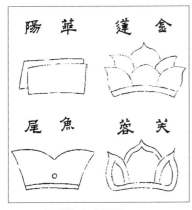

图 17 《冠谱》之华阳冠

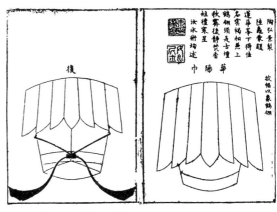

图 18 《汝水巾谱》之华阳巾

制度虽殊而为礼之所重者不异耶？礼者，则节文斯二者而已，以明其不可毫发僭差也。如武夫戴之胄，商贾裹之巾，农夫顶之笠，尽乎其职分之所当然而用之。不然郑子臧出奔宋而聚鹬冠，郑伯闻而恶之。君子尝曰，服之不衷，身之灾也。可不信乎？

尽管如此，若想为每位圣贤、每位君主都特制一顶独特的冠巾，也是不现实的。若强为之，则必定难免有附会之伤。况且所谓圣贤多为后人所推崇，圣贤在世之时一般不会有以其名号命名的冠巾。两位作者心中的世界是经过润色的世界，他们眼中的历史是经过美化的历史。因此我们无法完全从文献、图像中去求证这些冠巾的形制，只能从他们的内心去探寻这理想而虚无的愿望。

"取意以演其式""时人效而制之""因创为此制"，书中类似这样的语言经常出现，说明两位作者并非完全参照实物，其中既有"效"的成分，也有"创"的努力。或许他们有过创制的喜悦，也有过小范围实践的志向，但在传世经典的强大光环下，他们的努力不过是莹莹之光，转瞬即逝。

不过有一点倒是被他们言中，那就是冠、巾、帽的基本功能就是区分等级、辨别职业、塑造生活、保护身体。

说图

图 19 《冠谱》之进
礼冠

我国素有"衣冠王国""礼仪之邦"的美誉，中国古代首服与服装相辅相成、相互映衬，首服既是日常生活之必须，也是个人妆饰之用品，更是制度之组成。无论实用功能还是社会价值，首服都是服饰文化研究的重要内容，也是服装历史研究的重要内容。

图 20 四方巾图中有文字说明："此制大雅，故明人多冠焉。惟北京金箔胡同款样最妙。其他地方高矮宽窄由人所好。"从这段文字描写中我们可以看出明末帝京的商业还是比较发达的，冠巾既可以购买，也可以定制。

就主要形制来说，首服基本可分为帽、冠、巾三个大类，也可以细分为帽、冠、冕、巾、帻五类。

一、帽

《后汉书·舆服志》曰："上古穴居而野处，衣毛而冒皮，未有制度。后世圣人易之以丝麻，观翚翟之文，荣华之色，乃染帛以效之，始作五采，成以为服。见鸟兽有冠角䫋胡之制，遂作冠冕缨蕤，以为首饰。"

上文之"冒"当为戴帽的动作。人类为了在恶劣的自然环境中生存下去，不断获取经验，满足需求，于是帽子应运而生。帽子最主要的功能就是遮阳避雨、抵御风寒。《释名》载："帽，冒也。"《尚书大传》载："成王问周公曰：'舜之冠何如焉？'周公曰：'古之人有冒皮而勾领者。'"

上述文献所叙述的帽基本是用以御寒遮阳，而所取得的材料也是狩猎食用之余的副产品，符合人类最初使用衣饰必定为身边易得、手到擒来的特征。此时的帽必然是无分男女老少，不论等级高低都可以佩戴。《隋书·礼仪志》云："帽，自天子下及士人，通冠之。"

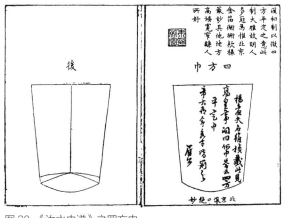

图20　《汝水巾谱》之四方巾

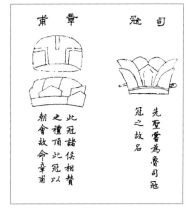

图21　《冠谱》之书影

　　而且帽的特征就是戴法简便，一般直接覆扣于头上即可，不需要像冠那样专以衡笄固定。因此也得到普遍的接受和广泛的流行，以至于后世多用于公服与便服的组合之中。在古代舆服志中提到官员的帽式似乎只有乌纱帽一种以"帽"名之，其他说到帽子都是形容其颜色、材质、大小等。而官服之中的首服基本上是以冠、冕、弁来命名。

二、冠

　　人类在追求美的道路上从没有停止过自己的脚步，而且总是乐此不疲。冠，就是这种追求的结果。冠类之特征标志为系缨贯笄，多用于礼服，以作为修饰之用。《通典》曰："上古衣毛帽皮，后代圣人见鸟兽冠角，乃作冠缨。"《急就篇》卷三曰："冠帻簪籫结发纽。"颜师古注："冠者，冕之总名，备首饰也。"而这些头上简单的装饰物就是冠的前身，如今京剧舞台上那飞动飘逸的翎子则可以视为先人冠缨的写真之物。爱美之心，自古有之。宋代学者推测："冠之兴，其始自太古乎。"

　　冠，本身无用，既不挡风也不遮雨，"寒不能暖，风不能障，暴不能蔽"（《淮南子·人间训》），可是在中国古代的服制体系之中却举足轻重、不可或缺。冠所独具的装饰功能和教化意义被统治者发挥得淋漓尽致。

古代大学者荀况说："人无礼则不生，事无礼则不成，国家无礼则不宁。"

当代大学者钱穆则言："中国重礼治，一切人事皆重礼，政治只其一端。"

因此，礼制经典之一《仪礼》共十七篇，首篇即为《士冠礼》，可见各种礼仪中，冠礼又居其首。《礼记·冠义》进一步解释道："凡人之所以为人者，礼义也。礼义之始，在于正容体、齐颜色、顺辞令。容体正、颜色齐、辞令顺，而后礼义备，以正君臣、亲父子、和长幼。君臣正、父子亲、长幼和，而后礼义立。故冠而后服备，服备而后容体正、颜色齐、辞令顺。故曰：冠者礼之始也。是故古者圣王重冠。"

以冠礼为标志的成年礼是中国古代自上而下、历代相传的礼仪形式。周代贵族男子到二十岁算是成年，要举行加冠的礼仪，这是华夏的礼仪文化，也是华夏礼仪的原始起点。《礼记·曲礼》曰："男子二十冠而字。"郑玄注："成人矣，敬其名。"

冠礼起源于原始社会，已有几千年的历史，汉族的冠礼具有浓郁的中国味，是古代中国必不可少的成人仪式，有着强烈的教化作用。《礼记·昏义》云："夫礼始于冠、本于昏、重于丧祭、尊于朝聘、和于射乡，此礼之大体也。"

冠礼三加具有典型的象征意义，《冠谱》云：

古之缁布冠（图22），以缁布为之，皮弁以□鹿为之，弁冠以三十升布为之，以此三者为三加之冠。二十而后加冠于首，将责为人子、为人弟、为人臣、为人少者之行也。

杨宽先生在《古史新探》中认为："可知初次加冠，无非表示授予贵族治人的特权；再次加皮弁，无非表示从此要参与兵役，有参与保护贵族权利的责任；三次加爵弁，无非表示从此有在宗庙中参

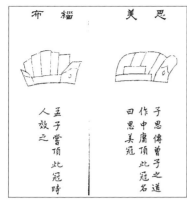

图22 《冠谱》之缁布冠

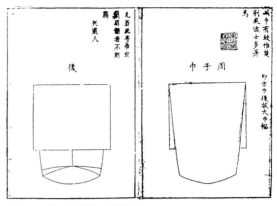

图23 《汝水巾谱》之周子巾

与祭祀的权利。"

总之,冠礼意义非凡,古人十分重视。《说文解字》载:"冠,絭也,所以絭发,弁冕之总名也。"

究其冠字而言有三从,一从"冖",即以布帛蒙覆。二从"元",徐锴曰:"取其在首,故从元。故谓冠为元服。"三从"寸",而"寸"字有两意,《康熙字典》案《汉书·律历志》云:"度量衡皆起于黄钟之律,一黍为分,十分为寸,十寸为一尺。又寸者,忖也,有法度可忖也。凡法度字皆从寸。"所以《说文解字》曰:"冠有法制,故从寸。"

在贵族群体内部,不同的身份和等级,以及在不同的场合,能够佩戴的冠也是不同的,由此也发展出了冠的多种类型。比如汉代主要的冠有:冕冠、通天冠、长冠、进贤冠、武冠和法冠等。除此之外,历代还有各种冠式,例如文官的进贤冠、武官的鹖尾冠、御史的獬豸冠等。

在我国存在大量带有冠字的成语,足见其影响至深。比较熟悉的如:冠冕堂皇、衣冠楚楚、张冠李戴、甲冠天下、峨冠博带、凤冠霞帔、衣冠禽兽、冠绝一时、正冠纳履、美如冠玉、挂冠而去、弹冠相庆、怒发冲冠、勇冠三军、冠履倒置、黄冠野服等。

由此冠在服饰制度中取得了优越的地位,成为权贵们的专利,寻常百姓是没有资格戴冠的。而冠也使用各种形式来区分等级，如冠以不同形制划分文武官员，以冠梁的不同数量标明官员品级。为了达到辨等级、明威严的作用，古人发明了冕这种最高等级的礼冠，《说文解字》载："古者黄帝初作冕。"

三、冕

在所有首服当中，冕位于最高的等级，为天子、诸侯、卿、大夫所戴的礼帽。冕冠是中华官场礼服中搭配冕服的冠式，也是中国古代最重要的冠式。冕服主要有大裘冕、衮冕、鷩冕、毳冕、希冕、玄冕六种样式，合称六冕。六冕依照不同场合而穿戴，需要注意两个区别。一个是冕服的使用是帝王依不同祭祀对象而换着不同级别的冕服。《周礼·春官·司服》曰："掌王之吉凶衣服，辨其名物，与其用事。王之吉服，祀昊天上帝，则服大裘而冕，祀五帝亦如之；享先王则衮冕；享先公、飨射则鷩冕；祀四望山川则毳冕；祭社稷五祀则希冕；祭群小祀则玄冕。"即大裘冕用于帝王祀天，衮冕用于帝王祀祖，鷩冕用于帝王和百官祭祀先王、行飨射典礼，毳冕用于帝王和百官祭祀山川，希冕用于帝王和百官祭祀社稷，玄冕用于帝王和百官参加小型的祭祀活动。这是因事而异。另一个是冕服按照身份级别而服，《司服》云："公之服，自衮冕而下，如王之服；侯伯之服，自鷩冕而下，如公之服；子男之服，自毳冕而下，如侯伯之服；孤之服，自希冕而下，如子男之服；卿大夫之服，自玄冕而下，如孤之服。"这是因人而异。

冕冠是帝王、公侯、卿大夫在参加祭典等典礼活动时所戴的等级最高的冠。冕冠主要由延、旒、帽卷、玉笄、武、缨、纩、紞等部分组成。周朝礼仪规定，戴冕冠者都要身着冕服，尽管历代服制多有损

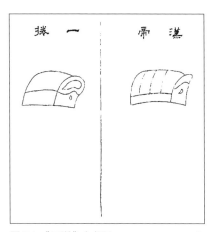

图24 《冠谱》之书影

益，但是冕冠的基本样式以及这套冕冠制度基本上一直为后代所沿用，直到清代才被终结。即便终结，冕服特有的十二章纹仍然被清统治者采用。由于佩戴冕冠是帝王的象征，因而继承皇位又有了"加冕"之说。

冕与冠的主要区别在于旒的有无，所谓旒便是冕板上所垂挂的珠串，冕冠的旒数按典礼轻重和服用者的身份而有区别。《世本》注云："冕，冠之有旒者。"而旒的多寡则是区分贵贱尊卑的标志。据《礼记·礼器》记载："天子之冕，朱绿藻，十有二旒，诸侯九，上大夫七，下大夫五，士三。"

四、巾

巾类的特征为扎束韬发，为敛发之用。汉代刘熙《释名》记述："巾，谨也。二十成人，士冠，庶人巾。"这里很明确地将首服分为两大系列，士以上用冠，庶人用巾。言外之意就是庶人没有资格戴冠，只有巾可用，故此以头巾颜色命名，"苍头""黔首"也成为平头百姓的代名词。

《礼记·坊记》载："夫礼者，所以章疑别微，以为民坊者也，故贵贱有等、衣服有别、朝廷有位，则民有所让。""坊"者，防也，就是防止的意思。这说明"礼"的重要作用就在于建立一种尊卑贵贱等级分明的社会秩序，为此就必须做到"贵贱有等、衣服有别"。

在古代，劳动人民以及军人是需要经常参与重体力劳动和军事活动的，那么除了束发之外，还往往需要找到一块布将头发包裹起来或将发髻扎住，一可以免去头发散乱之烦，二可以利用此巾擦拭汗水。这样的包头布便是"巾"的起源。

巾以其便利性与实用性大面积流行。巾亦称"绡头"，《释名》曰："绡头，绡，钞也，钞发使上从也。或曰陌头，言其从后横陌而前也。"

《后汉书·独行列传·向栩传》载："（向栩）恒读《老子》，状如学道；又似狂生，好被发，着绛绡头。"李贤注："此字（绡）当

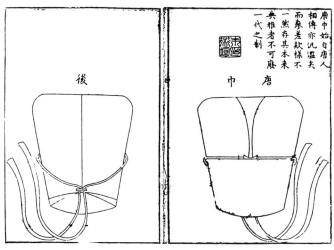

图 25 《汝水巾谱》之唐巾

作'幧'。"这种样子颇类似现在陕北农民用羊肚手巾包头。后来巾又有了新的系戴方法，秦国的武士们并不像农民那样把包在头上的巾在额前打结，而是打结于脑后，为了威严还在额前部分将巾折叠出一条边，这种经过专门加工定型的巾即被称为"帻"。三国时期蔡邕在《独断》中说："帻者，古之卑贱执事不冠者之所服也。"

五、帻

《晋书·舆服志》载："帻者，古贱人不冠者之服也。"

帻，本是巾的变种，不过是将巾的包裹形式变得更为实用、美观和方便了。既然源于巾，那么早期的帻还是属于底层社会，所以文献记载均称"不冠者之服也"。但是请注意，不管是蔡邕还是《晋书》，他们都在前面特意加了一个"古"字，强调那是以前的说法。而让巾变得贵贱通用的有两个因素。《晋书》记述："汉元帝（西汉元帝刘奭）额有壮发，始引帻服之，王莽顶秃，又加其屋也。"汉人束发是传统，然而古人也会脱发。唐朝诗人白居易有诗曰："沐稀发苦落，一沐仍半秃。"杜甫笑言："白头搔更短，浑欲不胜簪。"为了美观，帝王顾不得礼制王法了，于是本为卑贱之人所戴的巾帻就堂而皇之地爬上了帝王的头顶。

另外一个因素就是冠的形制逐步变大了不便于日常穿戴，于是自西汉元帝以及王莽时代起，贵族与士大夫阶层也开始佩戴帻了。东汉开始使用冠内加帻，此时的帻成为冠内衬垫物，这是冠与巾重叠使用的开始。对于贵族而言，冠压帻上，起到压发定冠的作用，从而形成了一种新的佩戴方式。在这种情况下，帻不再是一种单独使用的首服，而是成为了冠的配件。

据推测，由于每次系裹帻是一件十分麻烦的事情，于是有人将帻固定形状便于整体脱戴，这样就出现了一种新的首服——幞头。

孙机先生认为：

> 由于胡服，特别是鲜卑装的强烈影响，我国常服的式样几乎被全盘改造。这时形成的幞头，虽然远远地衬托着汉晋幅巾的背景，却是直接从鲜卑帽那里发展出来的。"

（《中国古舆服论丛·从幞头到头巾》）

《北周书·武帝本纪》载："初服常冠，以皂纱为之，加簪而不施缨导，其制若今之折角巾也。"所以一般认为北周武帝是幞头的创制者。孙机先生认为这种巾式不过是在鲜卑帽的基础上略加改进而已（图26）。

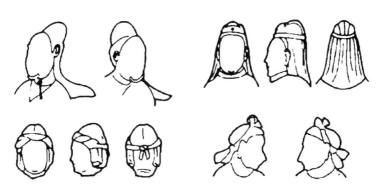

图26　《中国古舆服论丛·从幞头到头巾》插图：鲜卑帽向幞头的演变

自此以后，幞头被制成各种形制通行于历史舞台达千余年。

综上所述，首服是有一个与社会变迁同步的渐变过程，反映社会主流的价值意识与审美观念的演变。记载首服的古代文献不少，但是基本散见于不同篇章，故此《汝水巾谱》和《冠谱》作为图文并茂的首服专著还是非常可贵的。尤其是作者都出身于社会底层，又善于民间往来交流，有依据、有想法、有手艺，他们的"意创"在当时也可算一种"文化创意"，对如今也应该有很大的参考价值。因此我们有必要重视和研究这两本首服专著。但在研究中也需要辨伪存真，挖掘其中合理的对我们有启发、有帮助、有价值的信息。

参考文献：

[1] 程晓英，贾玺增.中国古代冠类首服的造型分类与文化内涵 [J].纺织学报，2008（10）：98—101.

[2] 蔡邕，等.风俗通义 独断 人物志 [M].上海：上海古籍出版社，1990.

[3] 杜佑.通典 [M].北京：中华书局，1984.

[4] 许慎.说文解字 [M].上海：上海古籍出版社，2007.

[5] 房玄龄.晋书 [M].北京：中华书局，1974.

[6] 范晔.后汉书 [M].杭州：浙江古籍出版社，2000.

[7] 伏生.尚书大传 [M]// 文渊阁四库全书.上海：上海人民出版社，1999.

[8] 刘安.淮南子译注 [M].陈广忠，译注.上海：上海古籍出版社，2017.

[9] 林梅.中国西部服饰文化发掘研究——古代首服 [D].西安：西北工程大学，2002.

[10] 刘熙.释名 [M].北京：中华书局，1985.

[11] 孙机.中国古舆服论丛 [M].增订本.上海：上海古籍出版社，2013.

[12] 管振邦.颜注急就篇译释 [M].宙浩，审校.南京：南京大学出版社，2009.

[13] 宋衷，秦嘉谟，等.世本八种 [M].上海：商务印书馆，1957.

[14] 魏徵，令狐德棻.隋书 [M].北京：中华书局，1973.

[15] 杨宽.古史新探 [M].北京：中华书局，1965.

[16] 郑玄，贾公彦.周礼注疏 [M].彭林，整理.上海：上海古籍出版社，2010.

[17] 郑玄，孔颖达.礼记正义 [M].吕友仁，整理.上海：上海古籍出版社，2008.

《朱氏舜水谈绮》[明]

| 说人

朱之瑜（1600—1682），字楚屿，又作鲁屿，号舜水，明清之际的思想家。朱之瑜和黄宗羲、王夫之、顾炎武、颜元（或方以智）一起被称为明末清初中国五大学者，并与王阳明、黄宗羲、严子陵称为"余姚四先贤"。为谋反清复明多次往日本借兵,因对时局失望,于顺治十六年（1659）流亡日本。数年后，水户藩藩主（水户藩是日本江户时代的一个藩）德川光圀以宾师之礼，请其移居江户（东京都）。他授徒讲学，传播儒家思想，很受日本朝野人士推重。"舜水"是朱之瑜在日本使用的号，日本学者也多尊称其号，因此"舜水"反比原名更广为人知,我们在下文中皆称"朱舜水"。舜水殁后，日本人谥其为"文恭先生"，录其遗集二十八卷。

朱舜水生于明万历的官僚士大夫家庭，八岁丧父后，家道中落，生活清贫，随长兄寄籍于松江府（松江位于今上海市西南部，历史文化长远，有着"上海之根"之称），为松江府儒学生。崇祯十一年（1638),以"文武全才第一"荐于礼部，而他见"世道日坏，国是日非"，"官为钱得，政以贿成"，朝政紊乱，自己不能为流俗所容，就放弃仕途，专注于学问。崇祯十七年（1644），朱舜水四十五岁时，李自成攻陷北京，崇祯皇帝自缢于煤山（今景山）。不久，福王朱由崧即位于南京，改元弘光。这时朝廷曾三次征召他做官，他皆拒之。

清兵入关后，朱舜水曾三次前往日本筹饷借兵抗敌，均以失败告终。后飘零在外,被安南（越南古名）国囚禁,安南国王拜他官爵，迫他行臣子跪拜礼，他直立不肯跪，即使面临杀身之祸，也始终没有屈节，真正做到了威武不能屈。为此，梁启超先生称赞他："先生方正强毅，镇静温厚，诸美德皆一一表现，实全人格之一象征也。"

抗清失败、复明无望后，朱舜水誓死不剃发易服，便东渡日本，获得日本政府批准后，定居于日本长崎并开始讲学。永历三十六年（1682），朱舜水逝世于日本大阪，死前留下遗言："予不得再履汉土，一睹恢复事业。予死矣，奔赴海外数十年，未求得一师与满虏战，亦无颜报明社稷。自今以往，区区对皇汉之心，绝于瞑目。见予葬地者，呼曰'故明人朱之瑜墓'，则幸甚。"

朱舜水的一生从富庶到清贫，从安稳到动荡，经历了许多波折。明在时，他不求功名利禄，而热衷于关心社会民生。明亡后，他游离在清政权的统治范围之外，以保持言说的自由和民族的精神。他的忠君爱国思想和高尚人格曾一度感化日本知识界，激励并影响着后世进步青年从事反抗异族侵略、维护本民族的文化传统的爱国活动。他孤忠大节的人格正是明清之际"天崩地解"时期士大夫儒学精神的写照。

朱舜水的学术博采众家所长，尝谓"千金之裘，非集于一狐之腋"，博通经史，最喜《资治通鉴》，长于《春秋》；思想道德方面，主张忠君爱国，推崇苏武、文天祥的伟大人格。

朱舜水的儒学观，即讲究实际、倡导实践、注重实行、追求实功的"实理实学"。这就是别开生面的"舜水学"。他曾说"学问之道，贵在实行"，"圣贤之学，俱在践履"。与空谈"理"、灭人欲的程朱理学的儒家学说不同，朱舜水的儒学观是以经世致用为核心的，他尖锐地揭露理学末流的空疏弊端，也痛评八股文取士脱离现实，亡国乱政。

他在六十二岁时，即明亡后的第十七年，冷静地回顾和研讨明亡的历史教训，写下了著名的《中原阳九述略》，认为明亡的原因主要有二：一是政治腐败，二是学术虚伪。他在文中说："中国之有逆虏之难，贻羞万世，固逆虏之负恩，亦中国士大夫之自取之也。"足见其反省之深刻。

他论学问，以实用为标准。所谓实用者，一曰有益于自己身心，二曰有益于社会。这是一种有利于民事、可当于事功、可望可即的学问。朱舜水在国家变故之后，奔走海外，深知迂腐的学问无裨实用，而认为开物成务、经世济民才是真正的学问。他从求实的学风出发，力矫日本学术界的空虚之弊，使重行尚实蔚为风尚。他常常怀着对明亡的阵阵隐痛，向安东守约及求学问道的日本弟子，历数"说玄道妙，言高言远"迂腐学风导致明亡的惨痛教训，竭力宣扬治学为国计民生的道理。这样，在舜水学的羽翼下，孵化出了具有偏重经济论（经国济民的理论）特征的日本儒学，并对日本的朱子学、古学以及水户学都产生了不可磨灭的影响。

其中，日本朱子学继承、发展了朱舜水的经世致用思想，从而有别于中国朱子学，形成了自己的特色；日本古学沿着朱舜水批评宋明理学的道路，发展为具有无神论思想的朴素唯物主义学派，为实证科学在近代日本社会的传播奠定了基础；日本水户学发扬了朱舜水重史、尚史、尊史的史学思想，结合日本国情，演绎为忠君爱国、倒幕维新的社会思维，成为明治维新原动力之一。

在日本思想史上，这三大学派各以其独特的思想，形成了一种注重实证、讲究经世致用、倡导改革致强的思想潮流，推动着日本社会向前发展。由此，朱舜水可以称得上是日本历史上彪炳千古的人物。

正是这种不尚虚华的学风、扎实严谨的学问和刚直崇高的人格，使他的学术于日本发扬光大，当时的日本学者以师事朱舜水为荣，比拟为"七十子之事孔子"。他在日本也得以开德川一代儒学，被冠以"日本孔夫子"而载入文化史册。

他的学生遍布日本，其中最著名的有历史学家、《日本史略》的作者安东守约，日本儒学古学派的奠基人、江户时代著名哲学家伊藤仁斋，德川家康的孙子、政治家、儒学"水户学派"的始祖德川光圀，江户时代著名经学家山鹿素行、木下顺庵等。

朱舜水重事功而轻文学，又遭国破家难、颠沛之累，故没有鸿篇巨制。他的著作皆是海外文字，即滞日期间与日本学者的学术交流。其具体内容包括诗、赋、疏、揭、书、启、议、序、记、跋、论、辩、赞、箴、铭、策问、杂帖、答问、杂说、碑铭、祭文、字说、札记、杂评、杂著等。虽然这些著作皆非雄篇，但其雅言，不离民生日用之间，发乎言而征于行，本乎诚而立于忠，实乃启人德智之力作。

朱舜水不仅为学术大师，而且精通日语，娴习艺事。清入关后实施剃发易服政策，强行压制汉文化，为使大明的优秀工艺不致失传，他将中土的工程设计、农艺知识、衣冠剪裁以及书柬式分别绘图制型，度量分寸，缜密无间地向学生传授。对此，《清史稿》列传二百八十七也有详细的记载："之瑜为日人作学宫图说，商榷古今，剖微索隐，使梓人依其图而以木模焉。栋梁枅椽，莫不悉备。而殿堂结构之法，梓人所不能通晓者，亲指授之。度量分寸，凑离机巧，教喻缜密，经岁而毕。……于是率儒学生，习释奠礼，改定仪注，详明礼节，学者皆通其梗概。日人文教，为之彬彬焉。"

朱舜水有大量著作留在日本，流传甚广，其代表著作除了本篇要讲的《朱氏舜水谈绮》外，还有《朱舜水先生文集》《安南供役纪事》《中原阳九述略》《释奠仪注》，后人整理有《朱舜水集》（上、下）。

较为遗憾的是，上述著作在我国却鲜为人知，直到晚清我国赴日留学生才有机会陆续看到。梁启超先生在《中国近三百年学术史》言及当年留学生读到《中原阳九述略》等篇时，震惊有如触电，激起了对舜水的景仰。这在思想上对辛亥革命的促成起了很大的作用。

说书

《朱氏舜水谈绮》是舜水门人懋斋野传向老师"所问简牍素笺之式，质深衣幅巾之制，旁及丧祭之略"，和今井弘济以"所闻事物名称"分头所作的笔记。随后，舜水"览而善之"，对自己的学

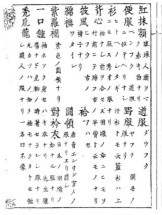

图 1 《朱氏舜水谈绮》书影　　图 2 《朱氏舜水谈绮》书影

生安积觉说:"二者宜合为一,补其遗漏,以行于世。"如此便有了本书。这是研究朱舜水教育思想的一部极珍贵的资料。(图 1)

"实理实学"是舜水学的核心,也是其经世致用教育思想的核心。朱舜水在日本不但以儒家的经书典籍教导其日本门生,还将中国的科学技术尤其是工艺技能介绍给日本学生。《朱氏舜水谈绮》反映了其实业教育的主要内容,是凝聚和体现朱舜水经世致用教育思想的一个典型载体。可以说,朱舜水以此开创了日本实业教育之先河。书中详尽地记述了中土的工程设计、农艺知识、衣冠剪裁以及书束式,并配以详尽的插图。因此本书可以说是晚明社会文化的百科全书,具有很高的价值。

服装方面,书中就野服、道服、披风、马面裙、大带、包玉巾、纱帽唐巾等明代服饰做了描述并配以图画说明;对中国历代尺度与日本尺做了比较和说明。除此之外,还对许多明朝服饰名词、色彩、巾冠、配饰、布料等做了文字说明。(图 2)

本书在介绍服饰时的文字描述十分详尽,但有部分文字说明因是古文而对现代人来说有些晦涩难懂,对服装的裁剪描述也有部分文字难以对照图片。加之文中大部分名词解释用古日文写就,大多数中国人更是难以看懂,故本文将会对《朱氏舜水谈绮》中不便理解的部分加以简明的文字与图片解释。

书中之所以对中国古代服装有如此详细的介绍，除了因为服饰之学是朱舜水所倡导的日用之学不可缺少的重要组成部分之外，还有一个重要原因就是服饰文化是传统儒家文化的重要载体。儒家文化特别强调华夷之辨，服饰文化无疑是华夷之间最直观的文化区别之标志，而这个问题，在清入关后要求汉人"剃发易服"的时代背景下，就显得尤为敏感。

舜水后半生，始终以明遗民自视，到日本三十多年其冠服终身不改，这是具有深刻的政治寓意的。诚如他的学生安积觉在《明故征君文恭先生碑阴》中所记："征君……平居不妄言笑，惟以邦雠未复为憾，切齿流涕，至老不衰。明室衣冠，始终如一。"朱舜水一生竭力维护大明的服饰制度，本身也隐含有华夷之辨的意思在内，因为明开国之时首先的措施就是禁胡服、胡语、胡姓，洪武元年（1368）"诏复衣冠如唐制"，一洗"胡元"的旧习，以恢复汉官威仪。而中国服饰发展到明代，综合了传统式样而自成体系，从而成为中国历史上"汉官威仪"的集大成者。

此外，朱舜水认为服饰不仅关系到华夷之辨，同时还起到一种维护礼教、淳化民风的作用。这一点同样是儒家的文化传统。他认为"明朝制度极备，极精极雅，比前代制不同"，也对"锦绣花样带，逐品分别，一毫不容混也"充满了某种自得之情。而自晚明以来，僭越礼制之风愈演愈烈，朱舜水感到深深的恐惧，认为明代的沦亡，很大程度上是因为士大夫"好为脱略而恶言礼"，圣教隳废离亡国也就不远了。这段亡国之恨，使朱舜水更深刻地认识到，礼教在治理国家中所起的至关重要的作用，古今皆然，而服饰礼仪自是社会风气变化的晴雨表，朱舜水甚至将之提高到关乎亡国的高度来认识。

以上的这种传统的儒家服饰文化观促成了朱舜水对服饰之学的高度重视，从而为他在日本积极传播明朝的服饰文化奠定了基础。因此，他在向日本弟子讲授时，会将中华服饰文化作为重要的教学内容，也会有意在日本向往华风的人士中引导穿戴明代服饰的风气。

在朱舜水的大力推介下，他的日本学生也对中华服饰产生了极大兴趣，比如懋斋野传就在他的指导下完成了关于中国野服的深入研究。

从现有的资料看，朱舜水向日本人讲授的服饰文化主要涉及技术、制度、礼仪、历史以及哲学等诸多方面。总之，朱舜水在日本传播中华文化是全方位的，影响深远。服饰文化作为朱舜水向日本传播的中华文化的一个支脉，不但体现着朱氏儒家礼教价值观，也显示着经世致用的实学精神；不但表达了他个人的爱怨情仇，也寄托了在异邦履践王化的理想。尤其是作为中日文化交流的一个方面，朱舜水在服饰文化传播史上的贡献，是值得研究的。

《朱氏舜水谈绮》一书国内只有1988年华东师范大学出版社出版过一次，国内其他出版的《舜水遗书》《朱舜水集》中都没有收入这本著作。华东师范大学出版社所出的《朱氏舜水谈绮》则是根据日本宝永五年、清康熙四十七年（1708）日本"神京书铺柳枝轩茨城方道藏版"影印的。全书计上、中、下三卷，分装元、享（疑为"亨"，但原书中文版如此）、利、贞四册，卷首有"宝永四年丁亥仲冬水户府下澹泊斋安积觉叙"。此书现在几乎无法买到，只有去找日本原版，实在遗憾。

说图

一、野服篇

野服（图3）与朝服相对，一言以蔽之：在野之服。然则细分，有如下之义。

野服最早见于《礼记·郊特牲》："大罗氏，天子之掌鸟兽者也，诸侯贡属焉。草笠而至，尊野服也。"孔颖达疏："尊野服也者，草笠是野人之服。今岁终功成，是由野人而得，故重其事而尊其服。"此处的野服指的是捕

图3　书中野服之效果图

捉鸟兽的野人所穿之服，野人即在山野之间劳作的山野村夫或猎人。由此我们可得知，最早的野服是乡野村民之服。而到了后期，《晋书·隐逸传·张忠》载：“坚赐以冠衣。辞曰：‘年朽发落，不堪衣冠，请以野服入觐。’”此处根据文意，可知张忠自认为年纪大了，头发脱落，形象不佳，不能配得上正式的衣冠，故请求着野服觐见。由此可推测，此处的野服并非指乡野村民之服（张忠并非乡野村民），而是一种等级不高之服，故我们可理解为平民之服，或者说便服。

野服与冠服相对，前文讲其为村民之服，重点是其身份职业；后者讲其为平民之服，着重的是等级。野服由村民之服扩展到一般人皆可穿着之服。这也是中国古代服饰发展的基本轨迹和区分方法，服饰主要按照等级和职能区分。同样，宋罗大经《鹤林玉露》在讲野服之制时也说：“谓之野服，又谓之便服。”方凤《野服考》也明确说道：“野服之制始于逸民者流，大都脱去利名枷锁，开清高门户之所为，是非缮性元漠，抱度宏虚，弗能也。”由此可知，野服发展到后期已成为仕人的日常服装，也就是便服。

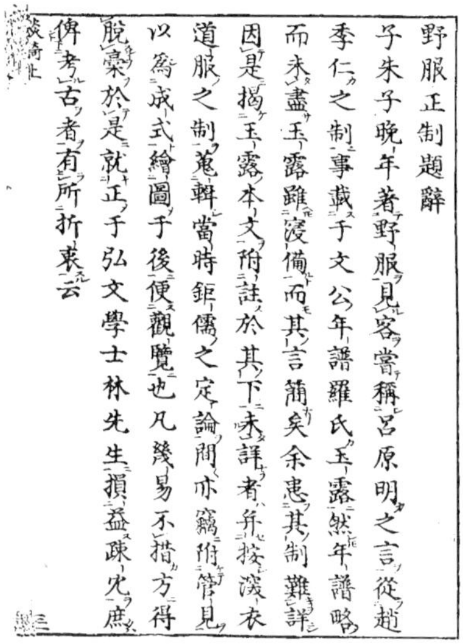
野服正制題辭
予朱子晚年著野服見客嘗稱呂原明之言從趙
季仁之制事載于文公年譜羅氏玉露然年譜略
而未盡玉露雖寖備而其言簡矣余患其制難詳
因是揭玉露本文附註於其下未詳者并按淺衣
道服之制蒐輯當時鉅儒之定論間亦竊附管見
以爲成式繪圖于後便觀覽也凡幾易不措方得
脫槀於是就正于弘文學士林先生損益疎光庶
俾考古者有所折衷云

图4　野服之论

综上，野服最开始指的是乡野村民、猎人、渔夫等人的服装，因村民们自在潇洒，不拘官场险恶，纵情山水之间，加之其服装十分轻便，无太多烦琐礼仪，故为许多仕人所倾心。或是向往他们的自在潇洒，或是喜爱这种无拘无束的穿着，野服渐渐成为了仕人们日常着装的选择。这一点在图3中也得到充分体现，村野乡夫是不太可能穿着这样的长衣去参与劳作的。

野服最初作为乡野村民之服，其用途自然是御寒保暖又方便劳作。发展到后期的仕人便服，即为穿脱方便的家居服。前期，或是村民、猎人、渔人等所着，年终祭祀天地、谷物之神时的贵族以及执事等人也有穿着；后期，低至市井平民，高至达官贵人，皆可穿着。

早期作为乡野村民之服时，穿着时间应是村民们生活中的绝大部分时候，譬如劳作在田、闲适于家、买卖于市。而后期成为普罗大众的便服则大大限制了其穿着场合与时间范围，因野服实际上并非正式礼服，其简便舒适的特点也注定了其只能作为燕居之服，对于高官仕人来说，只能在家或者自在地外出郊游时穿着。《鹤林玉露》载："朱文公（朱熹）晚年，以野服见客……皆以闲居野服为礼，而叹外郡之不能然。……然上衣下裳，大带方履，比之凉衫，自不为简。"由此可知，这里的野服或与一般平民之野服有所不同，因其有大带："别以白绢为大带，两旁以青或皂缘之。"并且"见侪辈则系带，见卑者则否。谓之野服，又谓之便服"。大带，多数为礼服上的部件，此处加于野服之上，应是仕人为避免自身所着野服太过平民化而加诸其上以提升一定等级。我们由此也可知道，野服作为燕居在家的便服时，可以用以会客，但所会之客须是主人的同辈或者小辈。当然，当其作为一般平民之服时应和前期野服相同或类似。

下面就其形制简要说明。

上衣色彩可用黄、白、青三色（图5），此处黄色当不与天子禁色之黄色相同。明代仅皇家可用赭黄色，结合下文"裳必用黄色"，取《易经·坤卦》"黄裳元吉"之意：黄乃大地的颜色，穿黄色的下裳吉祥；那么可推测这种表示吉祥的黄色应是大地的颜色，即土黄色，与皇家所用赭黄相区别。

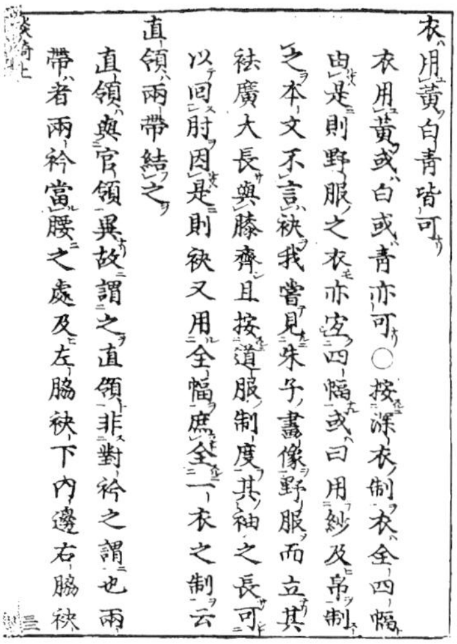
衣用黄白青皆可
衣用黄或白或青亦可○按深衣制衣全四幅
由是則野服之衣亦宜四幅或曰用紗及帛制
之本文不言袂我嘗見朱子畫像野服而立其
袪廣大長與膝齊且按道服制度其袖之長可
以回肘因是則袂又用全幅庶全一衣之制云
直領兩帶結之
直領與官領異故謂之直領非對衿之謂也兩
帶者兩衿當腰之處及左脇袂下內邊右脇袂

图5　衣用黄白青皆可

先秦时期，受限于染织技术，黄色的使用并不广泛。《仪礼》记载周代礼仪中的服饰穿着，郑玄注："上士玄裳，中士黄裳，下士杂裳。"可知，此时的黄色地位并不高。

秦汉时期，秦朝承水德尚黑色，此时的服饰制度并未完全建立，在服饰色彩的选用上也以黑为主。汉朝服饰制度则几经变化，汉初尚赤，《汉书》载："汉承尧运……旗帜上赤，协于火德。"汉武帝时期，又改为"以正月为岁首，色上黄，数用五"。而《后汉书·舆服志》又记载："诸侯王赤绶……公、侯、将军紫绶……千石、六百石黑绶……四百石、三百石、二百石黄绶。"可知，在汉朝，黄色虽然曾一度被尊为上等色，但在几次变迁中，其地位并不稳定，至汉末，黄色的地位也并不高；至隋唐，黄色的地位才渐渐被确定。《旧唐书·舆服志》载："隋代帝王贵臣，多服黄文绫袍……百官常服，同于匹庶，皆着黄袍，出入殿省。"《新唐书·车服志》载："初，隋文帝听朝之服，以赭黄绫袍……与贵臣通服。"这说明，从隋朝开始，黄色被广泛使用，但此时上至天子、下至庶民皆可着黄，黄色的地位还没有被确定。

唐朝行土德，尚黄。《旧唐书·哀帝本纪》载："今则上察天文，下观人愿，是土德终极之际。"天宝十年（751）"改诸卫旗幡队仗，先用绯色，并用赤黄色，以符土德"。武德初下令，赤黄色不得为士庶所用。《旧唐书·舆服志》载："天子宴服，亦名常服，唯以黄袍及衫，后渐用赤黄，遂禁士庶不得以赤黄为衣服杂饰。"《新唐书·车服志》记载："至唐高祖，以赭黄袍、巾带为常服……既而天子袍衫稍用赤黄，遂禁臣民服。"至此时，赤黄色在服饰上的地位已经明确只能为天子所用。

唐高祖时期，黄色还能为士庶所用，如《新唐书·车服志》记载："六品以上……色用黄……流外官、庶人、部曲、奴婢……色用黄白。"到了总章元年（668），恐各类黄色与赭黄相混，开始下令一律不许穿黄。《旧唐书·舆服志》载："总章元年，始一切不许着黄。"从此黄色就成为了帝王的专用色。

宋代，《宋史·舆服志》载："唐因隋制，天子常服赤黄、浅黄袍衫……宋因之，有赭黄、淡黄袍衫。"宋代沿袭唐代的衣冠制度，黄色也依旧保持其尊贵的地位。

　　元代，服饰制度依照宋制。《元史·舆服志》载："庶人除不得服赭黄……帐幕用纱绢，不得赭黄。"可知，在元代，黄色的地位依然尊贵。

　　至明代，黄色依然是极其尊贵的颜色。《明史·舆服志》中描述了很多黄色在车辇服饰中的使用情况，如天子大辂大量使用黄色，皇后亦同，而皇太子与亲王只能使用红色。《天水冰山录》是明代权臣严嵩家产被抄之目录，册中记载"黄闪色缎八匹"（闪缎是一种具有闪色效果的素缎和缎地提花织物，通过采用对比强烈的异色经纬来织得）。《明史·舆服志》载："后敕南京织闪黄补麒麟、仙鹤，赐严嵩，闪黄及上用服色也。"

　　需要注意的是，此时天子专用黄色仍是赭黄，即赤黄，一种黄中带红的颜色。《天工开物》载："凡上供龙袍，我朝局在苏、杭……赭黄亦先染丝。"

　　清朝，仍以黄色为贵，但此时的黄色纯度、明度大大提高，亮黄色、明黄色成为皇家用色。《清史稿·舆服志》载："凤车，木质，髹明黄……坐具亦明黄缎为之。"康熙二十三年（1684），"礼服用黄色、秋香色、蓝色五爪、三爪龙缎"。雍正元年（1723），"定礼服用石青、明黄、大红、月白四色缎"。从清朝历任皇帝画像来看，明黄也是皇帝服饰中占绝对主导地位的颜色。末代皇帝溥仪在其回忆录《我的前半生》中说道："每当回想起自己的童年，我脑子里便浮起一层黄色：琉璃瓦顶是黄的，轿子是黄的，椅垫子是黄的，衣服帽子的里面、腰上系的带子、吃饭喝茶的瓷制碗碟、包盖稀饭锅子的棉套、裹书的包袱皮、窗帘、马缰……无一不是黄的。这种独家占有的所谓明黄色，从小把惟我独尊的自我意识埋进了我的心底，给了我与众不同的'天性'。"

　　综上，黄色并非自古就是皇家专用的颜色，甚至大规模使用黄色也是从隋朝才开始的。自唐朝开始，黄色才渐渐成为皇家专用色。并且自唐朝至明朝，皇家所用黄色以赭黄为主，到了清朝才专用明黄色。

衣裳形制共三种。深衣制衣：上衣与下裳分开裁剪，制作好之后又相连，在腰间有一条横向连接线；通裁制衣：无上衣下裳之分，衣服从上至下通裁缝制而成，自领至摆是一整块布匹，中间无裁剪与连接；上衣下裳制衣：上衣与下裳分开裁剪制作，而后不加连接，为两件穿着。此为古代中国衣服的三种基本形制。

"直领，两带结之。"直领又分直领对襟与直领交领，《朱氏舜水谈绮》中说："直领与官领异，故谓之直领，非对衿之谓也。"故可知此处为直领交领。右边衣襟交于左边在下，左边衣襟交于右边在上，以小系带结之，谓之交领右衽。当系小系带时不系大带，系大带时不系小带。

"缘以皂，如道服。"皂色，即纯黑色，区别于玄色这种微带红色的黑色，由此处也可得知，道服的衣缘也是皂色。

"长与膝齐。"衣长下摆至膝盖。此处区别于礼服的衣长，因礼服大多衣长至脚踝，故便服衣长不能过长。

"裳必用黄，中及两旁皆四幅……不相属。"下裳用黄色，同上文，也是土黄色。"中"有前中与后中，即前面肚脐至下的裙幅加后面臀部至下的裙幅共四幅。此裙幅称之为马面，即无褶子的光面，在前面正中处有交叠的两个光面裙摆，在后面正中处亦是，共四幅光面。而两旁为襞积，即有褶子的裙幅，左右两旁各两个有褶子的裙幅，共四幅。不相属即为不相连接，下裳只在裙头共腰，即在裙头处相连，自裙头以下的左右裙幅不相连接，故前后马面需要交叠以防走光。左右每幅裙的结构为：一个马面在前，连接两幅有褶裙幅在左（右），再连接一个马面在后。

"头带皆用一色，取黄裳之义也。"裙头和下裳一样用土黄色。

"别以白绢为大带，两旁以青或皂缘之。"大带的材质为白色的绢布，带两缘是青色或皂色。此为大带之色，小带之色未提及，但推测小带应是与衣同色，因小带连接在上衣上面，属于上衣的一部分，并且小带不像大带有礼仪的表示，故不会为小带单独再设颜色。

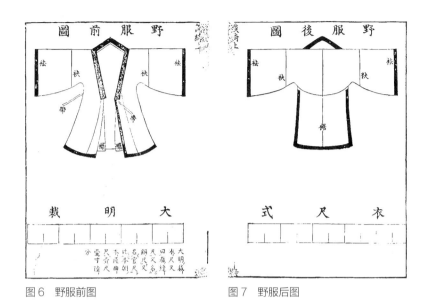

图6　野服前图　　　　　　图7　野服后图

《朱氏舜水谈绮》一书中对野服的裁剪（图6—7）有非常明确
的记载：

  用纱二幅，纱幅以一尺四寸半为则，中折前后为四叶，
长及膝下。其在前两叶上留一尺四寸，从一边裁截六寸许
为袼，自腋下至齐直修起，上阔二寸，下阔一寸，向外为
虚缝。别用裁片二条，一条上阔五寸，下阔一尺一寸，缝
连虚缝之幅外，一条，上阔三寸余，下阔五寸半，并缀前
条之外，左右如一，是谓摆。摆头各缝缀于腰间。

  裾内头别用裁片，上阔七寸，下阔一尺一寸，上缀领
之中间当乳处，上头一边出于领外处斜截，去以为外襟；
又用一片，上阔二寸半，下阔五寸，缀领端为内襟。

  其在后两叶亦上留一尺四寸，从一边裁截六寸许为袼，
腰间两叶通留阔一尺七寸，齐边两叶二尺一寸半许，自腋
下至齐截去幅边是谓裾。

  袂用纱二幅，各长三尺，每幅中折为前后两叶；每幅
长一尺五寸，缝连衣身，却从腋下渐渐修成至袖下边，袖
口留一尺五分，缝合其下以为袂。

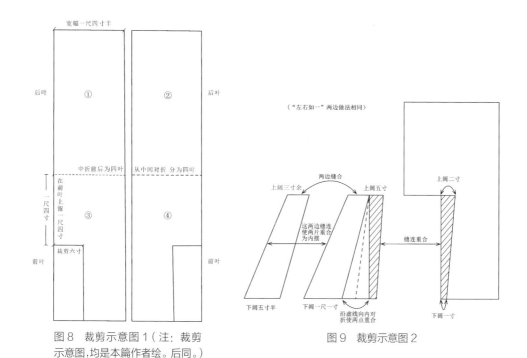

图 8　裁剪示意图 1（注：裁剪
示意图,均是本篇作者绘。后同。）

图 9　裁剪示意图 2

　　领用皂帛一条，长三尺四寸半，阔三寸五分，为领，
如常衣法，只直领耳；别用帛一条，长阔与领齐以为领里，
缘用皂绢为之，衿、裾、袂口及齐皆用二寸二分。

　　野服使用布幅为两幅，每幅宽一尺四寸半，长度因人而异，至
膝盖部位。将两块布幅从中间对折为前后两部分，前面两片，后面
两片，共四片。前面两片从上留出一尺四寸的长度，于此往内裁掉
六寸，往下直角裁掉一个方形布片，形成野服的肩与衣身。（图 8）

　　在裁好的衣身腰部上部留二寸，下部留一寸，虚缝；另取两条布，
一条上宽五寸，下宽一尺一寸，缝连于衣身虚缝，另一条上宽三寸多，
下宽五寸半，缝连于前片上；前片往衣身内部折，形成内摆，衣身
左右相同。内摆用处为在衣身两侧不漏出里衣的情况下，扩大衣身
下摆，方便行动。（图 9）

　　另取两条裁片，一条上宽七寸，下宽一尺一寸，上头缝连于领
上，突出领子的部分斜裁掉（后面讲领时配合解说），这部分为野

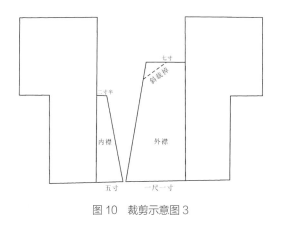

图 10　裁剪示意图 3

图 11　裁剪示意图 4

服外襟；另一条裁片上宽两寸半，下宽五寸，上头缝连于领子的末端。（图 10）

　　后两片裁法稍异于前两片，同样是上边留出一尺四寸，往内裁六寸的长度，不同的是往下裁时并非直角向下，而是使下摆呈梯形的裁剪，下摆的总长度为二尺一寸半左右，腰间长度为一尺七寸。此处斜向下裁剪的原因是：前片为了做内摆，缝合的摆的布片会有部分突出衣身，使得前片衣身不再呈现直角，为保持和前片的统一，也为契合内摆，故斜裁。（图 11）

图 12　裁剪示意图 5

　　袂的做法是取三尺长的布幅，对折，每幅宽一尺五寸，一头缝连于衣身肩袖处，从袖口下方引线往后，经过肩袖最下方，于腋下渐渐修成圆弧。袖口留出一尺五分，其余缝合。左右袖相同做法。（图 12）

　　领长三尺四寸半，宽三寸五分（虚线为内襟，实线为外襟），皂色，另取一条相同长度、宽度的布条作为领里，缝连于衣身及衣襟。内外襟缝连方式如图示（图 13），外襟超出

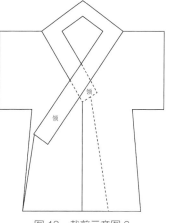

图 13　裁剪示意图 6

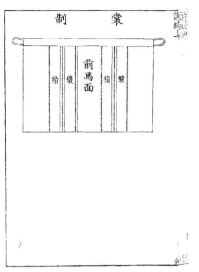

图 14 《朱氏舜水谈绮》中下裳马面裙图

领的部分斜裁掉，内襟上部较窄，包于领内。

最后，野服下摆、外襟、袖口、后裾各加上二寸二分的皂色衣缘。

下裳裁剪（图 14）：

用帛八幅，帛幅以一尺一寸为则，其长短随人身。自中及左一边缝四幅作一联；自中及右边缝四幅作一联，两边不相连，两胁各做三个辄（褶）子。其作辄（褶）子也，于两胁幅上头将入腰处用指提起帛少许，折向右，又提起少许折向左，相向辏着用线缀住而空其中间，其大小随人肥瘦耳。其缝也边幅皆向内，左四右四共八幅，左边一幅掩于右边一幅为前马面，同作一腰；别用帛，阔四寸半，长三尺五寸许，阔中折之为裳头，裳头两端各有带；以前马面当于脐边，左幅止于右胯，右幅止于左胯，则右端一幅掩于左端一幅为后马面。故虽八幅，围腰止六幅耳。

予见明制裳，有十二幅者，有六幅者。十二幅裳左右各一联，每联两端用全幅，中间四幅各用半幅，两联通为十二幅，前后有马面且当两胁处各做辄（褶）子六幅，裳左右各一联，共用全幅，前后有马面，当两胁二幅，各有

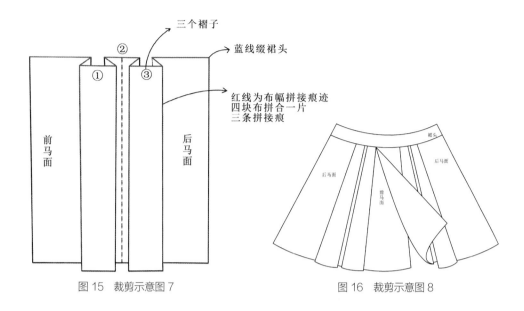

图 15　裁剪示意图 7

图 16　裁剪示意图 8

六个襞积，前后相向。野服之裳只八幅耳。

根据文中描述，马面裙左右两联各用四幅布拼接而成。观其插图，单看其中一联，有三条粗虚线与两条细实线。四幅布拼接成一幅，自然会有三条拼接的痕迹，故图上粗虚线即为拼接痕迹，细实线当为褶痕。文中描述打褶方式为"于两胁幅上头将入腰处用指提起帛少许，折向右，又提起少许折向左，相向辏着用线缀住而空其中间"，按其描述，当为工字褶。如图示（图 15）：图中红线为布幅拼接痕迹，裙头将会缝合于蓝色部分。

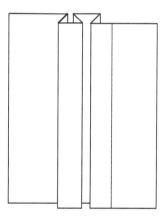

图 17　裁剪示意图 9

两个前马面重叠缝于裙头上，穿着时，两个后马面也交叠，故围于腰间只有六幅（图 16）。

除了这样八幅布制成的裳外，明制裳还有十二幅布和六幅布制成的裳，其制法与八幅相似。但野服的裳是八幅的。

图 17 为六幅裳的其中一联打褶示意，红线为布幅拼接痕迹，蓝线连接裙头。

关于大带（图18）：

《朱子家礼》描述深衣大带为："带用白缯，广四寸，夹缝之。其长围要，而结于前，再缭之为两耳，乃垂其余为绅，下与裳齐。以缯缘其绅之两旁及下表里各半寸。如缘之色，复以五彩条，广三分，约其相结处，长与绅齐。"

意为：大带用白色缯布，宽四寸，长度要满足围腰一圈后在前面打个蝴蝶结，垂下来的两条（非两耳）叫"绅"，绅的长度与下裳齐平，绅的两边有缯布装饰。另取五彩织就的丝带，宽三分，系在前面蝴蝶结的打结之处，垂下来和绅齐平。

《朱子家礼》成书于宋代，深衣发展至明代，或有些许改变，与《家礼》描述不尽相同。

《三才图会》中对于大带（图19）的描述为：

　　带以素，天子朱里终纰，羽带与纽及绅皆饰其侧也；大夫裨其纽及末，士裨其末，带袂绢为之，广四寸，裨用黑缯，各广一寸。

意为：大带素色，天子的大带里色为朱色，表色仍为素色，两边有缘边。纰，如缟冠素纰，镶边之意。纽为《朱子家礼》中的五

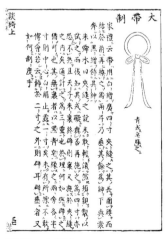

图18　大带制

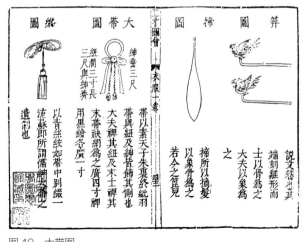

图19　大带图

彩织成的丝带，绅为带之下垂部分，这
些都要缘边。大夫的大带缘边的是纽和
末（"末"推测为绅），士的大带缘边的
只有末。大带用绢，宽四寸，缘边用黑
缯，两边各宽一寸，里外各露出黑边半
寸，中间白色大带约三寸。（图20）

　　从此段文字描述来看，随着等级的
降低，镶边的部位和部件多少随之而降。
天子带、纽、绅"皆饰其侧"，大夫只
有纽和绅镶边，士只对绅这一部分镶边
装饰。

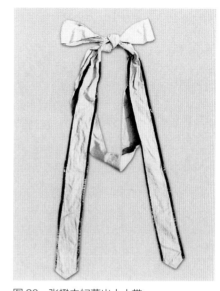

图20　张懋夫妇墓出土大带

　　上文所述皆为深衣大带，深衣自古
便是服装礼制中尤为重要的一类，故其制法多遵古制。但汉服发展
至明代，已有较多新的形制出现，在其他类型服装的大带上，人们
或有改变。

　　观察一些明代容像，会发现里面人物所系大带与《朱子家礼》
和《三才图会》中所述大带皆不同。有的大带配丝带，有的不配丝带；
有的大带缘边黑色或者深色，有的大带缘边浅色；有的大带颜色为
白色，有的用其他颜色；有的大带颜色与衣色相同，有的与衣色不同。
几乎此处所示的大带都没有只给绅镶边而大带不加以装饰的。而且
大多数大带都不似《朱子家礼》与《三才图会》中打双耳结，而是
直角垂下绅，上部以纽扣联结。

　　事实证明，明代的大带发展得十分丰富，除深衣外，其余服饰
搭配的大带皆有所改进。结双耳于前会使得大带不够平整，故在道
服、行衣等礼制要求不那么严格的服饰上，大带做出了一些调整。
颜色也根据与衣服的搭配、个人喜好等做出一定改变。

　　而《朱氏舜水谈绮》中所述野服，本就不是正式礼服，故其大
带也不必严遵古制，缘边、打结方式等或有所变化也有可能。

图 21　道服前图

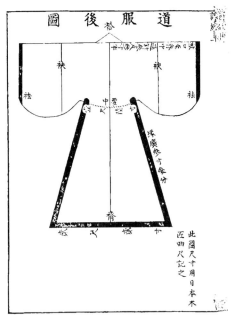

图 22　道服后图

二、道服篇

1. 起源与演变

悠久的中国古代哲学和宗教孕育了道教，赋予它深长的中国之根。道教是起源于中国本土的宗教，于东汉末年正式形成后，汲取中国古代文化营养，同时采撷和消化外来文化成分，成长为中国之身。早期道教服饰，并无严整规范，自南朝陆修静之后，开始形成制度。《历世真仙体道通鉴》卷二十四说："修静立道士衣服之号，月帔星巾，霓裳霞袖，十绝灵幡，于此著矣。"这说明道教服饰自陆修静起有了定制。

道教服饰是一个十分庞大的体系，此处我们只取其中的道服（图21—22）做详细了解。

道服本是道士所着，至宋代，文人士大夫喜与道士交往，范仲淹称赞好友制道服，作《道服赞》："道家者流，衣裳楚楚。君子服之，逍遥是与。"此时道服的穿着人群从道士扩大到文人与士大夫。到了明代，道袍已经演化为长衫的一种形式，此时的道服与道教已经没有了必然联系，成为古人居家时的外衣。因此舜水先生说：

> 巾、道袍，大明谓之亵衣，不敢施于公廷之上。下者
> 非上命不敢服此见上人，上人亦不敢衣此见秀才，惟燕居
> 为可耳。

道服可以分为大褂、得罗、戒衣、法衣、花衣、衲衣等六种。关于道袍的渊源有两种说法，其一是："裤褶，戎服也。其短袖或无袖，而衣中断，其下有横褶，而下复竖褶之。若袖长则为曳撒，腰中间断以一线道横之，则谓之程子衣。无线导者，则谓之道袍。"（明·王世贞《觚不觚录》）其二是："古之中衣，即今僧寺行者直掇。"（宋·赵彦卫《云麓漫钞》）周锡保先生认为直掇"与道袍相似，或称直裰"。周汛先生在《中国古代服饰大观》中写道："直裰也作'直掇'，早在宋代已经出现，一般以素布为之，对襟大袖，衣缘四周镶有黑边，最初多用作僧人和道士之服。"还有一称直缀，据《圣同三传通记糅钞》卷二十六载，唐代新吴百丈山慧海大智禅师始将偏衫与裙子上下连缀，而称之为直缀。

分析前人的几种说法可以归纳为或是源于裤褶之褶，只是腰中不中断而无线道；或者是源于"古之中衣"。至于说直裰，宋朝蜀人冯鉴所著《续事始》引《二仪实录》载："（袍）无横襕谓之直掇。"故此朱舜水先生说："帽有直裰、道袍、长衣、海青，一种异名，高下皆得服。"

2. 用途、等级与穿着场合

至明代，以真武大帝为护国神，以道教为国教。此时，或是因道教作为国教对于国民的影响，或是承接前朝对道士淡泊名利的隐士精神的向往，道服成为了一种上至天子、下至平民皆可穿着的服饰。有许多古代画像中人物皆身着道服，并且有大量道服实物流传至今，可以确定，道服在明代是非常普遍的装束。明代的道服，道

士与常人皆可穿着，是一种日常穿着的常服或者便服。从许多明代小说的描写来看，道服适用人群非常广泛，古代各行各业皆有穿着。

谋士可穿，如《水浒传》第六十一回描写："吴用戴一顶乌绉纱抹眉头巾，穿一领皂沿边白绢道服，系一条杂彩吕公绦，着一双方头青布履，手里拿一付赛黄金熟铜铃杵。"

医士可穿，如《警世通言》第四十卷："真君乃扮作一医士，命甘、施二人，扮作两个徒弟跟随。这医士呵：道明贤圣，药辨君臣。遇病时，深识着望闻问切；下药处，精知个功巧圣神。戴唐巾，披道服，飘飘扬扬；摇羽扇，背葫芦，潇潇洒洒。"

算命先生可穿，如《型世言》第三十五回："见一个算命的过来，头戴着倒半边三角方巾，身穿着新浆的三镶道服，白水袜有筒无底，黄草鞋出头露跟。"

穿着最多的当然还是文人及道士。秉承宋代以来文人喜穿道服的风范，明代文人成为道服穿着的主要人群之一。

综上所述，由于道服兼具宗教服装以及世俗居家服装的双重身份，因此，除形制之外，也形成了一些独特的特点（尤其是与野服相比），在此也进行一个大致的梳理：

首先，当道服作为道士的服装时，会呈现出一定的等级划分，这是由道士入道年限及学道之深浅决定的，会分为若干等级，而对于每个等级道士的着装，道教内部有着严格的规定，这里不仅是道服，也包括冠巾、靴履等。因此，道士级别不同，其道服的布料、颜色、样式等也都不同。而野服，虽然肯定也会根据人的社会地位与经济状况而有所不同，但其等级方面的要求，尤其是对于中下层人来讲，则要宽泛很多。

其次，在穿着的人群方面，道服是道士所穿的服装，同时也逐渐平民化，为社会大众所接受，成为常规的世俗服装。不过由于其峨冠博带的外观，因此往往更受士人阶层的青睐，而野服则无此明显特点，社会中下层人民也会使用。

再次，虽然都是衣服，但对于道士而言，道服的获取、使用、存放都有相应的规定。比如，道士在入道时，须举行仪式以授以道服，据北宋贾善翔所著的《太上出家传度仪》记载，仪式开始，由保举师引入道弟子先拜三清大道，次拜度师，礼皇帝，谢先祖，辞父母，辞亲友，然后进入授衣正仪。同时，道教对于道服的使用、存放也有明文规定。在南北朝时期的《洞玄灵宝道学科仪》中曾有记载："若道士，若女冠，上衣褐帔，最当尊重。……一者，未着之前，函箱盛之，安高净处；二者，既着之后，坐起常须护净；三者，暂解之时，勿与俗衣同处；四者，虽同学同契之人，亦不许交换；五者，不得乞借俗人非法服用，直至破弊，皆须护净焚弃。"

最后，道教有自己的审美及丰富的色彩体系，但作为一种宗教，其价值观依然不同于世俗文化，而具有禁欲主义的特征。反映在服饰上，就是以禁欲主义的清苦淡装来表示自己摆脱世俗物质生活的精诚之心。宗教服饰，是宗教信仰者用以表达宗教意识的物化标志，也是其表示接受宗教束缚的神圣性象征。道教一方面以神仙世界美仑美奂的未来相牵引，一方面又要求信仰者目不贪五色、身不贪五彩，以接受宗教伦理的禁制来规范自己的行为与思想意识，执素抱朴，执着身心，从而换取通往玄门仙国的门票。因此，唐代著名的道士，被称为道教"科仪三师"之一的张万福在《三洞法服科戒文》中讲道："道士衣服卧具坐褥，皆不得用青绿绀绛，红碧玄素，锦绮绣画，珠玉间错，违者四司考魂，夺算八百。"这反映出道服去华取实、去奢尚简的宗教化伦理美学思想，也是它与普通的野服有所区别的地方。

故我们在研究古代服饰时，不能轻易做绝对的论断，要研究其普遍性，也要考虑其特殊性。服饰归根结底是潮流变化的一个元素，在大的朝代背景下，可能会衍生出许多变数，而这些变数涉及时代的特征、审美的趋向、气候的变化、经济的发展、知识的传播。我们在研究时，先归纳出普遍性，再给特殊性留出这些变化的空间，方为可取之法。

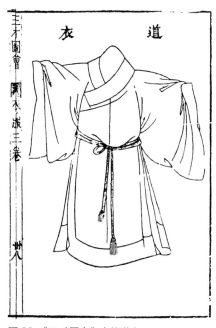

图 23 《三才图会》中的道衣

3. 形制

由古代画像和《三才图会》插图（图 23）可知，道服是上下通裁制，交领右衽，衣领、衣身两侧、袖口及衣下摆皆有缘边，缘边用黑色或石青色（深蓝色）等深色；衣身两侧开衩，有内摆、大袖，袖为开口。

文震亨《长物志》载："道服，制如申衣，以白布为之，四边延以缁色布，或用茶褐为袍，缘以皂布。"

《遵生八笺·道服》则载："不必立异，以布为佳，色白为上，如中衣四边延以缁色布亦可。次用茶褐布为袍，缘以皂布，或绢亦可。"

《朱氏舜水谈绮》的观点为："道服制……镶边必用石青，别无他色可用……大凡镶边要相称……镶边即缘也。"

值得注意的是，《明史·舆服志》云："道士，常服青。"

《清规玄妙》云："凡全真服色，惟青为主，青为东方甲乙木，泰卦之位，又为青龙生旺之气，是以东华帝君之后脉。有木青泰之喻言，隐藏全真性命双修之义也。"

可见道士的常服应是青色。而诸多文人所着道袍除了青色之外，我们所见的，还有土黄色、褐色、象牙白等。《朱氏舜水谈绮》中描述道服的颜色说："月白、翠蓝、天蓝、牙色、松花色、酱色、羊绒色、葱白，已（以）上色八种皆可用。"看来作为文人隐士喜爱的道服在形制上或与道教服饰相同，但没有那么严格的颜色要求，可用颜色十分丰富。

在材质上，《朱氏舜水谈绮》中说：

花紬、素紬、绉纱、绫、绫机紬、段（缎）子、机纱、漏地纱、秋罗、水纬罗，已（以）上十种皆可做。

而《大明会典》卷六十一规定：

僧道、隶卒下贱之人，俱不许服用纻丝、纱罗、绫绵。

这或许也是作为文人们的常服和道教道服的区别。

关于道服、道袍、道衣与直裰，文献中有许多记载，例如：

《两汉博闻》载："衣褐（张良传十）。师古曰，褐制若裘，今道士所服者是。"

《道书援神契》载："《礼记》有侈袂，大袖衣也。道衣其类也。唐李泌为道士，赐紫。后人因以为常。直领者，取其萧散之意。"

《大明会典》云："道士，常服青，法服、朝服皆用赤色，道官亦如之。惟僧录司官袈裟，道录司官法服、朝服皆绿，纹饰以金。"

《长物志》载："道服，制如申衣，以白布为之，四边延以缁色布，或用茶褐为袍，缘以皂布。有月衣，铺地如月，披之则如鹤氅。二者用以坐禅策蹇，披雪避寒，俱不可少。"

笔者在翻阅资料时发现，文艺作品中也有许多类似的记载。《金瓶梅》第三十九回写道："那道士头戴小帽，身穿青布直裰，谦逊数次，方才把椅儿挪到旁边坐下，问道：'老爹有甚钧语分付？'"这里的道士身穿直裰而非道服。《北游记》卷三写道："入殿门内，见一人头戴道冠，身穿道袍。祖师向前行礼，动问称名。道人曰：'某姓戚名兆，道号水台仙人。'"这里道士身穿的是道袍。

从以上记录可知，道服除了作为道士法衣之外，还被社会所接纳并改造利用，成为一种上下通用之服。或许古人穿衣服分类并不是非常严格，这里面的原因可能有如下五点：

（1）社会等级低下、家境贫寒的人穿衣时只在意能否保暖御寒，经济条件有限的情况下，日常服装不会像我们所理解的那样遵循形制来制作，而是更多考虑如何能节省布料、简便、不影响劳作。

（2）古代虽每种形制的衣服有其独有的名称，但由于潮流的变化、信息传达的不便利，衣服的名称或者形制会有所改变。例如，一种衣服在诞生之初有其名、有其形，但随着时代的演变、潮流的变化，人们可能会对其做法、形制做出一定改变，就会产生某种服装在不同的时代有不同的外表的情况。而古代信息交流不方便，也许在经济发达的城市，这种衣服已经几经演变，但在偏远地区，还是保留着原来的做法，就会导致一种衣服有两个形制。也有可能在朝令颁布时，各个地方对文字的理解不同，有些人的理解已经偏离了原来的意思，但由于地方局限性而又不自知，这样也会造成形制的差异。

（3）古代虽然在服饰上有一定的等级观念，但在许多中下层服装的规定上及规定执行上并不十分严格。

（4）在古代，服妖现象屡见不鲜，明代服妖更是盛行。男穿女服，女着男装。富家公子服装"大类女妆，巾式诡异"，妇人衣服却如文官，裙则如武官。人们可能会因为猎奇心理、新奇的审美，而尝试穿着非平常的服装。这种现象既然存在，就有可能被记录下来，或是文字，或是画像，流传于后代，给今天的研究者造成一些疑惑。

（5）人们对服装的形制、裁剪方法会产生理解的偏差，也不排

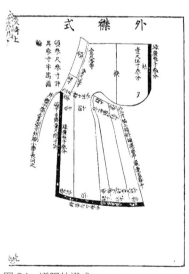

图24　道服外襟式

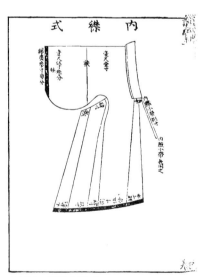

图25　道服内襟式

除因描述者理解的不同，或许相同的描述所指的却是不同的事物。例如：道服、道袍、道衣三个名词多次出现在文学作品中，但无人能确定这本书里的"道服"就是那本书里的"道服"，也无人能绝对否定这本书里的"道袍"不是那本书里的"道衣"。

4. 裁剪图

汉服的裁剪皆是平面裁剪，如道服（图24—25），如前面野服，所有汉服都是在肩膀处前后对折，肩膀连袖处不会有现代时装的接袖缝，而是直接裁剪出袖子的一部分，袖子的另外大约三分之二再接在裁好的袖子上。

示意图主要展示道服的衣身两侧摆的做法（图26）。衣身自 A 点开始开衩（即衣身前片和后片分开），A、B、C、D 及右侧多出来的布幅皆在衣身前片上。红线为折痕，沿红线对折，使得 A 与 B 点重合，B 与 C 点重合，C 与 D 点重合，A、B、C、D 皆是向外折，红线向内。再沿黄线将右边的布片往后折，最后将 D 点以后的布幅上端固定于衣身后片的中脊处。而衣身后片边缘不连接任何布幅，只是缘边。另一边亦是如此。

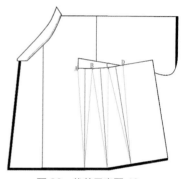

图 26　裁剪示意图 10

三、披风篇

《三才图会》有言："褙子，即今之披风。"由此我们知道明代的披风（图27—28）是从前朝的背子（或称褙子）发展而来的。

而背子（图29）的起源非常早，《事物纪原》云："其制袖短于衫，身与衫齐而大袖，今又长与裙齐而袖才宽于衫，盖自秦始也。"早期的背子是短袖大袖，穿于衫外。《事物

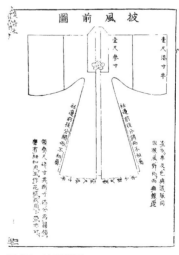

图 27　披风前图

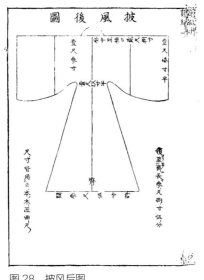

图 28　披风后图

纪原·衣裳带服部十五·半臂》提到："隋大业中，内官多服半臂，除即长袖也；唐高祖减其袖，谓之半臂，今背子也。"至唐朝，这种短袖形式的上衣很流行。当时的女性穿高腰裙，内穿的是长袖衫子，外搭半臂。早期的背子也可男士穿着，《说文解字》曰："无袂衣谓之褍。"赵宧光笺云："半臂衣也，武士谓之蔽甲，方俗谓之披袄，小者曰背子。"《深衣释例》案《石林燕语》则说："背子本半臂，武士服背子、半臂，皆无袂之衣也。"可知，早期的背子是武士着装，同样也是半臂形式。

　　这里的半臂既有短袖也有无袖。可以推测古代其实对短袖、无袖以及袖的长短的划分并不十分严格。唐代男子的半臂是穿于外衣之内的，其作用是保暖，也兼作衬衣，衬于衣服下，使衣服更挺拔。

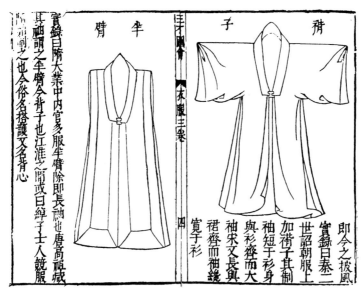

图 29　《三才图会》褙子图

至宋明，半臂形式的上衣名称发生变化，称为比甲或者背心。《三才图会》说："半臂……今俗名搭护，又名背心。"而背子则成为一种长袖、衣长至足、衣身两侧开衩的外衣，也叫褙子。宋人程大昌《演繁露》中说"今人服公裳，必衷以背子，背子者，状如单襦夹袄，特其裾加长，直垂至足焉耳"，又"中单掖下缝合，而背子则离异其裾"。

当然，任何改变都不是一蹴而就的，背子从无袖或短袖、衣长不过膝的状态发展至长袖、衣长至足，不会是突然发生的，其间必然有一个逐渐演化的过程。

背子发展至宋代的长袖、衣长至足的状态时，是作为妇女的礼服被穿着的。《宋史》记载："淳熙中，朱熹又定祭祀、冠婚之服，特颁行之……妇人则假髻、大衣、长裙。女子在室者冠子背子，众妾则假纷背子。"《朱子家礼》则载："四时祭……省牲涤器具馔……主妇帅众妇女背子涤濯祭器。""初祖……陈器……主妇、众妇女背子。"朱熹认为，在祭祀时，男着深衣，女着背子，此时背子已是等级与深衣相当的礼服了。另外，《朱子家礼》还记载："女子许嫁笄（年十五，虽未许嫁，亦笄）……厥明陈服（如冠礼，但用背子，冠笄）。"丧礼时："妇人则用极粗生布为大袖、长裙、盖头……众妾则以背子代大袖，凡妇人皆不杖。"《宋会要辑稿·后妃》又有："钦圣宪肃皇后，当元丰末……哲宗晨昏定省，乃必衣背子见之。"可知背子作为礼服需在祭祀、婚礼、成人礼、晨昏定省时穿着。

而宋代的男装背子为便服。宋叶梦得《石林燕语》云："余见大父时，家居及燕见宾客，率多顶帽而系勒帛，犹未甚服……背子，本半臂，武士服，何取于礼乎？或云勒帛不便于搢笏，故稍易背子，然须用上襟，掖下与背皆垂带。余大观间见宰执接堂吏、押文书，犹冠帽用背子，今亦废矣。而背子又引为长袖，与半臂制亦不同。头裹贱者巾，衣武士服。而习俗之久，不以为异。古礼之废，大抵类此也。"意为其祖父时背子尚未流行，其认为男服背子从武士服半臂而来，本来是不合礼制的，但是服背子的风气愈来愈盛，后来大家也就不顾礼制而都服背子了。

朱熹门人程端蒙、董铢在《朱子论定程董学则》中制定书院规矩，并给予相应的服饰建议："朝揖、会讲以深衣或凉衫，余以道服、褙子。"也就是说书院门生在朝揖、会讲等正式场合穿深衣凉衫，而其余时候，就穿日常一些的道服、褙子之类。

到明代，背子发展成为披风。《云间据目抄》云"披风便服"，明代的披风为便服，按《三才图会》说的背子乃"今之披风"，应该不会是由宋代的女装礼服背子发展而来，而由宋代男装背子发展而来的可能性更大。古代女穿男装的情况并不少见，放在今天也可以说很普遍，所以宋代男装背子发展为明代男女皆可穿着的披风也并不奇怪。明代容像中有大量人物无论男女皆穿着披风。披风作为便服，男女皆可日常穿着，与斗篷相对应，斗篷室外穿着，披风室内室外皆可穿着。

《朱氏舜水谈绮》描述披风："造衣帛及色与道服同，但披风对衿，而无镶边。"从书中插图和一些画像中可以看出，披风大袖，衣身两边开衩，衣长一般不与裙齐，会露出少许裙摆，领的长度为一尺余。衣襟缀系带一对用以系结，或用花型玉纽扣纽系。《遵生八笺》中也说道："（盆种小葫芦）形仅寸许，择其周正者，止留一枚垂挂可观，霜后收干佩带，用为披风钮子。"披风纽扣是多样的，也可用一些可爱小物。

在颜色与布料材质上，朱舜水认为披风的颜色和材质与道服同，在明代的一些描述中，披风的材质也有多种。明代一些墓葬出土的披风描述见右表。

《金瓶梅》第七十八回描写："（林太太穿的是）白绫袄儿，貂鼠披风，大红裙，带着金铎玉佩。"《天水冰山录》记录严嵩被抄家抄出的家产，有纳锦八仙绢女披风一件、大红素罗女披风一件、大红斗牛纱女披风二件、红剪绒獬豸女披风一件、宋锦斗牛女披风一件，等等。可见披风的材质从普通到华贵都有，一切皆依主人的财力而

地名	墓名	披风墓主	性别	生卒年代	披风描述（厘米）	质料	数量	资料来源
江西	南昌明代宁靖王夫人吴氏墓	吴氏	女	正统四年至弘治十五年(1439—1502)	素缎大衫：以五枚素缎为主要面料，领子和衣缘内侧用绢压边。对襟，直领，宽摆，大袖。通袖宽242，袖口宽91厘米，前身长123，下摆宽152厘米，后身长138，下摆宽206厘米。	素缎	1	《文物》2003年第2期
江西	江西德安明代熊氏墓	熊氏	女	成化壬寅年至嘉靖十六年(1482—1537)	麻布对襟衣：月白色，袖通长140，身长93，腰宽65，下摆宽72，领宽10.1厘米。	麻布	1	《文物》1994年第10期
江苏	江苏泰州明代刘湘夫妇合葬墓	刘湘妻丘氏	女	弘治丙辰年至嘉靖戊午年(1496—1558)	素绸方领衫：衣长88，通袖长150，腰宽66，下摆宽89厘米，方领，对襟。	米黄素绸面，土黄色素绸里	1	《文物》1992年第8期
贵州	贵州思南明代张守宗夫妇墓	张守宗夫妇。具体不详	男或女	张守宗，嘉靖五年至万历三十一年（1526—1603)，其妻不详。张历任户部山西司员外郎。	浅褐流云天鹅纹绢对襟半袖单衣。	绢	1	《文物》1982年第8期
					驼色素缎对襟半袖袄。	素缎	1	
江西	江西南城明益宣王朱翊鈏夫妇合葬墓	朱翊鈏。益宣王	男	嘉靖十六年至万历三十一年(1537—1603)	对开襟长龙袍：贴边斜领对开襟，在斜领和贴边上彩绣升天龙纹，肥袖方口，下端不缝合，袖口外绣有龙纹花边，在蔽膝处也有龙纹花边一道，形似道袍。	织花锦缎	1	《文物》1982年第8期
上海	河南府推官诸纯臣夫妇墓	诸纯臣	男	嘉靖十一年至万历二十九年（1532—1601)	绸银白色八宝纹夹衫。对襟，长124厘米。	白色绸	1	《上海明墓》
北京	定陵	孝端后	女	嘉靖四十三年至万历四十八年（1564—1620）	褐色八宝纹缎绣龙方补立领女夹衣，身长76厘米。	外面为绣缎里为绢	1	《定陵》

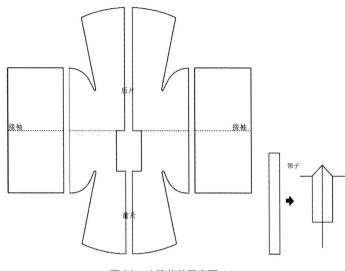

图30　斗篷裁剪示意图 11

决定，并不仅仅是朱舜水所述的八种。

斗篷与披风类似，其主要区别在于有无袖子。斗篷是清代的产物，不过是人们肩上所披之物。清代以前没有出土文物，亦没有匹配文献。

《红楼梦》中有许多关于斗篷的描写。如：

只见他屋里的小丫头子送了猩猩毡斗篷来。

只见众姊妹都在那边，都是一色大红猩猩毡与羽毛缎斗篷。

一时只见凤姐也披了斗篷走来。

远远见贾母围了大斗篷，带着灰鼠暖兜。

由于斗篷没有袖子，而手藏于斗篷之下，是不方便活动的。所以斗篷的作用仅是雨雪寒天挡风御寒，使用场合也多为室外。而对于斗篷的描写，开始于清朝，前朝虽有提及，但按其叙述，应是蓑衣一类，而蓑衣的作用正好与斗篷类似，故斗篷似乎是蓑衣的"近亲"。

斗篷的裁剪符合传统汉服的裁剪（图30），只需按虚线对折，再将各部分缝合即可。只是当注意腋下衣身两侧不能全缝合，下面要留约三分之二的开衩。

参考文献：

[1]　爱新觉罗·溥仪. 我的前半生 [M]. 北京：群众出版社，1964.

[2]　班固. 汉书 [M]. 北京：中华书局，1962.

[3]　程大昌. 演繁露（及其他一种）[M]. 北京：中华书局，1991.

[4]　冯梦龙. 警世通言 [M]. 北京：人民文学出版社，1956.

[5]　房玄龄. 晋书：隐逸传 [M]. 北京：中华书局，1974.

[6]　范晔. 后汉书：舆服志 [M]. 杭州：浙江古籍出版社，2000.

[7]　高承. 事物纪原 [M]. 北京：中华书局，1989.

[8]　高濂. 遵生八笺：道服 [M]. 北京：中华书局，2013.

[9]　罗大经. 鹤林玉露 [M]. 北京：中华书局，1983.

[10]　陆人龙. 型世言 [M]. 北京：中华书局，1993.

[11]　刘昫. 旧唐书：舆服志 [M]. 北京：中华书局，1975.

[12]　欧阳修，宋祁，等. 新唐书：车服志 [M]. 北京：中华书局，1975.

[13]　宋濂. 元史：舆服志 [M]. 北京：中华书局，1976.

[14]　施耐庵. 水浒传 [M]. 北京：人民文学出版社，1997.

[15]　宋应星. 天工开物 [M]. 北京：人民出版社，2015.

[16]　脱脱. 宋史：舆服志 [M]. 北京：中华书局，1977.

[17]　无名氏. 天水冰山录及其他一种 [M]. 上海：商务印书馆，1937.

[18]　王圻，王思义. 三才图会 [M]. 上海：上海古籍出版社，1988.

[19]　王世贞. 觚不觚录 [M]// 王云五. 丛书集成初编：凤洲杂编及其他二种（二册）. 上海：商务印书馆，1937.

[20]　王云海. 宋会辑稿考校 [M]. 上海：上海古籍出版社，1986.

[21]　文震亨. 长物志 [M]. 北京：中华书局，2012.

[22]　许慎. 说文解字 [M]. 上海：上海古籍出版社，2007.

[23]　叶梦得. 石林燕语 [M]. 北京：中华书局，1984.

[24]　赵尔巽. 清史稿：舆服志 [M]. 北京：中华书局，1977.

[25]　张继禹. 中华道藏 [M]. 北京：华夏出版社，2004.

[26]　张廷玉. 明史：舆服志 [M]. 北京：中华书局，2016.

[27]　张万福. 三洞法服科戒文 [M]// 张继禹. 中华道藏. 北京：华夏出版社，2004.

[28]　赵彦卫. 云麓漫钞 [M]. 北京：中华书局，1996.

[29]　郑玄，孔颖达. 礼记正义 [M]. 吕友仁，整理. 上海：上海古籍出版社，2008.

[30]　时亮.《朱子家训 朱子家礼》读本 [M]. 北京：中国人民大学出版社，2016.

《古玉图考》[清]

说人

"文武兼资，南海北海；汉宋一贯，经师人师。"横批："一卧沧江。"

这是得知吴大澂辞世的消息后，先后任同治、光绪两代帝师的翁同龢送去的挽联。也可以说这是吴大澂一生的写照。

吴大澂（1835—1902），初名大淳，避清穆宗讳改名。字止敬，又字清卿，号恒轩，晚号愙斋，江苏吴县（今江苏苏州）人。三十三岁时，为同治七年（1868）进士，授编修，同治十二年（1873）出为陕甘学政。曾上疏请停修圆明园和裁减同治帝大婚典礼花费。四年后，光绪三年（1877）吴大澂赴山、陕襄办赈务，不辞劳苦，亲赴灾区察勘。光绪六年（1880），诏给三品卿衔，随吉林将军铭安办理宁古塔、三姓、珲春等东陲边务。光绪七年（1881），授太仆寺卿。六月行抵吉林，即与吉林将军铭安商酌防务事宜，于整顿军吏、守边强边等方面多有建树。光绪九年（1883），法国从越南向中国扩张时，奉命会办北洋军务。光绪十年（1884）迁左副都御使。诏令赴朝鲜处理甲申政变，抵制日本对朝鲜的侵略活动。

咸丰十年（1860），沙俄掠走了我国乌苏里江以东从图们江口到黑龙江口四十多万平方公里的土地和沿日本海所有的漫长海岸线。中国从此丧失了东北地区唯一的一处日本海的出海口，中国东端陆地与海洋的联系截断了，使吉林省成了一个离海最近却没有海域的内陆省。根据1860年《中俄北京条约》规定，清朝廷割让东北大片土地后，这里的边境线应在距图们江入海口二十华里的地方。但 1861 年立界碑时俄国却擅自立在了距图们江口四十五华里的沙草峰上。1886 年中俄在勘测日本海沿岸最后一段边界时，当时作为清朝都察院左副都御史的吴大澂据理力争，把界碑从距图们江口四十五华里外移至三十华里，并取得沿图们江俄罗斯一侧出海的权利。中俄于 1886 年 10 月 12 日正式签订《中俄珲春东界约》及《中俄查勘两国交界道路记》。条约中有补立"土字牌"碑，添立"啦""萨""玛"字界牌和一至十八记号；收回黑顶子；争得图们江口通航权等，从而捍卫了祖国的神圣领土。"土字牌"高 1.44 米，宽 0.5 米，厚 0.22 米，质地为花岗岩。在对着中国的这一侧正中竖刻着"土字牌"三个大字，左边刻有"光绪十二年四月立"几个字，俄罗斯一侧刻有俄文"T"的字样。

　　"土字牌"上字虽不多，但中华民族荣辱兴衰的历史却深深地刻印在其中。矗立在这里的吴大澂雕像，时刻提醒我们不要忘记这位在中国近代史里为数不多的值得赞誉的官吏，这是吴大澂一生中永留史册的浓重一笔。

　　中国的东北地区一直是日俄觊觎的对象，俄国企图在这里建立远东的出海口，日本则看中了东北的资源。1894 年日本悍然发动大规模侵华战争——甲午战争，1895 年 4 月日本胁迫清政府签订《马关条约》。但是其中关于割让辽东半岛的规定，却激怒了不相干的俄国，俄国政府伙同德、法两国，共同对日干涉，演出了一场"三国干涉还辽"的闹剧。俄国并顺势索取了修筑中东铁路及其支线等特权。1897 年底，俄国舰队擅自闯进中国旅顺口；翌年 3 月，俄国以军事压力为后盾，强行向清政府"租借"旅顺、大连及其附近海域，霸占整个辽东半岛，从而在远东取得了梦寐以求的不冻港。这也引发了 1904 年的第二次日俄战争。从这些历史可以看到吴大澂所做的贡献是多么重要，不但收回了被沙俄非法霸占的黑顶子百余里的领土，纠正了"土"字界牌，而且又争得了中国船只在图们江口的航行权，其战略眼光与爱国精神令后人称颂。

1887—1888 年，吴大澂先后调任广东巡抚和河南山东河道总督。在任广东巡抚期间，他反对葡萄牙管辖澳门。后吴大澂治河成功，实授河道总督，赏头品顶戴，登上了其事业的顶峰。

光绪二十年（1894），中日甲午战争爆发，吴大澂时任湖南巡抚，奏请从军。光绪二十一年（1895）因兵败革职留任。光绪二十四年（1898），复降旨革职，永不叙用。

光绪二十八年（1902），吴大澂辞世，时年六十八岁。

吴大澂精于鉴别和古文字考释，亦工篆刻和书画。吴大澂书法以篆书最为著名。他的篆书大小参差、渊雅朴茂，在当时是一种创造。他对金石文字有精深的研究，开拓了对先秦文字的广阔视野，使他的篆书从中汲取了不少的营养。同时吴大澂对古玉的研究颇有心得，著有《古玉图考》一书，将自己平日收藏的古玉与文献记载相比照，一一考证其形制与名称。《清代七百名人传》称其："文采风流，照耀京国。"

吴大澂从教育起家，历任散馆编修、陕甘学政、河南河北道员、左副都御使、河道总督、北洋会办、广东巡抚、湖南巡抚等职。吴大澂不但是一位官员，同时也是一位学者、金石学家和书画家，其著作包括《愙斋诗文集》《说文古籀补》《字说》《愙斋集古录》《古玉图考》《权衡度量实验考》《恒轩所见所藏吉金录》《吉林勘界记》《十六金符斋印存》等十余种。政务之余，不忘诗文，拨冗静心，醉心金石，精于书画，可谓文武双全。

说书

《古玉图考》是玉器文化史上一部具有重要参考价值的著作（图1）。

玉器是中国历史文化的重要组成部分，同时也是中国历史上一种特殊的精神文化产品。它的发展既体现了古人思想观念、生活方

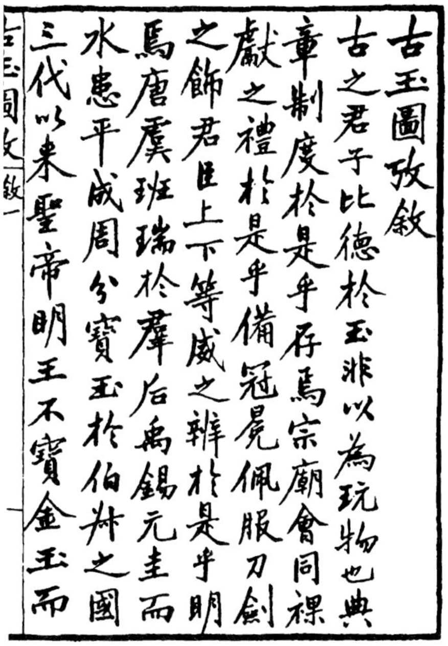

式和审美意识的演变，也反映了不同历史时期的艺术特色和时代风格。玉器具有独一无二的中国气质，它的外表温润、实则刚强寓意着中国人最本质的性格特征，中国文人因而也赋予玉器以黄金珠宝所不曾拥有的美德含义，使玉器独具文化特质。玉器的制作和使用贯穿中国历史的始终，影响人们的思想、情感、生活等各方面，可以说玉是渗透到中国人骨子里的文化。从另外一个角度说，古代中国人因为醉心于玉的浸润，而无心于探寻其他材料，故偏废了其他材料的使用技艺，比如在青铜冶炼方面不得不借鉴西亚传来的技艺。

图1 《古玉图考》序言

与我国玉器的使用和记载相比较，有关玉器研究的专门著述则出现得太晚了，与玉文化的悠久历史相比，玉器的研究是太年轻了。如今所见最早的玉器专书是宋代吕大临的《考古图》、龙大渊的《古玉图谱》，以及元代朱泽民的《古玉图》。吕大临的《考古图》是一部金文著录，全书共十卷，卷八为玉器。目列十三器，实收九器。仅列图谱，而无考证。《四库全书总目提要》言："宋吕大临撰。大临原书十六卷，已著录。此本无续图及释文，乃元大德己亥茶陵陈翼子所重刊。"龙大渊的《古玉图谱》不见于明代以前文献著录，亦未见龙大渊有相关编著的记载。《四库全书总目提要》载："旧本题宋龙大渊等奉敕撰。《宋史·艺文志》不载。他家著录者皆未之及。"故《四库全书》馆臣根据该书编撰者职衔等问题提出十二点质疑，例如："案宋制，凡修书处有提举监修、详定编修诸职名，从无总裁、副总裁之称，其可疑一也。"最后断定"此必后人假托宋时官本，又伪造衔名以证之，而不加考据，妄为捃摭，遂致舛错乖互，不能自掩其迹。其亦不善作伪者矣"。

元代朱泽民的《古玉图》作于元时，且只是记载几十种玉器，基本上多沿旧说，殊乏新意。日本学者认为："至清吴大澂出，成《古玉图考》四卷，可谓于玉的学术研究始着端绪。此书考证最为精到，吴氏将其自收集之宝物均图成之。"

《古玉图考》成书于光绪十五年（1889），同年上海同文书局石版影印出版。当时出版了两种版本，一种为大开本，全书分两册；另一种为缩小本，全书分四册。卷首有作者手书"古玉图考"书名，其后有"光绪十有五年岁在己丑夏四月八日吴县吴大澂书于济宁节署"的《古玉图考叙》。是书共录玉器近两百件，大部分为古代礼器和佩饰，每一件玉器均绘有附图，并按类记述器物尺寸、名称、用途、年代及考释，其图由吴大澂族弟吴大桢绘制。《古玉图考》是古代玉器考证的集大成者，此书给人最大的感受就是读起来十分顺畅，有点看图识字的感觉，内容丰富、言简意赅、通俗易懂、直观明了，是一本令人想一口气读完的学术著作。

《古玉图考》的问世引起国内外学术界极大的重视。作为北美研究中国学术的先驱者之一的伯索尔德·劳佛，在他1912年于芝加哥自然历史博物馆出版的《说玉：中国考古学和宗教的研究》一书中即宣称："由于吴（大澂）的材料的巨大考古价值，我几乎全部加以复述。"并评价说：

> 吴大澂没有被旧的桎梏所束缚，也未曾被他接受过的学术传统所阻碍；他用清晰开放的头脑，批判了注疏者对《周礼》、《古玉图谱》及许多其他著作的错误解释。他的常识指引他获得他的先辈预想不到的新的显著成果。

中华书局2013年出版《古玉图考》注释本时总结了该书成就的三个方面。其一，收录齐全，品类丰富。《古玉图考》几乎包括了从新石器时代至明代的常见古玉品种，成为不可多得的鉴赏手册，有助于了解我国古代玉器在礼制中不可忽视的作用和寓意。其二，绘图精确，标注翔实。本书以线刻图形式如实描绘器型和纹饰，若同一器物两面花纹不同则正反面分别绘图，比例多为原大，否则便于图旁标注比例。如"镇圭"（图2），注明图的尺寸"小于器十分之七"，测得长16.7厘米。此器现藏于英国大英博物馆，实测器长23.8厘米，与"图小于器十分之七"的16.7厘米正相符合。其三，考证精当，多有发明。文献中记载的圭的名称多达几十种，吴大澂在所搜集的玉器中，对照古圭名将其一一分辨出来。特别是作平首、弧首或凹首的圭，当时被称为"药铲"，吴大澂则认为它是《周礼》中所记载的"镇圭""琬圭"和"琰圭"。又如把《周礼》中记载天子、诸侯及各级官吏的玉器尺寸、长短，与当时所见古玉对比，考出周朝时的一尺等于清朝时的一尺的六寸。

尽管吴大澂的《古玉图考》也存在过分依赖《周礼》等传世文献给古玉定名，将一些新石器时期的玉器定为周代的礼器，并误收了晚期的一些仿古玉器等不足，这些应该是作者所处时代出土文物不够丰富，以及作者认识局限所致。这也说明仅仅凭文献研究历史或者器物是不够的，文献与实物不可偏废，我们必须坚持两条腿走路，规规矩矩地做学问。但无论如何瑕不掩瑜，《古玉图考》仍是代表了晚清古玉研究最高水平的经典之作。

纵观我国五千年玉文化的历史，国人用玉的历史悠久绵长，玉文化经历了巫玉、礼玉和玩赏玉几个阶段，玉器渗透并影响着社会政治、经济、思想、宗教、艺术、生活等各个方面的发展演化，让国人自始至终有一种玉的情结，形成了独特的玉文化。台湾玉器专家徐正伦曾说："懂得古玉就懂得中国

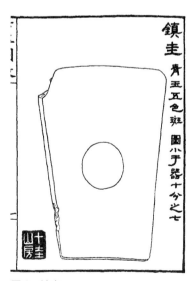

图2 镇圭

人，就懂得中国文化，因为玉的文化就是中国七千年的文化，玉的故事就是中国十几亿人的故事。"

2015年度全国十大考古新发现之一的江西南昌西汉海昏侯刘贺墓出土玉器约四百件（套），包括约四十种器形，可以说是《古玉图考》的实物版，以此我们可对此书内容获得更直观的认识。

说图

一、圭

圭的起源可以追溯到中国原始社会末期，《尚书·禹贡》载："禹锡玄圭，告厥成功。"孔安国传："玄，天色，禹功尽加于四海，故尧赐玄圭以彰显之，言天功成。"就是说尧为了表彰禹治水成功赐给他玄玉圭。圭的外形上宽下窄，形似玉斧，圭的小穿孔可以系上丝带以插在使用者的束腰大带里。石斧是原始人重要的生产工具和狩猎武器，对原始人的生存发展起着极其重大的作用，而随着青铜器的使用，石器逐渐退出历史舞台。由于世世代代对石器的依赖，人们对石器产生和积淀的感情便使得某些石器演化成早期生活中的礼器。镇圭（图3）就是一个例子。

西周时代我国的服饰制度已经同礼制一样逐步确立和完备，圭作为重要的礼器和身份与爵位的象征，种类日益增多，应用更为广泛。《周礼·春官》载："以玉作六瑞以等邦国，王执镇圭，公执桓圭，侯执信圭，伯执躬圭，子执谷璧，男执蒲璧。"六瑞形制，大小各异，以示爵位

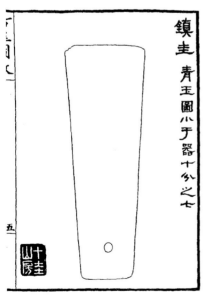

图3　镇圭

图4 大圭

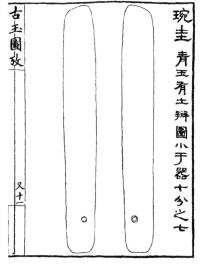

图5 琬圭

等级之差别。可见从周代开始圭就成为封建等级制度的符号与象征。此后古代帝王对玉的使用逐步扩展，秦始皇统一六国，创立玉玺制度；唐代设立了赐官员玉带的制度；"蟒袍玉带"一直沿用到清代；"金口玉言"也成为皇帝话语不容置疑的代称。

圭有不同的纹饰和尺寸用以区分不同的等级，天子使用的为一尺二寸之镇圭，以四镇之山为雕饰，取其四方安定之意。另外圭还有不同的形状用于不同的功能与场合，例如大圭（图4）、琬圭（图5）。

《周礼·冬官考工记·玉人》记载："琬圭，九寸而缫，以象德。"郑玄注："琬，犹圜也，王使之瑞节也。诸侯有德，王命赐之，使者执琬圭以致命焉。"

人们将琬圭的顶部制作成没有棱角的圆形，赋予圆形顶部"以象德"的内涵，表达"以结好"的意愿，使其作为使者出使诸侯国的"符节"，广泛用于天子与诸侯国交往的场合，有了帮助统治者实现统一和谐的政治功能。

又有琰圭（图6—7），其状如斯，左右两角，棱棱有锋，犹如月牙铲一般。《周礼·冬官考工记·玉人》记载："琰圭九寸，判规，以

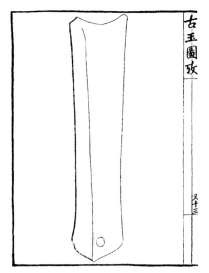

图6 琰圭　　　　　　　　　　图7 琰圭

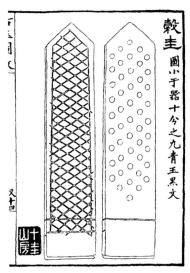

图8 谷圭

除慝，以易行。"郑司农云："琰圭有锋芒、伤害、征伐、诛讨之象。"这是古代天子用以象征祛除邪恶，惩罚不端诸侯的节符。在政治活动中，除了标识等级尊卑的作用，琬圭和琰圭还具有表达赏与罚的功能。

再如谷圭（图8），形如剑头，两面有纹饰如图。《周礼·春官》记载："谷圭以和难，以聘女。"郑玄注："谷，善也，其饰若粟文然。"这与十二章纹中的"粉米"意义相似，都是取其"养"的意思。《周礼·冬官考工记》云："谷圭七寸，天子以聘女。"从《周礼》记载来看，谷圭作用有两个，其一是和解诸侯国之间的嫌怨，其二是给女方下聘礼。在《周礼·冬官考工记·玉人》篇只提聘女而不言和难，这被认为应是由于天子用谷圭以聘女的事常有，而用于和解诸侯间仇隙的情况不多。这倒是让我们想起古代"和亲"的事情，即两个不同民族或同一种族的两个不同政权

图9　大璧

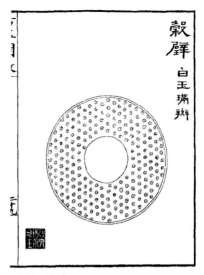

图10　谷璧

的首领之间出于各自的目的所进行的联姻，宽泛意义上的和亲可以追溯到春秋战国时期。总体看和亲就是避战言和，聘女与和难恰似一枚硬币的两面，为了说起来更体面一些所以聘女多于和难。

二、璧

古玉中的璧（图9—12）在礼器中占有十分重要的地位，《左传》有言"国之大事，在祀与戎"，《周礼·春官》"以苍璧礼天"。所谓璧就是"大圆环小中孔的玉"，《尔雅·释器》进一步解释说："肉倍好谓之璧。""好"就是中间孔洞的部分，"肉"则是孔四周的环状物，"肉倍好"即周边大于孔洞，反之就成为"瑗"或者"环"了。

为什么要用璧来祭祀天帝呢？因为璧的圆形正是古人观念中天的形象，而璧的直径正好是一尺二寸，以此效法天有十二时。

"十二"这个数字非常神奇，它可以同时被二、三、四、六等分，在运算技术并不发达的远古时代，这类数会被优先用作进制数，例如小时、分和秒的六十进制也是这样来的。在欧洲"十二"也是普遍出现的，在希腊神话中进入万神殿的十二主神，在基督教中耶稣

图 11　蒲璧

图 12　带有龙虎纹的璧

的十二个弟子称为耶稣十二门徒，物品以十二为一打。西方二十四小时制的发明者是古埃及人，他们从太阳与月亮位置的周期变化中得到十二这个数字，将白天分为十二等份，晚上分为十二等份，一天即二十四小时。佛教中对于轮回的解释称作十二因缘论，道教经书的分类法中有三洞四辅十二类的十二部分类法。古人之所以推崇十二，应该是与天文有关。我们的祖先通过观察月圆月缺和四季的更迭，将一年分为十二个月，并分别用十二地支来表示。观察日升日落，将一天分为十二等份，每一等份为一个时辰。又利用阴阳理论而衍生出十二生肖，用以计算年龄。而"天子"服饰也多以十二为计数单位以应天数，冕有十二旒，服有十二章，圭有一尺二寸，璧也同样为一尺二寸。

清代唐秉钧《文房肆考图说》载："朝廷尊祖配天，亦用苍璧。"璧的作用一是祭天，二是祭祖。也就是说祭祀天帝祖宗都离不开璧。图 10 为贵族所执的谷璧，图中排列颗粒形纹饰象征谷物初生，取重农养民之意。

璧除了作为祭祀礼器以外，逐渐也发展成为装饰品。系璧就是其中一种（图 13）。系璧是一种悬挂于带间的小璧，始于殷商，盛于

600

汉代。段玉裁《说文解字注》云："系璧，盖为小璧，系带间悬左右佩物也。"所有佩饰都被人们赋予美好的寓意，或驱魔辟邪，或祈福迎祥，如今人们佩戴的平安扣应该就是由古代的系璧转化而来。

玉璧是古玉中流传最为久远的器型，在文献记载中也曾多次出现，如《史记·项羽本纪》所载著名的"鸿门宴"一节中，"项羽兵四十万，在新丰鸿门；沛公兵十万，在霸上"，自知处于劣势的刘邦为了保全自己，在席间不辞而别。他让自己的谋

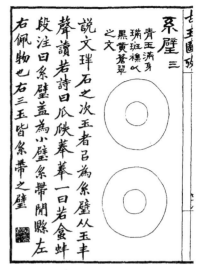

图 13　系璧

士张良将白璧和玉斗各一双分别献给项羽和他的谋士范增。"项王则受璧，置之坐上。亚父受玉斗，置之地，拔剑撞而破之，曰：唉！竖子不足与谋。夺项王天下者必沛公也。吾属今为之虏矣！"

礼玉除去以形状、纹饰、尺寸来标识等级和不同功能以外，还利用不同的色泽表达不同场合的礼仪，《周礼》曰：

> 以玉作六器，以礼天地四方，以苍璧礼天，以黄琮礼地，以青圭礼东方，以赤璋礼南方，以白琥礼西方，以玄璜礼北方。

这烦琐的礼仪背后蕴含了古代天人合一的思想，运用了阴阳五行的观念，有着复杂而深刻的哲学意义。不过要说明的是，阴阳家代表人物、五行的创始人邹衍是战国末期的齐国人，而十三经之一的儒家经典《周礼》相传为周公旦所著，前后相差数百年，因此说《周礼》是后人整理而成是有根据的。

《周礼》是一部通过官制来表达治国方案的著作，内容极为丰富，涉及社会生活的方方面面。其所记载的礼的体系最为系统，既有祭祀、朝觐、封国、巡狩、丧葬等国家大典，也有如用鼎制度、乐悬制度、车骑制度、服饰制度、礼玉制度等具体规范，还有各种礼器的等级、

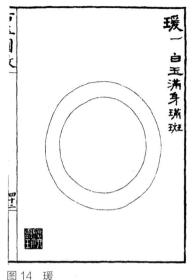

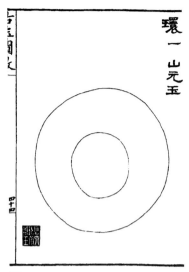

图 14　瑗　　　　　　　　　图 15　环

组合、形制、度数的记载。许多制度仅见于此书，因而尤其宝贵。《周礼》将这些制度规范分为六类职官，其分工大致为：

天官冢宰，大宰及以下共有六十三种职官，负责宫廷事务；

地官司徒，大司徒及以下共七十八种职官，负责民政事务；

春官宗伯，大宗伯及以下共七十种职官，负责宗族事务；

夏官司马，大司马及以下共七十种职官，负责军事事务；

秋官司寇，大司寇及以下共六十六种职官，负责刑罚事务；

冬官百工，涉及制作方面共三十种职官，负责营造事务。

三、瑗与环之类

吴大澂言：

《尔雅》："肉倍好谓之璧，好倍肉谓之瑗。"……《说文》："瑗，大孔璧也。人君上除陛以相引。从玉，爰声。叉部，爰引也。"……今世所传古玉，璧多而瑗少。余得二瑗，孔大而边甚窄，可以援手者，许说为不诬矣。《尔雅·释文》引《苍颉篇》云："瑗，玉佩名。"段氏《说文注》引孙卿曰："聘人以珪，召人以瑗。"

其中明确说明瑗（图 14）的作用是引导天子上宫殿的台阶。

玉环（图 15）是大家所熟悉的玉饰品，按照吴大澂的说法玉环的规制基本上是上下两边的尺寸应该约等于中间孔洞的尺寸。古代玉环用作君主贵族的配饰，也用于家庙塑像台座前的装饰。《史记·张释之冯唐列传》载"有人盗高庙坐前玉环"便是明证。由于"环"与"还"同音，因此古人也把环作为一种信物。《荀子·大略》曰："聘人以珪，问士以璧，召人以瑗，绝人以玦，反绝以环。"后世瑗和环逐渐演变为今人所喜爱佩戴的手镯。

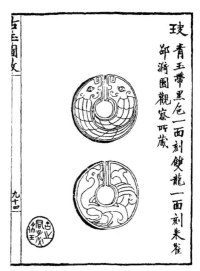

图 16 玉玦

同样是在"鸿门宴"上，一心要除掉刘邦的范增还用另一种玉器不断示意项羽动手，"项王即日因留沛公与饮。项王、项伯东向坐，亚父南向坐。亚父者，范增也。沛公北向坐，张良西向侍。范增数目项王，举所佩玉玦以示之者三，项王默然不应"。

佩玉之玦似环而不相连，中有一道缝隙（图 16）。这种有缺口的佩玉，古代常用来表示决绝或者表示君子有决断。所以范增三番五次"举所佩玉玦以示之"，而"项王默然不应"，令范增不禁指桑骂槐道"竖子不足与谋"。

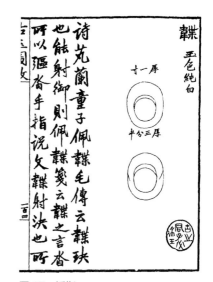

图 17 扳指

因玦与环类似，环有缺为玦，故于此将其归于环类。

有一种实用玉器也曾经名为玦（图 17），吴大澂言《毛传》云："韘，玦也。能射御则佩韘。"

吴大澂在叙述佩玉之玦时指出"是玦为佩玉之玦，与钩弦之玦不同"。钩弦之玦即是韘，因此可以说俗称的"扳指"也可以叫作玦或者韘。从韘的偏旁可以看出起初韘的材质是皮革，后来才由兽骨等更高等级的材料制成，而白玉韘只有天子才可以使用。

关于玦的用途可以归纳出五种：第一为佩饰，《说文解字》曰："玦，玉佩也。"第二作信器，收到玦表示赠送者与之断绝关系。第三寓意佩戴者的决断和大丈夫气质，《白虎通》曰："能决嫌疑则佩玦。"第四是作为处罚的标志，《九歌》注曰："先王所以命臣之瑞，故与环即还，与玦即去也。"被流放在外或者被驱逐的人如果见到玦是不能返回的。第五是射箭的工具，也就是扳指。

四、珩与璜

首先需要说明的是吴大澂认为"以玄璜礼北方"之璜和作为佩饰的组玉佩之璜应该是有区别的，最主要的差别在于大小不同。《说文解字》称："璜，半璧也。"事实上从已经出土的玉璜来看，大部分"佩璜"都仅为璧的三分之一，呈现出弧形。故此璜有两种，一种是作为礼器的璜（图18），一种是作为服饰组玉佩的璜（图19）。

从出土文物来看，佩璜多位于墓葬主人颈下或胸腹，结合孔颖

图18　璜

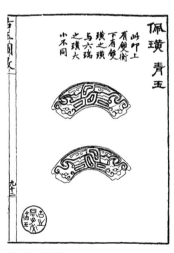

图19　佩璜

达疏《礼记》中"佩玉有冲牙"一句时"凡佩玉必上系于衡，下垂三道，穿以蠙珠，下端前后以县（悬）于璜，中央下端县（悬）以冲牙，动则冲牙前后触璜而为声"的描绘，可推断必为组佩之璜。

蔡邕《月令章句》载："佩上有双衡，下有双璜，琚、瑀以杂之，冲牙、蠙珠，以纳其间。"古文中衡与珩相通，由此看出璜上还有双珩（图20—21），双珩与双璜以及琚、瑀、冲牙等构件共同组成一组完整的玉佩。《说文解字》载："珩，佩上玉也。所以节行止也。"也就是说佩玉的作用在于使行走举止更有节制和节奏。

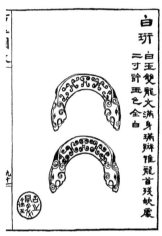

图20 珩

国家博物馆研究员孙机先生认为："在当时的社会生活中，组玉佩是贵族身份在服饰上的体现之一。身份愈高，组玉佩愈复杂愈长；身份较低者，佩饰就变得简单而短小了。"他进而分析了组玉佩与步态之间的关系：身份越高，步子越小，走得越慢，以显示气派出众，风度俨然。所以当时有"改步改玉"或"改玉改行"的说法，要求步履与佩玉相协调。韦昭注《国语·周语》："玉，佩玉，所以节行步也。君臣尊卑,迟速有节。"佩玉在功能上有节步的作用，礼仪上有等级的内涵。

古人很早就有了审美的需求，山顶洞人的装饰品非常丰富，有穿孔的兽牙、海蚶壳、小石珠、小石坠、鲩鱼眼上骨和刻沟的骨管等。同时其中还有中国最早的旧石器时代的缝纫工具——骨针，孙机先生认为骨针的发明是古代中国服饰历史的开端。经过长期的社会实践，古人对玉有了全面的认识，并将玉的各种物理特性给予人格化的总结。东汉许慎的《说文解

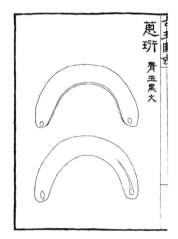

图21 葱珩

字》中认为玉有五德："润泽以温，仁之方也；鰓理自外，可以知中，义之方也；其声舒扬，专以远闻，智之方也；不挠而折，勇之方也；锐廉而不忮，洁之方也。"中国社会科学院考古研究所研究员卢兆荫先生认为"五德"概括了玉的质感、质地、透明度、敲击时发出的声音以及坚韧不挠的物理性能。《礼记·玉藻》提出"君子无故，玉不去身"，并说"君子于玉比德焉"。于是玉从实用工具逐步演变为装饰用品，到了周代人们已经用成组的玉佩装饰自己并标识身份。

五、觿与璟

古代佩玉要求佩戴者举止端正，久而久之成为习惯，也就有了派头。古代有个官员去做衣服，裁缝师傅一边量尺寸，一边问他："你担任现在的职位几年了？"官员不解，问做衣服和当官几年了有什么关系。裁缝师傅说，当然有关系，一般来说，刚担任某个职位的时候，踌躇满志，目空一切，走路是仰头看的，所以，这时候裁衣服，要前长后短。当了一两年以后，想往上升，大概没这么快，心态平和了，身子就是直的，这时候裁衣服，就要前后一样长。若是当了三四年，要么上升无望，要么被上面的人压着，为了能够更进一步，不得不表现低姿态，见人都是点头哈腰，所以，裁衣服的时候，需要前短后长。这虽然是一个故事，可是却能窥见着装与人的气度之间的关系。

古人穿衣要有革带，又有大带，"革带所以系佩，大带所以束衣"，层层裹裹；古代佩玉也十分复杂，特别是上朝时要格外当心，不可慌乱无章。为此古人也置备了相关的工具。《说文解字》载："觿，佩角，锐耑可以解结。"觿，一种专门用于解开纽结的工具（图22）。佩觿也是男子成人的标志，《毛诗传》曰："觿，所

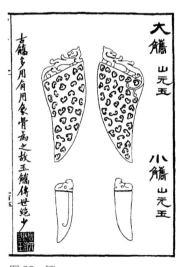

图22　觿

以解结，成人之佩也。"玉制的觿并不多见，大部分的觿都是用兽骨制作。如今山西晋城博物馆藏有一枚玉觿。

按常理，有了前述的玉佩在礼仪上的这两项功能，典礼祭祀应该庄严郑重而有条不紊，可是任何事情都会有意外，任何事做过了头就适得其反。明代王世懋《窥天外乘》载：

> 玎珰玉佩之制，原无纱袋。嘉靖中，世庙升殿，尚宝司卿谢敏行捧宝，玉佩飘摇，偶与上佩相勾连，不解。敏行皇怖跪，世庙命中官为之解，而敏行跪不能起，又命中官披之，赦其罪。因诏中外官俱制佩袋，以防勾结。缙绅便之，独太常寺官以骏奔郊庙，取铿锵声不袋如故。今上郊天升坛时，中官例不得上，独寺丞董弘业从。弘业佩忽勾鼎耳，坚不得脱，上为立待，久之，弘业仓皇以齿啮断之，始得脱。上不悦，卿裴应章被累夺俸，明年考察，弘业遂以老去。

图23　瑱

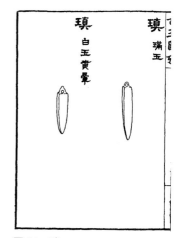

图24　瑱

原本堂皇之事弄得仓皇不堪，贻笑后人。

"充耳不闻"是我们熟悉的成语，"充耳"的学名叫作瑱（图23—24）。《毛诗故训传》曰："充耳谓之瑱。琇莹，美石也。天子玉瑱，诸侯以石。"充耳悬于冠冕之侧，垂于耳旁，意为非礼勿听，或不听信谗言。

台北故宫博物院研究员那志良先生在《中国古玉图释》中认为，瑱是耳饰，其悬挂方式有两种，一是垂在冠旁耳孔之际，二是垂在耳下，所以有人称其为"耳坠"。在纷繁的冕服体系中，充耳的形状和颜色也是变化的。如《大明会典》载皇帝冕服：

洪武十六年定，冕，前圆后方，玄表纁里。前后十二旒，每旒五采玉十二珠，五采缫十有二就，就相去一寸。红丝组为缨。黈纩充耳，玉簪导。

嘉靖八年定，冠制以圆匡乌纱冒之。冠上有覆板，长二尺四寸。广二尺二寸。玄表朱里，前圆后方。前后各七采玉珠十二旒。以黄、赤、青、白、黑、红、绿为之。玉珩玉簪导，朱缨，青纩充耳，缀以玉珠二。

六、钩与玺

玉钩即用于系腰带的挂钩（图25）。对于带钩大家还是比较熟悉的，古人服饰博衣大带，带钩是必不可少的工具。带钩不但便于革带的脱解和穿戴，相传它还为齐国争霸立下了汗马功劳。据《史记·齐太公世家》记载，管仲追赶公子小白，拔箭向他射去，正好射中他的带钩，公子小白装死躲过了这场灾难，后成为齐国的国君，他不记前仇，重用管仲，终于完成了霸业。

玉玺是皇帝的玉制印信。秦以前称为钵（图26），尊卑通用；秦以后只有皇帝的印称为玉玺，其他王公贵族的印只能称为章、印、信。说印章与服饰相关是因为用来盛放印章的绶是服饰的组成部分。战国时燕人蔡泽曾有"怀黄金之印，结紫绶于要……足矣"的感慨。孙机先生在《说"金紫"》一文中说，汉代用绶系印，平时把印纳入腰侧的盘囊，而将绶垂于腹前，有时也将绶一并放入囊中。《隋书·礼仪志》载："古佩印皆贮悬之，故有囊称或带于旁。"《晋书·舆服志》载："汉世着鞶囊者，侧在腰间，或谓之傍囊，或谓之绶囊。然则

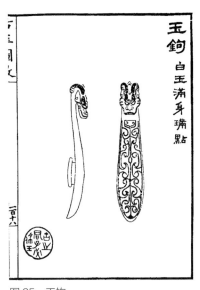

图25　玉钩

图26　玉鉢

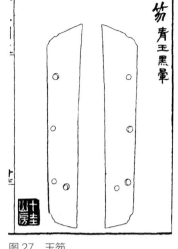

图27　玉笏

以紫囊盛绶也。"

汉代一官必有一印，一印则随一绶。《汉官仪》载绶的形制是："长一丈二尺，法十二月，阔三尺，法天、地、人。"这一丈二尺是一般官员的通例，地位越尊绶也越长。皇帝绶长二丈九尺九寸，诸侯王绶长二丈一尺，公、侯、将军绶长一丈七尺。

纸的出现无意间取代了简牍，汉代的官印原本用于简牍缄封时压印封泥，纸张的流行摆脱了填泥之检槽的面积的限制，致使印越来越大，而印的面积增大使得其不便携带，所以《隋书·礼仪志》说："玺，今文曰印，又并归于官府，身不自佩，例以铜易之。"既然印无法随身携带，绶自然就成为了没有实际用途的摆设。

七、笏与璋

吴大澂是这样介绍笏（图27）的：

> 或问古玉有似璋非璋、似刀非刀者，其名不可得而详。
余曰："此笏也。"何以知为笏？曰："边有三孔，可以结绳佩于绅带之间。非笏而何？"其三孔之外，又有一孔，何也？曰："此系组之孔，故居中而向后。"

不过，笔者到目前为止还没有发现带有四个孔的笏板，无论是

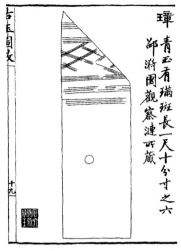

图 28　璋之正面

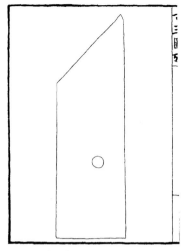

图 29　璋之背面

壁画还是雕塑。而实物多有一个孔洞。

吴大澂分析道："《玉藻》言'笏度二尺有六寸'，此笏之通制，不言天子、诸侯、大夫之别者，笏以直诎判等威，不以长短分贵贱也。"清以前王公大臣朝见天子双手执笏的场景是最常见的，这是为了记录君王的旨意和需要上奏的事情。笏板有象牙、竹片之别，以玉笏为贵，故此笏板也成为上朝必备的工具和做官的象征。古代曾流传"满床笏"的典故，说一家人当官的太多了，每逢家宴，都把笏板置于床上，组佩辉映，重叠其上。后来还有根据这个典故改编的戏剧，有同题材的年画和小说，用以表达家门鼎盛的喜庆氛围。

可以说玉文化已经渗透国人生活的方方面面，我们的语言文字之中也存在大量和玉有关的成语：玉树临风、亭亭玉立、金枝玉叶、金玉满堂、冰清玉洁、守身如玉、玉骨冰肌、金玉良缘、锦衣玉食、披褐怀玉、抛砖引玉等，连生了儿子也会说"弄璋之喜"，以别于生女孩的"弄瓦之喜"。

璋是一种用于祭祀山川的礼玉（图28—29），东汉经学家郑康成说："于大山川，则用大璋，加文饰也；于中山川，用中璋，杀文饰也；于小山川，用边璋，半文饰也。"

因璋的上端是一道斜边，所以《说文解字》有"半圭为璋"，

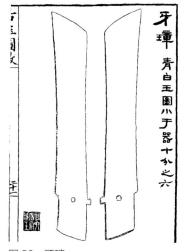

说的是璋的形状是上端为三角形的圭形状的一半。《周礼·冬官考工记·玉人》载："大璋、中璋九寸，边璋七寸，射四寸，厚寸……天子以巡守。"所谓的"射"就是璋上端斜边的部分。

此牙璋（图30）被吴大澂定为如同发兵的铜虎符，即《周礼·春官·典瑞》《周礼·冬官考工记·玉人》所说的牙璋"以起军旅，以治兵守"。似刀而无刃，因此被世俗误认为玉刀，吴大澂认为这是错误的。然而孙庆

图30　牙璋

伟教授在《鼏宅禹迹》一书中一改吴大澂"牙璋"之谬，指出龙山文化和二里头文化时期的玉器"牙璋"实是夏王朝的核心礼器，即《尚书·禹贡》所说"禹赐玄圭"之玄圭。

如上种种，玉文化作为我国独特的文化体系，寄托了古人的思想、情感及有关财富和等级的多方面观念，对中国社会有着深刻的影响。

参考文献：

[1]　吴大澂 . 古玉图考 [M]. 北京 : 中华书局，2013.

[2]　李双君，薛万琪，蔡冰清，等 . 江西南昌西汉海昏侯刘贺墓出土玉器 [J]. 文物，2018（11）：57—72+97.

[3]　那志良 . 中国古玉图释 [M]. 台北 : 南天书局有限公司，1990.

[4]　司马迁 . 史记（全九册）[M]. 韩兆琦，译注 . 北京 : 中华书局，2010.

[5]　孙机 . 中国古舆服论丛 [M]. 增订本 . 上海 : 上海古籍出版社，2013.

[6]　孙庆伟 . 鼏宅禹迹 : 夏代信史的考古学重建 [M]. 北京 : 生活·读书·新知三联书店，2018.

[7]　唐秉钧 . 文房肆考图说 [M]. 杭州 : 浙江人民美术出版社，2018.

[8]　王世懋 . 窥天外乘 [M]// 上海古籍出版社 . 明代笔记小说大观 . 上海 : 上海古籍出版社，2005.

[9]　荀况 . 荀子 [M]. 杨倞，注 . 上海 : 上海古籍出版社，1989.

六
民族服饰

民族服饰是一幅风情长卷，绘制出各族群男女的日常劳作和喜怒哀乐；民族服饰是一个变幻的万花筒，呈现出不同地域的斑斓色彩和精美图案。

引言

　　若以社会生活史的视角去审视民族服饰，你会发现其中所包含的内容简直令人眼花缭乱。民族服饰是一幅风情长卷，绘制出各族群男女的日常劳作和喜怒哀乐；民族服饰是一个变幻的万花筒，呈现出不同地域的斑斓色彩和精美图案；民族服饰是历史的温度计，给我们留下了风霜雨雪的斑驳印记和起伏衰落；民族服饰是一壶历久弥新的老酒，让我们品味其中的情感甘醇和世道沧桑。

　　由于我国幅员辽阔、民族众多，因此研究民族服饰对于服装史以及服饰文化极其重要。对于民族服饰来说，其牵扯的内容十分宽泛，南北的气候差异、地域的不同生态会造成服装形制的截然不同。例如游牧民族的袍服多采用后开衩的形式，青年学者陈诗宇认为后开衩应当来自于马上民族的习惯，方便骑马活动，唐代军戎服饰常用，普通百姓也用之，一度还因为戎庶无别而被禁止。而在记述南方少数民族的文献中，"长裙""褶裙""短裙""桶裙"等词语常见，在分支众多的苗族甚至以裙子的长短和颜色来划分族群。贯头衣也是南方少数民族常用的式样，"（短裙苗）妇女短衣、无领袖，从头笼下，前不蔽肚，后不遮腰"。披袍犵狫"男女皆外袭方袍，无领袖，洞其中，从头笼下，前短后长"。

　　俗话说"十里不同风，百里不同俗"，这些不同生活环境和生活方式造成的习俗，必然在服饰上有所反映，可以说服饰就是各民族自身的"身份证"。例如许多地方都在发辫或头饰上做文章，用此反映婚姻状态，《黔南苗蛮图说》载："青苗衣尚青，男子顶竹笠，蹠草履。出入必佩刀。未婚者剪脑后发,娶乃留之。"《卫藏图识》载:

"媒人并将往聘之金镶绿松石戴于女首，名色贾。"西藏察木多的妇女未嫁时披发，嫁人后用珊瑚做成两朵花，像菊花一样戴在额头上。鹿马岭的女子未嫁时披发，嫁人后将头发交叉，用红色哈达圈成圈结在头上。看来各民族都把婚姻看作"头等大事"。

而遍布各地的少数民族，用自己的聪明才智就地取材，用独特的生产方式编织着生活美好的前程，也为我们留下了丰厚的文化遗产。少数民族所用编织材料十分广泛，例如：

红苗，自嘉庆元年剿平后，男皆剃发，衣服悉用斑丝织成。

花苗，衣用败布，缉条以织。

（青苗）男女衣服皆以麻皮自织。

（水西苗）衣尚青。……男女衣衿以绒锦为之。锦乃妇女自织，名曰"武侯锦"。

披袍犵狫……妇以青线束发，披青布囊，缀海巴其上，织五色羊毛为彩裙。

锅圈犵狫，男子自织斜文布为衣。

而氆氇是藏区特有的羊毛织物，明代宋应星的《天工开物》中记载："机织、羊种皆彼时归夷传来，故至今织工皆其族类……其氍毹（毛织的地毯）、氆氇等名称，皆华夷各方语所命。"

少数民族大多勤纺织，尤善染。"裳服先用蜡绘花于布，而后染之，既染去蜡，则花见。""尤善染其青蓝色，经洗其色不退。"在织染的过程中草木枯荣给了他们丰富的色彩想象，身边的动植物给了他们难得的纹饰灵感。这些色彩与纹饰富含大量信息，是他们长期游牧渔猎生活的图谱，是穿在身上的文明密码。

有些少数民族穿金戴银、首饰丰饶的现象既有审美的价值，更是符合其民族不断迁徙的习性。为了应付随时而来的自然灾害和时常迁徙以追逐丰美的水草，为了逃避朝廷征剿而引发的战争和部族之间的冲突，他们不得不将几乎全部家当穿戴在身上。

历史上视少数民族为蛮夷，视断发文身者为夷狄。古代华夏族群居于中原，为文明中心，而周边则较落后，因此逐渐产生了以文明礼仪为标准进行人群分辨的观念，华夷之辨备受重视，血缘、地缘、礼仪服饰均是华夷之辨的衡量标准。欧阳修的《正统论》提出"夫居天下之正，合天下于一"的观点，以华夏正统自傲。司马光认为对蛮夷"不可以仁义说"，要使四夷"处之四裔，不使乱礼义之邦"。这种对周边少数民族在精神上居高临下的优越感表现在文献中就是大量使用带有反犬旁的"狼人""㺍猪""猓猓""狪人""獠""狋""猡"等文字，并且大量使用"番""夷"等称呼。这种歧视现象直至1939年国民政府制定了《改正西南少数民族命名表》以后，才逐渐得到纠正。

我们今天足不出户就能通过史籍了解到周边民族的概况，这是一件十分幸运的事情。在交通不便、环境险恶的古代对地处偏远的族群进行考察和记录是一件十分艰难的事情。

本篇章选取的三部文献，一是动用政府力量完成的鸿篇巨制。《皇清职贡图》载："我朝统一区宇，内外苗夷，输诚向化，其衣冠状貌，各有不同，着沿边各督抚，于所属苗、猺、黎、獞，以及外夷番众，仿其服饰，绘图送军机处，汇齐呈览，以昭王会之盛。"

二是个人执掌政务之余的所闻所见。《黔南苗蛮图说》序言说，作者为官三十载："所至深林密箐之郁幽，跳月、吹芦之欢舞，大环、椎髻、帷裙之殊形异状，断头棹尾、短衣佩刀之汹涌，出没罔弗，目睹心记，尽态穷形，而复于古书杂志，参究始末，一一识其种类分合之由，此《苗蛮图说》之所由作也。"

三是参考群书，以备考览的指南性读物。《卫藏图识》有言：

自打箭炉至唐古忒一隅，向无刻本成书。爰同梅溪盛君采《四川通志》中《西域》一卷及无名氏《西域纪事》《西藏志》等书，删其繁者，聚其散者，整齐其错杂者，大旨则折衷于《大清会典》，额曰《卫藏图识》。裒集成若干卷，以图作识，而所识则不尽于图，无缺无滥，次第详明。

这些图文并茂介绍少数民族的典籍，是我们研究周边民族服饰不可多得的珍贵资料，值得我们反复研读，并借助有关历史知识做出准确的解读。可惜的是我们的学识有限，目前只希望能够通过我们的文字让人们了解这些典籍本身。

《皇清职贡图》[清]

说人

《皇清职贡图》是乾隆十六年（1751），乾隆皇帝亲命沿边各地总督、巡抚将其管辖域内各不同少数民族以及与清王朝有来往的国家之民族的历史渊源、地理位置、衣冠服饰、饮食物产、风貌习俗绘成图像，送交军机处，由大学士傅恒、董诰等纂写、编辑成册。

大学士傅恒文武双全，是这部专著最重要的编撰统筹人，而他的故事，也是十分精彩。傅恒（？—1770），字春和，富察氏，满洲镶黄旗人，清高宗孝贤纯皇后的弟弟，生年不详，卒于乾隆三十五年（1770）。傅恒在乾隆时期历任户部、吏部尚书，保和殿大学士兼军机大臣，加太子太傅。曾督师指挥大金川之战，并参与筹划平定准噶尔部的战争，封一等公，因此担任《钦定平定准噶尔方略》总裁。他精通满文，曾奉命与满汉儒臣重定满文十二字头，为汉人学习满文时正确发音提供了方便；还奉敕主持创制了三十二体满文篆字，并将《御制盛京赋》用满文篆字缮写，作为满文篆字的标准样本。另外，傅恒还主编了多种重要的辞典类工具书，如多民族文字合璧的历史地理学词典《西域同文志》、大型分类满汉辞典《御制增订清文鉴》和满汉合璧《御批历代通鉴辑览》等，对满汉对译工作有重大的贡献。所以，对《皇清职贡图》的满汉文图来说，傅恒的把关，不仅是挂帅牵头，也是统筹标准。

傅恒家世显赫，其先祖旺吉努在努尔哈赤起兵时，便率族人归附。曾祖父哈什屯在太宗与世祖两朝位列议政大臣，跻入当时清朝最高决策中枢。祖父米思翰受知于康熙皇帝，并被擢为户部尚书，位列议政大臣。伯父马斯喀、马齐和马武都是康、雍两朝非常显赫的人物。马斯喀先后出任过内务府总管、领侍卫内大臣等重要职务，并曾任平北大将军和昭武将军率军征讨噶尔丹。马武，被雍正称为"圣眷最渥之人"；马齐，"历相三朝，年逾大耋，抒忠宣力，端谨老成，领袖班联，名望夙重，举朝大臣未有若此之久者"（《满洲名臣传》卷十八），更是康熙中后期、雍正时期重要的政治人物，时人记载："明（明珠）、索（索额图）既败后，公（马齐）同其弟太尉公武（马武），权重一时，时谚云'二马吃尽天下草'。"（《啸亭杂录》卷九）

雍正五年（1727），傅恒之姊被钦定为皇四子宝亲王弘历的嫡福晋，弘历即位，她成为乾隆皇帝的元后——即历史上著名的孝贤皇后，无论正史稗史都把这位孝贤皇后描绘成一个完美的贤妻形象。她与乾隆皇帝之间深挚的感情，对富察氏家族特别是对傅恒来说，非常重要，因为它超越了亲情而渗透到政治领域。傅恒"以后故，恩礼尤侈"（《清列朝后妃传稿》），乾隆皇帝也明确表示："朕之加恩傅谦兄弟者，乃因皇后加恩……即大学士公傅恒之加恩，亦由于皇后。"（《乾隆朝上谕档》第二册）

显赫的家世固然重要，但傅恒占据高位20余年之久的关键，则在于他出色的能力，他不仅精通满文，还具有极强的实际办事能力。大到军事决策、政令的制定和施行，小到乾隆皇帝出巡的路线、日程安排以及朝中各种典礼仪式的拟定，他每天要经办大量事务，深得乾隆帝认可。比如他奔赴前线过程中的诸多奏报，乾隆皇帝常批："此见又与朕意相合，深可嘉焉。"乾隆朝对中国历史最大的贡献，是国家统一的最终完成。这一伟业是通过多次战争实现的。在乾隆皇帝自诩的"十全武功"中，发生在傅恒为首辅期间的就有五次，即初定金川、两平准噶尔、一定回部及征缅之役。傅恒曾先后经略金川、奔赴平准前线、往征缅甸，在乾隆朝前期维护国家安定统一的战争过程中发挥了重要作用。有了安定统一的疆域，才有了乾隆朝后来的繁盛，才有了《皇清职贡图》之民族融合的盛世华章。

董诰（1740—1818），字雅伦，号蔗林，浙江富阳人，为乾隆年进士，累官至内阁学士，担任《四库全书》副总裁，善于绘画，工诗词古文。同其父董邦达一样，他既是清朝官员，又是知名的书画家。董邦达以山水画闻名，且作品水墨疏淡，设色淡雅，用笔轻柔，皴法松秀，深得古人之法。其山水画上窥五代董源、巨然及元黄公望，近学明人董其昌，论者称之"古今三董相承"，为文人画的代表，一生作品宏富。据记载，《石渠初编》收录其书画作品十九件，《石渠续编》收录其书画作品一百三十九件，《石渠三编》收录其书画作品一百一十二件，总计二百七十件，这在清宫书画家中较为罕见，足见清朝皇帝对其作品的认可与欣赏。

董诰在艺术上的成就虽不及其父有名，但亦擅绘事，山水禀家承，其所进呈画本，均经乾、嘉二帝亲笔题咏，收于《石渠宝笈》第三编，知名的作品有《西湖十景图》等。由董诰参与《皇清职贡图》的编纂，无疑使其绘画艺术的专业性得到可靠的保障。

《皇清职贡图》所绘人物达六百幅，《四库全书》所收达九卷之多。对于《皇清职贡图》这样一个庞大的制作工程，每一卷参与绘画者不可能只有一人，以下将有据可查之绘图者罗列其后。

在乾隆帝的指授下，由宫廷画家丁观鹏、姚文瀚、金廷标、程梁四人，根据全国各地送至朝廷的有关各国官民及少数民族形象的草图，统一格式，略作技法上的修正，分别绘制完成了四卷本《皇清职贡图》。

丁观鹏，生卒年不详，生于康熙晚期，约卒于乾隆三十六年（1771），清代画家，艺术活动于康熙末期至乾隆中期，顺天（今北京）人。丁观鹏于雍正四年（1726）进入宫廷，至乾隆三十五年（1770）在养心殿造办处任职"画画人"，为御用画家。他擅长画人物、道释、山水，亦能作肖像，画风工整细致，受到欧洲绘画的影响，其弟丁观鹤同时供奉内廷。著名的《乾隆洗象图》画幅左下角署款："乾隆十五年六月臣丁观鹏恭绘"。

姚文瀚，清代画家。号濯亭，顺天（今北京）人，生卒年不详。乾隆时供奉内廷，工道释、人物、山水、界画。传世作品有《四序图》。《石渠宝笈》著录其曾作《仿清明上河图》。

金廷标（？—1767），清代画家。字士揆，乌程（今浙江湖州）人，金鸿之子。能绍父艺，亦工写真，并能妙绘人物仕女及花卉。善取影，白描尤工，亦能界画。于乾隆二十五年（1760）南巡时进白描罗汉册，称旨。命入内廷供奉。所绘写意秋果及人物，皆得乾隆帝题咏。入直数载，卒于京寓。《石渠宝笈》著录了他的八十一幅作品。

程梁无考，仅知道其为乾隆时期的职业"画画人"，康熙、雍正时称为"南匠"。

武英殿本《皇清职贡图》，书凡九卷九册。最早的彩绘本完成于乾隆辛巳年（1761），武英殿本刊于乾隆四十五年（1780），后嘉庆十年（1805）有所补。绘图者是监生门庆安、徐溥、戴禹汲、孙大儒四人，刻工未署名。

门庆安，监生，清乾隆时汉军旗人。善画，乾隆十六年（1751）绘有《职贡图》。

徐溥、戴禹汲、孙大儒三人无考，但据《四库全书图绘典籍》一文统计，他们三人曾为《授时通考》《湖广通志》《钦定大清会典》等多部典籍绘制图像。

谢遂，乾隆时期著名宫廷画家。台北故宫博物院藏《皇清职贡图》彩绘副本之作者。擅长人物、山水、楼阁，画风细腻、精致，人物描绘传神。生卒年不详。

但在如意馆的《活计档》中并没有看到任何关于谢遂制作《职贡图》的记载，反而是乾隆三十六年（1771）如意馆《活计档》中西北土尔扈特归顺入觐的补绘记载，其中要求贾全增绘"'土尔扈特'续入手卷、册页内人物二分"，以及乾隆四十年（1775）如意馆《活计档》记载"首领吕进忠交乾清宫职贡图四卷一分、旧宣纸八张"，并传旨要求"贾顾（全）、顾全（铨）照乾清宫职贡图尺寸大小一样，各画一分"。台湾"中央研究院"近代史研究所副研究员赖毓芝在《图像帝国：乾隆朝〈职贡图〉的制作与帝都呈现》一文中分析道："我们还要知道顾铨事实上在乾隆四十二年（1777）七月因母患病告假回家，而此两套作品则一直要到乾隆四十四年（1779）五月才见《活计档》中有交'职贡图手卷二分，每分四卷'，并要求配缂丝包首等之记载。因此，是否顾铨离开后，由谢遂接手台北故宫卷《职贡图》的绘制工作，因此才由其署名呢？"由此判断，贾全和顾铨也应参与了《皇清职贡图》的绘制。

《皇清职贡图》还有一个嘉庆时期的补绘彩绘本，绘者是庄豫德、沈焕等人，故宫博物院藏其第二卷。

庄豫德，乾隆时供奉内廷。其作品有《玉律余添润图》《菊花图》等。

沈焕，不详居里及字号，供奉内廷，工绘人物，有《职贡图》。

说书

"职贡"是国家大事，早在周代就已有了完备的制度。据《周礼·夏官》载，"司马"下设职方氏，掌管职贡大事。其"掌天下之图，以掌天下之地，辨其邦国、都鄙、四夷、八蛮、七闽、九貉、五戎、六狄之人民，与其财用、九谷、六畜之数要，周知其利害"。"职贡图"就是记录古代社会海外各国及国内的少数民族"头目"向皇帝觐见尽职纳贡的图画。绘撰职贡图是开疆扩土、万国来朝、彰显国威、民族融合的记录和象征。《四库全书总目提要》载：

> 考《南史》载梁武帝使裴子野撰《方国使图》，广述怀来之盛，自荒服至海表凡二十国。张彦远《历代名画记》载梁元帝有《职贡图》。史绳祖《学斋占毕》引李公麟云，元帝镇荆州，作《职贡图》，状其形而识其土俗，凡三十余国。

其为数较今所绘不及十分之一。至《山海经》所载诸国，
多出虚撰，概不足凭。《汉书·西域传》以下，史家所述，
多出传闻。核以道里山川，亦往往失实。又不及今之所绘，
或奉贽贡筐，亲睹其人；或伏钺乘轺，实经其地。

现存南朝梁元帝萧绎（508—555）所绘《职贡图》、唐朝阎立
本《职贡图》、周昉《蛮夷职贡图》、李公麟《万国职贡图》、钱选《西
旅贡獒图》、赵孟頫《贡獒图》等都是此类作品。

"职贡图"不是清代的独创，《皇清职贡图》却是集大成者。清
代对周边少数民族的关注也是由来已久的，顺治年间就有《顺治会
晤五世达赖图》。清代康熙年间统一台湾以后，清朝皇帝非常关注
台湾，于是令遣台官员等将台湾高山族地区的风土人情及宝岛的物
产情况用绘画形式表现出来，于是有了《台湾内山番地风俗图册》
和《台湾内山番地土产图册》。赖毓芝在《图像帝国：乾隆朝〈职贡图〉
的制作与帝都呈现》一文中也曾说："庄吉发即提到早在康熙四十一
年（1702）三月二十九日《起居注》记载清圣祖谕旨内已有：'观郎
中尤冷格所进图样云，猺人为数不多，栖身之地，亦不宽广。但山
险路狭，日间不敢出战，夜间系彼熟径，来犯我军，亦未可知'等语。
可见康熙年间郎中尤冷格已进呈广东猺族图样。"

经过不断积累，清廷已经握有部分内外蛮夷之图像。《宫中档
乾隆朝奏折》载有四川总督策楞的一份奏折：

乾隆十六年十一月十七日，四川总督臣策楞谨奏，为
恭进番图事。窃臣于乾隆十五年八月十一日，承准大学士
忠勇公傅恒字寄钦奉上谕，命臣将所知之西番、猓猡男妇
形状，并衣饰服习，分别绘图注释，不知者，不必差查等因。
钦此。钦遵，谨就臣所经历之夷地，及接见之番民，或参
考于该管之文武，绘图二十四幅，并将该处地土风俗、服
饰好尚大概情形，逐一注明成帙，恭呈御览。再本年八月
十三日，承准廷寄番图二式，钦奉谕旨，令臣将所属苗猺，

　　以及外夷番众，照式绘图，送军机处汇呈，以昭王会之盛

　　等因。臣现在钦遵，留心图写，容俟绘就另进。合并陈明，

　　臣谨恭折具奏，伏祈皇上睿鉴。为此谨奏。

　　乾隆十六年（1751）闰五月初四日，在《活计档》中就有军机处大学士傅恒交出男女番像十六张要画院处照画的记载。值得注意的是，这一日正是乾隆朝《职贡图》编纂计划启动之日，此男女番像复制图必是发给各地的样张无疑。

　　清代经顺治、康熙、雍正三朝的治理，至乾隆朝已达鼎盛，幅员辽阔，经济繁荣，社会安定，藩属国及其周边国家纷纷来朝，呈现出一派太平气象。乾隆十六年（1751），乾隆皇帝命沿边总督、巡抚将所辖境内不同民族及与清王朝有交往的国家的民族之衣冠状貌，绘成图像。乾隆皇帝下令编纂《皇清职贡图》的目的，主要在所谓"昭王会之盛"，描绘一番"万国来朝拜冕旒"的盛况，宣扬其疆域之广、怀来之盛。卷首载有谕旨："我朝统一区宇，内外苗夷，输诚向化，其衣冠状貌，各有不同，着沿边各督抚，于所属苗、猺、黎、獞，以及外夷番众，仿其服饰，绘图送军机处，汇齐呈览，以昭王会之盛。"《四库全书总目提要》称《皇清职贡图》："以纪盛德昭宣，无远弗届，为亘古所未有。"乾隆在《御制题皇清职贡图诗》中写道："书文车轨谁能外，方趾圆颅莫不亲。"《皇清职贡图》为清廷掌握周边诸国、藩地情况提供了便利，同时也为今人了解当时的历史地理及民族风俗保留了大量珍贵的第一手资料。

　　《皇清职贡图》有卷、册两种形式，有多种版本。

　　卷，即为彩绘长卷。由宫廷画师依照各地呈送的少数民族"番图"设色重绘，其特点是满汉合璧，图中既有汉字也有满文。

　　全图共四卷：

　　第一卷名"萝图式廓"，绘海外二十七国官民男妇及西藏、新疆少数民族三十二种；

　　第二卷名"卉服咸宾"，绘东北、福建、台湾、湖南、广东、广西、

海南少数民族六十一种；

第三卷名"琛赆云从"，绘甘肃、四川少数民族九十二种；

第四卷名"梯航星集"，绘云南、贵州少数民族七十八种。

每一国家或民族绘一段画面，多数画面绘男女各一人，少数绘三人或一人。其中人物作渔樵耕猎、行走骑坐、刺绣纺织等态，画法写实，气韵生动，设色明丽。每段画面上方以满汉两种文字详注所画国家民族的历史沿革、饮食服饰、风俗好尚、地理位置、土特物产和与清廷交往、贡赋等情况。此后，乾隆年间又四次增补了第一卷的画面十一段，图像总数也由原二百九十幅增至三百零一幅。其中人物六百余个，说明文字约十万字，总长六十余米，成为一部集历史文献与绘画艺术于一体的旷世巨作。

嘉庆（颙琰）继位后，命画工重绘《皇清职贡图》，并于嘉庆十年（1805）绘成。重绘的《皇清职贡图》除第一卷中增加了三段画面，其他方面与乾隆原作基本相同。

乾隆主持编撰的《皇清职贡图》现已不存于世，现存《皇清职贡图》都是副本，共有四个版本，彩绘本两个，白描本两个。分存于北京故宫博物院与台北故宫博物院的两部完整绘卷，皆为摹本。

册，是装订成册的图书，汉语说明，黑白线刻。两个白描本都是乾隆时期制作的副本，随后经过几次增补，成为现在的版本。

一是文渊阁《四库全书》写本，成书于乾隆四十三年（1778），增补过两次，最终形成九卷本，图像最后增至三百幅。2008年，广陵书社据此版本排印出版。这是最常见的九卷本《皇清职贡图》。

二是武英殿刊本，亦为九卷，但是图像略多。辽沈书社于1991年10月影印出版了清武英殿本。

《皇清职贡图》全书共九卷：卷一为域外各国，卷二为西域各族，卷三为关东以及福建、湖南、台湾各族，卷四为两广各族，卷五为甘肃各族，卷六为四川各族，卷七为云南各族，卷八为贵州各族，卷九为补遗（系乾隆二十六年以后所绘各图），又另于嘉庆十

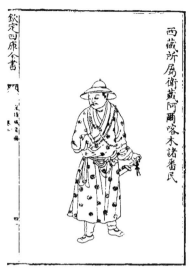

图 1　四库本《皇清职贡图》　　　　图 2　武英殿本《皇清职贡图》

年（1805）卷九末再增补《安南国夷官》《安南国官妇》《安南国行人》《安南国夷人》《安南国夷妇》五幅。

　　细看《四库全书》本与武英殿本，无论是图像还是文字都有一些区别。

　　四库全书本——卷二西藏所属卫藏阿尔喀木诸番民——衣袍有花纹（图 1）

　　乾隆武英殿本——卷二西藏所属卫藏阿尔喀木诸番民——衣袍无花纹（图 2，日本早稻田大学藏）

　　四库全书本——卷三安化宁乡等处猺（瑶）妇——无纹饰（图 3）

　　乾隆武英殿本——卷三安化宁乡等处猺（瑶）妇——有纹饰（图 4，国家博物馆藏）

　　四库全书本——卷四罗城县苗人无头饰（图 5）

　　乾隆武英殿本——卷四罗城县苗人有头饰（图 6）

　　四库全书本——卷二西藏所属穆安巴番人番妇（图 7）

　　乾隆武英殿本——卷二西藏所属们巴番人番妇（图 8、图 9）

　　四库全书本——卷二西藏密尼雅克番人番妇（图 10）

　　乾隆武英殿本——卷二西藏密纳克番人番妇（图 11、图 12）

图 3　四库本《皇清职贡图》　　　　　　图 4　武英殿本《皇清职贡图》

图 5　四库本《皇清职贡图》　　　　　　图 6　武英殿本《皇清职贡图》

图 7　四库本《皇清职贡图》

图 8　武英殿本《皇清职贡图》　　　　图 9　武英殿本《皇清职贡图》

图 10　四库本《皇清职贡图》

图 11　武英殿本《皇清职贡图》　　图 12　武英殿本《皇清职贡图》

这些不同之处既反映了画工审美情趣的不同，也反映了清廷对少数民族的认识的不断深化。总体来看四库本的绘图比武英殿本还是略逊一筹。

《皇清职贡图》共绘制三百种不同民族和地区的人物图像，每种皆绘男女图像两幅，共六百幅。图后皆附说明文字，措词用语浅显明了，简要介绍该民族与清王朝的关系及当地的风土民情。嘉庆年间卷九末又增补安南国人像五幅。所绘图像以描写外形为主，并注重对人物表情的刻画，人物造型相当准确，不仅性格和神态各异，其服饰装束、颜面肤色和举止动作也体现出不同地区的风情。

可以说，《皇清职贡图》是一部最生动、直观的民族风情画卷，其中精心绘制的清代各民族的图像资料，呈现出来自不同地域、不同国家、不同民族、不同阶级、不同年龄、不同性别人物的独特气质，是研究我国民族学特别是民俗学的珍贵资料，对我们今天研究清代各民族具有一定的参考价值和借鉴意义。

说图

尽管郭味蕖在《中国版画史略》一书中对《皇清职贡图》颇有微词，但是他也不得不承认其在民族史、民俗史、艺术史等方面的历史地位："这部皇家刻本，虽然笔拙刀软，意趣淡漠，主要是在说明'四夷向化'，但作者在表现少数民族现实生活反映当时社会面貌方面，是有特殊贡献的。"

书中大部分人物身形比例准确、姿态多样、表情丰富、衣袂飘举，使画面看起来顺畅生动。由于创作过程"或奉赍贡筐，亲睹其人；或伏钺乘轺，实经其地"（《四库全书总目提要》），图中所刊诸番夷，近自西南各族，远至西洋各国，笔法非常写实，具有极高的可信度。郑振铎赞其为"信史"，称"六百幅图像……确非妄为向壁想象者，

图 13　朝鲜国夷官及官妇立像

不啻'册府传信之钜观'也"（郑振铎《西谛书话》）。沈从文先生《中国古代服饰研究》一书中的清代少数民族部分图示，大部分来源于此。

郑樵在《通志》中就已指出"图谱之学，学术之大者"，"图，经也，书，纬也，一经一纬，相错而成文"。《皇清职贡图》为我们留下了宝贵的图像与文字资料，艺术家看到绘画，史学家看到历史，民俗学者看到了风土，经济学者看到物产，民族学者看到部族，语言学者看到满语，我们老百姓则看到了二百多年前的众多民族的生活状态和习俗。

此为《皇清职贡图》的第一幅图，是朝鲜官员以及夫人的站立画像（图 13），职贡图大部分都采用这种男女各一的形式表现各族人们的服饰。从图中我们可以看到明代服饰对朝鲜半岛的强烈影响到清代时更加明显，特别是清廷实行"剃发易服"严重地刺激了周边诸国——曾将华夏传统衣冠视为中华文明象征，并以此作为华夷划分基本标准的周边诸国，东亚的朝鲜、日本，南亚的安南（今越南）都乘机大肆炫耀自己所保存的"中华衣冠"以示正统，清人的"剃发易服"恰恰给了周边诸国一个谋求发展的政治借口。有研究称："面对清人'薙发易服'，朝、日、越纷纷举起了'中华主义'的大

图 14　安南国夷官及官妇立像

旗，一方面痛斥清政权摧残了中华文明，另一方面则自我标榜为中华文明的正宗传人，理直气壮地摆脱中国乃至站到中国的对立面。"（刘永连、刘家兴《明清鼎革后东亚文化共同体内各国的中国观——以安南使人对"薙发易服"的态度为视角》）

朝鲜士人对"剃发易服"反应异常激烈，称"辫发左衽，服马蹄袖，戴绒帽，为犬羊之服"；"坏尧舜以来上衣下裳之制，使天下泯然皆为臊羯"。

而《皇清职贡图》的文字说明却写道"王及官属俱仍唐人冠服"，对明代服饰采取漠视及不承认的态度。

安南国（图 14）同样反感清廷的"剃发易服"。"衣冠文明作为礼仪制度的一种体现，是中华文化的重要组成部分，在各国均受统治者重视。它不仅标识民族（华夷）、国家（王朝），区分文明与野蛮（文化），甚至政权合法性和文化合理性也靠它来确认。"（刘永连、刘家兴《明清鼎革后东亚文化共同体内各国的中国观——以安南使人对"薙发易服"的态度为视角》）乾隆五十三年（1788）安南大臣黎炯因国内动荡发生巨变而赴清求援，却因为不肯剃发易服而被清廷拘禁十余年。《皇清职贡图》同样写道："其夷目冠带朝服多仍

图 15　英吉利国夷人、夷妇像

图 16　俄罗斯国夷官、官妇像

唐制，皂革为靴，惟武官平顶纱帽，靴尖双出，以为别。"

此书第一卷描绘了日本、琉球、暹罗、苏禄、大西洋翁加里亚、英吉利（图15）、法兰西、柔佛、荷兰、俄罗斯（图16）、吕宋、嘛六甲、亚利晚等二十多个域外国家的人物形象，并介绍其服饰特点、习俗风尚。那么清宫中的这些画师是如何获取这些远隔千里的民族形象的呢？

据文献记载分析，宫廷画师主要通过三个途径观察和勾勒这些外邦人物的面貌特征和衣饰外形，其一是参加皇帝接见外国使臣的活动，暗中观察并记录。《活计档》就记载乾隆十六年（1751）"缅甸国人朝觐行礼，着海（望）带领丁观鹏将伊形式服色看画"。例如著名的《万树园赐宴图》，就是以纪实手法描绘了我国境内蒙古杜尔伯特部的首领车凌、车凌乌巴什、车凌孟克率部内迁，乾隆皇帝亲自在离宫承德避暑山庄接见"三车凌"的情景，整个活动持续了五十多天。奉乾隆皇帝之命，郎世宁、王致诚等外国宫廷画家参加了这一重大活动，目睹和亲身经历整个活动的全过程。

其二是参考比照以往的画作和呈送的画像与图说。例如从闽浙总督喀尔吉善及福建巡抚陈弘谋于乾隆十七年（1752）七月二十六日所合奏之奏折可知，他们收到乾隆上谕后，一年后就上缴番民二种、台湾原住民十四种、琉球等外国人十三种画像。乾隆二十五年（1760）《活计档》上也曾有军机处奉旨"添办西洋夷人六幅"的指示。

其三是借鉴18世纪初期景德镇、广州根据欧洲版画所烧制的"订烧瓷"中的西洋人物形象。

需要说明的是，依照惯例，《职贡图》是记录朝廷与其他藩国或者地方的朝贡关系，事实上乾隆朝《职贡图》"西洋"部分，有些邦国与朝廷仅有互市贸易关系，把这些邦国均纳入职贡范畴是乾隆爷"唯我独大"的心理体现。中国古代王朝一直以天下中心自居，将周边民族或外国都视为外藩臣属，他们与中国的交往都是对"天朝"的职贡。

图 17　布噜克巴部落番人、番妇像

图 18　哈萨克民人、民人妇立像

《皇清职贡图》卷二所绘为西域各族，此为藏地西南之布噜克巴部落（图17）。南亚小国布噜克巴（今不丹国），曾经一度内附于大清王朝，成为清朝的属国。书中记载道："其男子披发，裹白布如巾帻，然着长领褐衣，肩披白单，手持素珠。妇女盘发后垂，加以素冠，着红衣，外系花褐长裙，肩披青单，项垂珠石，璎珞围绕至背。其俗知崇佛唪经，然皆红教也。"寥寥数语，状其形貌、衣饰特点，简单明了。所谓红教是藏传佛教宁玛派的俗称，因该派僧人戴红帽，故有此称。

《皇清职贡图》也有对少数民族上层的记载，如"伊犁等处台吉""伊犁等处宰桑"。台吉，是清代对蒙古贵族封爵所用名称。自一等台吉至四等台吉，相当于一品官至四品官。也有人分析"台吉"是满语的音译，或为"太子"之音转，所不同的是汉语中太子只有一个，而满语则称贵族为"台吉"。"皇太极"最初亦写作"黄台吉"。而"宰桑"则是明代蒙古官号，从元代沿袭而下，为汉语"宰相"的音转。宰桑绝大多数为出身于非成吉思汗家族的封建领主。同时书中也有平民的记录，图18就名为"哈萨克民人"。

书中说："哈萨克在准噶尔西北，即汉大宛也。有东西二部，自古未通中国。""自古不通中国"之词在其他地区的介绍文字中也曾出现，关于"通"与"不通"中国，情形有两种，一种是确实不在大清的版图之内，例如：

> 南掌，古越裳氏地，自周以来不通中国。明永乐初部长刀线歹入贡，始置军民宣慰使，万历中犹奉贡，后不复至。
>
> 法兰西一曰弗郎西，即明之佛郎机也，自古不通中国。

另一种则是为了突出乾隆皇帝的"十全武功"，表明是当今皇上开疆扩土取得的功绩，而将其纳入大清的版图。书中关于哈萨克的说明便是如此："乾隆二十二年，东哈萨克之阿布赍阿布勒班必特、西哈萨克之阿必里斯等先后率众归诚，各遣其子侄赴京瞻仰，并进献马匹，遂隶版图。"对于哈萨克族服饰的描写也算是言简意赅，从材质到颜色，从珠饰到冠履都有涉及："其俗以游牧为生，亦知耕种，头目等戴红白方高顶皮边帽，衣长袖，锦衣丝绦，革鞵。妇人辫发双垂，耳贯珠环，锦镶长袖，衣冠履与男子同。其民人男妇则多毡帽褐衣而已。"

从第三卷开始，画面就把我们带入到东北冰天雪地的白山黑水之间，这里是清廷的根据地。书中依次展示了鄂伦绰、奇楞、库野、费雅喀、恰喀拉、七姓、赫哲的生活习俗及服饰特征：养角鹿为生，捕鱼打牲为业，男女衣皮，妇女幼时即以针刺唇用烟煤涂之，鼻旁穿环缀寸许银铜人为饰，妇女则披发不笄，而襟衽间多刺绣纹等。

鄂伦绰（图19）即今之鄂伦春，《皇清

图19　鄂伦绰人、妇像

图 20　奇楞人、妇像

图 21　库野人、妇像

图 22　费雅喀人、妇像

职贡图》明确记载：

> 宁古塔之东北海岛一带，《唐书》所云：少海之北，
> 三面阻海。人依屿散居，有鱼盐之利者，人有数种，鄂伦
> 绰其一也。在近海之多罗河、强黔山游牧，男女皆披发跣足，
> 以养角鹿捕鱼为生。所居以鱼皮为帐，性懦弱，岁进貂皮。

这段话说明了鄂伦春族的地理分布、生产方式、居住特点以及
习俗发式。

奇楞（图 20），赫哲族的一支。此称谓早已不用，今通称赫哲。

经查《辞海》，库野（图 21）同苦夷，而苦夷是"明代对居库
页岛（今俄罗斯萨哈林岛）上原住居民的称谓"。

费雅喀（图 22），是居住在今俄罗斯远东地区的少数民族。19
世纪中叶以前，费雅喀人一直是我国东北地区少数民族之一，是满族
先世部族，属于东海女真。孙运来在《清代的费雅喀族》一文中指出：

> 费雅喀族是清代我国东北边疆地区基本民族之一，主
> 要分布在黑龙江下游、黑龙江河口湾沿岸和库页岛的北
> 部。……和黑龙江流域其他民族一样，他们对开发和保卫
> 我国东北边疆地区作过积极贡献，是中华民族大家庭中的
> 一员。

图 23　恰喀拉人、妇像

图 24　七姓人、妇像

　　19 世纪中叶以后，中国境内的恰喀拉人（图 23）作为独立的族体已不再存在。其实他们与满族有着共同的种族祖先。由于清朝与俄国签署的《瑷珲条约》和《中俄北京条约》割让了黑龙江流域一百多万平方公里土地，恰喀拉人主体部分也随之割让给了俄罗斯。

　　七姓（图 24）是野人女真的一部分。在明代中叶后，"七姓"即在建州女真、海西女真形成时，用来代指这两支女真人以外的女

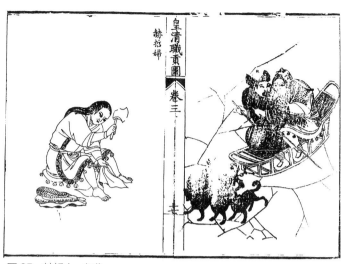

图 25　赫哲人、妇像

真人。实际上应该属于东海女真。

对于赫哲族（图 25），《皇清职贡图》正文中介绍道："男以桦皮为帽，冬则貂帽狐裘。妇女帽如兜鍪，衣服多用鱼皮，而缘以色布边，缀铜铃，亦与铠甲相似。"

不知你是否注意到，即使在介绍到清朝统治者的老家时，也没有满族的任何介绍。仔细琢磨这些图像你会发现，在包括"苗猺黎獞""外夷番众"等众多国家、民族、部落、族群之中，唯独没有描绘满、汉、蒙古三个大民族。难道乾隆皇帝也有忽略的时候？其实不然，乾隆帝在谕旨中明确说道"我朝统一区宇"，而并没有说"我满洲统一区宇"，那么此处乾隆帝所言的这个"朝"——"大清"是由谁来建立的呢？回顾一下清朝当时创建的情景，崇德元年（1636）四月于盛京，以多尔衮为代表的满洲宗室王公、以科尔沁部土谢图济农为代表的漠南蒙古诸部领主王公以及以都元帅孔有德为代表的汉人军阀共同敬上尊号于皇太极，推戴其为"宽温仁圣皇帝"，并以这位皇帝为中心建立了大清政权。毫无疑问大清当政者认为满、汉、蒙古才是"体制内"的人，而《皇清职贡图》绘制的对象是清朝统辖下的其他民族。同样被划入"体制内"的民族还有编入八旗的鄂温克、锡伯、达斡尔等民族。

图 26　猺人与猺妇像

　　猺人（图26）即为瑶人（注："猺"为蔑称，现作"瑶"）族，瑶族是中国最古老的民族之一，瑶族是古代东方"九黎"中的一支，是中国华南地区分布最广的少数民族，传说瑶族为盘瓠和帝喾之女三公主的后裔。然而关于瑶族名称的由来，《皇清职贡图》却自有一番别样的解释："猺人裔出于苗，因其不事徭役，故别称曰猺，亦名獏猺。"关于瑶族的服饰特点文中多有记载："男女俱以花帛抹额，系锦兜于胸前"，"男女喜着青蓝短衣，缘以深色"，"猺妇总发为髻，系以红绳，衣衫裙裤亦仿佛民间，常跣足"，"猺妇髻贯竹箭，覆以花帕，重裙无裤，跣足而行"，"头缠花帕，耳带大环，猺妇恒簪小竹杆二三枝，复缠以发，用帕蒙之，身衣短衫裙，不蔽膝"，"椎髻用花帕缠头是其俗习"，"连州猺人畜发为髻，红布缠头，喜插鸡翎"，"猺妇衣尚刺绣皆自为之，青帕蒙头，饰以簪珥"等。瑶族用帕蒙发的习俗至今犹存，如今在广西龙胜的瑶族妇人还非常注重对头发的保养，每日以淘米水洗头，看似非常复杂的盘头蒙帕的过程在她们手中变得十分简单灵巧。

　　《皇清职贡图》介绍了苗族的族源及红苗（图27）的衣饰特点和民风习俗：

　　　　按《文献通考》:苗，古三苗之裔，又杜氏《通典》:长沙、黔中、五溪蛮皆盘瓠种。今苗类不一。然考三苗自舜时已

徙之三危，而苗人至今多祀盘瓠为祖。永绥等处之红苗历
代不通声教，雍正八年（1730），六里红苗归诚，特分设
永绥同知以理之。苗居多依山岭，刀耕火种，男蓄发去须，
衣缀锡片，领带俱尚红，故名红苗。出入佩刀，妇髻插银梳，
衣短衫，系绣裙。俗尚鬼，每亥、子两月，杀牛祭神。婚
姻以唱歌相悦而成，嫁时母送女往，索银始归，谓之娘钱。
赋税有秋粮、杂粮，按户均输。

苗族的族源是很复杂的，苗族的分支有近百种之多。《黔南苗蛮
图说》记载的民族种类共有八十六种，是目前国内外所知同类书中记
载贵州民族种类最多、各种民族的信息量最大的文献，也是中国贵州
及其周边地区的苗、彝、布依、壮、侗、仡佬等民族，特别是支系繁多的苗族群体的古代生活实录图谱。由于不断地迁徙，苗族成为分布最广、支系众多的少数民族。

《皇清职贡图》根据古代文献对苗族的历史一语带过，用通俗易懂的语言介绍苗族的衣饰风俗。因为苗族支系众多，故此仅贵州、湖南苗族的服饰就有二百多种，因此也被称为"服饰博物馆""穿在身上的文明密码"。甚至有些干脆把服饰特点作为分支的命名，例如"短裙苗""白裙苗""青衣苗"（图28）等。

图27　红苗人、妇像

图28　青苗人、妇像

据载，其族：

> 以服色俱尚青黑，故名青苗，男子勤力作时荷担趁墟，妇髻插木梳，不着裙裤，能绣蛮锦花巾。

> 男缠头、插雉尾、耳环、项圈、青衣扎袖。女挽髻，遍插银簪，复以长簪，缀红绒短衣，缘锦，花兜锦裙，常手携槟榔盒。男女皆跣足而行。

> 苗之在罗城者与猺杂居而性颇不类，好吹笙。男子髻插三雉尾，耳环、手镯，短衣绣缘。苗妇椎髻长簪，着镶锦敞衣，胸露花兜，裳则纯锦，以示靓丽。能织番锦，又善音，操楚歌挂钗。

> 男子青布裹头，短衣跣足，性狡而懦，勤耕作。妇女束发，戴五色花冠，耳缀银环，着紫布短衣，系绣花布裙，跣足，能织苗锦。

从头到脚遍插银饰是我们对苗族服饰最深刻的印象。关于这个习俗有一个传说，苗族人的祖先为蚩尤，《史记·五帝本纪》载："轩辕之时……蚩尤最为暴，莫能伐……于是黄帝乃征师诸侯，与蚩尤战于涿鹿之野，遂禽（擒）杀蚩尤。"而蚩尤的九黎集团战败后大部分向南流徙，开始了苗族多苦多难的迁徙史。因此有些苗族的裤口饰有三道横条，意为跨过黄河、长江、乌江三道大江大河来到西南。而不断地迁徙使苗族人不得不将所有家当变卖为银饰品戴在身上。这便是苗族戴银饰的缘由。

需要说明的是，《皇清职贡图》对民族的分类并不是十分严格，有的按照地区，例如"古田县畲民""彰化县西螺等社熟番"；有的按照民族，例如"贵州等处犵狫""哈萨克民人"；更多的是依照部落或者族群，例如"西藏所属卫藏阿尔喀木诸番民""西藏密纳克番人"和"库野""七姓"等。

撒喇族（图29）即如今之撒拉族，文中介绍其衣装与内地汉民无异，特别指出"裹足亦同民妇"，这足以说明缠足并非汉族独有。

图29 撒喇族土民、妇像

《黔南苗蛮图说》记载洞苗一条亦曰："其妇女汉装弓足者，与汉人通婚姻。"可见清代缠足之风愈演愈烈，甚至于影响至少数民族地区。可是有必要说明，缠足有两种含义，一种是以布裹足作为足衣，一种是被斥责为陋习的缠足。我们还不清楚撒拉族裹足与汉族缠足是不是一回事，"男子冠履与内地民人无异，着大领无衩衣。女系裙，裹足亦同民妇。饮食风俗俱沿回习"中"裹足亦同民妇"里面的"同"字，值得推敲和研究。

番民椎髻毡帽，缀以豹尾，短衣折裙，身佩双刀。番妇以黄牛毛续发作辫盘之，珊瑚为簪，短衣革带，长裙跣足，往来负戴，亦知纺织。又有孙克宗石南坝等处，男女身缠幅布，蔽以羊皮，婚配后始着衣裙，俗愈朴陋。

以上是对四川小金川当地住民服饰的勾勒（图30）。但是我们应该看到在描绘少数民

图30 小金川番妇像以及文字描述

族的同时大清朝还是表现出一种天然优越感，总给人一种少数民族茹毛饮血、青面獠牙的感觉。这从对少数民族的称呼上不难看出，全篇充满了带有反犬旁的“猺人”“狼人”“犵狫”“猓猓”“狆人”“獠”“�”“猔”等文字，并且大量使用“番”“夷”等称呼，表现了清政府对少数民族的歧视。这个问题直到 1939 年国民政府制定《改正西南少数民族命名表》以后，才逐渐得到纠正。

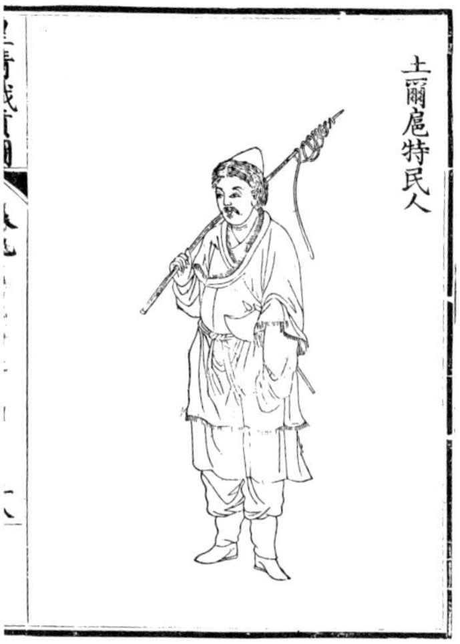

图 31　土尔扈特民人像

图 32　土尔扈特民人妇像

《皇清职贡图》卷九增加了土尔扈特台吉、台吉妇、宰桑、宰桑妇、民人（图 31）、民人妇（图 32）图像六幅，并介绍其习俗穿戴：

> 其俗重黄教，事游牧。台吉红缨平顶深檐冠，衣长袖，锦衣丝绦，革鞮。妇人辫发双垂，耳贯珠环，冠红缨高顶，衣、鞮与男子同。其宰桑红缨高顶帽，衣锦衣，束带。人民则素帽褐衣而已。

明朝末年，瓦剌各部出现内讧，土尔扈特人为了寻找新的生存环境，部族中的大部分人离开故土，越过哈萨克草原，渡过乌拉尔河，来到了伏尔加河下游。在这片人烟稀少的草原上，他们开拓家园，劳动生息，建立起自己的土尔扈特汗国。但是后来沙俄不断大量移民，侵占他们的牧场，强迫他们改信东正教，强征兵役。乾隆三十六年（1771），土尔扈特人不堪忍受沙俄的百般欺压，决心离开生活了一百四十多年的异土，不远万里、历时半年，回归祖国。《皇清职贡图》做了如下的记载：

土尔扈特，旧为准噶尔四卫拉特之一，其先世和鄂尔勒克汗，与绰罗斯巴图鲁浑台吉不睦，遂徙入俄罗斯额济勒地。

三十六年，其子渥巴锡与合族台吉谋，挈全部十万余众归顺。

土尔扈特台吉渥巴锡与策伯克多尔济、舍楞等，聚谋弃其旧居俄罗斯之额济勒游牧，率属归顺，既允所请。

而其旧俗缯闟衣冠，与准噶尔他部不类。并敕增绘，以广前图所未及。

有关土尔扈特人的图像，从台吉（爵名）、宰桑（官名）到民人，男女共六幅，数量之多是《皇清职贡图》中不多见的，可见乾隆皇帝对土尔扈特人拳拳之心的褒扬。

参考文献：

[1]　爱新觉罗·昭梿.啸亭杂录 [M].北京：中华书局，1980.

[2]　郭味蕖.中国版画史略 [M].北京：朝花美术出版社，1962.

[3]　纪昀.四库全书总目提要 [M].石家庄：河北人民出版社，2000.

[4]　刘永连，刘家兴.明清鼎革后东亚文化共同体内各国的中国观——以安南使人对"薙发易服"的态度为视角 [J].世界历史，2017（02）：46—58+156.

[5]　赖毓芝.图像帝国：乾隆朝《职贡图》的制作与帝都呈现 [J].中央研究院近代史研究所集刊，2012（75）：1—76.

[6]　中国第一历史档案馆.乾隆朝上谕档 [M].北京：档案出版社，1991.

[7]　司马迁.史记（全九册）[M].韩兆琦，译注.北京：中华书局，2010.

[8]　孙运来.清代的费雅喀族 [J].社会科学战线，1986（4）：334—338.

[9]　张尔田.清列朝后妃传稿 [M]// 沈云龙.近代中国史料丛刊：第七十五辑.台北：文海出版社，1972.

[10]　清国史馆.满洲名臣传 [M]// 周骏富.清代传记丛刊.台北：明文书局，1985.

[11]　郑玄，孔颖达.周礼注疏 [M].彭林，整理.上海：上海古籍出版社，2010.

[12]　郑振铎.西谛书话 [M].北京：生活·读书·新知三联书店，1998.

《卫藏图识》中的藏族服饰文化 [清]

| 说人

《卫藏图识》的作者是马揭和盛绳祖。这两位都是清代官员，但是生平事迹不详。我们只能从《卫藏图识》的序和《例言》中获得一些线索。

在《卫藏图识》的书首，附有时任四川酉阳直隶知州的鲁华祝在乾隆五十七年（1792）所作的一篇序。鲁华祝，原名河，江西新城县进士。乾隆四十八年（1783）任马边厅通判。他深入到离县城两百华里的挖黑地区指导办垦，教彝汉人民耕种，颇获成效。后官至潼川知府。可见此人在少数民族地区的管理方面不仅有经验而且有建树。在《卫藏图识·序》中，鲁称少云为友人，少云即是马揭的字，说明鲁华祝是马揭的朋友。鲁在乾隆五十一年（1786）"捧檄赴藏，管理军台粮务。自省至藏，几及万里。往返于役者四年"，经过四年时间多次往返于四川和西藏的经历，"于卫藏之情形，颇得知其大概。未尝不欲采访成帙"。在熟悉卫藏情形的基础上，鲁华祝也想做一些实地考察的文字整理。但无奈"顾以夷务方兴，军书旁午，有志焉而未逮"，虽然有心，却一直未能完成。而完成鲁君这一心愿的，正是马揭与盛绳祖。完成之后的《卫藏图识》让鲁华祝在"披阅之余，恍如入旧游之地者"。

从鲁序中可以知道，马揭，字少云；盛绳祖，字梅溪。关于马揭的事迹待考，但从《卫藏图识·例言》中可以看到他有亲身入藏经历，应该也是同鲁华祝一样为知行合一的地方官吏。相比之下，关于盛绳祖的记录更多一些。其孙盛时彦在清光绪九年(1883)重刻的《卫藏图识》所附跋言道:"右图识四册,乃先大父梅溪公手著也。张香涛(即张之洞)太史视学来蜀,博收广辑,已采入《书目问答》中。"(《西藏志书述略》,何金文编著,吉林省图书馆学会编辑,第31页)《卫藏图识》确是《书目问答》中唯一列出的西藏方志。重刻本删除了《卫藏图识》鲁华祝序中涉及马揭的文字,抹去了马揭参与编纂此书的记载。(《中国大书典》,黄卓越、桑思奋主编,第484页)受家庭影响,盛绳祖有着丰富的藏地经验。盛时彦在跋中提到:"先是乾隆中王师进剿西藏,继征大、小金川时,先高祖廉访公典郡宁远,捧檄综核西、南两路粮饷。公曾侍从于其间,所历山川风土,程站险夷,爰笔杂记而为是书。"由此可见,有的文章中提到的盛英应为盛绳祖的祖父,而不是父亲。因为盛时彦尊称的"先高祖"是其曾祖父的父亲,即祖父盛绳祖的祖父。关于这点,著名文献学专家、现代藏学家吴丰培先生曾书盛绳祖"随祖父之任打箭炉十有一年,居川年久,得悉藏事"(马大正、吴锡祺、叶于敏整理《吴丰培边事题跋集》,第133~134页)。所以乾隆二十三年(1758)任打箭炉同知、三十四年(1769)升任宁远府(府治为今西昌市)知府的盛英,应当是盛绳祖的祖父。盛英是顺天宛平县(今北京市丰台区)人,清乾隆七年(1742)的进士,乾隆十年(1745年)入蜀。盛绳祖跟随祖父往来于川、康、藏之间,所见所闻都随手记录笔记,为后来《卫藏图识》的整理成书做了大量真实可信的文字工作。盛绳祖还另著有《焦轸集诗草》。

虽然关于马揭和盛绳祖二人的记述甚少,但从零星且有待考证的片段信息中,我们可以基本确认的是,他们都是勇于离开桌案去实地调研、而后回到桌案专注写与绘的文人或文官,这样写出的《卫藏图识》定不是闭门造车而成的,应具有很高的实际参考价值。

说书

《卫藏图识》卷首《例言》可以帮助我们掌握很多该书的信息。第一是该书成书的背景和目的："辛亥之秋，廓尔喀滋扰藏界，天威震赫，命将陈师，自成都以及卫藏，军台林立，其道里山川，人情风土，凡万里从戎者，咸欲周知。是书悉详载无遗。"此书的编纂着手于乾隆五十六年（1791），廓尔喀之役在1788—1792年间有两次，1791年应当是第二次火热交战之时。而这本书就是为遥遥万里赴藏抗击廓尔喀人入侵的官兵们所编辑的一部"进藏指南"。廓尔喀之役，又称清反击廓尔喀之战、清平定廓尔喀、第一次廓藏战争，是清代军民抗击外来侵略的一场斗争。这场战役是乾隆皇帝"十全武功"中的最后一役，对于巩固清廷对藏地的治理有着非常重要的作用。此役之后，廓尔喀遣使臣赴京朝觐，此后五十年间，西藏地方及周边邦国相安无事。

第二是该书的名称由来："按前藏曰卫，后藏曰藏。虽图识不仅卫藏，要以卫藏为归，因名《卫藏图识》，以备考览。"卫藏本是清初的地名，元、明时称"乌思藏"。卫是藏语Dbus的音译，而"乌思"是"卫"的转译，卫从地理位置上讲是指以拉萨为中心的地区，亦称前藏；藏，藏语Gtsang的音译，指以日喀则为中心的地区，亦称后藏。《卫藏通志·山川》的解释为："今以布达拉为前藏，札什伦布为后藏，统名曰卫藏。"康熙时期开始使用"西藏"一词，取其地处国土西部之意。但有时仍沿用旧称"卫藏"，该书就使用了"卫藏"而不是"西藏"。

第三是声明了该书的权威性和严谨度。《卫藏图识》是马、盛二人私人著述，但非常重视雍正时期官方编纂的《四川通志·西域志》的内容，"是书悉宗所载，并非臆撰"。例言最后还声明"首宗《大清会典》"，可见作者秉持的著书理念还是极为严谨的。此外，该书还引用了《西藏志》和《西域纪事》的记载。"旧有《西藏志》及《西域纪事》二书，不知作自谁氏，规模粗具，纪载亦详，惜叙次倒置，

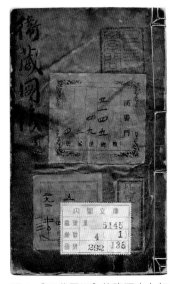

图 1 《卫藏图识》乾隆五十七年（1792）刻本，日本昌平坂学问所藏。长 18.5 厘米，宽 11.3 厘米。

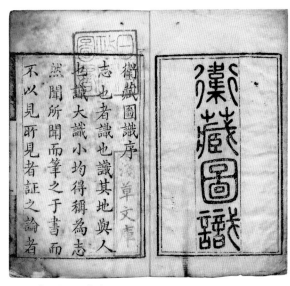

图 2 《卫藏图识》内页

且向无刊本，传抄日久，讹以滋讹，览者惘焉。兹集多征引之，特为表出，未感泯前人之善。"作者强调了山川道里、风土人情的重要性，于是"兹于某处至某处止分绘一图，随图记程，至山川事迹，别为识略以详载之，不敢稍有罣漏，贻识者讥"。这从书后的《图考》中也可以看出，该书把从成都到聂拉木分成了八个部分，每个部分都分别绘制了地图，并以"考"介绍沿途的情况。

第四是介绍了该书的特点："边幅隘小，原取行箧中便于携带。"这本书是方便入藏官兵随身携带翻看的"口袋书"，可以参看日本昌平坂学问所收藏的乾隆五十七年（1792）刻本，长 18.5 厘米，宽 11.3 厘米，确实边幅窄小（图 1）。而且为了压缩文字，该书还略去了作者认为不必大费笔墨的内容，"自（打箭）炉以外凡边僻地方以及头人姓名俱不备录"，"书所绘之图至聂拉木而止"……都是为了"省卷帙之繁"，所谓浓缩的才是精华，也是为了便于随身携带。

第五是说书末"附蛮语一卷，皆询诸习至西藏通达其言者，详加分类译载"。该书作为一本口袋书，还附加了非常实用的藏汉字

图3 《卫藏全图》

典功能。而赵心愚先生则认为这一说明非常重要，也可以看到在该书的撰写过程中，"著者除从已有的著作中采择材料外，还进行了调查，并将调查所得材料也分类翻译收入书中"（赵心愚著《清代西藏方志研究》，商务印书馆，2016年版，第320页）。

第六是介绍了文章的内容安排，并说明这样安排也是出于"便于检阅"的口袋书功能要求。"先括总叙于图前，随列程站于图后……末复辑《识略》《蛮语》三卷"。我们可以看到全书图文并茂，一共五卷，包括《图考》上下两卷、《识略》上下两卷以及《蛮语》一卷，附地图十幅及《番民种类图》十八幅。《图考》上卷有《成都至打箭炉道里之图》《打箭炉至里塘道里之图》《里塘至巴塘道里图》《巴塘至察木多道里之图》《察木多至拉里道里之图》《拉里至前藏道里图》，还介绍了从成都至前藏（今西藏拉萨）沿途的情况。下卷包括三部分，一是《拉撒佛境图》《前藏至后藏道里图》《后藏至

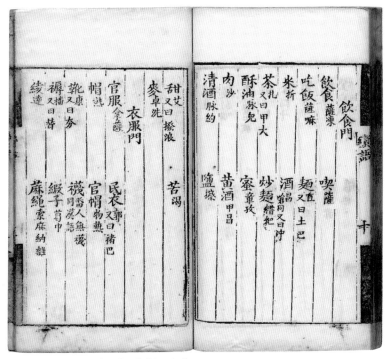

图 4 《蛮语》中的《饮食门》《衣服门》

聂拉木道里之图》，是拉撒（今西藏拉萨）以及拉撒至聂拉木的地图；
二是《诸路程站》，是从四川的打箭炉（今四川康定）、松潘和青海
西宁等地进藏的路线、"程站"和里程；三是《番民种类图》，分为
九个类型共十八幅，还有关于川、藏以及周边部族的介绍。此外还
附有对白木戎的描述。《识略》上卷包含《西藏源流考》《卫藏全图》
（图 3）和疆域、封爵、朝贡、纪年、岁节、兵制、刑法、赋役、征调、
头目、衣冠、饮食、礼仪、婚姻、丧葬、房舍、医药、卜筮、市肆、
工匠，下卷包含山川（附古迹）、寺庙、物产、撖记。《蛮语》（图 4）
把常用藏语词汇标注了汉语的读音，含天文、地理、时令、人物、身体、
宫室、器用、饮食、衣服、声色、释教、文史、方隅、花木、鸟兽、
珍宝、香药、数目、人事等十九个门类，共收入了四百七十三个词
语。这种注音方式在古代文献中是经常使用的，例如《朱氏舜水谈绮》
一书，按照天地、居处、人伦、形体、衣服、饮食、宝货、器用等

事项分类，将中文与日文对照。纵观《卫藏图识》全书的内容，该书不仅是一本指南，还像一本藏地百科全书，又是一本"藏语常用词汇手册"，对于指导入藏官兵了解藏地情况是非常之实用的。

第七是明确了该书的撰写时间："辑自辛亥暮冬，匝月付梓。"也就是乾隆五十六年 (1791) 底开始，次年初已成书付梓。这本在一个月时间内急就而成的小册子，却得到鲁华祝"恍如入旧游之地者"的肯定，一方面可以看出作者平日的学识积累，另一方面也可以看到在战事紧张之时，作者急欲完成此书的迫切心情。

虽然编撰急促且两位作者的履历不详，但《卫藏图识》的价值却得到了后世的认可，刊印多次且被其他编纂者摘编。乾隆末、嘉庆初的《卫藏通志》《三藏志略》的编纂者已经对《卫藏图识》的内容有所重视。道光年间姚莹所著的《康輶纪行》多处引用《卫藏图识》还指出了其错误之处。嘉庆时期官修的《四川通志·西域志》采用了《卫藏图识》的文字，甚至"大段照录，几乎不改一字，而且不注明资料出处"（赵心愚著《清代西藏方志研究》，商务印书馆，2016 年版，第 151 页）。1828 年，俄国人尼·雅·比丘林翻译了《卫藏图识》，但误将鲁华祝定为作者，俄文版名为《西藏志》。光绪十二年 (1886)，黄沛翘著《西藏图考》，把《卫藏图识》作为主要参考之一。宣统年间的《西藏新志》在《例言》中就明确说明《卫藏图识》是其重要资料来源。综上所述，《卫藏图识》在帮助后人认识西藏方面起到了重要的作用。

目前所知的《卫藏图识》的版本主要是乾隆五十七年 (1792) 刻本。这一刻本是最早也是最受后世重视的版本，国内多次影印。（孙宏年《从〈卫藏图识〉看清前期的西藏地理认知——以舆图与程站、道里为中心》）此外，美国国会图书馆、哈佛大学哈佛燕京图书馆、西雅图华盛顿大学东亚图书馆俱有收藏。（吉正芬《美国主要研究型图书馆西藏旧方志收藏概况》）本文所用文本则为日本昌平坂学问所收藏版本。

说图

作为一本西藏人文地理指南,《卫藏图识》将服装作为不可缺少的一部分进行描述。其一是在《图识》部分的《番民种类图》对打箭炉（今康定市）、里塘（今理塘县）、巴塘（今巴塘县）、西藏（今拉萨、日喀则等地区）、阿里噶尔渡（今西藏阿里地区）、木鲁乌素（今西藏那曲市）、布鲁克巴（今不丹）、狢㺄茹巴（今西藏东南地区的珞巴族）、巴勒布（今尼泊尔）等地人们的服饰进行描绘，最后"白木戎附"补充了文字说明。其次，在《识略》部分有《衣冠》条目，介绍了僧侣、官员、民众的服饰，重点描述了妇女服饰。此外，在《蛮语》卷以及朝贡、兵制、物产、市肆、工匠、撅记等部分也记载了与服饰相关的内容。

总体而言，"长衣盛饰"是藏族服装的主要特征。"褚巴"即藏袍是大多数藏民的主要服装款式，多使用氆氇和毛皮。不同的区域，服装呈现出不同的特点。《卫藏图识》记录的很多藏族服饰特点，一直保留到今天。

一、《卫藏图识·识略》的《衣冠》篇

历史上的藏区，人分三等九级，界限森严。服装的材质最直接地体现了不同的阶层：穿绸缎的贵族、穿氆氇的平民、裹破皮的乞丐。清代西藏的服装制度形成于 17 世纪中叶。西藏格鲁派（黄教）首领五世达赖喇嘛阿旺洛桑嘉措建立起甘丹颇章政权，他指示第悉（藏语直译为执政，五世达赖时期总管西藏政务的官员）洛桑图多按照西藏的传统，规范了一整套甘丹颇章政权的官员服、典礼服，僧俗贵族官员服饰的质地、颜色、饰物、花纹都有严格的规定。《卫藏图识·识略》的《衣冠》部分，也明确地将僧（官）服、俗（官）服、平民服以及妇女服分开介绍。这部分并没有配图，但我们通过近现代的藏族服饰资料，可以看到文中所描述之状貌一直保持至今。

以下我们对书中的一些记载进行分析。

> 西藏达赖喇嘛、班禅额尔德尼冬帽以氆氇羊绒制成，
> 其式上尖下大，色尚黄。夏帽若笠，纯金，以皮为之。内
> 衣氆氇半臂，外衣紫羊绒偏单，以帛交缚于上。着锦靴或
> 皮履，腰束帛如带。春、冬皆露半臂。余喇嘛服饰亦相似。

格鲁派高僧活佛在重要场合戴菩提帽，又称"班智达"帽。这种帽子有一个高高的尖顶和两块延片，"上尖下大"，因其"色尚黄"，所以格鲁派也被称为黄教。藏区天气寒冷，藏传佛教僧侣的服装与南亚地区僧服在面料和款式上有着很大不同。为了御寒，僧服大多用氆氇制作。僧侣装一般由里外七件衣服组成，称为"七祖衣"，分别是"俄连"（汗衫）、"堆嘎"（坎肩）、"麦绕"（内僧裙）、"香倒"（外僧裙）、"散"（袈裟）、"曲贵"（法衣）、"达冈"（大氅）。"堆嘎"是藏区独有的僧服，即是文中所言的"半臂"，而"偏单"则是披裹在外的披肩。

> 所属噶布伦、戴绷、碟巴等，发不束不绾披肩后，戴
> 平顶栽绒缎狐狢帽，缀短缨或覆獭皮于顶，手持念珠，束
> 皮鞋带。遇令节或公事，噶布伦两分其发，于顶左右绾一髻，
> 着蟒缎或氆氇紬缎裙巴。碟巴亦将发绾成一髻，戴无翅白
> 纱帽（即唐进士巾遗制）。左耳垂金镶绿松石坠，大如桃，
> 其形似鸟喙，名瑸珰。右耳垂珊瑚坠，用大珊瑚两颗，上
> 下金镶，名工工。身着大领窄袖绿锦短衣，缘以獭皮袖口，
> 用五色线相接，前镶獭皮，下着黑褐百折裙，名郭在。足
> 着白软底皮靴，披红褐偏单，佩刀，束大红花缎带。

噶布伦、戴绷、碟巴是西藏的文武官职，他们的帽子非常有特色。西藏历史上象征不同地位的帽子有三十多种，大多是从内地帽子及蒙古帽演变而来。帽子也是区分官职的重要标志之一。官帽多为锦缎做成，上面缀红缨，冬天还要镶狐、狢、水獭皮毛。耳饰是藏族男子的配饰之一。官员的耳饰左右耳不一样。左耳是"大如桃"

的绿松石耳坠，右耳是上下镶金的两颗大珊瑚珠。这与如今藏族男子普遍只左耳戴松石长耳坠（藏语称"索基"）的佩戴习俗有所区别。但在藏戏"王子装"中的耳饰，仍右为耳坠 kong-ma，左为圆轮 pan-tog。"王子装"即是王子服，是甘丹颇章政府在往昔官服的基础上创制的节日庆典和隆重场合穿用的服饰。藏语称"杰鲁切"，凡七品以上官员均可以穿着，噶布伦在藏历新年第一天穿着，其余官员在集会时均可以穿，是贵族身份的一种表示。这种王子服的下边即是黑褐百褶裙"郭在"。官员即是贵族，他们的服装面料尤其是正式礼仪服装的面料尤为讲究，多用绸缎制成。

> 自噶布伦下至番民，手俱带骨块。番民着大领无衩褚巴或氆氇细毪（毡），视其贫富为之，而所戴之帽亦然。或戴白帽，腰束皮或毛褐带，佩小刀、顺刀、碗袋、火镰等物,怀木碗。其裙于裆内开衩,腰两旁亦开衩,襞积腰间。

从官员到平民，手上均戴着的骨（有可能是象牙）块，应是一种环形有缺口的扳指。平民穿着下摆没开衩的"褚巴"藏袍，贫富有别，衣料也不尽相同。藏袍很宽大，腰间一定要束腰带。腰带上悬挂有藏刀、碗袋、火镰等,这是传统游牧生活的遗存。袍内穿裤子，裤子开裆，且在腰两侧开衩，系扎于腰间后留有很多褶皱。

> 妇女服饰，头发从顶分两旁，束如绳，互交脑后，以细为佳。女未嫁，脑后另分一辫。若受聘，则将聘定之色贾戴顶上。嫁则不复辫发矣。居常戴红绿栽绒尖顶小帽，脚履康，着卍字黑红褐裙，名东波。前着或红褐或各色绌缎围裙，镶锦花边，名斑带。上着小袖短衣，齐腰，名文肘，或绫缎、䌷布、毛褐为之。外披栽绒小方单，如衲子袈裟，名伞。

妇女的服饰最为丰富讲究，这从文章的篇幅上也可以看出。首先是发式，从头顶中分左右。而且发式是区分已婚未婚的标志。未婚的女性，还要在脑后多梳一个辫子。受聘即订婚后，要把聘定的色贾戴在头上。《卫藏图识·识略》的《婚姻》篇记录了藏区的婚俗："媒人并将往聘之金镶绿松石戴于女首，名色贾。"色贾便是藏地订婚仪式中男方送给女方的珠宝，多为"金镶绿松石"。婚后则不梳辫子。服饰中最有特色的是红褐或各色绸缎的围裙，镶织锦花边，名斑带，即我们今天常说的"邦典"。今日所见的邦典，更多的是用彩色毛线织成的彩虹色毛呢。

藏族妇女身上的配饰尤为丰富，几乎是把全家的财产穿在身上。手上戴银镶珊瑚的戒指，左手戴银臂钏，右手戴砗磲壳做成的宽手镯，很小的时候就佩戴，直到戴到磨断为止，认为这样可以死后不至于迷路。耳上戴金银镶绿松石的长耳坠，名"额哥"，即"埃果儿"（藏语音 ae kor）。埃果儿不仅是耳坠，还是一个复杂的头部综合饰物。上连有珍珠珊瑚珠串，用银钩挂在头发上；下面同样是珍珠珊瑚珠串，长六七寸，垂两肩。无论贵贱，念珠都是要挂的，材质自珊瑚、青金石、砗磲至木珠不等，有钱的人还戴"大如盏"的蜜蜡珠。此外，还有集装饰和护佑于一身的银盒"阿务"，即"嘎吾"（藏语音 gvu）。更有富贵者，戴一种镶满珍珠的木胎帽，内侧髹以厚重的红漆，外侧除了缀满密密麻麻的珍珠外，还用金镶绿松石为顶，价值千金。

> 老年妇人以金镶绿松石一片，如镜，戴于额上，名白
> 玉。凡带白玉者，亲友必往贺。

老年人也有标明身份的首饰，那是一片光滑如镜的绿松石，戴在前额上。戴着这样的配饰，亲戚朋友们均会前来行礼，以示尊长。

> 凡妇女见喇嘛，俱用红糖或血茶涂其腮，否则谓呈妍
> 迷惑僧人，罚不宥，其家居亦习用之。

除了显耀于前，妇女也有收敛的时候，即是见喇嘛的时候，都要用红糖或者血茶涂在两腮上，否则就会说是故意诮媚迷惑出家人，而不可饶恕。但有的妇女居家的时候也习惯了这样的"妆容"。

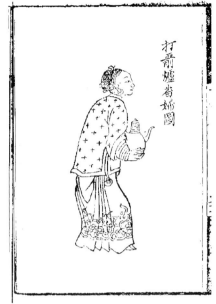

图 5　打箭炉番民图　　　　　　图 6　打箭炉番妇图

二、《番民种类图》

作者是在"藏地有四"的前提下阐述卫（前藏）、藏（后藏）
辖境的，即"藏地"包括卫、藏、康、阿里四部分。按照藏语方言
区的分类，整个藏区分为卫藏方言、康方言、安多方言三大方言区。
卫藏方言又细分为前藏土语（拉萨市，山南专区）、后藏土语（日
喀则专区）、阿里土语（阿里专区）、夏尔巴土语（聂拉木县樟木口
岸）、巴松土语（工布江达县错高和雪卡乡）。方言区的划分不仅是
民族支系划分的主要依据，也是服饰分类的主要依据。

藏族自称"博"，分布在西藏地区的又称"博巴"，居住在川西
一带的又称"康巴"，居住在青海、甘南和川西北等地的又称"安
多哇"，居住在川西北部分地区的又称"嘉绒哇"。不同地区的藏族
服饰有其共同特点，同时又具有地域特色。《卫藏图识》的《番民
种类图》对打箭炉（今康定市）、里塘（今理塘县）、巴塘（今巴塘
县）、西藏（今拉萨、日喀则等地）、阿里噶尔渡（今西藏阿里地区）、

图7　康巴藏族红缨帽，民族服饰博物馆藏

木鲁乌素（今西藏那曲市）的藏族，以及西藏周边的部落、国家进行了介绍。

（一）打箭炉服饰（图5—6）

书中载有：

> 自浃我圣朝德化，益慕华风，其土司衣冠悉遵国制。头人逢岁节及进谒汉官，着长领小袖无衩蟒缎褚巴。平时褚巴以绸缎、氆氇为之，帽皆贩自藏。冬戴狐皮、猞猁，以锦缎作胎，平顶丝缨，缘宽窄无定制，两旁有衩。夏戴绵帽，缘饰蟒缎或片锦，亦丝缨，间以獭皮覆顶上。腰左插短刀，足履革鞮（番称"康"），所佩有荷包、碗袋之类，穿左耳戴红珊瑚或绿松石大坠。

打箭炉即是今天四川甘孜藏族自治州的首府康定。甘孜州是历史上早期民族频繁迁徙的走廊腹地，它是内地通往西藏的交通枢纽，自古以来就是藏族和汉族贸易的集散地和"茶马互市"的中心。"康"在藏语里就有通道的意思。

《卫藏图识》按照入藏的顺序，最先介绍这里的藏民。由于与中原距离较近，其首领土司的衣冠服饰已经"悉遵国制"。重要的节日和场合，头人们的褚巴是用织有蟒纹的绸缎做成的。冬天戴狐狸皮、猞猁皮的平顶红缨帽，夏天为绵制红缨帽（图7），边缘装饰蟒缎和片锦（一种织金锦）。腰带上斜插一把藏刀，佩荷包、碗袋（图8），脚穿皮靴，左耳戴松石或珊瑚坠。虽然梳着长发、戴着耳环，但是康巴汉子还是身材魁梧、英气勃发。氆氇是藏区特有的羊毛织物，不管是在农区还是在牧区，随处可见藏民在古老的织机上织造氆氇。它不仅仅是藏袍的用料，还用于制作藏帽、藏靴、毛毯等。相传氆氇织造的历史已经有两千多年，《新唐书·吐蕃传》中已有关于褐、索褐和毡韦的明确记载，可见在吐蕃王朝时期氆氇纺织就很普遍。到了元朝，氆氇作为贡品传入内地。而汉文献中对氆氇较

图8　康巴男子的腰饰(《中国藏族服饰》)

早的记载是在明代宋应星的《天工开物》中："机织、羊种皆彼时归
夷传来(名姓再详),故至今织工皆其族类……其氍毹(毛织的地毯)、
毾㲪等名称,皆华夷各方语所命。"

关于打箭炉妇女的服饰记载如下:

> 蛮妇首饰平分其发作两辫,以红哈达互交于顶,中列
> 银鉴,饰以珊瑚、绿松石、蜜蜡、银钱,复以砗磲如髻悬
> 于后身,内着无袖短衣,外披小方单,系百褶裙,足亦着康。
> 其富者背大革带,缀珠宝炫丽。……俗有跳歌妆之戏,盖
> 以妇女十余人,首戴白布圈帽,如箭鹄,着五色彩衣,携
> 手成围,腾足于空,团圞歌舞,度曲亦靡靡可听,所谓异
> 方之乐也,岁时伏腊以及宴会多以此为乐。

康定妇女的发型为中分后左右各梳一辫子,头上的配饰尤其丰

图 9　康巴妇女脑后一盏大银鉴的装饰（《中国藏族服饰》）

富，饰有银鉴（图 9），还有珊瑚、绿松石、蜜蜡、银钱、砗磲等。更加富有的人还背着大革带，上面缀满了宝石。在节岁之时，妇女们喜欢跳歌妆，即锅庄。跳锅庄的时候十几个妇女围成一圈，头上戴着白布圈帽，穿着五彩衣，唱着与中原截然不同的曲调。

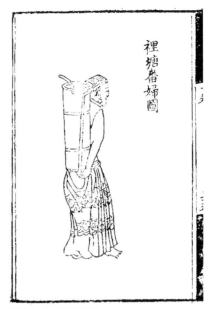

图 10　里塘番民图　　　　　　　　图 11　里塘番妇图

（二）里塘服饰（图 10—11）

　　头人着毪氇细毡褚巴，余自中渡以外多着青毡子。帽
以羊皮染黄为缘，以麻线染红为纬，足着双梁康。妇首多发，
常多作小辫，盘结于顶，亦以珍玩饰，但性不喜洁，犹仍
其陋。

　　里塘（今甘孜理塘县），离打箭炉较近，服饰有相似之处。头
人穿着细毡子做成的褚巴，自中渡（今雅江县）以外，多穿着青毡子。
帽子把羊皮染成黄色作为边缘，麻线染成红色作为纬。脚上的康有
两道鼻梁。妇女的发型与打箭炉不同，是编很多个小辫子，盘结在
头顶上，也是饰以各种宝石。

（三）巴塘服饰（图 12—13）

　　巴塘土司头人衣冠悉与打箭炉同，余番民多布衣，或
青或蓝，帽、鞋、袜间有如内地制者，不剃发，长则剪之。

　　妇妆束亦如打箭炉，惟不事首饰，履尚红，绿色为少
异，其属江卡。头人戴宽缘金缎帽，足履草鞋。妇首辫发，

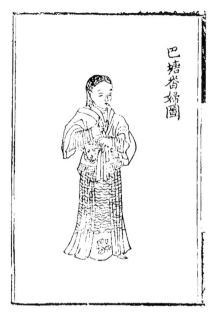

图 12　巴塘番民图　　　　　　　　图 13　巴塘番妇图

戴八柱如翠围式耳贯，哪咙大圈系红珠于下，复以线缚于
耳。石板沟头人不剃发，着褚巴……妇结两辫，多着白褚
巴，阿足自乍丫以外番人戴白毡笠，着青褚巴，妇仅结一
辫下垂，余服饰俱与打箭炉同。

巴塘（今甘孜巴塘县）仍属康区，头人装束与打箭炉相似。其
余的藏民多穿青蓝布衣，鞋和袜的形制与内地相同（藏地原不穿
袜）。妇女装束也跟打箭炉相似，但是不怎么戴首饰，喜欢穿红色
的鞋。头人戴金花锦做成的帽子，脚上穿草鞋。阿足（今察雅县阿
孜乡阿都）至乍丫（今察雅县）的藏族女子发型与其他地区不同，
只梳一根辫子。

（四）西藏服饰（图 14—15）

察木多至拉里，其地俱属卫藏。察木多之正、副胡图
克图戴黄尖顶毡帽，着紫羊绒偏单，履革鞡。自包墩以至
宁多，头人、番民服饰均与藏同，惟察木多女未嫁发顺披，
嫁则以珊瑚作两花，如菊分戴额上……。独此异于藏拉里，

图 14　西藏番民图　　　　　　　　图 15　西藏番妇图

女嫁则以绿松石镶团花如镜戴额上，名玉老。后戴一冠，名策勒。插一簪，名押笼。鹿马岭一带，人颇勇健，知贸易。女未嫁，发顺披，嫁则将发交叉，以红哈达作圈，结顶上，余与藏无异。至于卫藏，自达赖喇嘛、班禅额尔德尼以下，番民男戴高顶红缨毡帽，着长领褐衣，项挂念珠。妇披发垂后，亦有辫发者，或戴红毡凉帽，能织番锦、毛罽，足履康。男妇服饰与打箭炉相似，但丰俭不同耳，其详著识略中。

　　察木多（今西藏昌都）至拉里（今西藏阿里）就属于卫藏了。图中的西藏番民图无论是造型还是穿戴，都非常明显地借鉴了《皇清职贡图》（图16）。

　　这一部分的服饰另在《识略》中进行

图 16　《皇清职贡图》（《四库全书》本）卷二所绘西藏所属卫藏阿尔喀木诸番民

图 17　阿里噶尔渡番民图

图 18　阿里噶尔渡番妇图

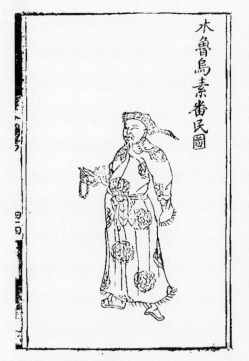

图 19　木鲁乌素番民图

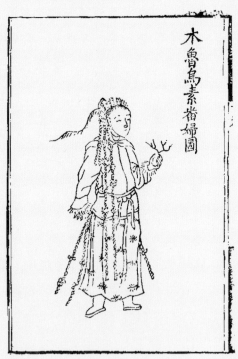

图 20　木鲁乌素番妇图

了较为详尽的介绍，所以作者列出几个比较有特色的地域服饰特征，主要体现在女子发式的不同上。一是察木多的妇女未嫁时披发，嫁人后用珊瑚做成两朵花，像菊花一样戴在额头上。二是拉里的女子出嫁以后头上戴绿松石镶成圆形的、像镜子一样的花，叫作"玉老"；脑后戴一顶帽子，叫策勒；插一枚簪子，叫押笼。三是鹿马岭（今工布江达县罗马林村）的女子未嫁时披发，嫁人后将头发交叉，用红色哈达圈成圈结在头上。四是卫藏的女子有的披发有的辫发。

（四）阿里噶尔渡服饰（图17—18）

阿里噶尔渡部落在藏地之西，与后藏札什伦布三桑接壤，向为颇罗鼐长子朱尔玛特策登驻防处，其番民帽高尺余，以锦与缎为之，帽缘不甚宽，顶缀纬。番妇帽以珠下垂前后如旒，密遮面顶间，着圆领大袖衣，系褐裙，见官长不除帽帷，以右手指自额上念唵嘛吽者三。

阿里噶尔渡（今阿里地区）的藏民和妇女的帽饰极为有趣。男子的帽子高一尺多，用锦缎做成，帽檐不宽，顶部也缀着纬。妇女的帽子则从帽檐垂下珠串，像冕冠上的旒一般，遮住了脸，很像"帷帽"。

（五）木鲁乌素服饰（图19—20）

木鲁乌素部落在藏之北稍东，与西宁接壤，其地与达木、霍耳、番子相参杂居，番民衣帽同蒙古番妇，戴白羊皮帽或狐皮帽，辫发，以砗磲、珠石并大小铜环纽结戴发间，下垂至足踝，行则锵锵有声，着褚巴，系砗磲带，着卷皮履，又另一种也。

"木鲁乌素"（今西藏那曲市）与青海接壤，与达目等蒙古部落杂居，所以这里藏民的服饰与蒙古族相似。其妇人辫发，用砗磲等宝石还有大小铜环结在辫子上，一直垂到脚踝的位置，走起路来铿锵有声。

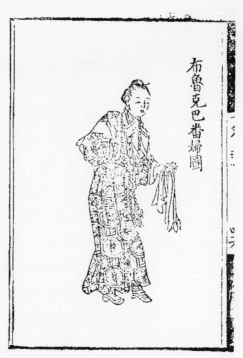

图 21　布鲁克巴番民图

图 22　布鲁克巴番妇图

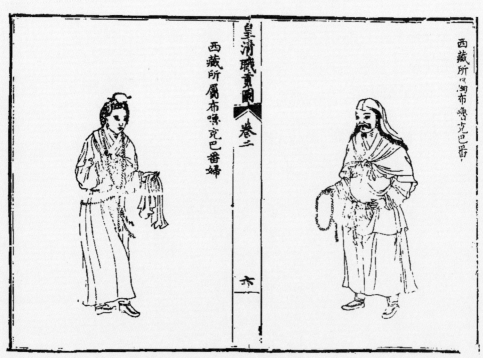

图 23　《皇清职贡图》卷二所绘西藏所属布噜克巴番人、番妇

图24　清代天华锦藏族官袍
（民族服饰博物馆藏）

（六）布鲁克巴服饰（图21—23）

　　布鲁克巴部落在藏地之西南，本西梵国属，雍正十年始归诚。其地天道和暖，物产亦与中国相似，南行月余接天竺国界，番民披发，裹白布如巾帻，然着长领褐衣，肩披白单，手持念珠，妇女盘发后垂，加以素冠，着红衣，系花褐长裙，肩披青单，顶垂珠石、缨络围绕至背，俗皆皈依红教，崇佛诵经。

　　布鲁克巴（今不丹），在藏地西南。这里较藏地更为暖和，物产与中国相似。男子披发，头裹像巾帻一样的白布。女子从头顶披着宝石璎珞，好似云肩一样。该图同样参照了《皇清职贡图》，只不过妇人所穿长裙使用了极为华丽的天华锦面料。这是一种满地的规则几何纹锦，源于宋代的"八达晕"锦，是宋锦的代表。明清两代，多用于佛经和画轴装裱。这种面料也用来制作藏袍（图24）。所谓红教是藏传佛教宁玛派的俗称。因该派僧人戴红帽，故有此称。

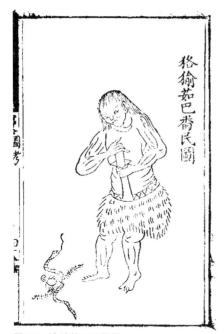

图 25　狢㺄茹巴番民图　　　　　　图 26　狢㺄茹巴番妇图

（七）狢㺄茹巴服饰（图 25—26）

狢㺄野人国在藏地之南数千里，其人名老卡止，荒野蠢顽不知佛教，嘴剖数缺，涂以五色，性喜食盐，不耕不织，穴处巢居，冬衣兽皮、夏衣木叶，猎牲并捕诸毒虫以食。卫藏凡犯罪至死者，解送赴怒江，群老卡止分而啖之。

狢㺄，今称珞隅。此区中北部居民为门巴人，多处于原始状态；南部主要居住印人，间少数藏人、佤族。西藏的墨脱也属于珞隅地区。被视为"野人"的茹巴冬裹兽皮，夏包木叶，还吃毒虫，确实比较恐怖。在该书《识略》的《刑法》篇也提到，卫藏地区犯了死罪的人，要送给这些老卡止们吃了。

（八）巴勒布服饰（图 27—28）

巴勒布即巴尔布，亦名别蚌，在藏地西南，与聂拉木接壤（即尼雅尔木）。……其番民皆剃发，蓄小辫，联鬓短胡似西宁回鹘。尚容饰，额上涂白土，二竖眉间涂红土，

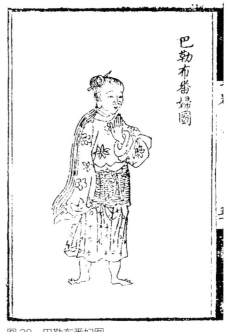

图 27 巴勒布番民图   图 28 巴勒布番妇图

一丸用金珠镶花缀两耳。以布缠头，贱者用白，贵者用红。
着青白色小袖衫，以布束腰，着尖头革鞮，佩短刀，状如
牛角，有鞘，臂挽一黑漆皮藤牌，径约三尺。番妇披发，
赤足，鼻孔穿金银圈，然亦梳洗尚洁……

巴勒布（今尼泊尔），在藏地西南。男子连鬓胡有点像西宁的
回鹘人。化妆的方式与众不同。用布包头。更有趣的是妇人鼻孔上
穿鼻环，但也比较爱梳洗。

白木戎附：

由后藏塞尔地方行十余日，交白木戎界，再半月余，
至宗里口山崖壁，立往来者必以木梯度之，又数日始至白
木戎，住牧地所属种类繁多，一名蒙，身着布衣，不遵佛教。
一名总，幼时即以五色涂成花面。一种名纳昂，男女俱不
着衣，裆下以白布缠之，卧时以木为枕。一种名仍撒，男
着短衣齐膝，妇下亦以布遮重，着裆不着上衣。惟白木戎，

男、妇皆披藏紬偏单，行坐必佩刀，其地和暖，出产稻菜、青稞、豆麦、蔬果、大羝羖羊、大耳猪、崖羊，又产野象、独角兽等物。

关于白木戎对应今天的哪个区域，学界有不同的推断。有的认为清代乾隆初年的《西藏志》所载"白木戎"即哲孟雄（锡金），"白木戎"为汉文"哲孟雄"的较早异译记载，并认为嘉庆间成书的《卫藏通志》将白木戎与哲孟雄分成两地，为笔误，等等；有的则认为白木戎应为廓尔喀入侵哲孟雄之前位于哲孟雄西北部或与哲孟雄相接的部族或地带，由之可以通往哲孟雄所属地区。

《卫藏图识》记载这里是牧区，有不同民族和族群的居民，这里的天气应该比较暖和，因此有的部族男女都不穿衣服，有的部族女性不穿上衣。这个神奇的地方物产丰富，竟然还产独角兽。

三、《识略》其他部分有关服饰的摘录

在《识略》的其他部分也涉及了不少与服饰相关的内容。如《朝贡》篇多次提到朝贡之物有"珊瑚""珍珠""琥珀珠"等珠宝，还有"各色花氆氇""各色氇""花褐""花线毡""花布"等织物，还有"慈兽皮、虎皮、豹皮、猞猁狲皮"等皮草。

《兵制》篇则提到了戎服的样式："着盔甲，其甲有柳叶连环锁子不等。马兵盔上插红缨及孔雀尾"，"步兵盔上插雄鸡尾"。

《婚姻》篇也有记载婚服的细节："媒人并将往聘之金镶绿松石戴于女首，名色贾。""男女父母及亲友俱华服。"

以及藏地女性不习女红而习贸易的风俗：

其妇人能合三四弟兄同居者，人皆称美。以其能于治家。凡贸易多属妇人。如种田禾、纺毛线、织毡子、供乌拉，皆笑其无能。

女则教识戥秤、习贸易、纺毛线、织氆氇，不习女红，不拘闺训而生育以女为幸。

《市肆》篇中提到了交易的物品和来源：

　　藏茧、羊绒、毡子、氆氇、藏香、藏布及食物。

　　紬缎绫锦皆贩自内地。

　　其贸易经营，妇女尤多，而缝纫则专属男子。外番商贾有缠头回民贩卖珠宝、白布。回民卖氆氇、藏锦、卡契、缎布，皆贩自布鲁克巴、巴勒布、天竺等处。

《工匠》篇描写了与首饰相关的金属工艺：

　　西藏木石工匠俱极精巧。凡金银铜锡累丝穿珠作器皿及妇女首饰皆与中国同。而雕镂玲珑，人物花卉无不象形维肖。

《物产》篇同样提到藏地与服饰相关的特产：

　　里塘：牛毪

　　巴塘：天鼠（似猫皮，可为裘）、黄蜡

　　乍丫：松蕊石

　　察木多：松蕊石、牛毪

　　类伍齐：牛毪

　　洛隆宗：青金石

　　达隆宗：银矿

　　工布江达：毛毡、青金石、大面氆氇、大面偏单、大面羊毪

　　西藏：藏茧、藏紬、氆氇、栽绒、细毡、毡子、花紬、花布、藏红花、青金石、松蕊石、玛瑙、琥珀、蜜蜡、珊瑚、砗磲

《摭记》篇则提到了"公主履"：

　　西藏灯具状如弓鞋，俗传为唐公主履；其炊爨具状如幞头，亦传为唐尉迟敬德冠，番人仿而制之。

而《蛮语》篇的"衣服门"部分则列出了十三个常见服饰用词的藏语音译：官服（拿萨）、民衣（郭，又曰褚巴）、帽（热）、官帽（物

热）、靴（康，又曰夯）、袜（番人无袜，同汉语）、褥（播，又曰替）、
缎子（葛巾）、绫（达）、麻绳（索麻纳杂）、氆氇（抒，又曰浪布）、
线（孤巴，又曰葛巾）、法衣（辍郭）。

参考文献：

[1] 华林甫，陆文宝 . 清史地理研究（第二集）[M]. 上海：上海古籍出版社，2016.

[2] 吕一燃 . 中国近代边界史（下卷）[M]. 成都：四川人民出版社，2007.

[3] 《西藏研究》编辑部 . 西藏图考 西招图略 [M]. 拉萨：西藏人民出版社，1982.

[4] 松筠，黄沛翘 . 西藏图考（全）[M]. 台湾：文海出版社，1965.

[5] 中国藏族服饰编委会 . 中国藏族服饰 [M]. 北京：北京出版社，拉萨：西藏人民出版社，
2002.

[6] 张鹰 . 服装佩饰 [M]. 重庆：重庆出版社，2001.

[7] 刘元风，贺阳 . 图像民族志：庄学本摄影集 [M]. 北京：生活·读书·新知三联书店，
2015.

[8] 张永攀 . 乾隆末至光绪初藏哲边界相关问题研究 [J]. 中国边疆史地研究，2016，26（03）：
77—87+180—181.

[9] 赵心愚 . 乾隆《卫藏图识》的体例特点及资料价值 [J]. 上海地方志，2019（04）：71—
80+96.

《黔南苗蛮图说》[清]

说人

根据《黔南苗蛮图说》印本的题记可知，该书的作者桂馥，字筱芗，号筱芗太守，又自称"珊琴外史"。除了《黔南苗蛮图说》之外，其尚有《丁亥烬遗录》（中国科学院图书馆藏光绪二十二年黔垣刻本）《训女图说》（贵州省天柱县档案馆藏）二书传世。三部著作中，前两部被民国《贵州通志·文艺志》著录，可见桂馥与贵州的不解之缘。

关于桂馥的生平，历史上并没有明确的史料记载，只能从他的著作中探究一二。《黔南苗蛮图说叙》书于光绪七年（1881），再根据《黔南苗蛮图说叙》所钤"吾年五十以后所作"的闲章，可推算他生于道光十一年（1831）之前数年。而《丁亥烬遗录》卷二"长江万里袖轴"条云"（光绪）丁丑在南昌，年五十三"，卷四"明沈启南先生山水吊轴"条云"（光绪）丙申长至七十二叟"，据此可以推测桂馥生年为道光甲申年（1824），且至少活到七十二岁。

桂馥本是临川（今江西抚州）人，咸丰乙卯年（1855），三十一岁的他来到贵州，在贵州执掌政务。段荣勋在《黔南苗蛮图说叙》中，是这样记述桂馥的："豫章桂筱芗太守，黔中老吏也，性嗜古，工画……光绪戊子总司习安权务……暇时出所著《训女图说》并重绘《养蒙图》见示……己丑夏，又以所绘《苗蛮图》嘱叙于余。"由此可知，桂馥被称为"太守"，"总司习安权务"，说明桂馥是负有安抚贵州之责的官员。由于久居贵州，因而被称为"黔中老吏"。桂馥不仅绘制了《苗蛮图》，也曾经绘写《训女图说》，并重新绘制过《养蒙图》。《丁亥烬遗录》的序中也列出了其在大火中焚毁的著作、书稿及所藏之金石、文字、书画。在这场大火中，只有《黔南苗蛮图说》和《训女图说》各二卷，恰恰被友人借去而幸免于难。综合以上记载，可见桂馥是一位在贵州久居、对当地情况十分熟悉并且"嗜古、工画"的地方高级官吏。

在桂馥《苗蛮久安长治论》中，我们不难看出桂馥对贵州民族治理政策与现实的忧虑，他也对地方官吏提出了基本要求，他说："（良吏）视斯民如吾子，视国事如家事。苟利于民，虽害于己，所不计也；不利于民，虽利于己，所不为也。"这也是他对自己为官一方理应造福于民的要求。桂馥从在黔多年的为官实践中，深刻地总结了经验教训，提出了自己独到的见解，他认为，地方"苗蛮"变乱，固然应当"严其防"；但是，由于"民俗不齐，土风各异，以有定之法，治无定之民，其治甚难"，因此，必须"因地制宜，兴其利，不长其奸；除其弊，不拂其情"。可见桂馥治理黔苗的理论也颇为高明，且具备很高的政治素养。

更加可贵的是，桂馥虽为"黔中老吏"，却从未懈怠，他常年深入民间了解民风民俗。段荣勋在《黔南苗蛮图说叙》中记载：桂筱芗"疏于肆应，余到黔十载，未一晤面，其非风尘中人，已可概见"，"筱芗留心之吏民事，得诸耳闻，亲诸目睹"。

为本书作序的许乃兴称：桂馥在黔为官三十载，"所至深林密箐之郁幽，跳月、吹芦之欢舞，大环、椎髻、帷裙之殊形异状，断头棹尾、短衣佩刀之汹涌，出没罔弗，目睹心记，尽态穷形，而复于古书杂志，参究始末，一一识其种类分合之由，此《苗蛮图说》之所由作也"。这段记载说明，桂馥不同于一般的画工，他为官一方而深入民间，亲自且长时间调研，所绘之图、所著之文，均来自自己亲身所见所闻。桂馥在其《说叙》中也说道："余今所画，大都亲眼所及，非画工家所可同语。"表明他所提供的图画及文字信息均以实地考察为依据，其质量得以保证，并非面壁杜撰。

正因为有了这样一位具有书画功底又能深入调查的作者,《黔南苗蛮图说》的真实性和史料价值,在众多《百苗图》中显得弥足珍贵。

说书

所谓"苗蛮",是在对各民族的区分与界定尚未明确之时,对我国云南、贵州等省的一些少数民族的统称。有时以"百苗"代替"苗蛮",或者再简称为"苗",这与我们今天的"苗族"的概念完全不同:一个"苗"字,代表了南方众多的少数民族。因此《苗蛮图》又被俗称为《百苗图》或《苗图》,其性质是辅助统治者认识、了解南方各少数民族,以便进行更有效的统治、维护多民族国家的统一而编绘的民族史志文献。所以类似《苗蛮图》的文献,涵括了民族学、民俗学、人类学、历史学等众多领域,对于研究民族民间艺术以及边疆风俗历史,有着十分重要的参考价值。

《黔南苗蛮图说》是清代贵州众多《百苗图》版本中的一种,一函两册,清光绪年间刻本。共有八十六条目(缺第四十一条目),每一个条目包括图与说两部分。绘图和图说的正文部分都采用黑白刻版印刷,文字采用小楷。原本现藏于中央民族大学图书馆古籍善本部,经过李德龙先生多年的研究和学术论文专著的发表,学界对《黔南苗蛮图说》及其作者桂馥有了更进一步的了解。

将桂馥的图画和文字与其他的《百苗图》进行比较,我们不难发现其所长,即丰富性与准确性。丰富性表现在:

一是"苗蛮"种类丰富。全书首尾完整(尽管缺失了第四十一条目),描绘和记载贵州各地"苗蛮"八十六种,为贵州同类《苗蛮图》文献所载"苗蛮"种类最多者。

二是"说"的记述丰富。同其他《苗蛮图》类文献相似,《黔南苗蛮图说》记述了民族名称的由来、历史沿革、服饰、风俗、生产生活特色、性格特点等。此外，还记述了很多历史背景资料，自清朝建国以来贵州各个民族与中央王朝关系的记载尤为详细。

三是序跋的丰富。除了《苗蛮图》及图说正文之外，书前载有许乃兴、段荣勋、张日仑、孙清彦的序文和史念祖的跋文，以及桂馥的《苗蛮久安长治论》和《黔南苗蛮图说叙》各一篇。本书序跋之多，在各种《苗蛮图》类文献中独树一帜。

准确性则体现在：

一是作者与时代的准确。该图说的作者和编撰年代可以明确考证。

二是绘制的准确。该本为石印本，相比通常所见之绘本或套色印本绘制更加精准。

三是民族识别的准确。该书成书于清光绪时期，经过清代前期的历史演变和对贵州民族的识别，此时朝廷对于黔南民族的认知已较为成型。

四是所绘内容的准确。作者桂馥，不仅是贵州的地方官吏，而且是一位画家。他在贵州生活了三十余年，关注各民族的生产和生活，不仅掌握了第一手的信息，而且能写会画，所以由他绘制并撰写的《黔南苗蛮图说》最为准确。

此外，桂馥的图画风格与其他《百苗图》截然不同。有的学者进行了专门的对比研究发现：作者营造了一个浓郁的耕织氛围，诸多民族群体的生活情景是在一派祥和的理想田园风光中展开的，这与清代流行的《耕织图》一脉相承。将这些场景图像与清代流行的《耕织图》(包括《棉花图》)进行比较，竟发现有四十多幅画面与《耕织图》《棉花图》存在联系，占其总数的一半。（占跃海《桂馥的〈黔南苗蛮图说〉和作者的民族地区治理情结》)有的是将《耕织图》(包括《棉花图》)中的人物形象与场景全盘复制，仅将人物的服饰换成了贵州少数民族服饰。如第二十六种洪舟苗（图 1)，与《棉花图》中的《上机图》(图 2)一致。还有的在保留场景、更换服饰的同时，对人物数量、动作等细节进行了较大幅度的修改。如第十种谷蔺苗（图 3)，

图 1　第二十六种 洪舟苗

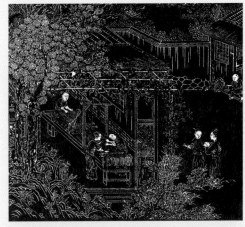

图 2　《棉花图》中的《上机图》

图 3　第十种 谷蔺苗

图 4　《棉花图》中的《织布图（附榨油图）》

图 5　第七十种 马镫龙家

图 6　《棉花图》中的《纺线图》

与《棉花图》中的《织布图》（图 4）对应，只是改绘并添加了画面右侧的人物；再如第七十种马镫龙家（图 5），与《棉花图》中的《纺线图》（图 6）对应。

可以说，《黔南苗蛮图说》就是一部"贵州苗蛮耕织图"，这样美好的田园耕织场景，应是桂馥期盼的西南少数民族和谐生活景象。这同他在《苗蛮久安长治论》中提出的有关处理民族问题的观点是统一的。

说图

为本书作序的许乃兴称，桂馥对于贵州少数民族"大环、椎髻、帷裙之殊形异状""目睹心记，尽态穷形"，我们也可以通过他较为详尽的图说描述，看到清光绪年间贵州少数民族的服饰面貌。

一、成熟多彩的纺织业

纺织是服装的基础，有成熟的纺织业，才有精彩的服饰文化。通过《黔南苗蛮图说》的记载可以看出，五十多种"苗蛮"，其生产方式都是以农业为主。大部分又都是耕织结合，或男耕女织，或女耕女织。

在《黔南苗蛮图说》中，明确记载了以纺织业为主的"苗蛮"：阳洞罗汉苗"养蚕织锦为衣"；谷蔺苗"工纺织，其布最精密"；高坡苗"妇女勤纺织，尤善染"；水西苗以其织造的"武侯锦"著称；马镫龙家"以耕织为业"；夭家"以纺织为务，又善染"；里民子"剪羊毛，织布为衣"，等等。在这些从事纺织业的民族中，又以"水西苗"的织锦和"谷蔺苗"的棉布最知名。

水西苗"男女衣衿以绒锦为之。锦乃妇女自织，名曰'武侯锦'"。对于"武侯锦"的特点与名称的由来，桂馥做了详细的说明："锦用木棉线染成五色织之。质粗，有文采。土人相传武侯征铜仁蛮不下，

图7　织绑腿的妇女（惠水县鸭绒乡鸭寨村，2018年5月，雷洪斌拍摄）

时蛮之儿女患痘，多有殇者，求之武侯，侯教织此锦为卧具，立活。故至今名之曰'武侯锦'。"

　　"谷蔺苗"因居住在贵州定番谷蔺场而得名。该支系的苗人善于织布，不仅自给自足，还每逢赶场，将其所织之布带到市集上出售，引来赶集的人争相抢购。如桂馥所记："每遇场期，抱布出市，人争购之。故谚有：'欲作汗衫裤，须得谷蔺布。'"

　　在《黔南苗蛮图说》的谷蔺苗（图3）画面中共有八人，左下角一名妇女正在织布，窗外两个孩童正好奇地窥探；右上角三名妇女正在将成品布折叠成匹；下面的一名女子抱着成匹的布，应该要去进一步加工，还有一男子扛着几匹布存入仓库或者前往市集出售。这一生动的场景反映了"谷蔺布"也就是纺织业在"谷蔺苗"生产生活中的核心地位。今天，"谷蔺"泛指惠水县摆金镇鸭绒社区（原鸭绒乡）的鸭绒鸭寨地区。难怪"谷蔺苗"又称为"鸭寨苗"。这里至今保留着善于织布的传统，而所用织机也与桂馥图中所绘极其相似（图7）。

　　除苗族以外，贵州地区的其他少数民族也善于纺织。例如安顺市的"犵家"即布依族，同样"善织布，能作斜纹、斗纹等花"，染出"杠青、皂青白色"。今天安顺市的布依族仍然擅于织造斗纹

图8　第十五种 高坡苗

布（一种纹样为菱形的面料，属于变化斜纹组织），布依族所建的染坊也是周边民族乐意光顾之地。布依族支系青独家"善织布，名曰独家布"。洪舟苗的麻纺织技术较强，他们"善纺绩。织葛布，颇精细，多售于市"。

染和织是联系在一起的，纺织业会带动印染业的进步。有的民族两样皆精，有的则擅于其中一项。如高坡苗，他们印染的布"其青蓝色，经洗其色不退"。从这一描述可以见得，植物染色的色牢度在清代就已经成为一个技术难题。描绘高坡苗的画面全部是染布的场景（图8）。左边的染坊内，一名老妪正用长杆搅动着灶上加热的染锅，她对于染色的火候应该极有经验；旁边一位稍年轻的妇女正在辅助；另一侧一个人站在一块形似元宝的大石头上，这块石头称为踹布石，石头下放着紧紧卷好的布料，通过站在石头上的人的左右摇摆，石头和人的重力可以将面料轧光，轧好的棉布表面不见毛羽、光滑平整；左下角的两名男子正在漂洗染好的面料，一位在捆打布料，另一位在拧干布料；右侧一名男子在用长长的竹竿将染好、漂洗好的布料进行晾晒，用竹竿挑布的过程可是一个技术活，经验丰富的匠人一下子就可以挑到位；旁边的妇女将折叠成卷的布料抱出，这应该是最后的成品。高坡苗染坊的部分场景，在今天的贵州还可以看到。

印染业的繁盛，需要较为成熟的染色草木种植业，如蓝靛种植。"羊家"和"獞家"就"以种蓝靛为业"。从《黔南苗蛮图说》记载可见，清代贵州的纺织印染业，按照产业链形成了不同民族、不同支系的分工：有种棉、养蚕以为生产纺织提供原料的，如"獞家""狪家"等；有专门从事纺织业的，如"水西苗"等；有善于印染的，如"高坡苗"等；还有专门种蓝制靛、为染色提供原料的"羊家"和"獞家"等。有的纺织印染具有很高的水平，如"谷蔺苗"。各个民族和支系各有所长、互通有无，形成了繁荣发展的纺织产业。直到今天，贵州的手工纺织印染，仍保留了相当高的技艺水平。

二、各具特色的民族服饰

中国西南地区历来是少数民族聚居之地，苗族、瑶族、僮族、彝族等少数民族与汉族交错杂居。元明朝代以来，这些少数民族地区经济落后，社会发展水平较低，而中央朝廷又无法立即改变，遂实行了"以土官治土民"、间接统治的土司制度。土司制度保留着少数民族中一些落后的统治制度，它日益成为少数民族地区社会经济发展的绊脚石；而其更大的弊病在于形成了地方割据势力，阻碍了国家的统一。于是从明末开始实行"改土归流"政策，以加强中央的权力，消除土司之患。改土归流，就是把永久世袭的土官改变为可以随时差遣调动的流官。历史上最大规模的"改土归流"是在清代雍正一朝。雍正四年 (1726)，鄂尔泰任云南巡抚兼总督时，奏请改土归流，得到批准。首先把四川的乌蒙、镇雄、东川三府改隶云南，然后在云南、贵州、四川，以及广西、湖南等省相继施行。大量土司被撤销，土官改为流官，在少数民族聚居地实行跟汉族地区相同的制度。改土归流制度有利于巩固和发展统一的多民族国家，有利于加强西南地区与内地的联系。虽然经历大规模的"改土归流"，但贵州少数民族的服饰还是保留了各民族的传统。从《图说》可以看出，最起码大部分的少数民族男子并没有"剃头梳辫"，而是保持了"挽髻"的传统，还缠有包头。对照《图说》的记述，还可以发现众多少数民族至今还得以保留的服饰特色。

　　李德龙教授对《黔南苗蛮图说》所涉及的八十六种"苗蛮"按照其民族属性进行归类，结合历史文献与20世纪50年代以来的民族历史调查及民族识别的资料，对图中所涉及的各种"苗蛮"的民族属性问题进行了初步探讨，整理出了"苗蛮"主体成分与现在民族的对应表。《黔南苗蛮图说》中的八十六种"苗蛮"可以与现在划分的十二个民族相对应。（见下表）

《黔南苗蛮图说》中的"苗蛮"名称与现在民族名称的对照表

"苗蛮"名称	现在民族
黑猓猡（卢鹿、马蛮）、白猓猡（白蛮、白夷阿和）、羿子、白儿子	彝族
青苗、红苗、花苗、白苗、黑苗、克孟牯羊苗、阳洞罗汉苗、谷蔺苗、紫姜苗、八寨苗（黑苗）、九名九姓苗、洞苗、高坡苗（顶板苗）、黑生苗、鸦雀苗、黑山苗、水西苗、清江黑苗、黑脚苗、黑楼苗、生苗、九股苗、车寨苗、洪舟苗、短裙苗、姑卢苗、摆榜苗、西溪苗、班苗、鸭崽苗、宗地苗、平伐苗、六额子、白额子	苗族
东苗、西苗、杨保苗、宋家、蔡家、白龙家、曾竹龙家、马镫龙家、大头龙家、狗耳龙家、里民子	汉族
羊獚（杨黄）苗	毛南族
补笼独家、卡尤独家、青独家、黑独家、白独家、八番独家	布依族
水家	水族
狑家、羊家、黑猺、花猺	瑶族
獞家、犵当、犵獞、犵兜、侬家	壮族
狪家、峒人、六洞夷人	侗族
红犵狫、花犵狫、披袍犵狫、猪矢犵狫、剪发犵狫、打牙犵狫、锅圈犵狫、水犵狫、土犵狫、木犵狫、郎慈犵狫、天家	仡佬族
蛮人、冉家蛮、楼居蛮、僰人	白族
土人	土家族

　　《黔南苗蛮图说》中描绘与描述的清代贵州各民族服饰的特点，今天在很多民族的传统着装中仍然保留着。

（一）彝族

　　《黔南苗蛮图说》在描述"黑猓猡"即彝族的服饰时写道："其人多深目、长身、黑面、白齿，剃髭而留髯。以青布缠头，笼发其中，而束于额，若角状。服麻布短衣，寒则披白毡、蹑草履。妇人辫发亦用青布缠首，大若笠，缀以珠蚌螺壳，耳带大环，垂至项深。衣细折（褶）长裙，行拖地。"

图 9 披"查尔瓦"、扎"英雄髻"的黑猓猡（第一种）

图 10 彝族细褶长裙（北京服装学院民族服饰博物馆藏）

彝族人相比其他西南少数民族，确实身形较为高大。据说他们具有雅利安人的血统，所以"深目"高鼻。男子头上留一撮头发，从不修剪，非常尊贵，称之为"天菩萨"；包头也要把此处特意缠裹，即"笼发其中""若角状"，现称之为"英雄髻"。"寒则披白毡"，图中也可看到披着斗篷的形象，这仍是当今彝族服饰中颇有特色的羊毛披肩"查尔瓦"（图9）。妇女的"细折（褶）长裙，行拖地"，正是彝族妇女喜爱穿着的长百褶裙（图10）。从以上的描述以及图中，我们会发现今天的彝族服饰还保留着一百多年前的特征。

（二）苗族

苗族的服饰种类最多，黑、青、花、红、白五大支系各有特色。

青苗"衣尚青，男子顶竹笠，蹑草履。出入必佩刀。未婚者剪脑后发，娶乃留之。妇人以青衣布制如九华巾蒙首，衣上及腰裙下掩膝"（图11）。男子的发式也是代表婚否的重要标志。

红苗"自嘉庆元年剿平后，男皆剃发，衣服悉用斑丝织成，制仿汉人。多不留须。妇女头必裹布，耳带大环，项带银圈，自一二围至五十余围不等。上着窄袖短衣，镶花边，下着褶裙。无中衣，不裹足"（图12）。喜爱银饰、以多为美的观念至今仍然在苗族服饰文化中得以保留，脖子上带十几个项圈是节日里才穿的盛装。

图 11　第三种 青苗

图 12　第四种 红苗

图 13　穿贯首衣的花苗（第五种）

花苗"衣用败布，缉条以织，无襟扣而纳诸首。男以青布裹头，妇人敛马鬃尾杂发为髽（假发），大如斗，笼以木梳。裳服先用蜡绘花于布，而后染之，既染去蜡，则花见。饰袖以锦，故曰花苗"。花苗的服饰保留了较"前开型"的服饰更加原始的"贯首衣"（图13）。喜好假发，制造饱满的发髻，并保留了插梳的传统，这在今天的一些苗族支系中也保留着。在这段记载中我们还可以看到蜡染技艺，蜡染是用了防染的方式，蜡覆盖的地方染不到颜色。绘蜡后染色，再退蜡，则之前画蜡的地方呈现出不一样的颜色。现在最常见的就是蓝白两色的蜡染布，这是很多苗族支系喜爱使用的装饰手法。（图14）

白苗"衣尚白，短仅及膝。男子科头赤足，妇人盘髻长簪"。白苗男子不戴帽子光着脚，妇人则盘着发髻插一根长簪子。（图15）

黑苗"衣尚黑，短仅及膝。头标白羽，耳环项圈。男女皆挽髻向前，绾簪戴梳。……妇女短衣、花袖，额勒银花皮。其耳环项圈，以多者为富。所绣布曰苗锦"。黑苗戴着耳环与项圈，发髻向前，还插梳。（图16）

图14　贵州丹寨苗族女上衣蜡染装饰（北京服装学院民族服饰博物馆藏）

图15　第六种 白苗

图16　第七种 黑苗

图 17　各式苗族木梳（北京服装学院民族
服饰博物馆藏）

图 18　贵州毕节鸦雀苗女上衣（北京服装学院民族
服饰博物馆藏）

以上是《黔南苗蛮图说》所记述的苗族五大支系男女服饰状况。同为苗族，但不同的支系服装上仍有很大的差异。大体地看，可以说是"青苗尚青""白苗尚白""黑苗尚黑""花苗穿花""红苗仿汉"。不同支系的苗人使用的面料不同、染色的工艺不同，服装呈现的风貌也不相同。而"红苗"仿汉，大概是由于清政府在嘉庆元年（1796）平定"叛乱"后，强迫"红苗"改装的结果。至于"红苗"女子仍旧"耳带大环，项带银圈"，说明与汉族地区一样，清代对少数民族地区女子服饰的管控也相对男子较松，这也是清代服饰推行的"男从女不从"原则在少数民族服饰中的体现。

图 19　第十七种 鸦雀苗

此外，其他各支系的苗族也是精彩纷呈："鸦雀苗，男子挽髻，衣青衣，以白布镶胸前及两袖、裙边。"

图 20　第二十七种 短裙苗

（图 19）这似乎跟我们今天看到的鸦雀苗服饰吻合（图 18）。不过该上衣现为女性穿着。

　　短裙苗"妇女短衣、无领袖，从头笼下，前不蔽肚，后不遮腰。其裙长五寸许，极厚而细折（褶），聊以蔽羞而已"（图 20）。关于短裙苗的记述，颇为有趣。说某公"见短裙苗妇插秧、割稻，俯身而所羞毕露"，当时捂着眼睛经过，要求人家必须穿裤子遮羞。后来又捐布来做兜裆布，结果没想到好多人胯下生疮甚至有人丧命，于是苗民把这布去了，疮竟然痊愈了。她们便继续保持"有伤风化"的穿着习俗。我们今天可以看到的短裙苗，裙长也就是十几厘米，只不过她们都已在裙内穿上了"打底裤"。

图 21　第三十七种 杨保苗

（三）汉族

　　据李德龙教授分析，杨保苗、羊猓苗、宋家、蔡家等，很可能是汉人迁居贵州者。"杨保苗""羊猓苗"是明播州宣慰使杨氏后裔，"宋家"是春秋宋人后裔，"蔡家"为蔡国之后裔。从《黔南苗蛮图说》的图画上看，男子有的"挽髻"，有的"剃发"梳辫，有的长衣有的短衣，有的在长衣外套坎肩。总体来讲，这些男子的打扮除头饰外，与汉族差别不大。女子均梳发髻，有趣的是"蔡家"女子用毡子做成的假髻，像一个尖尖的牛角一样顶在头上。（图21—24）

　　杨保苗"男子挽髻，头缠青布，短衣大裤。妇人挽髻，短衣长裙"（图21）；羊猓苗"男子剃发，习汉语。妇人挽发、盘头，笼以木梳。色尚青"（图22）；宋家"男子帽而长衿，女子笄而短衿"（图23）；蔡家"善擀毡子，男子衣毡衣，女则制毡为髻，缘饰青布，高尺许，若牛角状，绾以长簪"（图24）。

　　迁居贵州的汉人，在今天最为著名的应是安顺的屯堡人。屯堡

图22 第三十八种 羊猓苗

图23 第三十九种 宋家

图24 第四十种 蔡家

女性独特的穿着，也吸引了许多研究者的目光。看《黔南苗蛮图说》以上四个族群的图画和描述，与我们今天屯堡服饰研究的结果有相似之处，即这些迁居贵州民族地区的汉人，其服饰面貌既留存了汉地的传统，又不可避免地受到贵州少数民族服饰文化的影响。少数民族与汉族在服饰上很少有绝对的同化，而是"你中有我、我中有你"的涵化。

（四）布依族

清代贵州布依族的服饰在《黔南苗蛮图说》中被描述为：

卡尤狆家，男女以花布裹头，服饰与补笼同。

青狆家，衣尚青，制与补笼同。男女皆以青布蒙首。

黑狆家……男子头缠红巾，腰佩大刀。妇人衣服尚青，发挽高髻，斜插长簪。

白狆家，男子头戴狐尾，衣青，短衣。女子身小而多慧，穿浅蓝色衣，细褶勾云，裙红绣花。

八番狆家……妇人直顶作髻。

不同的布依族支系，服饰呈现出不同的特色。卡尤狆家、补笼狆家、青狆家三者服饰基本相同，色皆尚青，以布缠头。"黑狆家"（图25）则男红女青、高髻长簪，与其他"狆家"用布裹头不一样。关于布依族的记载中，还有"婚姻亦抛彩球苟合"，就是我们今天所说的抛绣球定情。

（五）仡佬族

仡佬族也分为不同的支系。关于其服饰的记载中，有一个方面与其他民族不同，即裙子。如红犵狫"男女皆以幅布围腰，傍无襞积，谓之桶裙"（图26），就是没有褶子的裙子。同样花犵狫、剪发犵狫、打牙犵狫也着桶裙。

三、服饰的识别作用

服饰除了保暖御寒的保护作用，最重要的作用即为身份识别。从《黔南苗蛮图说》的记述中就可以看出服饰是识别甚至命名各民

图25 第四十四种 黑犵家

图26 第五十四种 红犵狫

族与支系的标准,如青苗、花苗、白苗、青犵家、黑犵家是以服饰的色彩来命名的。还有以妇人的头饰来命名的:大头龙家的妇人"敛马鬃扎于发,蟠髻如盖";马镫龙家的妇人则"髻以青带绾发,盘其首,若马镫状"(图5);狗耳龙家"妇女辫发,螺髻上指,若狗耳状"(图27);锅圈犵狫的妇人"以青布笼发,盘旋如锅圈状"(图28);高坡苗(图29),又名顶板苗,是因为其妇人"以木板尺详绾于头发上",故名。

图27 第七十二种 狗耳龙家

图28 第六十种 锅圈犵狫

其次，不同服饰代表着同一民族内部不同的身份、地位，黑、白"猓猡"的服饰就是其典型体现。"黑猓猡"（黑彝）为大族，"世为酋长"，地位最高；"白猓猡"（白彝）地位较低，"世为把目"。穿着同样属于彝族的白猓猡，虽然男女衣着服饰与黑猓猡无异，但头饰却是"缠头用白花布巾。见其主，必左肩拖羊皮一方"。从上面的记述可以看出，头饰的色彩、款式以及服饰装扮，代表着不同彝族支系的身份与地位。

《黔南苗蛮图说》对清代贵州民族服饰的记载与描绘丰富而具体，为读者呈现了图文并茂、非常直观的民族服饰展示。男子剃发、上衣下裤，女子高髻、以布裹头、上襦下裙是基本的服饰面貌。在此基础之上不同民族、不同支系各具特色。一方面，众多民族服饰充满生命力，顽强地保留着某些特色，有的甚至延续到今天；另一方面，不同民族之间的服饰文化也互相融合，最终形成了贵州各民族多姿多彩的服饰大观。

参考文献：

[1] 李德龙 .《黔南苗蛮图说》研究 [M]. 北京：中央民族大学出版社，2008.

[2] 李德龙 . 清光绪石印本《黔南苗蛮图说》考补 [J]. 中央民族大学学报（哲学社会科学版），2007（02）:29—34.

[3] 占跃海 . 桂馥的《黔南苗蛮图说》和作者的民族地区治理情结 [J]. 贵州大学学报（艺术版），2011，25（04）：90—96.

[4] 韦天亮,杨振宁 . 桂馥及其《黔南苗蛮图说》考略 [J]. 兴义民族师范学院学报,2017(01):1—9+30.

附:《黔南苗蛮图说》各条关于服饰内容的摘录（无文字记载以及文中已引用的不再附图）

猓猡女官附

女官编发为髻，用青帕旋盘，若笠。以银丝花贴额，耳坠大环，拖长裙三十六幅。每出巡，紫衣白马朱幡。

黑猓猡

其人多深目、长身、黑面、白齿，剃髭而留髯。以青布缠头，笼发其中，而束于额，若角状。服麻布短衣，寒则披白毡、踏草履。妇人辫发亦用青布缠首，大若笠。缀以珠蚌螺壳，耳带大环，垂至项深。衣细折（褶）长裙，行拖地。

白猓猡

白夷次之，世为把目。黑夷最贵，世为酋长。……男女服饰与黑猓同，惟缠头用白花布巾。见其主，必左肩拖羊皮一方。

青苗

各以衣服别其种类，于是有青苗、红苗、花苗、白苗、黑苗等三十余种类。青苗衣尚青，男子顶竹笠，踏草履。出入必佩刀。未婚者剪脑后发，娶乃留。妇人以青衣布制如九华巾蒙首，衣上及腰裙下掩膝……男女衣服皆以麻皮自织。

红苗

……男皆剃发，衣服悉用斑丝织成，制仿汉人。多不留须。妇女头必裹布，耳带大环，项带银圈，自一二围至五十余围不等。上着窄袖短衣，镶花边，下着襜裙。无中衣，不裹足。习耕种，勤纺织。养家蚕，织板丝绢及花布锦以为业。

花苗

花苗衣用败布，缉条以织，无襟扣而纳诸首。男以青布裹头，妇人敛马鬃尾杂发为髻，大如斗，笼以木梳。裳服先用蜡绘花于布，而后染之，既染去蜡，则花见。饰袖以锦，故曰花苗。……男子勤耕，妇人织麻为业。

猓猡女官

白猓猡

阳洞罗汉苗

白苗

白苗衣尚白，短仅及膝。男子科头赤足，妇人盘髻长簪。

黑苗

黑苗衣尚黑，短仅及膝。头标白羽，耳环项圈。男女皆挽髻向前，绾簪戴梳。……妇女短衣、花袖，额勒银花皮。其耳环项圈，以多者为富。所绣布曰苗锦。

阳洞罗汉苗

男子剃发，耕作、贸易。……妇人绾髻，额前有插木梳。富者以金银作连环坠耳。养蚕织锦

八寨苗

紫姜苗

为衣，系双带结于背，胸前刺绣一方，以银钱饰之。长裩短裙。数日必渐水沃发。……远者为生苗，头戴狐尾，披发于后。衣短衣，佩刀弩。

谷蔺苗

男女皆短衣，妇人以青布蒙髻，耳坠大环，有裙不常着，闲时惟短衣大裤。工纺织，其布最精密，每遇场期，抱布出市，人争购之。故谚有："欲作汗衫裤，须得谷蔺布。"

紫姜苗

紫姜苗，男子衣服与汉人同。妇人挽髻，以青布缠首，短衣短裙，与独山州之九名九姓苗同类。

八寨苗

男子挽髻绾簪，衣青，短衣赤足。女子挽髻向前，插梳。以色布镶衣袖，胸前绣锦一方护之，细折（褶）短裙。

洞苗

洞苗在古州者，有黑洞、白洞之分。男子近皆剃发，习汉俗。所在多择平坦之地而居，以种棉花为业。妇女头包蓝帕，穿花裙。于农隙时，则比邻妇女凑油会镟络丝以备。日间织洞锦、洞帕，颇精工。在黎平者，向化已久。男子耕凿诵读，与汉人无异。其妇女汉装弓足者，与汉人通婚姻。下江、清江亦有。

洞苗

按《黔志》载，黎平之曹滴司出洞锦，以五色
绒为之，亦有花木禽兽各样，精者甲他郡。渫
之水不败，渍之油不污。是夜郎苗妇之手可与
尧时海人争妙也。……有思南某团首以旧锦为
卧具，问之，即洞锦也。卍字夔龙穿花纹精致
而雅，虽不及宋锦与宣和锦，较今苏杭之七彩
五彩锦，雅俗不啻天渊。以红呢被面易得之，
欲带回省制琴囊，后于冬月次枫香屯，贼夜袭
营，败绩，失去。惜哉！后又觅得，乃近年新锦，
不及旧锦多矣。

高坡苗
高坡苗，又名顶板苗。衣黑衣，喜种山粳。

高坡苗

黑生苗

妇女以木板尺详绾于头发上，故名顶板苗也。婚姻以苟合。妇女勤纺织，尤善染，其青蓝色，经洗其色不退。

黑生苗

黑生苗，在清江所属。衣尚黑。男子畜（蓄）发挽髻于前，短衣赤足。妇女亦挽髻向前，耳坠大环，短衣短裙。

鸦雀苗

鸦雀苗，男子挽髻，衣青衣，以白布镶胸前及两袖、裙边。

黑山苗

水西苗

清江黑苗

黑脚苗

黑山苗

衣服皆尚黑，故曰黑山苗。性顽蠢，男妇皆
畜发挽髻于前，跣足。

水西苗

衣尚青。病不服药，信巫鬼。男女衣衿以绒锦
为之。锦乃妇女自织，名曰"武侯锦"（锦用
木棉线染成五色织之，质粗，有文采。土人相
传武侯征铜仁蛮不下，时蛮之儿女患痘，多有
殇者，求之武侯，侯教织此锦为卧具，立活。
故至今名之曰"武侯锦"）。

清江黑苗

清江黑苗，男子以红布束发，戴银圈，大环
耳坠，宽裤，好着锦袍。妇女挽高髻，以青
布一幅蒙头，衣青，短衣花裙。男女皆跣
足。……自经惩创后，男子多改汉装，惟妇
女仍习旧俗。

黑脚苗

男子短衣大裤，头插白翎，出入三五成群，
持镖带刀，以抢劫能者为善。

黑楼苗

黑楼苗，本黑苗一类，故男女服饰与黑苗同。

黑楼苗

生苗

九股苗

生苗

生苗，多野性……无絮布，虽大寒亦披毡一片，或犬羊之皮，袤广三尺许，风从左至，则披左肩，风右至，则披右肩。或掩于胸，或负于背，皆视风所至。

九股苗

男子头顶铁盔，身裹铁铠……今男子多有汉装者，妇女短裙窄袖，耳环大径二三寸。项带大银圈，插簪长尺许。

车寨苗

男子汉装，勤艺业，妇女椎髻，以花布缠首，短衣长裙，工针黹。

车寨苗

洪舟苗

男子剃发，习汉妆，勤耕力作。妇女发绾高髻，绾长簪，蒙以花布，短衣长裙，蹑花履，善纺绩。织葛布，颇精细，多售于市。

短裙苗

短裙苗，在贵定、思南、思州。男子短衣、宽裤，妇女短衣、无领袖，从头笼下，前不蔽肚，后不遮腰。其裙长五寸许，极厚而细折（褶），聊以蔽羞而已。

姑卢苗

摆榜苗

西溪苗

班苗

鸭崽苗

姑卢苗

姑卢苗，住定番州之姑卢寨，故名。土人呼为葫卢苗。男子挽髻向前，短衣大裤，跣足。妇女高髻，缠以青布，短衣露胸，花裙仅及膝。

摆榜苗

摆榜苗，在定番与广顺之摆塘，大塘之摆稿，同一类也。男子挽髻，短衣露腹。妇女短衣、短裙。

西溪苗

西溪苗，在天柱县。男子以青布裹头，短衣、跣足。妇女偏髻，插梳，裙不过膝，以青布缠腿。

未婚男子与女子携馌相聚而戏，所爱者，约于野外，歌舞苟合。生子后以牛过聘，俗与花苗同。

班苗

班苗，在归化厅。分屯而居，共有二千数百户。男子挽髻，短衣大裤。妇人以青布蒙首，服尚五色。

鸭崽苗

鸭崽苗，在都匀府属。男服饰效汉装，女则堆髻，短裙露胸，跣足。长簪大环，项圈锦褪。以种山、渔猎为务。风俗与水家、獞家等大略相同。

宗地苗

东苗

西苗

平伐苗

宗地苗

宗地苗，惟黎平、归化最多。服镶花边，又名花衣苗。与花苗不同类。素称淳朴，输租服役，比于良民。宗地苗性皆强悍，不务耕织，善造药箭，以劫掠为生。

东苗

东、西苗者，东晋时命谢氏世为牂牁太守，及侯景乱梁，牂牁与中国不通，而谢氏保境如故。至唐时，牂牁又分裂，于是有东谢、西谢之称。其后，系以名其部族曰东苗、西苗。东苗有族无姓，男子留顶发。以织花布条束之。短衣背甲，色尚浅蓝。妇人衣花衣，无两袖，以两幅遮前、覆后，穿细褶短裙。

西苗

西苗，衣尚青。男子以青布缠头，白布裹裉（腿）。妇人盘髻插梳。秋收后，合寨牵牡牛于野，延巫者，毡衣、皮靴、毡帽，腰围细折（褶）裙。童男女青衣彩带，吹笙舞蹈随之。名曰祭白虎。

平伐苗

平伐苗，在贵定。五代末有滕氏仕蜀，孟氏征南有功，授宾化令，世守其土，号曰滕番。……男子披草衣，短裙，挽高髻，出入持枪弩。妇人短衣，穿长桶裙，以长簪绾发。

杨保苗

杨保苗,明播州宣慰使杨氏之后裔。……男子挽髻,头缠青布,短衣大裤。妇人挽髻,短衣长裙,婚姻用媒妁。丧祭尽哀悼之礼,颇有华风。

羊猓苗

羊猓,一曰杨黄,其种亦伙播州杨氏之遗民也。男子剃发,习汉语。妇人挽发、盘头,笼以木梳。色尚青。婚姻与汉同。……男子计口而耕,妇人度身而织。暇则挟刀操筍,以渔猎为业。

宋家

宋家,春秋时宋人之裔。为楚所俘放之南徼,遂流为夷,宋宣慰祖也。男子帽而长衿,女子笄而短衿。婚之夕,婿家往迎,女家则率亲戚棰楚之,谓之夺亲。

蔡家

蔡家,本蔡国之裔。……善擀毡子,男子衣毡衣,女则制毡为髻,缘饰青布,高尺许,若牛角状,绾以长簪。

卡尤犵家

男女以花布裹头,服饰与补笼同。妇女亦多纤好,亦于暮春时,集未婚男女于跳场,用彩巾编为小圆球,如瓜,谓之花球,视所欢者掷之在室。

卡尤犵家

青犵家

衣尚青,制与补笼同。男女皆以青布蒙首,女子色白而敏,惟面多带雀瘢。工刺绣,善奕(弈)棋。婚姻亦抛彩球苟合。……大率犵家男子善治田,妇女善织布,名曰犵家布。

青犵家

黑犵家

男子头缠红巾,腰佩大刀。妇人衣服尚青,发挽高髻,斜插长簪。

白犵家

男子头戴狐尾,衣青,短衣。女子身小而多

白犵家

八番独家

水家

狑家

羊家

慧，穿浅蓝色衣，细折（褶）勾云，裙红绣花，鞋胫卷色布。

八番独家

服食居处与汉人同。其俗男逸女劳，妇人直顶作髻，日出而耕，日入而织。

水家

乃有水、狑、羊、獞、猺、狪六种，皆其后裔。水家男子剃发，习汉语，四围长衣，以裙为裤。妇人挽髻盘头，笼以木梳。青短衣，花边窄袖，重裙，无裤。

狑家

狑家，男女均以蓝花帕蒙首。未婚者其帕稍长，衣尚青。以十月晦日为节。祭盘瓠。每岁仲冬，未婚男女皆艳妆，女子系飘带裙，择平壤处，连袂歌舞，相悦者负之而去，乃至生子方归母家，名曰回亲，始用媒妁，而以牛马过聘焉。

羊家

羊家，住荔波县之羊安里。男子以青布蒙首，衣尚青，妇人挽发盘头，笼以木梳，短衣重裙，窄袖花边。……以种蓝靛为业。

獞家

黑猺

花猺

狪家

獞家

獞家，男效汉妆，女则椎髻，短裙露胸，跣足，长簪大环，项圈锦裰。……以种棉花、蓝靛为业。

黑猺

男子畜（蓄）发、挽髻，青布长衣。妇人发挽偏髻，青布短衣，裙长不及膝。

花猺

男子畜（蓄）发，挽发垂后，或覆以花布，或顶布笠，周围以料珠缀旒。青布短衣，以红白线缘其边。妇人挽髻垂前，饰耳以大银环。

狪家

男子剃发，妇人梳头，蒙以青布，赤足。色尚青，衣长不过膝。

红犵狫

犵狫，盖即武王时髳人，晋代邛笮间之山獠也。其种蔓延于今之黔、粤，诸蛮种多役属之，遂名其役属之蛮为仆獠，其獠人则谓之主獠，其后主獠讹为犵狫，仆獠讹为木獠。男女皆以幅布围腰，傍无襞积，谓之桶裙。花布者，曰花犵狫，红布者曰红犵狫。各有族属，不通婚姻。红犵狫，男子发挽尖髻，衣服类土人。

花犭昔猪

披袍犭昔猪

猪豕犭昔猪

妇人作桶裙，以羊毛缀线为之。

花犵狫

男盘顶椎髻，妇人挽偏髻，蒙以花布。着布衣，花袖桶裙，系布带。

披袍犵狫

男子束发挽髻，多以铸犁为业。妇以青线束发，披青布囊，缀海巴其上，织五色羊毛为彩裙。男女皆外袭方袍，无领袖，洞其中，从头笼下，前短后长。性好洁。

猪豕犵狫

男女蓬头，跣足。……男子出入佩刀弩。

剪发犵狫

男子青短衣，畜（蓄）发寸许，长即剪去。妇人挽高髻，短衣花桶裙。未嫁之女，剪去前发为记，既嫁则否。性好洁，耕夫馌妇，从无垢面者，居必依山傍水，以其便于浣濯也。婚姻用媒妁，死则积薪焚之。在贵定、安平、余庆三县，披袍、猪豕、剪发名虽各异，其类则同。披袍、剪发好洁，猪豕秽恶。

打牙犵狫

男子畜（蓄）发挽髻，以青布缠头。妇女挽偏髻，赤足，织青羊毛布。男女以一幅横围腰间，谓之桶裙。女子将嫁，必折去门牙二齿，以遗夫家，谓恐妨害夫家，即古所谓凿齿之民也。剪前发而披后发，取齐眉之意。

锅圈犵狫

男子自织斜文布为衣，妇以青布笼发，盘旋如锅圈状，故名。青衣短裙。

水犵狫

俗呼犵家土民。姓汤、杨、龙者，即其老户。性纯朴，勤耕作。男子剃发，衣服、婚姻、丧祭俱学汉人，惟妇女挽髻插簪，犹沿苗俗。

剪发犵狫

锅圈犵狫

水犵狫

土犵狫

土犵狫

性愚顽，不善治生产，故瘠苦者多。编草为衣，专与猓猡佣工。……冬则掘地为炉，以生火。以牛羊皮为卧被。惟威宁州有。

木犵狫

有王、黎、金、文等姓。男子首裹青布，衣服与汉人同。女子偏髻，插梳，花衣短裙。……孟冬祀鬼，以草为龙，插五色纸旗，至郊祭之。

郎慈犵狫

獠之别种也。黔人以为苗种，呼为郎慈苗，

木犵狫

郎慈犵狫

犵当

犵兜

白龙家

非也。其俗甚异。……按《桂海虞衡志》载，獠有飞头、凿齿、鼻饮、白衫、花面、赤裩之属二十一种。

犵当

犵当、犵兜、犵獞，皆古板楯七姓蛮种，唐南平獠也。犵当在修文，与汉杂处。男子剃头梳辫，着青短衣，系布带。妇人椎髻，跣足，短衣短裙。

犵兜

男子梳盘头，着大领花蓝衣，妇女挽偏髻，束花布一条，两端披与肩齐。衣盖膝，绣五色于胸袖间，背负巴蚕茧，如贯珠。

犵獞

男子剃发，习汉妆，善耕植。妇女挽高髻，以花布蒙之。衣短衣短裙，仅以遮膝。

白龙家

龙家者，昔汉武帝灭且兰置牂牁郡，迁蜀之大姓龙、傅、董、尹于其地。龙氏于诸姓为最大，故号为龙家。各以服饰为别，乃有白龙家及曾竹、马镫、大头、狗耳五种，风俗

曾竹龙家

略同白龙家。衣尚白，男子挽髻、头缠白布，衣仅及膝。妇人服饰，与白猓猡同。勤耕作，暇日入山采药、割漆，以售于市。

曾竹龙家

曾竹龙家，男子习汉妆，妇女衣白衣，穿桶裙，戴细布方巾，以发扎一尾，名曰发尾，用猪油搽之。遇亲戚喜庆事，则负酒牵羊以贺。并自带新衣数套，以夸富有。

马镫龙家

尚白。丧则易之以青带额之。妇人髻以青带绾发，盘其首，若马镫状，故名。衣短裙长。以耕织为业。

大头龙家

妇人穿土色衣，青短裙，敛马鬃扎于发，蟠髻如盖，故名大（头）龙家。

狗耳龙家

男子束发不冠，妇女辫发，螺髻上指，若狗耳状。衣班衣，以五色药珠为饰，贫者代以薏苡。

侬家

宋侬智高之后裔。……男子剃发，衣服俱效汉人，色尚白，妇女短衣长裙，首蒙花布。性和平，勤耕织，婚姻以牛为聘。

大头龙家

侬家

夭家

僰人

峒人

天家

性柔顺，青衣左衽，男子以缉木叶为上服，下穿短裙。女子以青花帕蒙首。年及笄，构竹楼野处，未婚男子吹芦笙诱之，相悦者苟合成配。妇性勤于男，耕作之暇，以织纺为务，又善染。

蛮人

男子挽髻头，缠白布，短衣大裤，披草蓑。妇人穿青衣，花布短裙。

冉家蛮

男女皆以青布旋幡，头若笠，衣短衣，披草蓑。勤耕作，喜渔猎。

楼居蛮

男女挽髻，若羊角状，妇女以布蒙之，横布二幅，穿中贯其首，号曰通缪。未婚女子髻垂于后，竹筒三寸，斜穿其耳，贵者饰以珠珰，俗女多男少，妇人任役。

僰人

僰人，自滇迁来。……男戴竹笠，以谷布为衣，妇人以罗帕封颐，以一幅布为裙，或以贯头，男女皆披毡衣。

峒人

峒人，又名峒丁。汉西南牂牁郡溪洞箐篁獠之后裔也。……冬以芦花为絮御寒，在镇远府及石阡郎溪司者，多以苗为姓。风俗与汉人同。妇女亦汉妆，惟足穿草履。所织之布曰峒布，细而有纹。……在思州府南者，又名洞人，约五六百户，其俗略同。亦采毛为絮，以御寒。

土人

土人，所在多有之。在贵筑、广顺、贵定者，与军民通婚姻。……男子妆饰如社伙，击鼓以

土人

唱神歌,所至之家,皆饮食之,今已变为汉人矣。

六洞夷人

六洞夷人,元时西南夷中下烂土等处洞长忽带之后裔也。男子剃发,皆汉妆。妇人穿短衣,色裙细花。尖头鞋,胫卷以布裤。未婚男女剪衣换带,则卜而嫁之,邻近女子邀数十人,各执蓝布伞往送,名曰送亲。

里民子

里民子,明初有唐郎均者,凤阳府人。……族类繁多,男皆剃发,通汉语,贸易为生。

六洞夷人

里民子

六额子

妇女发扎额前，旋转于后，如鸡冠形，故又呼为凤头鸡。妇女衣服与汉同，惟足穿细耳草鞋，勤于耕作，余间则剪羊毛，织布为衣。

六额子

衣尚青，男女皆梳尖髻。妇人长衣、无裙。葬亦用棺。

白额子

白额子，男子梳尖顶髻，如螺蛳。衣尚白。妇女亦长衣而无裙。其俗与六额子略同。

羿子

羿子即南丹蛮夷子后裔也。……其人身短小而悍，男今剃发，女饰发以髦冠。服尚白，冬夏皆戴白毡笠，朴者事耕凿，黠者往往行窃。

白儿子

白儿子，有二种：一为猓猡之孽子；一为汉种猓猡。……男子剃头辫发，与汉人无异。妇女从夷俗，以白布缠头，长衣大裤，胸系布一幅，谓之围腰，赤足草鞋。勤耕作，善牧养。现今亦有读书入泮者。夷种服饰与白猓猡同。

白额子

羿子

白儿子

七
缠足放足

缠足之风之所以根深蒂固，其根本在于中国社会男尊女卑的固有观念使然。在过去的传统中，女人是男子的附属品，社会地位低下，毫无独立可言。而女子由此也不得不产生以男性为中心的依赖心理……

引言

缠足，是中国人不愿提起却又不应忘记的陋习。从来没有任何习俗像缠足一样伤及近一半国人，从来没有任何习俗像缠足一样得到文人雅士乃至官府的追捧与赞许，从来没有任何习俗像缠足一样能够延续千年之久，从来没有任何一项移风易俗像放足这样步履沉重、举步维艰。

缠足之风之所以根深蒂固，其根本在于中国社会男尊女卑的固有观念使然。在过去的传统中，女人是男子的附属品，社会地位低下，毫无独立可言。而女子由此也不得不产生以男性为中心的依赖心理，"女为悦己者容"成为与"士为知己者死"同样的人间道义。而缠足被认为是性感的象征，因此当"悦己者"将目光投向那双脚时，女人便忍痛缠足呈现"金莲"。当缠足渐成气候时，如果说文人的审美扭曲是兴风作浪，那么官府的认可就是推波助澜。当朱元璋打败劲敌张士诚以后，将其旧部编为丐户，下令浙东丐户"男不许读书，女不许裹足"。由此可见缠足在当时是一件可以与读书相提并论的好事了。

柏杨先生曾经写道：

> 爱美是人类的天性，尤其是女人的天性，连老天爷都束手无策。但首当其冲的，似乎不是她们的玉貌，而是她们的玉脚。其中学问，研究起来，深奥难测。盖谈到女人的脚，中国女人可以说倒了天下之大霉……洋大人比较高明。他们发明了高跟之鞋，真是令人脱帽，虽然高跟鞋同样有它的毛病，像挤出鸡眼，磨出老茧之类，但总比缠脚

有学问。而且回到家中，穿上拖鞋，也可舒散舒散，轻松一阵。故曰："高跟鞋是有期徒刑，因它仍有自由的一日。缠脚是无期徒刑，永远在痛苦之中。"（柏杨《天生尤物》）

回顾一下与缠足有关的历史对我们是一种警醒，任何一种历史都不会无中生有，我们还是需要对此进行梳理。尽管缠足是一种痛苦的回忆，是一块疮疤，可是摸清缠足的来龙去脉，足以使我们避免重蹈覆辙。我们在回忆中能了解过去的社会状况，能领悟一种陋习给社会造成的长久灾难与影响，能认识审美对社会发展的必要与重要性，能懂得移风易俗可能是一件比政权更迭更持久的斗争。

本篇章部分资料出自清人方绚的抄本，有学者认为其可信度尚需进一步考证。其书藏于上海复旦大学图书馆，著录为"方氏丛钞十种 [清] 方绚 2 函 8 册"，善本线装。由于是私人抄本，且以往缠足史的研究者大多没有提到此丛书，故此我们初步分析此丛书疑似孤本，外界基本不知其存在，以至于长期束之高阁。假以时日，我们见到此丛书全貌，谜底自然揭晓。若今后能将此丛书整理出版公之于世，将给缠足历史研究提供一份珍贵的第一手资料，也是缠足史研究者的一件幸事。下面将本丛书目录列出，以供学界参考。

第一册：《新室志》[唐] 褚遂良撰

《香闺韵事》[唐] 夏侯审著

《熙宁新定时服式》宋神宗服制

《宣和册礼图》[宋]

《宋人遗祸杂抄》

《演伎细事》[明] 赵文华撰

《择北直人》

《论鞋》

《论高底》

《论缠足》

第二册：《兑钩》

第三册:《菡珠经》云灵子述 [清] 方绶注

第四册:《赫蹏书》[清] 方绚辑

第五至八册:《香莲象器图说》[清] 方绚辑

我们庆幸清人方绚这种独特的喜好意外地给我们留下了此类记述，让我们可以借此探讨这一段不愿启齿的历史。

《新室志》[唐]

说人

《新室志》标注为"唐褚遂良撰"，李之檀先生在《中国服饰文化参考文献目录》一书中也将此书著录为"唐 褚遂良"。可是当我们梳理褚遂良的生平之后，却感觉其中是有些疑问的。为此将褚遂良的一生宦迹叙述如下，供读者与我们共同分析。

图1　褚遂良画像（《三才图会》）

褚遂良（596—658），字登善，杭州钱塘人，祖籍河南阳翟。初唐四大书法家之一，太宗、高宗朝重臣。博涉文史，尤工隶楷。太宗朝，官至谏议大夫、中书令，执掌朝政。高宗即位后，升吏部尚书、左仆射、知政事，监修国史，封河南郡公。因反对立武则天为后，被贬为潭州（今长沙）都督，迁桂州（今桂林）都督，再贬爱州（今越南清化）刺史。显庆三年（658），卒于任上，享年六十三岁。玄宗天宝六年（747），配享高宗庙庭。《新唐书》卷一三〇和《旧唐书》卷八十均载其传。

褚遂良出身官宦名门"阳翟褚氏"。在讲究门阀的南朝时期，"阳翟褚氏"虽不及王、谢那种豪门大族，也算是小有名气的望族。其祖先数辈都居朝廷要职，先祖为西汉史学家褚少孙，曾补《史记》；高祖褚湜为梁御史中丞，曾祖褚蒙为太子舍人，祖父褚玠为陈时御史中丞、秘书监，曾编前史。

其父褚亮（560—647）自幼聪敏好学，博览无所不至，十八岁时因诗赋才华为陈后主赏识而入仕。陈（557—589）灭亡后，入隋任东宫学士。隋开皇十六年（596），褚遂良出生于长安。三十六岁的褚亮时任散骑常侍一职，与同朝为官的虞世南和欧阳询交好。这份友谊维系了他们一生，也让晚辈褚遂良大受裨益。

贞观元年（627）李世民登基后设立"弘文馆"，收集四部群书共计二十万卷置于弘文殿侧。并集聚虞世南、褚亮、欧阳询、姚思廉、萧德言等英才，皆以本官兼学士，在弘文馆里校正编纂图书，参议朝廷礼制。褚遂良则以贵胄子弟入职秘书省，任秘书郎。秘书省是朝廷庋藏和管理图书的机构。在政治上有远大抱负的人是不会青睐秘书省这份"望虽清雅，而实非要剧"的工作的，"权贵子弟及好利夸侈者率不好此职"。而褚遂良在秘书郎职位上一干就是十年，在书海墨香的浸淫中，不断充实长进。

贞观十二年（638），继承"二王"风格的书法家虞世南去世，太宗便召令遂良为侍书。贞观二十三年（649），唐太宗在弥留之际，召长孙无忌与褚遂良，托付太子李治(唐高宗)。永徽元年(650)六月，高宗李治即位，封褚遂良为河南县公。次年，又升他为河南郡公，后因压价购地之事将其贬为同州刺史。永徽三年（652），唐高宗将褚遂良召回身边，任吏部尚书，监修国史，加光禄大夫，兼太子宾客。永徽四年（653），褚遂良代张行任尚书左仆射，依旧知政事，至其政治生涯顶点。

因反对武昭仪封后，永徽六年（655）褚遂良被贬为潭州都督。三年间被贬三次，越贬越远，最后直至荒凉的爱州（越南清化）；显庆三年（658）于爱州任所悲郁离世，终年六十三岁。

褚遂良一生多有著述，《全唐文》收录其存文二十六篇，《唐文拾遗》收入五篇，这些文章多为奏议文。《全唐诗》仅录其诗一首。

清光绪年间，丁丙在《全唐文》《唐文拾遗》《全唐诗》等书基础上，再增以《辽东侍宴山夜临秋同赋临韵应诏》《春日侍宴望海应诏》《奉和行经破薛举战地应诏》三首应诏诗，辑成《褚遂良集》

一卷，编入丁氏嘉惠堂刊《武林往哲遗著》丛书第一册。

《旧唐书·经籍志》和《新唐书·艺文志》记录褚遂良诗文集曾有二十卷，现已亡佚。

褚遂良与欧阳询、虞世南、薛稷并称"初唐四大书家"，在书法艺术上取得了非凡的成就。褚书融会贯通汉隶，自创一体，方正流美，人称"褚体"。清代文学家刘熙载在《书概》中称"褚书"为"唐之广大教化主"。薛稷、颜真卿及宋徽宗无不从他身上吸取创作养分。

说书

复旦大学图书馆所藏《新室志》（图2）与《香闺韵事》《熙宁新定时服式》《宣和册礼图》和《宋人遗褐杂抄》皆为清代方绚抄本。此书首页钤有"安阳张氏藏书"阳文印，如果不出意外，当是"安阳三怡堂珍藏"主人、安阳人氏、清光绪二十一年（1895）进士、民国时期曾任河南省省长及中州大学教授的张凤台之印。

《新室志》的新室即指新朝（9—23），是由西汉外戚王莽建立的朝代，也称新莽。志是全面记载某一时期或某一地域的自然与社会、历史与现状等综合资料著述。顾名思义，《新室志》不是地方志，而是史志，即是记录西汉末新朝各种典章制度的

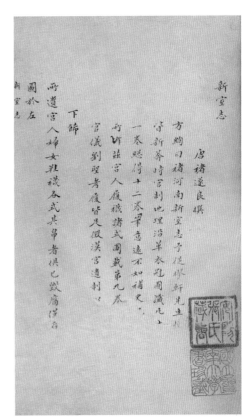

图2 [清]方绚抄本褚遂良《新室志》按语页

志书。抄本作者方绚在按语中亦云《新室志》记载的内容包括职官制度、地理、制度沿革、衣冠制度和经学谶语等。

> 皆新莽时官制、地理、沿革、衣冠、图谶。凡□□一
> 卷,总得十二卷,笔意远不如补史。(方绚抄本唐褚遂良《新
> 室志》)

在正史中设志，始于《史记》。志书记载的各种典章制度，大大丰富了纪传体史书的体例。以后各代史书作者全都效仿。至唐修《五代史志》时，正史设志已趋于成熟和完善。下面将唐以前正史设志篇目列表如下：

正史	设志篇目
《史记》八书	礼、乐、律、历、天官、封禅、河渠、平准
《汉书》十志	礼乐、律历、天文、郊祀、沟洫、食货、刑法、五行、地理、艺文
《后汉书》八志	礼仪、律历、天文、祭祀、五行、郡国、百官、舆服
《晋书》十志	礼、乐、律历、天文、食货、刑法、五行、地理、职官、舆服
《宋书》八志	礼、乐、律历、天文、五行、州郡、百官、符瑞
《南齐书》八志	礼、乐、天文、五行、州郡、百官、舆服、祥瑞
《魏书》十志	礼、乐、律历、天象、食货、刑法、地形、官氏、灵征、释老
《五代史志》十志	礼仪、音乐、律历、天文、食货、刑法、五行、地理、经籍、百官

倘若唐朝官方或褚遂良编修《新室志》，似乎更应该在编纂新朝正史的基础之上然后修志。尽管在按语中方绚说到"总得十二卷"，可是仅就目前所见到的材料来看，无论是成书的可能性还是《新室志》的图绘部分都有一些疑点。

第一个疑点就是《新室志》没有出现在《新唐书·艺文志》和《旧唐书·经籍志》的书目及褚遂良的传记里面。在其他古籍文献中，也没有《新室志》的记载。

根据史籍记载,褚遂良参与的官修书目只有三部,即《文思博要》《晋书》和《尚书正义》，显而易见，没有《新室志》一书。

欧阳修、宋祁等学者主编《新唐书·艺文志》时，北宋已建国一百年，社会相对稳定，官私藏书大增，官修国家书目有《崇文

总目》等；私人藏书两万卷以上者，数十家，且家家编有目录。这些官私藏书为《新唐志》提供了丰富的书目材料。主撰者欧阳修和宋祁都是北宋一代文学巨匠。欧阳修总领本纪、志、表部分，撰稿六七年。其他撰者如范镇、王畴、宋敏求、刘羲叟等也都是当时文史名家。像宋敏求为北宋一代掌故大家，个人藏书丰富，对唐正史和典故都十分熟悉，曾编《唐大诏令集》和《长安志》。在欧阳修的总领下，学者们充分搜集并周详考证官方和民间的藏书，《新唐志》在《旧唐志》的基础上又增录唐人著述二万多卷，并纠正了伪谬部分，注解也更为详尽。《旧唐志》在作者著录部分往往以一个人总纂其事而忽略其他编纂者，《新唐志》则尽可能详列出每个参与编纂者，肯定他们的付出。尤其是在褚遂良参与编纂的三部书上，新旧两志的详略对比十分鲜明。

所以，如果《新室志》是唐代官修史志，欧阳修和他的编撰团队应当都不会漏过。

第二个疑点是，唐官方编纂前代史只从晋代到隋代，为何独有《新室志》回溯到王莽新朝？

贞观初期已有一部史书巨作《五代史》完成。贞观三年（629），唐太宗下诏修梁、陈、北齐、北周、隋五代史。命魏徵总监诸史，姚思廉撰《梁书》《陈书》，李百药撰《北齐书》，令狐德棻、岑文本撰《周书》，魏徵、颜师古、孔颖达撰《隋书》。贞观十年（636）正月，五史修成，共纪传二百四十一卷。这些编撰者全是隋末唐初赫赫有名的史学家和经学家，五代史修成时，全未修志。贞观十五年（641）唐太宗又诏令于志宁、李淳风、李延寿等修撰《五代史志》。历时十五年，到高宗显庆元年（656）才完成。《五代史志》共包括：礼仪、音乐、律历、天文、五行、食货、刑法、百官、地理、经籍等十志，共计三十卷。原为单行本，后合入《隋书》。

贞观十五年（641）后，褚遂良从谏议大夫，一路升迁至中书令，成为宰相后才有了主监史书编修的资格。

贞观二十年（646），太宗下诏重修晋史，令司空房玄龄、中书令褚遂良、许敬宗总领学者们修撰《晋史》。

先是，开国君主李渊接受令狐德棻修前代史的建议后，于武德五年（622）颁布了《命萧瑀等修六代史诏》，命令编修梁、陈、北齐、周、魏、隋六代史书。诏书中有"三国受命，迄于晋宋，载籍备焉"，而以下各代"简牍未编，纪传咸缺"之语，说明当时政府认为晋史已有多个版本，较南北朝和隋更详备，所以，开国之初，建立史馆修史，并没有把修晋史考虑在内，而六代史也因故未成。

贞观三年（629），唐太宗重新下诏修六代史书，经大臣商议，认为北魏史已有北齐魏收和隋魏澹两家的《魏书》，"已为详备，遂不复修"，因而决定只修梁、陈、北齐、北周、隋五代史。大概五代史修成后，君臣们又对以前的晋史不甚满意。于是，贞观二十年（646）下诏，令史所更撰《晋书》。

《唐会要》卷六十三所载《晋书》的领撰者有二十一位，规模超过以往。房玄龄、褚遂良、许敬宗三人为监修，令狐德棻领衔主修。天文、律历、五行三志，皆出自李淳风之手。唐太宗李世民给宣帝和武帝两纪及陆机、王羲之两传写了四篇史论，所以又题"御撰"。贞观二十二年（648），《晋书》完成，共计一百三十卷，包括本纪十卷、志二十卷、列传七十卷、载记三十卷。唐修《晋书》问世后，其他版本的晋史渐渐湮没。

唐代在修前代史方面取得了突出的成就。今存《二十四史》有八部成于唐初，名曰"唐八史"。至贞观末，已有官修《五代史》和《晋书》，总共六史完成。还有两史就是完成于唐高宗显庆四年（659）的私修史书《南史》和《北史》，《南史》和《北史》虽是私修，但也通过了官方核准，才得以传阅。因其内容与官方钦定五代史重叠，再加上李延寿官职较低，影响力不够，所以两史在当时未受重视。欧阳修的《新唐书》和司马光对其有过较高评价。《南史》和《北史》因卷帙简少，易于抄写，所以得到广泛流传，后来被列入二十四正史中，在中国史学史上占有重要的地位。

综上，唐代修前代史只是上溯到晋代为止，《晋书》也是唐代官修前朝史的最后一部。唐初和之后唐朝官方都没有编修汉史，也没有编撰新朝史，自然也就涉及不到《新室志》。

疑点三，王莽建立的新朝虽然是个中央集权的大一统王朝，却不被东汉及以后的各个封建政权所承认。历朝历代，无论在官方正史里，还是在民间口头传诵中，似乎都达成了这种共识。新朝在正史中是并在汉史里的。东汉班固的《汉书》也没把在位十五年的王莽记录在帝王本纪的体例中，他被当作一般大臣，只有一篇传，还被贬于传末。

新朝没有作为一个独立的王朝被认可，可能有以下几个原因：

首先，王莽即位是最让统治者忌惮的外戚篡位，虽然禅让时他得到官员和民众的支持，但最后改制失败，还是被民众推翻了政权，被起义军杀死在王位上。实打实地应验了"胜者为王，败者为寇"这句魔咒。

另外，新朝国祚短暂，只有王莽一任皇帝。没有子孙传承他的皇位和制度，也就没有后代为其皇位的合法性来自圆其说和涂脂抹粉。

最主要的是，王莽本身是篡汉而取得帝位，同时也是被汉朝刘氏宗室的更始军所灭，随后刘秀建立的东汉王朝不论是起义时还是完成统一时，都打着复兴汉室的旗号。西、东两汉都是刘家王朝，在中国自古以来"家天下"的史观下，夹在两汉中间的王莽新朝就像一个被中央政府镇压的叛乱政权。特别是东汉建立以后直到宋朝的这一千年里，所有的朝代都需要从汉朝开始寻找合法性。所以，王莽新朝必定不被这些朝代所认可。如果承认新朝，就等于鼓励外戚篡权，并否定东汉延续汉朝的合法性及以后各朝代建朝的正统性。

鉴于以上诸多因素，史官们在编撰汉史时都很小心翼翼，谁也不敢越雷池一步。不止东汉班固的《汉书》将王莽列入一般大臣的传记中，宋人郑樵的《通志》、司马光的《资治通鉴》等史书也都如此，将王莽列入大臣传记中，不承认王莽的皇帝身份。

由此看来不但唐朝官方不会为新朝著史立志，各朝代官方都不会为新朝著书设志。《新朝史》《新朝书》或《新室志》这样的书目名称，从东汉到清末从没有出现在官方记载中。后人研究新朝这段历史，一手材料都来自东汉班固的《汉书·王莽传》以及《汉书·食货志》中关于王莽制度的记载。对于一个有十五年历史的王朝来说，没有一部正史在册，确实是个很大的缺憾。

褚遂良作为唐太宗的近臣、重臣，忠心耿耿辅佐李世民一生。他私自编修一个外戚篡权者的朝史或史志，想来也是不可能的事。

以上是笔者从三个方面对《新室志》成书可能性所做的一些推论。下面就书中图绘部分不明之处，再做一些考证。

说图

清方绚抄本《新室志》共有十一页，包括按语二页、图绘九页，绘有中筒靴二式，鞋履六式，革袜、膝衣、蔽膝各一式。笔者认为其中"卍字纹女宫靴"的纹样与汉代纹样不符（图3）。

《新室志》所绘的卍字纹女靴为中筒尖头靴，靴口前后有开气，缀有四根鞋带。靴身布满向四周蔓延的四方连续卍字纹，一直延续到靴面。

汉代时期中原人已经开始穿靴。战国时期，赵武灵王提倡"胡服骑射"，将靴子引进中原。最初的形制为武灵王闲居时喜欢穿的黄皮短靿靴，后在军队中逐渐开始流行长靴。秦始皇陵兵马俑和杨家湾西汉墓兵马俑都有穿着短筒或高靿靴的官兵形象。

中原汉墓出土实物鞋履中，没有靴子。汉代靴履实物主要都是从青海和新疆出土的。青海省都兰县出土了一双汉代西羌游牧民族

图3 [清]方绚抄本褚遂良《新室志》卍字纹女宫靴

的钩头皮靴,靴头上翘,顶部渐细,上弯的曲度非常夸张,为典型的胡靴式样。新疆尼雅一号汉墓出土了一双绣花女锦靴,靴身为汉代盛行的神兽云气纹织锦,靴面刺绣着变形云纹,靴后缀有固定靴身的丝带。无独有偶,据骆崇骐《中国历代鞋履研究与鉴赏》所载,我国近邻蒙古国诺音乌拉山汉代匈奴王族墓也出土了一双女锦靴,靴身绣满云凤纹,靴面绣着变形云纹,皆为通体四方连续纹样。这两双靴子连同墓葬的许多丝织品皆为汉代朝廷所赐,代表了汉代某一时期宫廷锦靴的流行形制。

如此看来,汉代时期,我国中原女靴的制造已具有较高的工艺水平和审美水准。

《新室志》女靴的卍字纹样要比尼雅女靴的云气纹显得内敛雅致,看起来也很熟悉,这是因为卐字纹在离我们很近的明清两代非常流行。许多传世的明清器物和纺织品上都饰有此纹。

那么,问题来了,西汉末年新莽时期会有这样四方连续卍字纹吗？雁过留痕，每种流传至今的中国古典纹样都会跟随着时代的脚步不断发展和变化着，在每个历史时期留下它独特的形式特征，纹样也是古代文物断代的一个重要因素。

卐（或卍，音万）字纹，出身较复杂，演变历史则要简单一些。

卐字纹，是中国古代传统纹样之一，也叫"万字曲水""万不断""万字不到头"等。有左旋卍和右旋卐两种形式。卐字纹有时单独出现，有时由卐字四端向外纵横延伸，互相衔接形成二方或四方连续纹样。相同的卐字纹连续性组合给人一种雅致的秩序感与和谐感。常见于织物、陶瓷、砖雕、家具、窗饰等。

卐字纹可以说是一个世界性的文化符号，它在世界各地的古代文化遗址中均出现过，其中有：克里特和特洛伊、斯堪的纳维亚、苏格兰、爱尔兰、古埃及、巴比伦、美索不达米亚、美洲的印第安及南美洲的玛雅文明遗址等。在印第安土著文化中，卐字纹代表风神和雨神。而在另外一些文化中，卐字纹的本意早已无从知晓，只有后人不断附会出来的象征意义，这让古老的卐字纹显得异常神秘。

西方青铜时代，卐字纹常见于早期基督教艺术和拜占庭艺术中。后来被一些古代宗教所沿用，如萨满教、婆罗门教、佛教、耆那教、密特拉教等。佛教认为它是释迦牟尼胸部所现的瑞相，有吉祥、万福和万寿之意。众多的宗教信徒，让卐字纹成为历史上最具普遍意义的符号之一。

卐字纹在我国几个史前文化遗址上也都出现过，它在我国的发展演变历史可以划分为以下几个时期：

1. 新石器独立纹样时期

我国的原始卐字纹最早可追溯到9000年前的彭头山文化、距今7000多年的湖南高庙文化和河姆渡文化、马家窑文化（前3800—前2000）等。特别在马家窑文化青海乐都柳湾遗址上出土的近7500件马厂类型彩陶制品中，有二十八件绘有独立的卐字纹样和卐字变体纹样，形式均不雷同（图4）。

图4　马厂类型彩陶上的28种卐字纹纹样部分示意图

　　陶器的出现标志新石器时代的开始，阶级观念正在萌芽中。氏族公社成员们在日常的生活劳作中，保持着单纯的心态。这时的陶器纹样多以简单的几何纹样为主，具有一种天然的拙朴感。柳湾马厂类型彩陶纹样十分丰富，除卐字纹外，还有四大圆圈纹、波折纹、菱形纹、回形纹、蛙纹、网纹等五百零五种不同的单独纹样，这些纹样相互组合，构成了马厂类型彩陶图案变化无穷的独特风格。

从数量上来看，二十八件卐字纹陶器仅占七千五百件彩陶的0.37%，卐字纹样只是五百多种独立纹样之一。比卐字纹出现次数多的纹样有：正十字纹一百七十种，斜十字纹三十六种，蛙纹三十六种。说明卐字纹在柳湾彩陶纹样中还没有占到主导地位。

学者们对我国原始卐字纹代表的意义各有所说、莫衷一是，如：太阳的形状、鸟纹、蛙肢纹、氏族的标志、繁殖的象征、巫字的本源等。其中太阳光轮一说获得较多认可。人类学家爱德华·泰勒说过："凡是阳光照耀到的地方，均有太阳崇拜的存在。"我国很多地方的先民们都有针对太阳的崇拜。太阳的图形符号一般是由一个圆和四周的发光轮组成，简化光轮后就是卐字纹。

对于世界各地文化遗址上不约而同出现的卐字纹，外国学者也有许多论述。著名瑞士心理学家荣格从心理学角度分析认为卐字符号是原始时代人群集体无意识的结果。英国学者贡布里希则从图像层面认为卐字符号表现了"正在运动中的形式"。无论左旋还是右旋都能够相重合，如风车般循环往复，代表一种生生不息的永恒之意。

织物不易保存，新石器时期出土的织物很少。江苏苏州草鞋山马家浜文化遗址出土了三片葛麻织物残片，为纬线起花的罗纹织物，花形有山形斜纹和菱形斜纹。浙江吴兴钱山漾良渚文化遗址则出土了麻布、绢片和丝带残片。青海都兰县新石器遗址上挖出了五块黄褐色相间的彩条毛布。此时期，样品过少，纹样肯定也还没有达到成熟的艺术形态。

2. 先秦—西汉时期，卐字纹的空窗期

我国出土的夏商周和秦时文物中偶见变体十字纹，很少见到卐字纹。说明柳湾彩陶上的卐字纹没有沿用下来，或者它已经变形为别的几何纹样了。

随着农耕的发展，出现了剩余产品和私有制，剥削与被剥削阶级产生了。中国进入夏商周奴隶社会。奴隶主祭祀和生活使用的器

具青铜器的制作在这一时期进入到鼎盛阶段。青铜器上的主纹神兽都以狰狞神秘的形象出现，寄托了统治者对权力和威慑力的祈望。这一时期盛行的纹样是符合统治者意志的夔龙纹、饕餮纹、蟠螭纹以及为衬托这些神兽主纹而出现的规则而细密的地纹，如云雷纹和乳钉纹等。先秦的陶器、玉器，甚至纺织品等，或多或少都受到青铜器纹样的影响。

出土的先秦时期纺织品中，几何纹样多限于回字纹、菱形纹、方棋纹、复合菱形纹这种与青铜器同步的雷纹。战国时的丝织纹样，则是在这类几何纹内填充人物、车马、动物等的变体纹样。刺绣纹样不受织机的限制，相对自由活泼一些，龙凤等动物纹样与花草藤蔓纹穿插结合，顺着图案的几何骨架铺开延展。

进入汉代，祭器不再受重视，青铜器逐渐被漆器和铁器所取代，贵族的炫耀性消费转移到漆器和黄金上。汉代纹样延续了战国时期为统治者服务的龙凤纹，龙凤鸟兽和云气纹结合出千变万化的图案。汉代漆器线条流畅、纤细轻盈，纹样设计水平比战国时期有了较大的提高和发展。

为适应统治阶级的需要，汉代丝织品同漆器等器物的图案造型一样突出了龙凤的寓意。从长沙马王堆，新疆、蒙古匈奴等汉代墓葬出土的丝织品来看，汉代的织绣纹样主要是把龙凤神兽和飘逸云气纹以缠绕穿插的形式，四面延展在面料中，极具动态美。新疆尼雅一号汉墓出土的神兽云气纹女锦靴的纹样，正是汉代这种流行纹样的具体表现。

在全国的汉墓中，长沙马王堆出土的丝织品最多。共计四十六卷丝绸和五十八件成衣的织绣纹样中完全没有卐字纹的踪影。西汉的画像石，各地汉墓出土的器物和织绣品中都没有卐字纹出现，更没有《新室志》所绘女宫靴上的四方连续卍字纹。

综上，直至西汉末年新莽时期，佛教还没完全传入我国，卐字纹只是在我国各地分布的一个单独字符，各有其意，并没有一个共识意义的普及，也没有出现在建筑、器物和纺织品的实物中。

3.魏晋—唐时期，佛教卐字纹的传播阶段

佛教在东汉（25—220）初期传入我国。随着佛教的传播，我国卐字纹本身具有的各种原始意义开始减退，佛教的意义开始增强并逐渐为我国各地的百姓所熟知。

《金申趣谈古代佛像》第四章中讲到，卍字是释迦佛的三十二相之一，南朝僧人齐县摩伽陀耶舍所译《无量义经》记第二十八相即为"胸表万字"。卍字又称为吉祥喜旋德相，在鸠摩罗什译《大般若经》中是列入八十种好的第八十好，云"手足及胸臆前，具有吉祥喜旋德相"。

目前发现的最早具佛教含义的卍字符在河南洛阳龙门石窟古阳洞北壁第二百三十四龛陆浑县功曹魏灵藏等造像胸前，此像建于北魏太和末至景明年间。佛像结跏趺坐，双手作禅定印，着袒右肩法衣。胸前有火焰宝珠纹，宝珠中心有一被佛教徒认为是"瑞相"的卍字。南壁第六十六龛有一尊建于景明四年（503）的比丘法生造像，胸前的宝珠纹中心也有同样的卍字。开凿于东魏武定二年（544）的河南安阳大留圣窟内有三尊石佛坐像，每尊佛像胸前也都有凸出的卐字。甘肃临夏永靖县炳灵寺第八窟西壁隋代坐佛像的胸前，至今还可看到清晰的卐字。

最早的卐字文字记载见于南朝梁释慧皎《高僧传·释僧护》，记南梁于天监十二年（513）至十五年（516），僧祐奉敕监造剡溪（浙江新昌县）大佛，不过，今天已看不到石佛胸前的卐字了。

> 夜中忽当万字处，色赤而隆起，今像胸万字处犹不施金镈，而赤色在焉。像以天监十二年春就功，至十五年春竟。（南朝梁释慧皎《高僧传·释僧护·梁剡石城山》）

进入唐代，卐字纹随着佛教的传播在我国继续广泛传播。笃信佛教的武则天对译佛经、建佛寺等弘扬佛法活动都很热衷，并有一定的作为。长寿二年（693）她下令把卍字定为汉字，发音为"万"，

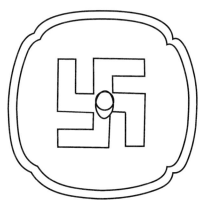

图 5 铜镜独体卐字纹示意图

寓意吉祥万德所集。

八世纪下半叶的中唐至九世纪的晚唐时期是卐字纹由宗教化转向世俗化的转折期。此时流行过一种卐字镜，铜镜的背面通常饰有一个大大的独体卐字纹，镜钮位于纹饰的中央（图 5）。少数饰有铭文，此外，鲜有其他装饰，造型粗放简单，主要凸显宗教意义。卐字纹铜镜在中晚唐的流行表明卐字纹已由原来只出现在佛像上的宗教符号开始走向人们的生活领域。

4. 宋元时期，卐字纹发展阶段

宋代重文抑武，提倡儒学复兴，独创出一种与时代相适应的淡雅极简文化美学。几何纹样因其规整简约的风格，得到很大程度的流行与发展。常见的有：八达晕、龟背纹、工字纹、菱形纹等。已被国人广泛认可的佛教符号卐字纹，意蕴吉利祥瑞，形状方正规整，正好吻合这一时期人们的心理诉求，开始越来越多地出现在建筑、器物和纺织品中。

宋李诫《营造法式》卷二十九《单钩阑》的栏板，用的便是卐字纹饰。但还是在明代卐字纹才得以广泛流行。另广东惠阳出土的宋代瓷碗内有独体卐字纹饰。

现存最早的卐字纹织物是福州南宋墓出土的宋代梅花方胜丝

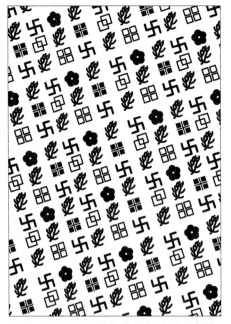

图 6　福州南宋墓出土梅花方胜丝织品示意图　　图 7　元末苏州曹氏墓出土丝衣纹样

织品，整体纹样由卐字、方胜、米字、梅花和树叶等多种主题排列组成（图6）。

元朝政权建立后，阶级压迫残酷，社会经济遭到极大破坏。官营手工业较发达，民间手工业极度衰落。元代的装饰图案也明显地向两极发展，精者极精细，如官营染织司的织金锦；粗者甚粗陋，都出自民间。

福建德化屈斗官窑遗址，出土了有卐字纹的元代粉盒。元末苏州张士诚之母曹氏墓遗址出土的丝绸上衣面料，纹样为凸起的满地卍字纹（图7）。

5. 明清时期，卐字纹鼎盛阶段

郑和七下西洋使明代的对外贸易范围比以前更为扩大。纺织和陶瓷是当时的两大支柱产业。明代的纹样开始进入"图必有意，意必吉祥"的时期，吉祥图案开始盛行，并逐渐走向精纯化和定型化。

明代的卐字纹形体发生了很大的变化。在独体卐字纹原有左

图 8　单双线独体卍字纹　　　　图 9　内旋、外旋独体卍字纹

旋卍、右旋卐，单线、双线（图 8），内旋和外旋（图 9）几种形式基础上，由卐字四肢向外延伸形成了多种形式的二方连续卐字纹（图 10），多用于家具、器物和纺织品的沿边和腰饰。明代还出现了由四端向外纵横延伸而成四方连续卐字纹，最常见的是长线型卐字纹（图 11），卐字四肢外旋后，四条延长线会连接覆盖一对相对或背对的卐字，等于延长线长度是两个卐字长度之和，所以在线条上有了长与短、交叉与平行、单线与双线、阴线与阳线、卐字与"北"字等各种形态节奏，具有"横看成岭侧成峰"的风格。这种长线型卐字纹一直流行至今，多用在织物和器皿的地纹上，大面积使用时，效果非常壮观。近似于《新室志》女靴所采用的四方连续卍字纹在此时终于现身了。

　　从明代开始独体卐字纹演变成的连绵不断的图形与它原本的文化内涵和后来人们赋予它的寓意三者结合在一起，变成一种约定俗

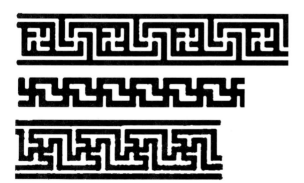

图 10　二方连续卐字纹

图 11　四方连续卐字纹

成的吉祥图案，卐字纹渐渐由宗教符号完全演变成民族传统的装饰纹样。

满地的四方连续卐字纹也叫"万字曲水""万字不断头"，织锦叫万字锦或万寿锦。当卐字纹与别的图案搭配时，又衍生出许多新型吉祥图案。按图案的形意和谐音，都有固定的名称和象征意义。如：与牡丹搭配象征万世富贵，与如意纹搭配象征万事如意。故宫收藏和定陵出土的明代皇家纺织品中有几种是以四方连续卐字纹作为地纹的织物，主纹通常为各种曲线的纹样。在规整线条的卐字纹衬托下，散开的团花主纹，丝毫不觉得凌乱。

北京定陵出土"万事如意"花绫，以规整笔直的卐字纹为地纹，衬托如意云纹的曲线，对比强烈。同样出土于定陵的"万字缠枝菊"丝织品，以细密的卐字纹为地纹，有力地衬托出菊花花瓣清晰、舒朗的层次。卐字纹为这些图案增加了秩序和优雅感。

进入清代，发展到鼎盛阶段的吉祥图案主要用于表达富贵寿喜四大含义，卐字纹因连绵不断的万世、万寿等吉祥寓意，受到各阶层人士的喜爱。皇家用它象征千秋万代，平民百姓用它祈求万福延续。万字纹与寿字组合成团寿图案，象征"万寿无疆"，与长春花组合表示"万寿长春"等。

清朝宫廷使用卐字纹比明代更加广泛，传世的清宫瓷器和皇家服饰上卐字纹很常见。故宫博物院收藏的清代缂丝云蟠龙袍，用金线缂出满地卐字纹，坐龙盘踞其中。光绪皇帝的石青色缎穿米珠灯笼纹如意帽（瓜棱帽）的帽檐用一圈四方连续卐字纹织金缎缘边而成。南京云锦研究所收藏的湖蓝地卐字织金锦至今金光熠熠。

卐字纹在民间的使用更为广泛，在织物、绣稿、剪纸、陶瓷、砖雕、石雕、门窗、家具等各种艺术形式上都出现过，作主纹、地纹或边饰，样例不胜枚举。

历经千年更迭的卐字纹，从最初原始宗教符号，发展到清代最终嬗变成一种群体意识形态的表现符号。至今在明清两代传世的器物、织物、家具和建筑上，仍能看到卐字纹的遗存。所以我们看到新莽女宫靴的卍字纹感到亲切而熟悉，它离我们确实很近。

经过梳理卐字纹的前世今生，我们了解到西汉末新莽时期，佛教还没有完全传入我国，我国原生卐字纹既不是一个成熟的纹样，也不是一个普及型的符号，更谈不上用来装饰宫廷服饰。新莽女宫靴所使用的四方连续卍字纹纹饰，直到明代才出现在实物上，于清代达到鼎盛。这种纹样应是《新室志》抄本作者清代方绚非常熟悉、抬头可见、提笔即画的纹样。

以上为本人对清方绚抄本《新室志》的粗浅考据，通过梳理褚遂良的生平和唐代编修前代史的过程，可以认为《新室志》在唐代成书的可能性不高，新莽女宫靴的纹样也存在一些不明之处，需要专家和学者们的指正勘疑。

参考书目：

[1]　班固 . 汉书 [M]. 北京 : 中华书局，1962.

[2]　楚珺 . 中国传统吉祥纹样万字纹艺术符号研究 [D]. 长沙 : 湖南工业大学，2013.

[3]　陈玭 . 青海柳湾彩绘符号研究 [D]. 西安 : 西北大学，2008.

[4]　崔瑞德，鲁惟一 . 剑桥秦汉中国史 [M]. 杨名泉，等译 . 北京 : 中国社会科学出版社，1992.

[5]　范晔，李贤，等 . 后汉书 [M]. 北京 : 中华书局，1965.

[6]　郭戎晶 . 论"卍"符号美学意蕴的发展与演变 [D]. 武汉 : 武汉纺织大学，2013.

[7]　管静 . 中国传统万字纹的符号学解析与现代运用 [J]. 南京艺术学院学报（美术与设计），2015（06）：126—128.

[8]　金申 . 金申趣谈古代佛像 [M]. 北京 : 紫禁城出版社，2009.

[9]　李林甫 . 唐六典 [M]. 北京 : 中华书局，1992.

[10]　刘昫 . 旧唐书 [M]. 北京 : 中华书局，1975.

[11]　欧阳修，宋祁 . 新唐书 [M]. 北京 : 中华书局，1975.

[12]　青海省文物管理处考古队，中国社会科学院考古研究所 . 青海柳湾 [M]. 北京 : 文物出版社，1984.

[13]　释慧皎 . 高僧传 [M]. 朱恒夫，王学钧，赵益，注译 . 西安 : 陕西人民出版社，2010.

[14] 宋丙玲 . 浅谈中国的"卐"字纹饰 [J]. 四川文物，2006（02）：59—63+70.

[15] 王溥 . 唐会要 [M]. 北京：中华书局，1955.

[16] 吴山，陆晔，陆原 . 中国纹样全集 [M]. 济南：山东美术出版社，2009.

[17] 王澍 . 虚舟题跋 [M]. 上海：上海古籍出版社，1996.

[18] 王克林 . "卍"图象符号源流考 [J]. 文博，1995（03）：3—27.

[19] 张亚莎 . 西藏的岩画 [M]. 西宁：青海人民出版社，2006.

[20] 中国社会科学院考古研究所，等 . 定陵 [M]. 北京：文物出版社，1990.

[21] 赵洁 . 明清卍、卐字纹的图像研究 [D]. 太原：山西大学，2008.

[22] 赵敏 . 中国传统万字纹在古建筑隔扇装饰中的应用研究 [D]. 青岛：青岛理工大学，2018.

《香闺韵事》[唐]

说人

　　唐代诗人夏侯审，可谓只闻其名，不见其诗，不知其事。仅传世一首被《全唐诗》收入的七律诗《咏被中绣鞋》。其生平事迹，古籍所载甚少。《旧唐书》无传，宋欧阳修《新唐书》卢纶名下仅云："审，侍御史。"现大家可查到的、较全面的夏侯审生平记载是来自元代辛文房的《唐才子传》：

　　　审，建中元年礼部侍郎令狐峘下试军谋越众科第一。释褐校书郎，又为参军，仕终侍御史。初于华山下多买田园为别墅，水木幽閟，云烟浩渺，晚岁退居其下，讽吟颇多。今稍零落，时见一二，皆锦制也。

　　《唐才子传》并没有提及夏侯审的字号、籍贯、生卒年、出身等，也没有提到《香闺韵事》一书。这样简单的介绍，还不足以勾勒出这个人物的整体概貌。

　　每个人都不可能自成一体，诗人连同他们的作品都不是孤立的。特别是唐朝同一时期的诗人们，他们相互迎来送往的诗歌里留下了诸多线索，可供人们去探寻诗人的生活轨迹、仕途变迁等。

　　世人熟知夏侯审，一是因其位于"大历十才子"之列，二是现存唐诗的标题中，他的名字反复出现了十几次，这些诗歌都是同属"十才子"团体的诗人们写给他的送行诗。

　　唐诗在初、盛、中、晚唐四个时期，各有其代表人物和风格特点。虽然唐朝诗人众多，但著名的经典诗人也就是大家耳熟能详的那几十位，每个时期也就有一二十位，而且，他们之间都还有着千丝万缕的联系。

唐代宗大历年间（766—779）在长安和江南等地同时活跃着"十才子"、江南文人群和"诗僧"几个诗人团体。其中最为著名的"大历十才子"是一个以都城长安为中心的北方诗人群体。他们大都出生于唐玄宗开元年间（713—741），在盛世中长大，成年后却经历了八年的"安史之乱"（755—763），心理上多少会留下一些阴影和创伤。面对世态炎凉和生死无常，文人们的情绪低沉，同时也增加了许多思索。大历时期的诗风没有盛唐的恢弘气势，呈现出一种久经离乱后的细腻敏感和深沉冷寂。

动乱平复后的大历初年，许多南下躲避战乱的诗人复官回京。为保生计，不得不迎合权贵，他们也写了许多思想价值不高的应酬诗。包括夏侯审在内的"十才子"之称最初见于唐代姚合所编唐人诗集《极玄集》卷上李端名下注："李端，字正己，赵郡人，大历五年进士。与卢纶、吉中孚、韩翃、钱起、司空曙、苗发、崔峒、耿沣、夏侯审唱和，号十才子。"撰写于北宋年间的《新唐书·卢纶传》亦载："（卢）纶与吉中孚、韩翃、钱起、司空曙、苗发、崔洞（峒）、耿沣、夏侯审、李端皆能诗，齐名，号大历十才子。"

就现存文献来看，包括夏侯审在内的"大历十才子"名单，只是北宋《新唐书》一家之言。

唐代以后，关于"大历十才子"的成员，各家自有评说，争论不一。因夏侯审仅有一首诗歌存世，而且还是一首思想价值不高的闺情诗，又因他本人名气也不大，所以，宋代的一些学者对于他是否在"十才子"之内有些吃不准。

宋人江休复《江邻几杂志》（四库全书为《嘉祐杂志》）卷上云：

> 大历十才子：卢纶、钱起、郎士元、司空曙、李端、李益、李嘉祐、耿纬（沣）、苗发、皇甫曾、吉中孚，共十一人。
>
> 或无吉中孚，有夏侯审。

清代一些学者则认为夏侯审应排除在"大历十才子"之外。

清管世铭《读雪山房唐诗序例·七律凡例》(清金武祥辑《粟香室丛书》)云：

> 大历十子，所传互异……今就诗而论，且用五七言律定之，当以刘长卿、钱起、郎士元、皇甫冉、李嘉祐、司空曙、韩翃、卢纶、李端、李益前后十人为定，而皇甫曾、耿湋、崔峒辈为附庸；苗发、吉中孚、夏侯审略之可也。

可是从有关夏侯审的唐诗来看，当时的诗人们还是很推崇夏侯审的。著名诗人李嘉祐(宋以后诸多版本将其纳入"十才子"内)在《送夏侯审参军游江东》诗中写道："袖中多丽句，未遣世人闻。醉夜眠江月，闲时逐海云。……"(清彭定求等编《全唐诗》卷二〇六)"十才子"之一的韩翃在《送夏侯校书归上都》诗中云："后辈传佳句，高流爱美名。青春事贺监，黄卷问张生。"(《全唐诗》卷二四四)随着年代渐行渐远，人们对诗人夏侯审的信任度逐渐降低。宋代的文人对其属于"十才子"成员半信半疑，清代学者们则认为他"不甚著"，根本就不应位于"十才子"之内。

明杨慎《升庵诗话》卷一一《咏被中绣鞋》条下云：

> 夏侯审为大历十才子之一，而诗集不传，惟此一绝，及《织锦图》"君承皇诏安边戍"一歌而已。往年刘润之在蜀刻大历十子诗，无《夏侯审集》，余以二诗讯之。润之笑曰："两枚枣子如何泡茶？"余笑曰："子诚晋人也。"

无论夏侯审是否位于"大历十才子"之列，从现存的大历诗人为其所作的十五首赠诗之中，我们大体可以梳理出夏侯审的仕途生涯。

如《送夏侯审校书东归》等五首诗标题中皆称夏侯审为"校书"，此与《唐才子传》中的"释褐校书郎"相吻合。李嘉祐的《送夏侯审参军游江东》与"又为参军"相应。卢纶的《纶与吉侍郎中孚……兼寄夏侯侍御审……》与"审，侍御史"和"仕终侍御史"契合。《唐才子传》所写夏侯审的三个官职都与诗歌标题上的官职称谓相吻合。

人们对于夏侯审"大历十才子"之称的质疑，还有一点就是夏侯审在大历之后的建中元年（780）才进士及第，《唐会要》卷七六《制科举》和《册府元龟》卷六四五《贡举部》同载可佐证。也就是他入仕后，再与长安的诗人们交游唱酬，显然已经错过了大历年间，为何还将他算在大历十才子之列？

答案就在前文提到过的"后辈传佳句，高流爱美名"这两句中，韩翃在《送夏侯校书归上都》诗中夸赞夏侯审在及第之前的大历年间早已是诗界前辈以及皇亲国戚喜爱结交的诗人了。储仲君在《大历十才子的创作活动探索》（载于《文学遗产》1983年第4期）一文中也考出夏侯审早在大历初期就已经在长安因诗得名。

根据近年新出夏侯玫、崔贞道夫妇二人的墓志以及黄清发的《夏侯审、夏侯玫家世事迹新考》一文可知，墓主夏侯玫的曾祖父为夏侯逸，祖父夏侯封，父夏侯审，弟夏侯孜，舅李绛。夏侯玫为夏侯审之女基本可确定。由志还知，夏侯审籍贯谯郡（现安徽亳州谯城区），父亲和祖父均为唐朝基层官员，出身不算显赫。

由夏侯玫墓志可知，夏侯审与夏侯孜为父子关系。夏侯孜，宝历二年（826）进士，唐宣宗时期宰相。夏侯审去世时，他还没有成年。有传世诗一首《享太庙乐章》，被全唐诗收入。父子二人各有一首诗在《全唐诗》中汇合。

又知夏侯玫为李绛甥，则夏侯审妻当为李绛姊妹，出自赵郡。李绛（764—830），中晚唐之交一代名臣，宰相。可惜，妻弟和幼子夏侯孜显赫时，夏侯审已去世多年。

根据傅璇琮、储仲君、陶敏和黄清发等诸位学者的考据，重新梳理出夏侯审的生平如下：

夏侯审（？—800？），唐代诗人，"大历十才子"之一。祖籍谯郡（现安徽亳州谯城区）。祖父夏侯逸，沁州司马。父夏侯封，相州临河县主簿。妻赵郡李氏（唐宰相李绛姊）。有五女及五子（汶、

敏、敬、孜、敖）。子夏侯孜曾任唐宣宗宰相。夏侯审于大历六年（771）
之前入某使府参军，大历后期曾任宁国县丞。建中元年（780）制
科及第后即释褐校书郎，又为参军，仕终侍御史。约卒于贞元十六
年（800），葬于河南府偃师县亳邑乡邙山之南先祖墓地。诗作颇丰，
可惜都已散佚，仅存一首《咏被中绣鞋》，被《全唐诗》收入。

说书

夏侯审的《香闺韵事》同《新室志》一样，皆为清人方绚抄本
（图1）。历代正史经籍艺文志均未收录此书。前文"说人"部分涉及
夏侯审的古籍资料都没有提及该
书。抄本作者方绚也没写按语交
待出处，所以，本书原稿出处不明。
作者夏侯审开篇自称"性好绮罗
业"，从首饰到鞋履皆好，本书是
他"遍考两汉六朝缠巾履舄"后
写下的以妇女足饰为主题的杂抄。

诗人们写给夏侯审的赠诗中
有戏谑他体态之词，但没有透露
他对妇人服饰有所偏好。倒是夏
侯审那首唯一的传世诗《咏被中
绣鞋》与《香闺韵事》的足饰主
题契合上了。诗曰：

云里蟾钩落凤窝，玉郎
沉醉也摩挲。陈王当日风流
减，只向波间见袜罗。（清彭
定求编《全唐诗》卷二九五）

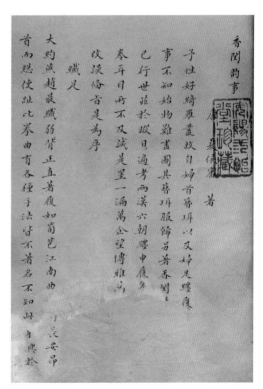

图1 [清]方绚抄本夏侯审《香闺韵事》首页

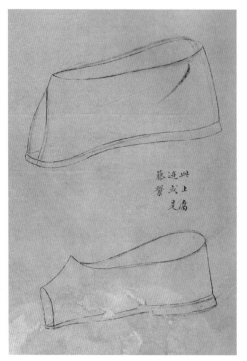

图 2 《香闺韵事》书影

首页标题"香闺韵事"四字下面的藏书章字样为"安阳三怡堂珍藏"（图1）。清代至民国时期，河南安阳地区跟三怡堂有关联的人，是一位叫作张凤台的民国官员。张凤台（1857—1925），字鸣岐，河南安阳人。清光绪二十一年（1895）进士，民国时期任河南省省长、中州大学教授等职时创立河南通志局，自任河南道馆总裁，致力修志。又设立官书局，搜集宋、元、明、清四代河南人士所撰写的作品，选出经典，编纂为一部丛书出版。共十七种一百七十五卷，名曰《三怡堂丛书》，由河南官书局刊刻发行。三怡堂即是张凤台的书房雅号。上述资料如若可靠，则史籍中毫无线索的抄本作者方绚当与河南有些关联。方绚抄《香闺韵事》很可能被"性嗜古籍"的张凤台收藏过。

　　《香闺韵事》（图2）的图文主要描述了唐代华夏各地产生的缠

足现象与特点。那么，唐代真有如此普遍的缠足现象吗？想厘清这个问题，就不得不涉及缠足起源的考据。

关于缠足起源，宋代张邦基，明代杨慎，清代赵翼、胡应麟、余怀，现代著名文学家鲁迅等古今多位学者都有过详略不一的考据。现代学者高洪兴和张若华对缠足的考证尤为详尽。高洪兴在其著作《缠足史》中认为缠足产生于北宋，张若华则于《三寸金莲一千年》一书中写道缠足的产生要早于南北朝。北宋以前的鞋履实物寥寥，图画和塑像等文物显示女性人物足饰是小脚弓鞋的特征也不显著。两位现代学者所依靠的那些零散文本记载都差不多，可考据出来的结论却相差了几个朝代。可见，文字构建的历史不仅有真伪之分，还有个人解读的差异。

鲁迅则从古代学者考据缠足起源的结论中，看到了感情成分的存在。他在一篇杂文《由中国女人的脚，推定中国人之非中庸，又由此推定孔夫子有胃病》中写道："从明朝到清朝的带些考据气息的著作中，往往有一篇关于这事起源的迟早的文章。……总而言之，是可以分为两大派的，一派说起源早，一派说起源迟。说早的一派，看他的语气，是赞成缠足的，事情愈古愈好，所以他一定要考出连孟子的母亲，也是小脚妇人的证据来。说迟的一派却相反，他不大恭维缠足，据说，至早，亦不过起于宋朝的末年。"（《鲁迅全集·南腔北调集》）

鲁迅所言有一定的道理，但这种非黑即白的判断，未免过于武断。前文提到过那些古代学者在考据缠足时，都算得上比较严谨，但考据的结果，指向哪个朝代的都有，也都得出了不同的结论。即便是现在，大家都认定缠足是一种陋俗。

唐人夏侯审的《香闺韵事》算是一个直接写出唐代普遍存在缠足现象的孤证，为辨此书内容真伪，也为了探寻缠足初始的奥秘，我们有必要重温一遍古人留下的与缠足有关的零碎记录和那些确凿可信的出土文物。

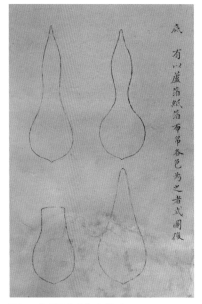

图 3 《香闺韵事》之鞋底

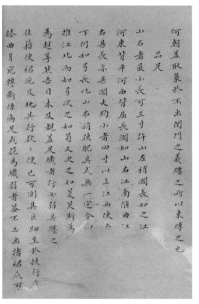

图 4 《香闺韵事》之《品足》书影

说图

上面左图绘有四个细长葫芦状和芦笋状的鞋底样式（图3），一看便知是小脚弓鞋的鞋底。《香闺韵事》在《纤足》文字部分还比较了河北、江南及长安三个地区妇女缠足形状的特点：

> 大约燕赵最纤弱，背正直。着履如笋苞。江南曲
> □□，长安昂首而总使趾比拳。曲有各种手法，皆不著名。

在《品足》部分（图4），《香闺韵事》不但详尽地比较太行山左右、黄河东西、长江南北等地缠足形状的异同，而且还很具体地写出当朝郭公婢女的金莲弓鞋只有一寸九（相当于现在的一寸七二），并以这个令人叹为观止的、似乎很具真实性的例子来作为这段文字的结束：

> 山右者最小长可三寸许，山左稍阔，长如之江
> □。河东背平，河西背屈。长阔如山右。江南偃曲，江
> □□□……推江北而如弓，次之如笋，又次之如菱芡。……

本朝郭公女婢红绡履寸九分，强盖历古未有。

这种遍布华夏大地的缠足现象，让人很诧异，因为唐代的文献记载、绘画塑像和出土实物并没有支持此说的证据存在。

缠足是指古代妇女用布包裹双脚，使其纤小的一种方式。可分缠瘦直、缠翘趾和缠弓弯等几种方式。缠足的初级阶段应当只是用布缠紧双足使之显纤瘦细小而已，中期则是用长布条向上裹翘大脚趾，并残忍地向下窝折后四脚趾，后期竟然发展到更加惨烈的折弯脚面骨的弓足缠法。

缠瘦直是缠弓足的萌芽阶段，因程度不够极致，所以鞋型和足型变化不大。早期传世和出土的鞋袜实物又太少，即便有实物，也不易区分天足和缠瘦直。古籍虽有零星的束足记载，也不十分确切，以至于现在一说缠足就是缠弓足之意。

笔者所说的初、中、后期三种缠法只是一种大致的分类，中国妇女缠足史贯穿整个封建社会的后半程，持续了近千年。总体来讲，几种缠足方式是呈直线递进的。但是，如若聚焦在某一个时代，这三种缠法中的一两种可能与天足同时存在。而且，缠足方法的手工操作过程也会千差万别，所以，因区域、时代、民族和阶层的不同，缠足会是一种比较复杂的存在。

为了阻止脚部骨骼生长，女孩需从四五岁起就开始缠足。幼女缠足数日，双足定型后，需穿着吻合缠足脚型的鞋，此鞋即是弓鞋，俗称小脚鞋，雅称金莲。

从此，女性的双足终生被长长的裹脚布和弓鞋所束缚，不见天日。即便是睡觉也不能解开，因裹布在脚上多层缠绕，不够美观，还要再套上睡鞋才行。

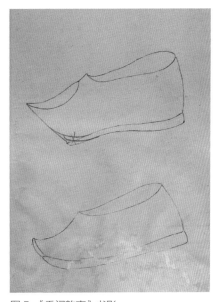

图 5 《香闺韵事》书影

为保持完美的弓足形状，许多妇女终其一生都要忍受裹脚布的束缚。这种残酷的习俗是中国封建社会所特有的一项发明（图5）。

任何一种风俗的盛行都不是一朝一夕形成的，总是要有生根发芽、破土而出的过程。关于中国缠足这个种子是何时撒到土壤里，起源在哪里，至今人们对此还是众说纷纭、莫衷一是。从夏商周至宋代，几乎每个朝代都有一两个缠足起源典故。之所以会有如此多的起源说，主要是人们全都依赖于史料文献中的零星记载，并以自己的主观意识去解读这些似是而非的文字。

下文将按时间顺序，以"夏商周的传说""战国秦汉的'利屣''跕躧'说""南北朝的'步步生莲'说""唐代的咏足诗文""五代窅娘的缠足起舞""宋代的文本与出土实物"六个部分来梳理缠足从酝酿到产生中的一些零散证据。

1. 夏商周的传说

我国古代神话传说丰富多彩，即便是缠足也不乏来自远古传说的证据，以表明它是一项具有悠久历史的传统习俗。

传说大禹治水时，娶美女涂山氏为后，生子启。涂山氏是狐狸精，脚很小。因此，她就成了传说中的第一个小脚女人。此说见于姚灵犀的《采菲录·最录》。

又说商纣王的妃子妲己也是狐精或雉精变的，唯独她的一双脚没有变过来，生怕被别人看见，于是，她就用布帛把脚包起来。由于妲己很受商纣王的宠爱，宫女妃嫔们便纷纷学她，也把脚裹起来，继而传至民间。明人王三聘（1501—1577）所作的类书《古今事物考·缠足》中就载有缠足起源于妲己一说："商妲己，狐精也，亦曰雉精，犹未变足，以帛裹之，宫中皆效焉。"与王三聘同时代的明代学者杨慎（1488—1559）在《丹铅余录》中说道："或谓起于妲己，乃瞽史以欺闾巷者，士大夫或信以为真，亦可笑哉。"

传说西施也是缠足小脚。清代清凉道人的《听雨轩笔记》和民国姚灵犀编的《采菲录续编》皆载江苏吴县灵岩山西施洞前的一块

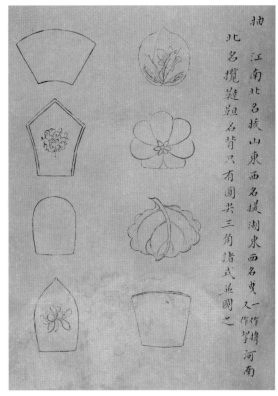

图 6 《香闺韵事》之鞋抽图

石头上，有一对深约寸许的女子履印，长仅三寸，前尖后圆，据说是西施的足迹。还有人认为响屐廊是西施缠足的另一证据。春秋时期，吴王夫差为聆听西施木屐发出的声音而专门修建了响屐廊，有人认定西施只能是缠足小脚，屐声才会细碎动听。《采菲新编·莲鞋记》言："盖足必纤小，而后屐声细碎，行之廊中，或可动听。"

以上这些源于夏商和春秋吴国之说只是民间传说，含有较多的演绎和附会成分，不足以成为当时女子缠足的凭证。

但是，这些传说的主人公都有一个共性，那就是她们都是中国历史上最具魅力、受宠于最高统治者的女子，她们的魅惑形象都被加上了小脚的标志，恐怕缠足的起因与扮靓和取悦男性有很大的关系，而与守节和女德无关。

2.战国秦汉的"利屣""跕躧"说

因《史记》《汉书》等正史记载赵国的舞伎擅于"蹑利屣"起舞，于是，有些明清的文人认为战国时已有缠足。

战国时期，赵国南部的邯郸与郑、卫之地相邻，风俗接近，女子多以歌舞谋生，有"赵女郑姬""邯郸躧步"之说，此风尚一直沿袭至秦汉期间。秦灭六国后，赵、郑等国的歌舞被引入秦宫。"郑卫之女"和"佳冶窈窕赵女"大量"充于后宫"，"立于侧也"。西汉司马迁在《史记·货殖列传》中很生动地描写了赵、郑两地的歌舞伎们弹弦鸣瑟、舞姿翩然的歌舞情形：

> （赵）中山地薄人众……女子则鼓鸣瑟，跕屣，游媚贵富，入后宫，遍诸侯。……今夫赵女郑姬，设形容，揳鸣琴，揄长袂，蹑利屣，目挑心招。

东汉班固《汉书·地理志》因袭《史记》，亦云："赵中山地薄人众……女子弹弦跕躧，游媚富贵，遍诸侯之后宫。"

文中的"跕屣""蹑利屣"和"跕躧"，是指赵地邯郸城的女子擅长穿着"利屣"跳舞，亦称"邯郸躧步"。唐代颜师古注："如淳曰：'跕音蹀足之蹀，躧音屣。'臣瓒曰：'蹑跟为跕，挂指为躧。'师古曰：'跕音它，颊反，躧字与屣同。屣谓小履之无跟者也，跕谓轻蹑之也。'"东汉许慎《说文解字二·足部》云："（躧）舞履也。从足，丽声。"段玉裁注："按舞不纳履，故凡不着跟、曳之而行曰躧履。"

《辞源》缩印本解释"跕"为：拖着鞋走路。《汉语大词典简编》"跕屣"条也解释为"拖着鞋子，足尖轻轻着地而行"。

按颜师古等人所注，"利屣"是一种无跟尖头小舞鞋。跳这种舞时，需跕起足部，以脚尖着地，拖着无跟尖头舞鞋，轻移款步，舒展长袖。

一到文字释义，就会有不同的理解，穿这种"利屣"跳舞时，到底是靠前脚掌支撑还是脚趾尖支撑呢？现代学者孙继民和杨善群都认为"跕屣"和"跕躧"是类似芭蕾舞那样以足尖着地而跳的一种舞步（见孙继民《邯郸简史》和杨善群的《谈燕赵的歌舞艺术》一文）。

"邯郸躧步"后来成为赵国邯郸艺伎的特色标志。西晋左思的《魏都赋》云："易阳壮容，卫之稚质。邯郸躧步，赵之鸣瑟。"南朝梁江淹《丽色赋》则说："女乃耀邯郸之躧步，媚北里之鸣瑟。"南朝齐陆厥《邯郸行》亦有："赵女撅鸣琴，邯郸纷躧步。长袖曳三街，兼金轻一顾。"只可惜没有舞谱和舞姿图像传世，后人只能凭空想象"邯郸躧步"之曼妙。

因为利屣是一种鞋首尖锐的小舞鞋，而小脚弓鞋也是尖头，所以，有些明清文人据此认为战国时已有缠足。明人张含（字禺山，1479—1565）为杨慎好友，杨慎在《谭苑醍醐》卷三《弓足》中说道："张禺山云：'《史记》云临淄女子弹弦躧屣，又云摇修袖蹑利履，意古已有之。'"清赵翼在《陔余丛考》卷三十一中说："《史记》云'临淄女子弹弦屣足'，又云'揄修袖，蹑利屣'，利屣者，以首之尖锐言之也，则缠足之事，战国已有之。"清高士奇《天禄志余》亦云："《史记》云'临淄女子弹弦跕躧'，又云'赵女郑姬揄修袂，蹑利屣'，利者，以其首之尖锐而言疑古时舞人已有缠足者。"

穿尖头鞋就一定要缠足吗？恐怕是因为这些明清文人生活在缠足时代，见过的尖头鞋实物只有缠足弓鞋一种，才会做出如此的主观臆断。

鲁迅则顺着"蹑利屣"这段掌故，推理出缠足从起源至兴盛的整个过程，显示其敏锐的洞察力：

> 汉朝就确已有一种"利屣"，头是尖尖的，平常大约未必穿罢，舞的时候，却非此不可。……所以倡伎就大抵穿着"利屣"，穿得久了，也免不了要"趾敛"的。然而伎女的装束，是闺秀们的大成至圣先师，这在现在还是如此，常穿利屣，即等于现在之穿高跟皮鞋，可以俨然居炎汉"摩登女郎"之列，于是乎虽是名门淑女，脚尖也就不

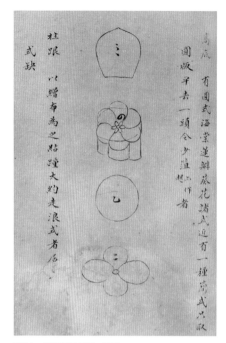

图 7 《香闺韵事》书影

免尖了起来。先是倡伎尖，后是摩登女郎尖，再后是大家闺秀尖，最后才是"小家碧玉"一齐尖。待到这些"碧玉"们成了祖母时，就入于利屣制度统一脚坛的时代了。（鲁迅《由中国女人的脚，推定中国人之非中庸，又由此推定孔夫子有胃病》）

对于缠足风俗何时兴起，鲁迅也没有十足的把握。但单凭这后半段文字，他已将旧时女子服饰的源流，看得很是通透。

无论如何，仅凭"跕屣""蹑利屣"和"跕躧"这些有限的文字，来确定"蹑利屣"的赵国舞伎已经缠足，证据还不够充分。即便那时是缠足起舞，也是一种为了稳定足部的舞蹈装束，与后世从四五岁就缠出固定脚型的残酷习俗，有着本质上的区别。

3. 南北朝的"步步生莲"说

正史载有南北朝的"步步生莲花"典故，也被一些人认为是金莲弓鞋的起源。清代学者钱泳在《履园丛话》中列举缠足起源说时写道："或言起于东昏侯，使潘妃以帛缠足，金莲帖地谓之步步生莲花。"

南北朝时期，中国正处于南北分裂的混乱时期，汉民族王朝被赶到南方，在建业（南京）建都。南北朝总计一百六十年的历史，共更换五十多位皇帝，其中大半被废立或被弑杀。因帝位朝不保夕，南朝皇帝中荒淫暴虐者居多。齐废帝萧宝卷就是一位穷奢极欲的皇帝。这位未及弱冠之年的昏君治国无道，却在享乐上花样百出。唐人李延寿的《南史》记载萧宝卷为宠妃潘玉儿（潘玉奴）盖起神仙、永寿、玉寿三座宫殿，并派人把许多寺庙的金玉、宝珥都剥离下来，用来装饰潘妃的宫殿。他还让工匠把金箔剪刻成莲花贴在地上，令潘玉奴踩着莲花，轻移款步，裙角和玉足掠过的地面，好似一朵朵金莲花盛开，故称"步步生莲花"。

> 庄严寺有玉九子铃，外国寺佛面有光相，禅灵寺塔诸宝珥，皆剥取以施潘妃殿饰。……又凿金为莲华以帖地，令潘妃行其上，曰："此步步生莲华也。"（唐李延寿《南史》卷五《齐本纪下·齐废帝东昏侯》）

平定过叛乱的功臣萧懿被萧宝卷不计后果地毒杀后，其弟萧衍被逼反叛，发兵进攻建康。最终萧宝卷被内应大臣所杀，时年十九岁。死后被上位的萧衍贬封东昏侯。潘妃则自尽而亡。

唐代诗人李商隐于大中十一年（857）游历昔日的六朝之都建业时，有感而作《齐宫词》，慨叹南齐亡国之君的荒淫无能：

> 永寿兵来夜不扃，金莲无复印中庭。梁台歌管三更罢，犹自风摇九子铃。

五代词人毛熙震《临江仙》词云：

> 南齐天子宠婵娟，六宫罗绮三千。潘妃娇艳独芳妍。椒房兰洞，云雨降神仙。　　纵态迷欢心不足，风流可惜当年。纤腰婉约步金莲。妖君倾国，犹自至今传。

唐五代诗人们笔下的"金莲"还不是后世所指的缠足小脚，而是指"步步生莲花"这个典故。原本《南史》也未写出潘妃是着鞋还是赤脚，更没有显示她是缠足小脚，把"步步生莲"一说当成缠足兴起着实勉强。宋代张邦基等学者，在考据缠足源头时，也都强调了这一点。张邦基在《墨庄漫录》中写道："《南史》：齐东昏侯为潘贵妃凿金为莲花以帖地，令妃行其上，曰'此步步生莲华'，然亦不言其弓小也。"清余怀《妇人鞋袜考》云："东氏潘妃，作金莲花贴地，令妃行其上，曰'此步步生金莲花'，非谓足为金莲也。"

"步步生莲"载于唐初李延寿编撰的《南史·齐本纪下》，传播

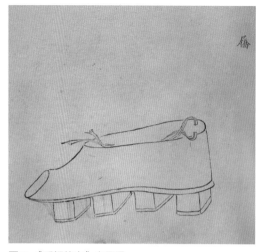

图8 《香闺韵事》之履图

颇为广泛。理智清醒者，把它当作东昏侯骄奢亡国的一个标志；追求享乐的统治者，把它当成一个想要超越的奢华目标；整日琢磨靓衣新妆的妃嫔和歌女舞伎们，则会把它当成一个想要实践的足饰创意。

于是，"步步生莲"典故在我国缠足史上，刻下了比萧宝卷金箔莲花还要深刻的历史印记。

"金莲"一词后来被引申为形容美女足部和步态之美等义，至缠足时代又成了缠足小脚和缠足弓鞋的雅称，一直沿用至今。

4.唐代的咏足诗文

有两段关于杨贵妃锦鞋和锦袜的文字经常被人们引用来说明唐代已有缠足，元伊世珍在《琅嬛记》卷中引姚鹭《尺牍》云：

> 马嵬老媪拾得太真（杨贵妃）袜以致富。其女名玉飞，得雀头履一只。真珠饰口，以薄檀为苴，长仅三寸，玉飞奉为异宝，不轻示人。则缠足必在贵妃之先。足下所记女子缠足起于李后主窅娘，新月状，似未深考矣。

北宋阮阅《诗话总龟》言唐玄宗自蜀归，因思念杨贵妃而作《妃子所遗罗袜铭》：

> 罗袜罗袜，香尘生不绝；细细圆圆，地下得琼钩；窄窄弓弓，手中弄初月。又如脱履露纤圆，恰似同衾见时节。
> 方知清梦事非虚，暗引相思几时歇。

对于以上两段诗文，高洪兴在《缠足史》中认为，元伊世珍的《琅嬛记》"采集各书而成，真伪相杂，语多不经"，北宋阮阅《诗话总龟》所载内容"也不可靠"。

　　清人钱泳在《履园丛话》中写道最早记载贵妃锦袜的唐代文本《大唐新语》和《国史补》都只说马嵬老媪收得杨贵妃锦鞴一只，并未言及锦袜的大小：

　　　　即《大唐新语》并《国史补》亦只云，马嵬店媪收得杨妃锦鞴一只，并不言足之大小也。

　　笔者在唐人刘肃的《大唐新语》中没有找到关于杨贵妃锦袜的记载，唐人李肇的《国史补》确实有载，亦如钱泳所言，没提锦袜的大小，更没有"三寸雀头履"一说：

　　　　玄宗幸蜀，至马嵬驿，命高力士缢贵妃于佛堂前梨树下。马嵬店媪收得锦袜一只。相传过客每一借玩，必须百钱，前后获利极多，媪因至富。

　　钱泳对唐代可靠文本的重视态度是值得称道的。对于历史事件的记录，作者时代距离所写时代越远，文字的可信度越低。

　　被《全唐诗》记录在册的唐代诗人有两千多位，诗歌四万多首，其中没有一首直白描述女子缠足的诗歌，仅有几首颇具争议、疑似缠足的诗歌。例如，白居易诗《上阳白发人》："小头鞋履窄衣裳，青黛点眉眉细长。外人不见见应笑，天宝末年时世妆。"诗中的"小头鞋履"被一些缠足年代的人士"以今论古"地认为是缠足弓鞋。"小头鞋履"这种尖头鞋和春秋战国时的"利屣"都不一定必须是缠足弓鞋，天足也可以穿尖头鞋，只不过鞋尖的部分是空的。

　　杜牧和韩偓诗中描写女子足部纤小的量词也成为了唐代缠足的佐证。杜牧（803—852）《咏袜》诗云："钿尺裁量减四分，纤纤玉笋裹轻云。五陵年少欺他醉，笑把花前出画裙。"（《全唐诗》卷五二四）韩偓（约842—923）的七言诗《屐子》："六寸肤圆光致致，白罗绣屧红托里。南朝天子欠风流，却重金莲轻绿齿。"（韩偓《香奁集》）杜牧诗中的"钿尺裁量减四分"和韩偓诗中的"六寸"应当都是约数，诗人惯常使用诗赋文学的夸张描写手法，夸张有夸大和缩小两种。两位诗人主要是想赞美女子足部纤小可爱，所以会尽量把尺寸往小了来说。六寸至七寸长的美足，因为纤小，看起来也就只有六寸的样子。唐尺的一尺平均长 30 厘米，七寸合 21 厘米，娇小女子的天足也就 21~22 厘米。再说许多诗人歌咏赞美的妓女，通常是刚出道的十几岁少女，骨骼还都没完全长开。杜牧所写《张好好诗》中的主角张好好是一位江西名妓，她与杜牧相识时，年仅十三岁，这还是虚岁，实际上未满十三岁，手足自然秀气灵巧。韩偓《屐子》诗中的"六寸肤圆光缎缎，白罗绣屧红托里"是描述女子娇小光滑的素足，穿着一双红色漆底、白罗绣花为面的木屐，诗中完全没有缠足的意思。

宋人张邦基《墨庄漫录》卷八言：

> 古乐府《玉台新咏》，皆六朝词人纤艳之言，类多体状美人容色之姝丽，又言妆饰之华，眉目、唇口、腰肢、手指之类，无一言称缠足者。如唐之杜牧、李白、李商隐之辈，作诗多言闺帏之事，亦无及之者。惟韩偓《香奁集》有咏屧子诗云："六寸肤圆光缎缎。"唐尺短，以今校之，亦自小也，而不言其弓。

张邦基认为六寸是实写，脚虽小但没说弓足。似乎他判断缠足是以小而弓弯为标准的。如果真是这样，那他就直接省略了缠瘦直和缠翘趾两个阶段，这位北宋末年的文人，大概也因资料匮乏而没有厘清缠足发展初期的脉络走向。

持唐朝为缠足起源说的人们，对于唐诗中的动词"裹"和"束"字非常敏感，紧紧咬住不放，当成铁一般的证据。其实，仔细品味一下，也都经不起推敲。

有人认为杜牧《咏袜》中的"纤纤玉笋裹轻云"中的"纤纤玉笋"是指缠足小脚，"裹"字即表示缠足，"轻云"为袜子。这在逻辑上有些说不通，"轻云"是轻薄飘忽的，肯定不是层层勒粽子似的裹脚布带，这里指袜子是准确的。此句反过来读即是"轻云裹玉笋"，丝帛软袜包裹玉足的意思，如果是缠足小脚，层层叠叠的裹脚布在本句中安放哪里？本诗主题是咏袜，肯定不是咏裹脚布。因为这个"裹"字就认定是裹小脚，错也。所以也有人认为此句中"玉笋"是指纤细好看的脚趾和纤足，尔后到了全民缠足的年代，自然就是指缠足小脚了。"玉笋"和"春笋"常被古人用来形容纤细的手指和脚趾。如南唐李后主词中写有"斜托香腮春笋嫩"，句中的"春笋"就是形容手指光滑而纤细。

温庭筠在《锦鞋赋》中写道："阆里花春，云边月新。耀粲织女之束足，嬿婉嫦娥之结璘。……若乃金莲东昏之潘妃，宝屧临川之江姬。"（《全唐文》卷七百八十六）此句"耀粲织女之束足"的"束"字被很多人认定为唐代女子缠足的又一例证。细观诗文，织女与嫦娥、"束足"与"结璘"相互对仗，作者是运用了牛郎织女鹊桥相会与嫦娥奔月的两大著名典故。那么"织女束足"就是被王母娘娘禁足，不得与牛郎相见的意思，与缠足没什么关系。

夏侯审《咏被中绣鞋》诗云："云里蟾钩落凤窝，玉郎沉醉也摩挲。"蟾钩是新月的意思，有人据此认为蟾钩就是指小脚弓鞋。其实不止弓鞋似新月，翘尖凤头鞋也像蟾钩新月，还有鞋头弯钩很翘的绣鞋，近世少数民族还保存有这种勾头绣花鞋的款式。更何况缠足伊始，也不可能有直接弯折脚面骨的弓弯小脚或弓鞋。

以上这几首被人们从唐诗里千挑万选出来的疑似表现缠足的诗句，都禁不起推敲，尚不能作为唐代已存在缠足的证据。

唐杜佑《通典》述唐玄宗开元年间，内外命妇拜谒新册封皇后前，要于西阶下专设的"脱舄席"，先脱下舄履，才可上堂。拜贺皇后时还要行跪拜礼。脱舄和跪拜礼可以说明盛唐时期的贵族女子还没有缠足。杨贵妃的"三寸雀头履"恐怕也是后人附会的。唐杜佑《通典》载：

皇后受册：……又设命妇等脱舄席于西阶前近西、东向。……为首者脱舄，升，进当御座前，北面跪奏：某妃妾姓等言，伏唯殿下坤象配天，地昭厚载，凡厥兆庶，不

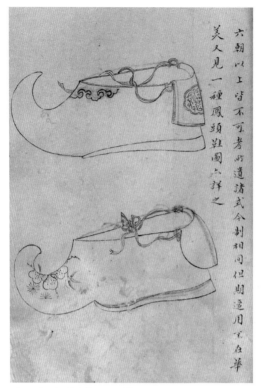

六朝以上皆不可考所遺諸式今割相同但期適用不在華

美人見一種鳳頭靴圖六詳之

图9 《香闺韵事》之凤头鞋

胜庆跃。(唐杜佑《通典》卷一百二十五《礼八十五·开元礼纂类二十·嘉礼四》)

开元和天宝年间的贵族女性还流行穿男子衣衫和鞋履。正史和杂史中多有记载，如《新唐书·车服志》载中宗时，后宫戴胡帽，穿丈夫衣靴。《唐六典·内官宫官内侍省·尚服》注，谓皇后太子妃青袜，舄加金饰。开元时或着丈夫衣靴。《大唐新语》则说："天宝中，士流之妻，或衣丈夫服，靴衫鞭帽，内外一贯矣。"

男女鞋码本身就有大小肥瘦之分，无论女性缠瘦直、缠翘趾还是缠弓弯，穿进男人靴子里，恐怕都不会服帖的。

另外，从唐代图画、雕塑及出土鞋履实物来看，也没有十分清晰的证据显示唐代女性已有缠足。也不能说没有个别的缠足现象，但至少没有普遍性的缠足。

5.五代窅娘的缠足起舞

元末陶宗仪的《南村辍耕录》卷十引用《道山新闻》说南唐后主李煜（937—978）喜好乐舞，命人专门打造一座六尺高的金莲花舞台，让擅长舞蹈的宫女窅娘将双足用布帛紧裹成新月状，立于莲花台上作舞。于是宫人纷纷仿效她，缠足也由此传至民间：

> 惟《道山新闻》云："李后主宫嫔窅娘，纤丽善舞。后主作金莲，高六尺，饰以宝物、细带、璎珞，莲中作品色瑞莲。令窅娘以帛绕脚，令纤小，屈上作新月状。素袜舞云中，回旋有凌云之态。诗曰：'莲中花更好，云里月长新。'因窅娘作也，由是人皆效之，以纤弓为妙。以此知札脚自五代以来方为之。"

《道山新闻》见载于《宋史·艺文志》小说类，作者不详，原书现不存。仅以一篇笔记小说就将窅娘舞蹈定为缠足起源的源头，证据还不够充足。

假设南唐后宫真有过窅娘莲台缠足起舞的话，据文字所言，她应当只是用布帛将脚趾、足部和脚踝，紧紧裹成一个整体，以稳定踝关节；然后像跳芭蕾那样用足尖着地，翩翩起舞，脚型从侧面看起来，宛如一轮弯弯的月牙。那么，窅娘的缠足是一种为应付排练和演出的短期行为，与后世为显足小而终身缠足是否有嬗变关系，不好妄下结论。因为宋初有近一百年的缠足资料空白期，在没有发现更多的资料之前，还不能认定窅娘缠足起舞就是我国女性"三寸金莲"的起源。

《道山新闻》言"由是人皆效之，以纤弓为妙"似乎也不太可信，从南唐李后主传世的三十几首词中，不乏描述美女宫娥的柔靡绮丽之词，却没有一首是描写美人缠足步态的。当然，他的诗词确实也佚失了很多。可是有一首传世《菩萨蛮》，可作为南唐宫中没有流行缠足的佐证，这首词写于北宋乾德二年（964）前后，词云："划袜步香阶，手提金缕鞋。"（李煜《菩萨蛮·花明月暗笼轻雾》）李

图10 《香闺韵事》之秀容履式

煜生动写出了自己与小周后瞒着皇后偷偷幽会的情景，小周后为了不惊动众人，脱下金丝鞋，拎在手中，脚上只穿着袜子，悄无声息地走上香阶。可见，乾德二年（964）时的小周后是不缠足的。

6.宋代的文本与出土实物

至北宋，有关缠足的资料渐渐丰沛起来。

北宋张邦基（生卒年不详）在《墨庄漫录》卷八中说道："妇人之缠足，起于近世，前世书传皆无所自。"张邦基是位博识的考据家，他的这段文字是已知文献中最早对于缠足起源的考据，也是最早提出"缠足"一词的记载。从《墨庄漫录》中流露出他的生活轨迹来看，可知他于宋徽宗宣和年间（1119—1125）到宋高宗绍兴十八年（1148）在世，相当于生活在南北宋之交。根据这个时间推算，他所说的"妇人之缠足，起于近世"中的近世应是指北宋的某个时候。他的这句话，后来被许多学者引用，用来说明缠足不会早于北宋。

元末陶宗仪在《辍耕录》卷十中所言与张邦基的说法较吻合："熙宁、元丰以前人犹为者少。近年则人人相效，以不为者为耻。"有关缠足的可信文载，最早也只见于熙宁（1068—1077）时期。

北宋英宗熙宁四年（1071）至七年（1074），苏轼在杭州任通判，有首咏缠足的词《菩萨蛮》作于此时：

涂香莫惜莲承步，长愁罗袜凌波去。只见舞回风，都无行处踪。　偷穿宫样稳，并立双趺困。纤妙说应难。须从掌上看。(《苏轼词集》卷三《菩萨蛮·涂香莫惜莲承步》)

大文豪苏轼开启中国诗词史上专咏缠足第一词。这首词的内容，很明确地描写了官妓穿上宫样小脚鞋的体态。此后，黄庭坚等诗人也有关于弓鞋和缠足的描写。

宋黄庭坚的《满庭芳》词云："直待朱幡去后，从伊便、窄袜弓鞋。"（《黄庭坚词集·满庭芳·初绾云鬟》）

秦观《浣溪沙》词云："脚上鞋儿四寸罗，唇边朱粉一樱多。"（《秦观词集》卷中《浣溪沙·脚上鞋儿四寸罗》）

北宋末赵令畤的《浣溪沙》词云："稳小弓鞋三寸罗……掌中回旋小婆娑。"（唐圭璋编《全宋词》卷二　赵令畤《浣溪沙·稳小弓鞋三寸罗》）

南宋王之望《好事近》诗云："弓靴三寸坐中倾，惊叹小如许。子建向来能赋，过凌波仙浦。"（唐圭璋编《全宋词》卷一百二十七王之望《好事近》）

四寸和三寸的弓鞋，即使夸张地缩小了一寸，也不是天足的尺寸。缠足诗是以缠足习俗的出现为依存条件的，缠足诗的出现说明宋代的确已出现缠足习俗。

不过，让人诧异的是，北宋建国（960）到熙宁元年（1068）共计一百多年的时间，没有一丝一缕关于缠足的信息，然后这个习俗就横空出世了，留下一个起源不明的千古谜团。

宋代的缠足与我们现在所说的三寸金莲还是有所区别的。据《宋史·五行志》载："理宗朝，宫妃……束足纤直，名'快上马'。"南宋理宗朝宫人缠足是把脚裹得"纤直"但不弓弯，当时称为"快上马"。宋室南迁之时，缠足风俗由北方传至南方，到南宋时妇女缠足虽比较多见，但并不普及，主要限于上层社会。南宋贵族妇女的缠足鞋实物在考古中有不少的发现：

浙江兰溪密山南麓南宋初年墓出土一双缠足女鞋，长 17 厘米（约五寸），宽 5.8 厘米。

1975 年福建浮仓山北坡发掘了南宋淳祐三年（1243）贵族少妇黄昇的墓穴，出土了六双罗面缠足小脚鞋，现收藏于福建博物院。六双鞋形制相同,鞋底前尖后圆,鞋头尖锐上翘。鞋长 13.3~14 厘米,

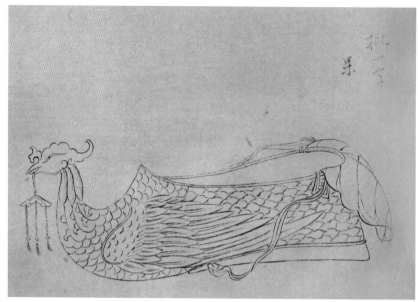

图 11 《香闺韵事》之履式

宽 4.5~5 厘米，算是四寸金莲鞋。

江西德安南宋咸淳十年（1274）周氏墓出土的七双黄褐色素罗鞋，鞋底也是前尖后圆，鞋头上翘，鞋长 18~22 厘米，宽 5~6 厘米。

这些出土缠足鞋都是软底翘尖鞋，没有后世的弓弯和高木底，比后世的三寸金莲要大。穿着者前后脚掌受力较平均，足底平坦，足背低平。黄昇和周氏的裹足方式，也与明清时期不同，她们的大脚趾不是朝前或向下的，而是被裹得高翘起来，正好可以塞进上翘的鞋头里，这大概是南宋某个时期的缠足时尚。

那么，与她们同时期的理宗朝"快上马"缠足法是否也是指这种缠翘趾呢？还是仅裹瘦直呢？另外，北宋词人所说的弓鞋是指黄昇和周氏的平底翘尖鞋吗？还是另有弓弯的款式？

许多疑团尚未解开，留待日后资料充足再解。

以上列举了种种关于缠足起源的说法，宋代以前的证据都难以确认为缠足的起源，只能作为我们认识缠足史的参考。华夏幅员辽阔，民族众多，风俗各异，不能排除某区域妇女或独立个体有过缠足的习惯，但若它没有与后世的三寸金莲形成嬗变关系，就不能成为缠足的起源。

　　由缠瘦直到弓足，由塑形到畸形折骨，中间一定有一个从量变到质变的渐进过程。脚越裹越紧，弓鞋越来越小，脚越小越美丽。对于女性小脚的审美程度最后竟超过了面容，成为一名女子最主要的美丽特征，不得不说这项奇俗既是一种残忍的塑形术，也是一种独特的文化现象，值得我们深入研究和探讨。以史为鉴，相信所有人在梳理缠足历史的过程中，都会有所触动。

参考书目：

[1] 傅璇琮.唐才子传校笺：第二册 [M].北京：中华书局，1989.

[2] 傅璇琮.唐才子传校笺：第五册 [M].北京：中华书局，1995.

[3] 黄清发.夏侯审、夏侯孜家世事迹新考 [J].文学遗产，2018（03）：187—189

[4] 江休复.嘉祐杂志 [M]//四库全书（第一〇三六册）.上海：上海古籍出版社，1987.

[5] 计有功.唐诗纪事 [M].上海：上海古籍出版社，2013.

[6] 管世铭.读雪山房唐诗序例 [M]//金武祥.粟香室丛书.复印本.广州：1886（光绪十二年）.

[7] 李肇，等.唐国史补 因话录 [M].上海：上海古籍出版社，1979.

[8] 欧阳修，宋祁.新唐书 [M].北京：中华书局，1975.

[9] 彭定求，等.全唐诗 [M].北京：中华书局，1960.

[10] 陶敏.全唐诗作者小传补正 [M].沈阳：辽海出版社，2009.

[11] 王士禛.分甘余话 [M].张世林，点校.北京：中华书局，1989.

[12] 辛文房.唐才子传 [M].北京：中国书店，2018.

[13] 向群，万毅.岑仲勉文集 [M].广州：中山大学出版社，2004.

[14] 姚合.极玄集 [M].北京：国家图书馆出版社，2013.

[15] 赵君平，赵文成.河洛墓刻拾零：下册 [M].北京：北京图书馆出版社，2007.

[16] 赵文成，赵君平.秦晋豫新出墓志搜佚续编：第四，五册 [M].北京：国家图书馆出版社，2015.

《熙宁新定时服式》[宋]

说人

方绚抄本节选《熙宁新定时服式》题为章惇作，而《宋史·志第一百五十七·艺文三》载："章惇《熙宁新定孝赠式》十五卷，又《熙宁新定节式》二卷，《熙宁新定时服式》六卷，《熙宁新定皇亲禄令》十卷，《司农寺敕》一卷，《式》一卷，《熙宁将官敕》一卷。"二者相吻合，可知作者为章惇无疑。

章惇（1035—1105），北宋中后期政治家、改革家、文学家、书法家。字子厚，号大涤翁。

章惇出生时，族父章得象（北宋仁宗朝宰相）"奇其风骨，以为必贵"。惇字读音为敦，本义亦通作敦，有敦厚、笃实、谨慎、尊重等义。然而，章惇本人性格极其张扬、直率、狂傲不羁。仕途历英宗、神宗、哲宗和徽宗数朝，几次大起大落。这一切都与"惇"字的本义相去甚远。但他执宰七年，权显一时，倒是应验了出生时族父章得象的预言，也算达到人生的一种圆满。

北宋中后期新旧党争激烈，双方轮流主政。官员们如坐过山车般在仕途上起落，几乎没有平顺亨通的名臣重宦，章惇也不例外。作为王安石变法集团的核心人物，其政治生涯几乎贯穿了新旧党争的主要历程。虽然章惇执政时清除旧党决绝铁血，但他对外族进犯，从不委曲求全，抗倭勇猛凶悍。章惇对赏识他的王安石尊重，对信任他的神宗和哲宗忠心。

元脱脱《宋史》卷四七一、宋王称《东都事略·列传七十八》、宋杜大珪《名臣碑传琬琰集（下）》卷一八均载其传。

> 惇豪隽，博学善文。进士登名，耻出侄衡下，委敕而
> 出。再举甲科，调商洛令。（元脱脱《宋史·章惇传》）

景祐二年（1035），章惇出生于浦城（今福建南平市浦城县）的一个官宦世家。其父章俞，徙居苏州，官至职方郎中。因子显赫，累官银青光禄大夫。

嘉祐二年（1057），他与族侄章衡同时进士及第。章衡中状元，章惇耻于位列族侄名下，公然违抗皇命，"委敕而出"。此举成为他人生的第一个污点，"士论忿其不恭"。

嘉祐四年（1059）再考，举进士甲科第五名，开封府试第一名。他这才受敕出仕，初任商洛（今陕西省商洛市附近）县令。治平元年（1064）迁秦州（今甘肃省天水市秦州区）雄武军节度推官。

嘉祐七年（1062），时任商洛县令的章惇与担任凤翔府节度判官的苏轼，因同试永兴军进士，于长安见面相识。二人一见如故，"相得欢甚"。苏轼视章惇为旷世奇人，极尽褒扬之词。而年轻气盛的章惇也毫不含糊，跟苏轼交好后，确实做出了一些"奇伟"之事。

章惇和苏轼因差试官开院，同途小饮山寺。忽然听说山上来了老虎，两人借着酒劲，骑马去看虎。"去虎数十步外，马惊不敢前"，苏轼吓得掉转马头就往回跑。章惇则独自扬鞭策马向前奔去，口中喊着："我自有道理。"随后，他不知从哪里找来个铜锣，就地抓起一块石头，把锣敲得当当响，"虎即惊窜"。章惇回到山寺里，对惊魂未定的苏轼说："子定不如我。"

治平元年（1064）正月，二人同游南山，至仙游潭。这里山高水清，"下临绝壁万仞"，地势险要，潭上只有一块窄木做桥，通向对岸的峭壁。章惇请苏轼踩木过潭，在绝壁上写字。苏轼不敢过。于是章惇随身携带好笔墨等物，稳步走过独木桥，将长绳拴于树上，提起衣服，顺绳而下，来到一块光滑的峭壁附近，以漆墨濡笔大书石壁，曰："章惇、苏轼来游。"原路返回后，神色轻松如初。苏轼拍着他的背，

半开玩笑地说道："君他日必能杀人。"章惇不解，问为什么。苏轼说："能自判命者，能杀人也。"章惇听后大笑。

这段文字对展现章惇的性格和日后的执政作风非常有意义。苏轼虽不如章惇胆量大，但却是最懂他的人。

可惜的是，这两位有着莫逆之交的翩翩才子，不止在追大虫和过独木桥时各自走向了相反的方向，日后两人选择的政治阵营也是互不相容的新旧两党，不仅分道扬镳，而且还渐行渐远。苏轼那句"能自判命者，能杀人也"，也一语成谶。

治平三年（1066），参知政事欧阳修赏识章惇，推荐其试馆职，章惇虽考试合格，却因"委敕而出"的不恭品行遭到一些官员的攻击，未入馆职，改任常州武进县（今江苏常州武进区）知县。第二年又因同样原因，入馆职未果，欧阳修便举荐其为著作佐郎。随后，章又遇到第二位恩人。

熙宁二年（1069）二月，王安石设立制置三司条例司，为变法筹备班底，急需一批锐意改革的年轻人。张郇和李承之向王推荐章惇。王安石对章的风评素有耳闻，很有疑虑地说道："闻惇大无行。"李承之则极力劝说王要见一见章惇，认为要用章的才干，而不是品行。于是王、章会面，"惇素辩，又善迎合"，一番深谈下来，王不但疑虑消除，而且还十分欣赏章的才华，大有相见恨晚之意。遂任命章惇为编修三司条例官、集贤殿校理等职，参与制定新法。《熙宁新定时服式》应该是此时所作。

熙宁三年（1070）五月，制置三司条例司撤销，章惇改任检正中书户房公事，兼详定编修三司令式，及诸司库务岁计条例，参与制定财政机构的法规。

在熙宁五年（1072）至熙宁七年（1074）三年间，章惇历湖北、湖南察访使，经略南北江；采取恩威并用的手段，成功统一此地区的割据势力，使南北江诸蛮相继纳土，接受宋廷管辖，为国家开拓了疆土。诸蛮上缴租赋，增加朝廷的财政收入。他还帮助溪峒建筑城池，设立州县等统一规划，也缓解了少数民族与周边汉族的摩擦，有利于国家安定。

元丰八年（1085）三月宋神宗病故。神宗年仅九岁的六子赵煦（宋哲宗）继位，宣仁皇太后高氏和神宗母后向氏共同垂帘听政，章惇因拥立宋哲宗有功，改知枢密院事。两太后在神宗时期就极力反对变法，遂起用司马光为相。

司马光执政后，熙宁新法基本被罢黜。至元祐元年（1086）正月，只有青苗、免役、将兵之法尚存。在新党整体不占上风的情况下，章惇一直坚持自己的主张，他上疏千言，逐条分析免役和差役二法的利弊，针锋相对地驳斥司马光。

元祐八年（1093）九月，宣仁太后去世，十七岁的宋哲宗亲政。从没受过太后和元祐旧党重视的小皇帝赵煦，终于等到亲政，他随即诏改次年为绍圣元年（1094），明示要继承父皇神宗的改革事业。同时罢免高太后任命的宰相吕大防、范纯仁，起用章惇为相。此后，章惇独相直至哲宗去世。

在他主持下，以常平、免役、农田水利、保甲等法，总为一书，定名为《常平、免役敕令》，颁行全国，熙宁新法基本全部恢复。

元符三年（1100）正月，年仅二十五岁的宋哲宗英年早逝，无子。向太后召宰执于福宁殿，议立皇位继承人。申王和简王的亲生母亲都在世，向太后为维护自己的地位，提出要立丧母的端王赵佶。章惇坚决反对，他直言不讳地说："端王轻佻，不可以君天下！"

> 哲宗元符三年，春正月，帝崩……太后曰："申王有目疾，不可。于次则端王佶立。"惇曰："端王轻佻，不可以君天下。"言未毕，曾布叱之曰："章惇未尝与臣商议，如皇太后圣谕极当。"蔡卞、许将相继曰："合依圣旨。"太后又曰："先帝尝言端王有福寿，且仁孝。"于是惇默然。
>
> （明陈邦瞻《宋史纪事本末·建中初政》）

徽宗即位后，章惇依例晋升为特进，封申国公。同年九月，徽宗就将反对他当皇帝的章惇罢相，改任越州（今浙江绍兴）知州，途中再被贬为武昌军节度副使，于潭州（今湖南长沙）安置。此后几年官职数度迁徙。崇宁四年（1105）十一月去世，享年七十一岁。葬于长兴（今浙江长兴九龙山）。章惇墓现属长兴县县级文物保护单位。

说书

元脱脱《宋史·志第一百五十七·艺文三》载有章惇主修的七部法典篇名：

> 章惇:《熙宁新定孝赠式》十五卷，又《熙宁新定节式》二卷、《熙宁新定时服式》六卷、《熙宁新定皇亲禄令》十卷、《司农寺敕》一卷、《式》一卷、《熙宁将官敕》一卷。

因诸多因素，这几部文献多已不存。唯《熙宁新定时服式》仅存下饰部分，得益于历代保存者对古籍的珍视以及抄本作者方绚对妇人足饰的热衷。

方绚在首页按语（图1）开篇点题道："此宋神宗朝所定服制也。"首先确定此法令最初的制定时间和内容，为宋神宗熙宁时期所制定的服装制度。其次，说明了文本的出处，"余亦从章道□先生借观顾"。很巧，章道□与章惇同姓，那他是否为章惇后裔呢？近代章惇后裔主要居住在浙江省湖州市长兴县章家坝和雁荡村一带。经查《长兴章氏族谱》，湖州长兴章氏家族的清代后裔中，并没有"道"字辈。

北宋熙宁时期正是王安石变法如火如荼的阶段，新法一部部相继出台。章惇名下，包括《熙宁新定时服式》在内的有四部令式，都特别在标题中强调了"新定"。

熙宁二年（1069），王安石就任参知政事的同时，即创建了这个变法的决策机构，职能为：筹划国家经济，"议变旧法"，制定并

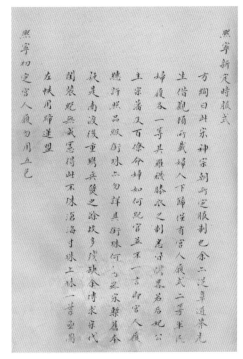

图1　《熙宁新定时服式》按语页

颁布新法以达到"通天下之利"的目的。其权力凌驾于三司之上，中书及门下皆不得过问，由王安石和知枢密院事陈升之主持。

《熙宁新定时服式》中的"时服"在古文中也称"时衣"。

"时"为形声字，古文写作"旹"。许慎《说文解字·日部》曰："时，四时也。从日，寺声。"从日与时间有关，本义为：季节、季度、时令、时节等。刘熙《释名》云："四时，四方各一时，时，期也。"《左传·桓公六年》载："谓其三时不害。"注："三时，春夏秋也。""时"字还有多种引申义，例如，"时"字也有当时的、当前的、时下的等意思。《三国志·诸葛亮传》云："每自比于管仲、乐毅，时人莫之许也。"此句里的"时"字即是当时的意思。又如，《庄子·内篇·逍遥游》云："时雨降矣。"这个"时"字又是合时宜的、适时的意思。再如，唐韩愈《师说》云："不拘于时，学于余。"这里的"时"字已经有时尚、时俗的意思了。

"服"字的本义是服从和服务，后来因与礼仪之远近相关而引申为衣裳。那么时服的本义即指"时令服装"。无论庶民百姓还是达官显贵都要按季节和气温的变化来增减衣裳，调换其薄厚。可以说时令服装自人类穿着衣服起就一直存在。而"时服"这个词语最早出现于周代的文献中。

因为"时"字的引申义和朝代的不同，"时服"在时令服装本义的基础上，又延展出一些特指的含义，这些意思较接近，也略有差异，需留意区分。

1. 五时服、五时衣

周代至魏晋时期，天子和百官的迎时气的祭服和朝服，须按春、夏、季夏、秋、冬五个时令（或四季），穿着五种（或四种）不同颜色的服装。左丘明《国语·楚语下》云："制神之处位次主，而为之牲器时服。"三国时吴国韦昭注："时服，四时服色所宜也。"

这种跟牲器并列的"时服"即指周代天子、诸侯和百官的祭服。《吕氏春秋·十二纪》和《礼记·檀弓下》均记载战国时期受五行思想的影响，春季祭祀"衣青衣"，孟夏、仲夏"衣赤衣"，季夏"衣黄衣"，秋季"衣白衣"，冬季"衣黑衣"。

这种五色时服也称"五时服""五时衣""五色衣""五时朝服""四时朝服"等。汉晋和南朝宋时一直沿用"五时服"作为朝服，南齐时期"五时朝服"才退出了历史舞台。

自唐代起，四时服或五时衣，不再特指五色祭服或五色朝服，而是指适合四季或五季穿着的服装。例如，《新唐书·姚宋列传》记载姚崇交代身后事时，要求薄葬："吾亡，敛以常服，四时衣各一称。性不喜冠衣，毋以入墓。紫衣玉带，足便于体。"文中的"四时衣"显然不是指四色祭服或四色朝服，而是指四季服装。

清梁绍壬《两般秋雨庵随笔·五时衣》载："今江南人，嫁娶新妇，必有五时衣。"这里的"五时衣"是指清代江南地区仍沿袭古时"五时令"一说，婚嫁新妇要备足五季的新婚服装。

2.日常服装

《礼记·檀弓下》记载，吴国延陵季子到齐国聘问，跟随他的长子死去，准备于齐地下葬。孔子认为延陵季子是吴国最懂礼的人，于是他前去观察季子为儿子办的葬礼。此时的敛衣只是穿的日常的衣服。

孔子曰："延陵季子，吴之习于礼者也。"往而观其葬焉，其坎深不至于泉，其敛以时服。（《礼记·檀弓下》）

郑玄注："以时行之服，不改制节。"这里的"时服"是指当时通行的常规款式的日常服装。

3.流行的、时兴的服装

唐大和二年（828）的春天，元稹自越州寄当地特产素色提花绫给刚升迁为国子司业的张籍，以示祝贺。张籍收到礼物后，随即酬诗一首道谢。即《酬浙东元尚书见寄绫素》："越地缯纱纹样新，远封来寄学曹人。便令裁制为时服，顿觉光荣上病身。"（《全唐诗·张籍第七十九》）

又有魏晋陆机《招隐》诗："芳兰振蕙叶，玉泉涌微澜。嘉卉献时服，灵术进朝飧。"（明朝张溥《汉魏六朝百三家集·陆平原二集》）

"嘉卉献时服"的意思是说当季的奇花异草献上美丽的外衣。这两首诗中的"时服"也有应季时令衣的意思，但更多地指服装的时尚与华美。

4.符合时令的、应季的服装

明杨慎《大中丞百川张公招饮静居寺十四韵》诗云："好音流睍睆，时服改纤纩。"（明杨慎《升庵集·五言古诗》）纤纩是指絮衣服里面的新丝绵。这里的"时服"特指应季的服装。

5.古代朝廷按春冬时令颁赐给官吏的服装

每年五月初五的端午时分，临近盛夏，以及十月初一即将进入深秋的时节，服装都需要换季。唐宋朝廷对文武官员赏赐四季服装，作为对官员俸禄的额外补充，并有了时服的概念。春发春夏二季，秋发秋冬二季。唐朝有时在端午还对部分官员加赐织绣有"艾虎五毒"纹样的端午衣,附带若干器物礼品,作为特别福利。唐岑参在《和刑部成员外秋夜寓直寄台省知己》诗中曰:"时衣天子赐,厨膳大官调。"(《全唐诗》卷二〇一)

对于那些出远途公差的官员,朝廷也会以加赐他们时服来鼓励。《唐六典·户部尚书》"金部郎中员外郎"条载:

> 凡遣使覆囚,则给以时服一具,随四时而与之。若诸使经二季不还,则给以时服一副,每岁再给而止。(诸□人出使覆囚者,并典各给时服一具,春、夏遣者给春衣,秋、冬去者给冬衣。……其寻常出使过二季不还者,当处酌量,并典各给时服一副。去本任五百里内充使者,不在给限。)

唐朝经常要派遣官员巡视地方,体察民情与吏治,受理囚犯之冤屈。按规定,这些专员要加赐一套时令公服,春、夏出使的,发春装一套;秋、冬出使的,发冬装一套。如果出使时间超过两季,再加发下一季的时服一副。下文具体解释了一"具"和一"副"的差别,另外又详列出时令服的种类:

> 凡时服称一具者,全给之;一副者,减给之。(一具者,春、秋给袍一、绢汗衫一、头巾一、白练裤一、绢裈一、靴一量并毡;夏则以衫代袍,以单裤代夹裤,余依春、秋;冬则袍加绵一十两,袄子八两,裤六两。一副者,除袄子、汗衫、裈、头巾、靴,余同上。)(唐李林甫《唐六典·户部尚书》)

"具"同俱,为完全的意思。一具就是完整的一套。反之,缺件的套服都称为一副。按文中所说,袍和白练裤组成的两件套服称为一副。

头巾即幞头,靴即唐代官吏通常所穿的毡里乌皮靴。白练裤为白色熟绢(经过捣练的绢)做的无裆套裤。裈为有裆裤,原长度及膝,后有长至脚者,一般作为内裤来穿。汉史游《急就篇》唐颜师古注:"合裆谓之裈,最亲身者。"

《唐六典》这段文字，也让我们看到时服的本义即时令服装的具体体现。因时令不同，发放的时服也有所不同。

春、秋服为：袍、绢制汗衫、幞头，白色熟绢夹裤、绢内裤各一件，毡里皮靴一双。此六事为完整的"一具"春秋时服。这也是一身典型的唐朝官吏装束。

夏服即以衫代袍，白练夹裤改为单裤。冬服则把袍改为絮上丝绵的夹袍，裤也改为丝绵夹裤，另增加一件丝绵袄子。袍、裤、袄的丝绵重量各有标准。

据《宋史·舆服志》记载北宋初期建隆年间（960—963），每年端午、初冬赐时令服逐渐成为了一项正式制度，对象也从主要官员扩大到各级文武百官：

> 时服，宋初因五代旧制，每岁诸臣皆赐时服，然止赐将相、学士、禁军大校。建隆三年，太祖谓侍臣曰："百官不赐，甚无谓也。"乃遍赐之。岁遇端午、十月一日，文武群臣将校皆给焉。

《宋史·舆服志》的"时服"部分则详细记载了加赠织锦袍的情况。

建隆三年（962）十月，宋廷赐冬服时，对近臣和军校加赐锦衬袍，根据官级各有纹样等差，近臣有天下乐晕锦、簇四盘雕细锦等共计五等，军校赐给"翠毛、宜男、云雁细锦……"，共计七等。

> 是岁十月，近臣、军校增给锦衬袍，中书门下、枢密、宣徽院、节度使及侍卫步军都虞候以上，皇亲大将军以上，天下乐晕锦；三司使、学士、中丞、内客省使、驸马、留后、观察使，皇亲将军、诸司使、厢主以上，簇四盘雕细锦；三司副使、宫观判官，黄师子大锦；防御团练使、刺史、皇亲诸司副使，翠毛细锦；权中丞、知开封府、银台司、审刑院及待制以上，知检院鼓院、同三司副使、六统军、金吾大将军，红锦。
>
> 诸班及诸军将校，亦赐窄锦袍。有翠毛、宜男、云雁

细锦，师子、练鹊、宝照大锦，宝照中锦，凡七等。

以上这些得到加赠锦衬袍的文武官员，还依惯例发给时服五事：公服、锦宽袍、绫汗衫、裤和勒帛。

> 应给锦袍者，皆五事：公服、锦宽袍、绫汗衫、裤、勒帛；丞郎、给舍、大卿监以上不给锦袍者，加以黄绫绣袍肚。

随级别降低，时服的件数也在依次递减。

> 大将军、少卿监、郎中以上，枢密诸房副承旨以上，诸司使，皇亲承制、崇班，皆四事（无锦袍）。

> 将军至副率、知杂御史至大理正、入内都知、内侍都知、皇亲殿直以上，皆三事（无裤）。

> 通事舍人、承制、崇班、入内押班、内侍副都知押班、内常侍、六尚奉御以下，京官充馆阁、宗正寺、刑法官者，皆二事（无勒帛，内职汗衫以绫，文臣以绢）。

> 阁门祗候、内供奉官至殿直，京官编修、校勘，止给公服。

宋太祖建隆（960—963）时期的赐时服活动，不止每年端午和初冬两次，皇帝的生日诞圣节亦赐时令服。

> 端午，亦给。应给锦袍者，汗衫以黄縠，别加绣抱肚、小扇。诞圣节所给，如时服。

宋太宗和宋真宗时期，犀带、鱼袋、暖靴、绢帛布匹，都在赐发之列。

> 雍熙元年，两省五品以上，御史台、尚书省四品以上，各赐袭衣、犀带、鱼袋。

> 雍熙四年，令节度使给皂地金线盘云凤鹿胎旋襕，侍卫步军都虞候以上给皂地金线盘花鸳鸯。亲王、宰相、使相生日，并赐衣五事，锦彩百匹……

> 景德元年，始诏河北、河东、陕西三路转运使、副，并给方胜练鹊锦。校猎从官兼赐紫罗锦、旋襕、暖靴。

> 雍熙元年……观察使为都部署、副都部署赴本任、知
> 州，赐窄衣三事，金束带，鞍勒马。……（防御团练使、
> 刺史）为知州、都监，赐窄衣三事，绢三十四。

清徐松辑录的《宋会要辑稿》亦有详载：

> 凡五月五日赐服，二府宰相至同签书枢密院事……驸
> 马都尉：五事，润罗公服、红罗绣抱肚、黄縠汗衫、熟线
> 绫夹裤、小绫勒帛。

由此可知，《唐六典》和《宋史·舆服志》里的"时服"都是指唐宋朝廷按春、冬时令赐予诸臣的服饰和布料。

通过对"时服"记载的梳理，可以了解到"时服"这个词语在时令服装的本义基础上，又在各个朝代延伸出一些有微妙变化的含义。

另一个容易出现误读问题的就是"式"字。《熙宁新定时服式》中的"式"不能简单理解为服装款式、式样等，这个"式"与《熙宁新定节式》和《熙宁新定孝赠式》中的"式"同义，是一种起始于秦代的法律形式，在唐、宋法律中占有一定的地位，元、明、清时期已不再为主要法律形式。

章惇主持编订的七部法典，有两部"敕"、一部"令"和四部"式"："凡文法之名有四，一曰律，二曰令，三曰格，四曰式。"（唐李林甫《唐六典·尚书刑部》）

宋代初期沿袭了唐代的"律令格式"法律体系：

律，"以正刑定罪"，是关于定罪断刑的刑事法律规范。

令，"以设范立制"，是关于国家各种制度的法令。

格，则来自皇帝的敕令汇编，"以禁违正邪"，用来修正和补充律、令、式等常法。皇帝常以"敕"权断一些重大案件，一部分制敕经过整理和修订后，会成为正式的法规"格"，故又称为敕格。及至北宋前期，格的作用完全被编敕所取代，成为国家常法，其效力大于律。从中可看到中国封建社会的皇权凌驾于法律之上的特点。

式，"以轨物程事"，为百官有司"所常守之法也"。"式"是为实施"令"而制定的具体细则,故《熙宁新定时服式》如果产生在唐朝,那就是为某个《服装令》所做的详细说明细则。而在熙宁时期,此"式"很有可能就是一个单行式，是专门制定的服装制度，并没有从属于哪个《服装令》。

现存《熙宁新定时服式》抄本虽是残本，但它让今人看到仅存的宋代熙宁时期特有的单行"式"这样一种法典形式，就可称得上弥足珍贵。

抄本作者方绚在首页开篇点题道："此宋神宗朝所定服制也。"而且《熙宁新定时服式》共有六卷，只是大部分已散佚，抄本内容又涉及宫人、军妻和民妇，据此可推测出《熙宁新定时服式》的内容大致是宋朝于熙宁时期颁布的针对各阶层人士穿着时令服装的细则规范。

说图

《熙宁新定时服式》抄本仅有十页，其中两页为方绚按语，八页为原文内容。原文四页是鞋履图样，分别为:《民妇履式》(图2)、《军妻履式》(图3)、《宫人履式一》、《宫人履式二》。余下四页均为上述鞋履的部件图样:《军妻曳式及带式》《民妇曳式》《宫人穗式及曳式》《宫人綦式》。

四种履式涉及了军妻、民妇和宫人这三个阶层的女性。

从图中可看到，民妇履式和军妻履式在形制上有较大区别。鞋底:一薄，一厚。鞋曳:一圆，一方。鞋头:一圆翘，一扁尖。花色:一绣花，一素色。军妻履式的粗笨圆头再加上厚鞋底显得结实耐用，适合军妻随营迁徙的奔波生活，另外也从侧面说明了军妻的脚在熙宁时期肯定没有缠足，甚至连缠瘦直都没有。

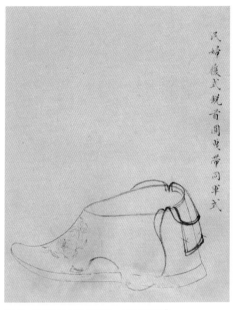

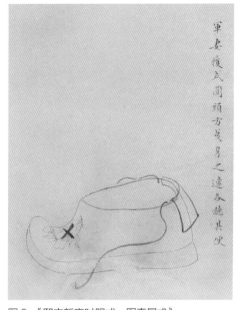

图2 《熙宁新定时服式·民妇履式》　　　　图3 《熙宁新定时服式·军妻履式》

　　宋代女子穿的鞋除了圆头和平头外，还有尖头、翘头和凤头等。按制鞋材料可分：草鞋、布鞋、锦鞋和缎鞋等。布鞋和锦缎鞋，通常会绣上花鸟图案。

　　北宋初期的女鞋颜色大概还受唐代的影响，流行过一阵子红色。北宋王诜的《绣枕晓镜图》中两位成年女子都着红色翘尖小履，北宋末苏汉臣的《妆靓仕女图》及宋代佚名《搜山图》中的女子所着之鞋也都为红色。

　　南宋出土的女鞋实物颜色已趋向柔和的间色——鹅黄、黄褐、褐色等，如，浙江兰溪南宋墓出土的黄缎面凤头翘尖鞋，江西德安南宋新太平州（今安徽当涂）通判吴畴之妻周氏墓出土的七双黄褐色素罗小脚弓鞋，福州新安南宋贵族少妇黄昇墓葬出土的六双弓鞋，均以褐色绞花罗做面。这些贵妇的鞋色趋向柔和的色调，应与南宋整体文化氛围的素雅、内敛有关。

　　自熙宁时期始，缠足风渐渐兴起。北宋东京汴梁闺阁中曾出现一种名为"错到底"的小脚鞋,鞋底呈窄三角形,前后用两色布合成。宋陆游《老学庵记》载:"宣和末,妇人鞋底尖,以二色合成,名'错到底'……皆服妖也。"

宋南迁后,此鞋被视为不祥之物,穿着渐渐减少。但南宋的缠足之风却愈加盛行。江西德安南宋周氏墓出土的七双黄褐色素罗弓鞋,鞋底也是前尖后圆,鞋头上翘,有丝线做的蝴蝶结装饰,后系带,有方形鞋曳,鞋口均卷边,有明显的手纳针迹。

黄昇墓葬出土的六双弓鞋,现收藏于福建博物院。它们比较典型地代表了南宋贵族阶层小脚弓鞋的形制。六双鞋形制相同,以褐色三经绞花罗做面,粗麻布做的鞋底,前尖后圆。鞋头尖锐上翘,缀有挽成蝴蝶结的细丝绳。其中两双鞋的缘口是以金色梅花丝绦沿边,显得精致华美。另外四双均为素色。鞋后帮有带,用以固定脚踝。鞋长 13~14 厘米,算是四寸小脚金莲鞋。

故宫博物院藏南宋杂剧人物图《打花鼓》中,左边艺人穿浅绿鞋,右边艺人着红色履。而且画中的女子双足皆纤小,鞋尖均上翘,她们的鞋制与黄昇墓和周氏墓出土的翘尖弓鞋非常相似。

不缠足的妇女大多是底层劳动人民,俗称"粗脚""大脚"。她们所穿的鞋子,一般为圆头或平头,就像军妻和民妇的款型,鞋面也会绣有各种花鸟图案。在南方的劳动妇女,多数都穿蒲草编的草鞋,凉快又便于劳作。

元代延祐四年（1317）,赵孟頫在燕京以五十金购得北宋王居正的《纺车图》（故宫博物院收藏）,并题诗云:"田家苦作余,轧轧操车鸣。母子勤纺织,不羡罗绮荣。"《纺车图》中位于左端手拉着线团的老妪,脚上穿着一双青绿色翘尖圆头鞋;右边手摇纺车的中年妇女,脚着深青色圆头鞋。这两双鞋与《熙宁新定时服式》的"军妻之履"非常近似,一看这朴素粗放的款式,便知是普通民妇所穿的粗布鞋履,而且两位都没有缠足。

《熙宁新定时服式》的八页图中,只有《宫人履式一》（图 4）

的文字附注较详：

> 式高二寸，底高五分；带
> 长三（寸）；其履曳如其高；穗
> 长四寸而分披之，结高二分；穗
> 共重二钱。

此页不仅标注鞋高二寸，鞋底厚五分，鞋带长三寸，鞋曳（鞋提）如鞋高，另外还把装饰穗的长度、整体重量及穗结的高度都标示出来。从穗子的重量和悬垂度来看，应是纱支很细的丝线。这个丝穗在宫人鞋履中充当着很重要的角色，因为它要衬托一个彰显等级的饰物——珠子。

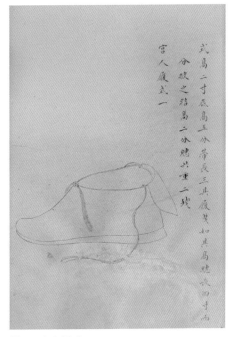

图 4　宫人履式一

如此图文并茂，让人一目了然，可称得上是"式"的标准模本，符合宋神宗给"式"下的定义："设于此而使彼效之曰式。"

《宫人履式一》所绘的穗结居前鞋口正中，鞋前脸是否有鞋梁，还不能断定。鞋梁即鞋帮在前脸的缝合处，以丝绦或皮革所缘的滚边。而《宫人履式二》（图5）则比较直观地绘出穗结、襻纽都在前中线鞋梁上。"式二"比"式一"多一个襻纽，或许还多一个鞋梁。其余部分均与《宫人履式一》相同。两式都有綦（鞋带）和桃型鞋曳。

图 5　宫人履式二

两种形制略不同的鞋款是否有等级之分不详，为哪种宫人所着

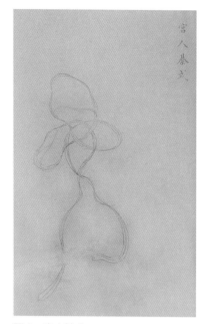

图6　宫人綦式

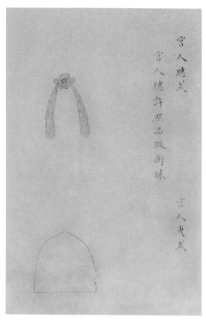

图7　宫人穗式及曳式

亦不详。应当还不是弓鞋。北宋熙宁时期，宫中可能刚出现缠瘦直的苗头，笔者于图说《宋人遗褥杂抄》中已详列出苏轼等北宋文人的诗词为证。那么北宋后宫的缠足应先在养尊处优的后妃和需要特殊旋转舞艺的宫伎中兴起，为帝后嫔妃服务的宫女们不会被允许缠足，否则会影响她们的服务质量。

据《万历野获编》记载，明朝时，从民间招选来做宫人的女子如果缠足，会被强制"解去足纨"，换上宫样鞋，以便于她们快速地在宫中行走。

> 向闻今禁掖中，凡被选之女，一登籍入内即解去足纨，别作宫样，盖取便御前奔趋，无颠蹶之患，全与民间初制不侔（谋）。予向寓京师，隆冬遇扫雪军士从内出，拾得宫婢敝履相示。始信其说不诬。（明沈德符《万历野获编》卷二十三《妇女·妇人弓足》）

另有两页描绘的是《宫人綦式》（图6）与《宫人穗式及曳式》（图

7）的具体形制。綦就是鞋带。鞋曳也叫鞋提等，作提鞋之用，《香闺韵事》图说部分曾详解之。鞋梁和鞋沿的结合部位镶有丝穗，穗结中央缀有一枚珠子。穗结绘画得精细立体，这个造型精美的六耳绳结与盘长结相似，很有皇家风范。此图注文："宫人穗许照品级衔珠。"却没有更详细的文字来说明应遵循怎样的等级标准来配珠饰，语气中有依惯例的意思。方绚亦云："宫人履穗，许照品级衔珠，亦勿详其衔珠何□？"

仅标注宫人鞋履，过于宽泛。宫人在宋代也称宫女、殿内人、宫婢等，但宫人这一称呼的使用范围更广。后宫内除去皇后和有名号的妃嫔外，那些掌管和处理各项事务，为宫廷生活服务的女子，都属于宫人范畴。从乳母阶层的国夫人、女官到普通宫女之间有着正一品到九品及无品秩的若干等级划分。

宋仁宗时，后宫人数已涨到二三千人；徽宗让位给钦宗后，宋钦宗曾一次放出六千宫女。在如此庞大的后宫队伍和细化的等级与职别中，为建立秩序、方便管理，宫人服装和鞋履肯定有明显的等第和职别之分，可让帝后妃嫔一眼便知其职别身份，并可约束宫人的行为举止。

从宋代传世艺术作品中，可看到的宫女服饰形制有以下几种：

1. 圆领窄袖袍衫配百褶裳裙

台北故宫博物院收藏的《宋仁宗皇后像》是一件难得的珍品，皇后和宫女的服饰都画得非常写实和精细，逼真得可以完全复制出实物。头戴花钗礼冠、身着青色袆衣的皇后装束基本与宋代《舆服志》的记载吻合，那么宫女的服饰也应当比较真实。画中左侧宫女手持巾带，右侧手托盂盘。两位宫女服饰相同，均头戴垂角幞头，上面簪满宋代盛行的五色帛花（亦称"一年景"），外穿皂色圆领窄袖袍衫，上有规则织绣纹样，腰系红色镶金革带，下着朱色百褶裳裙，足穿白底黄色翘头履。因皇后穿的是册礼和朝谒的袆衣，为最高级别礼服，所以两位侍女同样也穿着符合她们身份的盛装礼服，以示隆重。

图 8　[南宋]佚名《歌乐图卷》局部

2. 褙子

现存于上海博物馆的南宋佚名《歌乐图卷》（图 8）描绘了九位宫廷歌乐女伎身着统一的红色窄袖长褙子，在庭苑中排练的情景。这种直领对襟、腋下开气的褙子兴起于北宋，盛行于南宋，是男女皆穿的一种常用服饰。山西太原晋祠圣母殿的北宋侍女像中，也有中年侍女穿着红色长款褙子。另外，北京故宫博物院藏有南宋刘宗古的扇面国画《瑶台步月图》和南宋陈清波的绢本团扇画《瑶台步月图》，两图的创作年代都是南宋，画名也相同，扇面上的主人公仕女也都穿着这种南宋典型的服装。

3. 圆领窄袖侧开气衫袍配绔、靴

南宋佚名《女孝经图·后妃章》（图 9）图卷，现收藏于南京博物院。图中侍候在皇后身边的三位宫女一律男装打扮，头戴黑色幞头，外衣为内侍们常穿的圆领窄袖侧开气衫袍，下着白绔和高帮皂靴，腰围黄色裹腰。这种裹腰，男子也用，繁简不一，颜色以黄为贵，时称"腰上黄"。同套画卷的《贤明章》（图 10）一图中，皇后身边的宫女也做男装打扮，戴黑色幞头，着浅绿色侧开气衫袍。太原晋祠圣母殿的北宋侍女像中也有四个足蹬皂靴、男服装扮的女官形象。这说明宋朝的宫女和女官在宋代的某一时期内，着男服较为普遍。

4. 交领窄袖襦衫配长裙、披帛

同样是唐邓氏《女孝经》前九章的题材，南宋马和之的《女孝经补图卷·后妃章》图中，皇后身旁的宫女装束却为宋代女性的典型服饰。图中两位宫女皆梳三鬟髻，髻上插梳，并系有红飘带，身穿交领窄袖襦衫、曳地长裙，外罩披帛，一为绿色帛，一为赤色帛。两位皆着翘

图9　［南宋］佚名《女孝经图·后妃章》

图10　［南宋］佚名《女孝经图·贤明章》

头履，腰间系环佩，玉绶结环于小腹前下方，有压住裙摆的作用。同卷《邦君章》中的两位侍女形象也与《后妃章》一致。披帛，这个深受唐代女子喜爱的流行单品，或许从晚唐五代一直沿用到了北宋时期。这几位宫女的服饰与太原晋祠北宋宫女群像中的女服都可对应上。

《女孝经图》的题材是唐代的，而太原晋祠圣母殿的北宋侍女群像是为祭祀周武王王后邑姜而塑造的。两个主题都不是宋代的，作者就有任意发挥的可能，这些创作性作品理应没有宫廷收藏的帝王图写实度高。

《熙宁新定时服式》首页按语云："熙宁初定宫人履勿用五色。"宫人履不得使用的五色应为：青、白、赤、黑、黄，而这五色却是频繁出现在后妃们礼服里的颜色。古代视此五色为正色和尊色，在宫廷服务的宫女不能与后妃和命妇们穿同色的鞋履。这就是阶层的等第之分，不仅有饰珠的等级，还要有颜色的等级。

我国古代先民们在观察日出日落、四季更迭的自然景象中，总结出青、白、赤、黑、黄为滋生天地宇宙色彩的五种基本色调。

中国自周代起，认为青、白、赤、黑、黄这五正色，不仅分别代表着东、西、南、北、中这五个方向，也对应着木、金、火、水、土这五行和春、夏、季夏、秋、冬五个时令。盛行于周代并沿袭至南北朝的五时衣是表现中国五行与五正色关系的最早文化载体，同时也是我国古代以五正色为尊色的最初表现形式之一。

具体到服装上，天子的祭祀之服，按春、夏、季夏、秋、冬五个时令，要分别穿着与时令对应的正色服装。吕不韦所撰《吕氏春秋·十二月纪》有详载。

周代天子祭祀五郊的五时衣虽按时令穿衣，却不考虑四季温差，而是穿着与自然时令相和谐的五色衣。在对大自然表示敬畏的同时，古人也在寻求人与自然关系的和谐统一，认为人类社会中的一切，包括服饰都应该效法天道（自然），同时统治者也以天道为护佑和巩固自身政权的理论依据。

文献表明天子是要在整个时令里穿着与时令相对应的五时衣。尚不清楚周代的公卿大夫们与天子在郊外迎五时气和平时上朝时是否着五时衣。

西汉和东汉沿袭周代，以五色为尊，不但天子、百官五郊迎时气的礼服是五时衣，而且还把五时衣规定为朝服，将遵从古意、顺应天道自然发扬到极致。

但制度是制度，实施起来却是另一回事。至少西汉时期，百官真正穿五时衣上朝的时候，恐怕不多。《汉书·萧望之传》载西汉大臣张敞曰："敞备皂衣二十余年，尝闻罪人赎矣，未闻盗贼起也。"颜师古注引如淳曰："虽有五时服，至朝皆着皂衣。"张敞所处的汉宣帝时期，虽然百官都备有五时服，但朝会时，大家还都穿着黑色朝服。

汉代某时期，五时衣与绛色衣皆为朝服。祭祀五郊，只有皇帝与执事官员穿着五时衣。百官不执事者皆穿绛色常服。相关记载如：

> 汉制，祀事五郊。天子与执事所服各如方色，百官不执事者，自服常服以从。常服，绛衣也。（南朝梁沈约《宋书·志八·礼五》）

《太平御览·卷六九一》引汉马融《遗令》："穿中除五时衣，但得施绛绢单衣。"

从东汉开始，每年立春、立夏、大暑、立秋、立冬之前，常常要由尚书三公郎宣读五时政令，此礼一直沿承至魏、东晋、宋、北齐和唐代。《通典》载每岁读时令之礼，天子须穿着五时衣，但没提及百官。

> 读时令：后汉、魏、东晋、宋、北齐、大唐。后汉制，太史每岁上其年历。先立春、立夏、大暑、立秋、立冬，常读五时令。皇帝所服，各随五时之色。（唐杜佑《通典》卷七十《礼三十·沿革三十·嘉礼十五》）

虽然两汉使用五时衣的制度还不甚明了，但在所有有关五时令的国家礼仪活动中，天子是必须着五时衣的，足见汉时对五色的尊崇。

五时衣作为朝服有迹可循是东汉汉明帝时期。永平二年（59）汉明帝下诏，遵从周代管服制度，参酌秦法，制定冕服佩绶和朝服的服装制度。按照周代四时迎气的制度，详定天子百官以五时服为祭祀五郊之礼服和朝服。《后汉书·舆服志》记载天子常用朝服为："通天冠……乘舆所常服。服衣，深衣制，有袍，随五时色。"诸王常用的朝服为：远游冠，穿深衣，有五时服色。百官也备有五时衣。《东汉会要·祭祀志》载：

> 立春之日，迎春于东郊，祭青帝勾芒。车旗服饰皆青。歌青阳。

> 立夏之日，迎夏于南郊，祭赤帝祝融。车旗服饰皆赤。歌朱明。

> 先立秋十八日（季夏之日），迎黄灵于中兆。祭黄帝后土。车旗服饰皆黄。歌朱明。

> 立秋之日，迎秋于西郊。祭白帝蓐收。车旗服饰皆白，歌西皓。

> 立冬之日，迎冬于北郊。祭黑帝玄冥，车旗服饰皆黑，歌玄冥。

《后汉书·礼仪志》详载：

> 立春之日，夜漏未尽五刻，京师百官皆衣青衣，郡国县道官下至斗食令史皆服青帻，立青幡，施土牛耕人于门外，以示兆民，至立夏。唯武官不。

> 立夏之日，夜漏未尽五刻，京都百官皆衣赤，至季夏，衣黄。

> 先立秋十八日（季夏初日），郊黄帝。是日夜漏未尽五刻，京都百官皆衣黄至立秋，迎气于黄郊，乐奏黄钟之宫，歌《帝临》，冕而执干戚，舞《云翘》《育命》，所以养时训也。

> 立秋之日，夜漏未尽五刻，京都百官皆衣白，施皂领缘中衣，迎气于白郊。礼毕，皆衣绛至立冬。

> 立冬之日，夜漏未尽五刻，京都百官皆衣皂，迎气于黑郊。礼毕，皆衣绛，至冬至绝事。

> 冬至前后，君子安身静体，百官绝事，不听政，择吉
> 辰而后省事。绝事之日，夜漏未尽五刻，京都百官皆衣绛，
> 至立春。诸王时变服，执事者先后其时皆一日。

从文中可得知以下几点：永平时期遵循周制，定季夏时令为立
秋前十八日；五时衣中青衣、赤衣、黄衣成为百官整个时令可穿的
朝服；白衣和皂衣则在立秋、立冬当天祭祀完毕后，以绛色朝服替代，
一直穿满秋冬两季。

冬至前后，天寒地冻，万物冬眠，百官也不需上朝，放寒假回
家去静养生息，这也是与自然时令相和谐的一种体现。然后朝廷择
吉辰复工，当日百官再换上绛色朝服直至立春之日，再换青衣。主
祭官员总要提前一天换上相应颜色的衣服，并且晚一天换下。

《后汉书》这部分文字也可解释"穿中除五时衣，但得施绛绢
单衣""常服，绛衣也"这些汉代五时衣与绛衣同时作为朝服的情况，
而且读过之后也比较容易读懂《宋书·礼志五》这段让人一头雾水
的文字：

> 常服，绛衣也。魏秘书监秦静曰："汉氏承秦，改六
> 冕之制，俱玄冠绛衣而已。"晋名曰五时朝服，有四时朝服，
> 又有朝服。

西晋、东晋和南朝宋时沿用五时衣作为朝服制。《宋书·礼志五》
对晋宋时期的五时朝服、四时朝服及（绛）朝服制度，有进一步的说明：

> 朝服一具，冠帻各一，绛绯袍、皂缘中单衣领袖各一
> 领，革带、袷裤各一，舄、袜各一量，簪导饷自副。四时
> 朝服者，加绛绢、黄绯、青绯、皂绯袍、单衣各一领。五
> 时朝服者，加给白绢袍单衣一领。

从文中可以看出"朝服""四时朝服"和"五时朝服"是依次
叠加的关系。一整套"绛朝服"包括：冠、帻、绛绯袍、皂缘中单
衣领袖、革带、袷裤、舄、袜等。四时朝服者不但配"绛朝服"一具，
还要再加配绛绢、黄绯、青绯、皂绯袍和中单衣各一领，这样又可

搭配出四套礼服。五时朝服者在配有一整套绛朝服和四时朝服的基础上，再加给白绢袍和中单衣各一件的秋服一套。

晋代以金德自居，崇尚白色，故白绢秋服最为尊贵。《晋书·舆服志》载："百官虽服五时朝服，据今止给四时朝服，阙秋服。"很明显，五时朝服者的身份应为最高。据《宋书·礼志五》记载，"五时朝服"对应的官职为：皇太子、诸王郡公及三师、三公、将军位从公者、诸大将军、司隶校尉、诸三品将军、台省长官及高级僚属、太子府长官及高级僚属等。"四时朝服"对应的官职品级略低：谒者仆射、羽林监、北军中候、殿中监、太子寺人监、黄门中郎将校尉等。"绛朝服"者的品级更低：县、乡、亭侯，护匈奴中郎将，州刺史等。

南朝刘宋建立政权以后，在服制方面多依循晋制："其未加元服、释奠先圣、视朝、拜陵等服，及杂色纱裙、武冠素服，并沿旧不改。"（唐杜佑《通典·礼二十一·嘉六》）

南齐施行服制变革，"五时朝服"和"四时朝服"等朝服形式从此退出了历史舞台。南北朝以后虽然不再沿用五时衣制度，但以五正色为尊的传统早已深入人心，并一直沿袭至以后的各个朝代。

中国自周朝起就赋予色彩一定的特殊意义，把色彩分为"正色"和"间色"两个种类，所谓"间色"就是把青、白、赤、黑、黄这五种正色混合而成的色彩，如绀（红青色）、红（浅红色）、缥（淡青色）、紫、流黄（褐黄色），这些色彩是二次色，故又称"闲色""杂色"，即闲杂之色，应当为下层百姓之用色。孔子曾说"红紫不以为亵服"，即士人不能用红色或者紫色的布做家居时的便服。

我国智慧的先民们很早就发现了色彩形成的奥秘，战国《孙子兵法·势篇》云："色不过五，五色之变，不可胜观也。"即是说，五种正色可以调和出变化万千、数不胜数的颜色来。这与现代光学的红绿蓝三原色理论很类似。

在中国古代，服饰制度是封建礼制的一项重要内容，从奴隶社会到封建社会，统治阶层和庶民百姓之间都是有着严格的等级区别的，服装不只是蔽体御寒，还被当成分辨等级的工具。各等第的服装不仅有纹样、质地、款式、配饰上的区别，色彩也是一个重要的区分等级因素。在封建统治阶层的操控下，服饰色彩始终以正色为尊，间色为卑。

《诗经·邶风·绿衣》中写道："绿兮衣兮，绿衣黄里。心之忧矣，曷维其已！绿兮衣兮，绿衣黄裳。心之忧矣，曷维其亡！"诗中的"绿"代指妾，"黄"代指夫人，高贵的黄应当在上为衣色，低级的绿应当在下为裳色。"绿衣黄里""绿衣黄裳"正好反过来了，意思是说夫人失位而贱妾上僭。黄贵绿贱不言而喻。

但是，由于各朝统治者的喜好不同，这些颜色的地位也会随之发生变化。作为间色的紫色本来是卑贱之色，《释名·释彩帛》曰："紫，疵也，非正色，五色之疵瑕，以惑人者也。"但春秋时期的齐桓公"好服紫，一国尽服紫。当是时也，五素不得一紫"。

多年后，孔子推崇周礼，因周尚火德，尚赤，所以孔子认为乱穿衣的齐桓公弃赤尊紫，是礼崩乐坏的表现，遂曰："恶紫之夺朱也，恶郑声之乱雅乐也，恶利口之覆邦家者。"（《论语·阳货篇》）

我国古代民间的流行服饰一直以宫廷为风尚标，而皇亲贵族为保持自己的身份和地位，极力想让服饰这个外在的个人形象符号更加名贵和耀眼，以便与低级官吏和商贾、庶民保持一个很大的距离。

纵观中国古代服装史，各朝都是对上层社会的诸侯百官，制定严格等级的服饰制度；对中下层商贾百姓颁发服装禁令，限制他们的衣色服饰等，而服色制度就是这样随着封建等级社会的逐步发展，慢慢确立起来的。

两汉时期朝服还没有服色制度，天子和百官同穿五色朝服或绛朝服，品秩要靠冠的不同来区别，冠有：通天冠、远游冠、高山冠、进贤冠等十几种。要说以颜色区分等第，主要是体现在佩绶上。

汉代官员沿袭秦制，平时在袍服外都要佩挂组绶，组和绶都是彩色丝线编成的长条形带式。汉官每人有一官印，一印必配相应级别的丝绶。官印装于右侧腰间的鞶囊中，组绶垂于腰间，故称印绶。于是丝绶的颜色就成了官员社会地位等级的鲜明标志。

两晋南北朝时期，汉胡服饰相互融合；至北齐时，胡服则成为社会上的普遍装束，大多数汉人都喜欢穿着。朱紫玄黄，各色任选，家居、朝会，甚至连谒见皇帝也不例外。《旧唐书·舆服志》载：

> 燕服，盖古之亵服也，今亦谓之常服。江南则以巾褐裙襦，北朝则杂以戎夷之制，爰至北齐有长帽短靴，合裤袄子，朱紫玄黄，各任所好，虽谒见君上，出入省寺，若非元正大会，一切通用。

沈括在《梦溪笔谈》中写道："中国衣冠，自北齐以来，乃全用胡服，窄袖绯绿，短衣，长勒靴。"

强烈的异族服色风格"朱紫"和"绯绿"影响了中原，服色选择的范围扩大，但服色制度还没有真正地确立。

公元589年隋文帝杨坚结束了华夏300多年的分裂局面，一统中华。隋朝（581—618）虽国祚短促，仅存三十八年，却开凿全长五千多里的大运河，为唐朝几百年的繁华打下了基础。同时它还在中国古代服装史上开启了帝王黄袍和服色制度的先河。

隋文帝是中国历史上首位选择穿柘黄袍上朝听政的皇帝。自此，历代帝君均沿袭隋制，定黄色为九五之尊龙袍的专用色。明末王夫之《读通鉴论》说："开皇元年，隋主服黄，定黄为上服之尊，建为永制。"

隋代当时并没有限制官吏和百姓穿着黄色：

> 百官常服，同于匹庶，皆着黄袍，出入殿省，高祖朝服亦如之。唯带加十三环，以为差异。盖取于便事。（唐魏徵《隋书·礼仪志》）

大业元年（605），隋炀帝杨广即位后，为维护其封建宗法制度而下诏："及大业元年……宪章古制，创造衣冠，自天子逮于胥皂，服章皆有等差。始令五品以上通服朱紫。"（《旧唐书·舆服志》）

大业六年（610）复诏："从驾涉远者文武官等皆戎衣，贵贱异等，杂用五色。五品已（以）上通着紫袍；六品已（以）下，兼用绯绿。胥吏以青，庶人以白，屠商以皂，士卒以黄。"（《隋书·礼仪志》）

五品以上皆着紫色袍，六品以下着绯色与绿色袍，小吏衣青色，庶民衣白色，屠夫和商贩皆黑衣，士卒着黄衣。这样就形成了以不同服色区分身份贵贱、官位高低的等级秩序。虽然粗疏，但是服色制度已初步建立。此诏令意味着隋朝把常服纳入了舆服制度中，三种颜色的官服，以大面积色块给人视觉的冲击力非常强烈，远观即可辨认，更容易区分等级。

唐初服制沿用隋制。武德四年（621）做了进一步改动，制定了新的常服规范：

> 武德四年八月十六日。敕三品已（以）上，服大料紬绫及罗，其色紫，饰用玉。五品已（以）上，服小料紬绫及罗，其色朱，饰用金。六品已（以）上，服丝布杂小绫，交梭及双纲，其色黄。……流外及庶人，服紬绢絁布，其色通用黄白，饰用铜铁。（北宋王溥编《唐会要·舆服下》）

唐代常服对后世产生了深远影响。在唐中后期，常服可取代朝服和公服，官员上朝和官府办公时均可穿着。

贞观四年（630）二次下诏，将原来六至九品这四品通用的黄色改为绿色和青色，这样也与流外及庶人的服色有别：

> 三品已（以）上服紫，五品已（以）下（上）服绯，六品、七品服绿，八品、九品服以青，带以鍮石。妇人从夫色。虽有令，仍许通着黄。（后晋刘昫《旧唐书·舆服志》）

上元元年（760）再诏，这次更加细化，每一品级都有一色：

> 文武三品已（以）上服紫，金玉带。四品服深绯，五品服浅绯，并金带。六品服深绿，七品服浅绿，并银带。八品服深青，九品服浅青，并鍮石带。（后晋刘昫《旧唐书·舆服志》）

至此，一套完善的唐代服色制度在隋制的基础上终于形成，颜色从高到低依次为：紫、绯、绿、青。以后的不同历史时期只是略有调整和改动。

显德六年（959），周世宗柴荣崩，七岁的周恭帝柴宗训即位，归德节度使赵匡胤掌握了军中大权。显德七年（960）正月初一，赵匡胤率诸军北上迎敌，行至陈桥驿，手下众将将事先备好的黄袍披在他的身上，叩呼万岁，拥他为帝。此典故即"陈桥兵变"，也称"黄袍加身"。"陈桥兵变"将黄袍的皇权象征意味又进一步强化。

宋仁宗赵祯时，规定一般人士衣着不许以黄袍为底或配制花样。

明代将赭黄作为御用之色，《天工开物·乃服·龙袍》记载："凡上供龙袍……赭黄亦先染丝，工器原无殊形，但人工慎重与资本皆数十倍，以效忠敬之谊。"从故宫博物院所藏明代皇帝画像中可以看到，明代皇帝明世宗和明穆宗所穿圆领袍的颜色为赭黄色，只是深浅不一。

清朝建立后，仍崇尚汉文化，并推行华夏传统的五行与五色学说，认同黄色于五正色之中，居诸色之上，是代表中央正统权力的颜色。黄袍仍是历代清帝的御用朝服，只是衮服的色调从沿用了千年的柘黄色改为明黄色，以示区别。

1912年清朝灭亡后，皇家的御用黄色才回归民间。纵观中国服饰史中服色制度的确立，是由最初周代至汉晋时君臣同服的五时衣，慢慢演变到唐朝等级分明的服色制度，并被后世沿袭。服色正间色的尊卑观念虽然逐渐淡化，但严格的封建等级思想却留存在服色制度中。这说明封建统治者利用一切可以使用的元素符号，来划分等级、建立秩序，为巩固封建统治而服务。

参考书目：

[1] 北京大学古文献研究所 . 全宋诗 [M]. 北京 : 北京大学出版社，1998.

[2] 班固 . 汉书 [M]. 北京 : 中华书局，1962.

[3] 陈鹄 . 西塘集耆旧续闻 [M]. 北京 : 中华书局，1985.

[4] 陈邦瞻 . 宋史纪事本末 [M]. 北京 : 中华书局，1977.

[5] 陈寿 . 三国志 [M]. 北京 : 中华书局，1959.

[6] 程俊英 . 诗经译注 [M]. 上海 : 上海古籍出版社，2010.

[7] 杜大珪 . 新刊名臣碑传琬琰集 [M]. 扬州 : 江苏广陵古籍刻印社，1988.

[8] 戴圣，孔颖达 . 礼记正义 [M]. 台北 : 台湾中华书局，1980.

[9] 杜佑 . 通典 [M]. 北京 : 中华书局，1984.

[10] 范仲淹 . 范仲淹全集 [M]. 李勇先，王蓉贵，校点 . 成都 : 四川大学出版社，2007.

[11] 范晔 . 后汉书 [M]. 李贤，等注 . 北京 : 中华书局，1965.

[12] 房玄龄 . 晋书 [M]. 北京 : 中华书局，1974.

[13] 戈元，甄威，古象 . 晚香堂苏帖 [M]. 哈尔滨 : 黑龙江人民出版社，1994.

[14] 高文虎 . 蓼花洲闲录 [M]// 王云五 . 丛书集成初编 . 上海 : 商务印书馆，1936.

[15] 顾瑛 . 玉山璞稿 [M]. 杨镰，整理 . 北京 : 中华书局，2008.

[16] 顾嗣立 . 元诗选 [M]. 北京 : 中华书局，1987.

[17] 韩愈 . 韩愈集 [M]. 哈尔滨 : 黑龙江人民出版社，2005.

[18] 韩非 . 韩非子集释 [M]. 陈奇猷，校注 . 上海 : 上海人民出版社，1974.

[19] 蒋良骐 . 东华录 [M]. 北京 : 中华书局，1980.

[20] 孔子 . 论语 [M]. 程昌明，译注 . 沈阳 : 辽宁民族出版社，1996.

[21] 李焘 . 续资治通鉴长编 [M]. 北京 : 中华书局，1979.

[22] 刘熙 . 释名 [M]. 北京 : 中华书局，2016.

[23] 梁绍壬 . 两般秋雨庵随笔 [M]. 范春三，编译 . 乌鲁木齐 : 新疆人民出版社，1995.

[24] 刘昫 . 旧唐书 [M]. 北京 : 中华书局，1975.

[25] 李林甫 . 唐六典 [M]. 北京 : 中华书局，1992.

[26] 陆游 . 老学庵笔记 [M]. 北京 : 中华书局，1979.

[27] 李东阳，等 . 大明会典 [M]. 扬州 : 广陵书社，2007.

[28] 李时珍 . 本草纲目 [M]. 北京 : 北京燕山出版社，1988.

[29] 李昉 . 太平御览 [M]. 北京 : 中华书局，1960.

[30] 马端临 . 文献通考 [M]. 北京 : 中华书局，2011.

[31] 欧阳修，宋祁 . 新唐书 [M]. 北京 : 中华书局，1975.

[32] 彭定求，等 . 全唐诗 [M]. 北京 : 中华书局，1960.

[33] 苏轼 . 苏轼文集 [M]. 北京 : 中华书局，1986.

[34] 司马光 . 涑水记闻 [M]. 北京 : 中华书局，2017.

[35] 史游 . 急就篇 [M]. 上海 : 商务印书馆，1936.

[36] 宋应星 . 天工开物 [M]. 钟广言，注释 . 广州 : 广东人民出版社，1976.

[37] 沈括.梦溪笔谈 [M].张富祥，译注.北京：中华书局，2009.

[38] 孙星衍.汉官六种 [M].北京：中华书局，1990.

[39] 孙武.孙子·兵法 [M].陈曦，译注.北京：中华书局，2015.

[40] 沈约.宋书 [M].北京：中华书局，1974.

[41] 孙星衍.尚书今古文注疏 [M].北京：中华书局，2004.

[42] 沈德符.万历野获编 [M].侯会，选注.北京：北京燕山出版社，1998.

[43] 脱脱，等.宋史 [M].北京：中华书局，1977.

[44] 王称.东都事略 [M]// 二十五别史.刘晓东，等，点校.济南：齐鲁书社，2000.

[45] 吴自牧.梦粱录 [M].杭州：浙江人民出版社，1984.

[46] 魏徵，令狐德棻.隋书 [M].北京：中华书局，1973.

[47] 王迈.臞轩集 [M]// 舒大刚.宋集珍本丛刊.北京：线装书局，2004.

[48] 王铚.默记 [M]// 中华书局.唐宋史料笔记丛刊.北京：中华书局，1981.

[49] 徐自明.宋宰辅编年录校补 [M].北京：中华书局，1986.

[50] 许慎.说文解字 [M].北京：中华书局，1963.

[51] 徐天麟.东汉会要 [M].上海：上海古籍出版社，1978.

[52] 徐松.宋会要辑稿·崇儒 [M].苗书梅，等，点校.开封：河南大学出版社，2001.

[53] 徐松.宋会要辑稿 [M].北京：中华书局，1957.

[54] 薛瑞兆，郭明志.全金诗 [M].天津：南开大学出版社，1995.

[55] 严可均.全宋文 [M].苑育新，审订.北京：商务印书馆，1999.

[56] 杨慎.升庵集 [M]// 上海古籍出版社.四库明人文集丛刊.上海：上海古籍出版社，1993.

[57] 左丘明.左传 [M].郭丹，译注.北京：中华书局，2016.

[58] 张廷玉，等.明史 [M].北京：中华书局，1974.

[59] 赵尔巽，等.清史稿 [M].北京：中华书局，1976.

[60] 周公旦.周礼 [M].吕友仁，李正辉，注释.郑州：中州古籍出版社，2010.

《宣和册礼图》[宋]

说人

原作者不详。

说书

没有文献记录，无考。

说图

《宣和册礼图》的原作者佚名，抄本作者也是方绚。此书只有五页，绘有凤头鞋一式、龙凤纹样绣鞋三式、鞋带和鞋曳各一式。仅凤头鞋这页标注有书名《宣和册礼图》（图1），其他四页均无文字标注，所以无法就五页绘图详说。借此将我国鞋履的起源与古鞋名"屦""舄""屐"一起简要述之，以免留白。

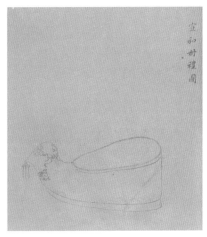

图1 《宣和册礼图》之一

一、鞋履的起源

鞋子是何时产生的，怎样产生的，无从考证。人们推测中国最早的鞋子是用兽皮或植物纤维制成的。旧石器时代（距今约 300 万年—距今约 1 万年）初始，先民们过着茹毛饮血、兽皮御寒的简单生活。《礼记·礼运》载："昔者……食草木之实，鸟兽之肉，饮其血，茹其毛。未有麻丝，衣其羽皮。"

170 万年前的元谋人遗址出土了一些具有简单砍砸、削切功能的石头工具。约 70 万年前的北京人遗址出土的石器工具更加精巧，功能也更细化。其中包括石锤、石锥、刮削器、砍砸器、雕刻器等，还有大量的用火遗迹，这说明那时的人们开始食用烤熟的肉类，不再茹毛饮血，也可以用石片刮削器简单地处理毛皮了。

毛皮的应用要早于棉、麻、丝这些纺织品。古人们很早就发现动物毛皮结实保温，于是便将动物皮围在腰间或披在身上，这样既可御寒，也可保护身体的重要器官。原始人从爬行发展到直立，虽然解放了双手，开阔了视野，但却加重了足部的负荷。在北方寒冷的冬季，赤脚踩在坑洼的地面上，奔跑着去捕猎，可想而知双足的痛苦。所以先民们在用兽皮围腰御寒的同时，自然也会想到用兽皮包裹双足，这样就产生了最原始的鞋。人们最初用石刀简单割取两块动物生皮，分别包裹住双足，再裁出两根长皮条，将皮子绑附在脚腕或胫部。后来又发展到在皮子上凿出一些小眼，让皮条穿过，使毛皮更服帖地缚裹住足部。这种没有裁剪、不分帮底、无需针线的原始兽皮鞋还不能称之为鞋，叫"裹足皮"更为恰当。

我国维吾尔族民间，近代仍存一种叫作"裘茹克"的鞋，即是简单裁出边缘不太规整的单底包脚皮子，上面有一些为穿绳固定之用的小眼。这种"裘茹克"应与原始的裹足皮类似。

北方以兽皮制鞋，南方则取草为履。生活在南方的先民们，因气候炎热潮湿，无需用毛皮裹脚御寒，便充分利用漫山遍野的植物叶茎和树皮为制鞋材料。蒲草、芦草、茅草、芒草、葛、棕、麻等植物都是古人常用的编草鞋材料。先民们从树皮和叶茎中剥取纤维，梳理成绺，编结为鞋。或再进一步手工搓捻茎皮纤维成草绳，最后用草麻绳编结成草鞋。河姆渡原始社会遗址中出土了带有编织纹样的陶片和陶器，说明中国人利用植物根茎叶为原料来编织容器和服饰，至今已有 7000 多年的历史。

从裹足皮到鞋，应当有一个缓慢的发展过程。一枚 18000 年前的骨针为我们想象鞋履的产生提供了重要的依据。这枚出土于北京周口店山顶洞人遗址的骨针尖端锐利，针身圆滑，一端有微小针眼。最开始固定裹足皮的线可能是植物根茎或石片切割的皮条。动物全身都是宝，聪明的古人发现动物的筋更长、更有韧性，于是便通过剥离、晾晒、捶软等一系列步骤得到了用于缝纫的动物筋线。新疆原始社会遗址上出土的动物筋线可印证其早在原始社会时期就已存在。我国鄂伦春族人至今还保留着这种古老的剥筋取线方法。毫无疑问骨针和动物筋线是为缝纫兽皮而发明的，这是我国服饰产生的一个重要前提条件。

随着原始人智能的不断开发和提高，他们意识到鞋底要比鞋帮磨损得快，应当选用质地更厚实的皮子作鞋底。于是，就产生了帮、底分离的鞋和简单的缝纫工艺。

1976 年，在甘肃玉门市火烧沟四坝文化遗址中，出土了一个彩陶人型壶，陶像头顶中空，双臂下垂为壶耳，脚上穿着一双舒适宽大的平底翘尖靴。经专家推测，此壶为祭祀器物，距今约为 4000 年。

1980 年，我国新疆考古队在罗布泊铁板河遗址上发现一具保存完好的干尸，这具被人们称作"楼兰美女"的女尸，头戴毡帽，足穿毛皮女靴，靴子由靴前脸、后帮和靴底三部分组成，可算得上是帮底分离的靴履。经碳 14 测定，楼兰女尸距今约 4000 年，与四坝文化遗址出土的人型壶的年代接近。

1983 年，在辽宁凌源牛河梁红山文化（前 3500—前 3000）遗址上挖掘出一件女性人物陶塑残像，虽缺失右腿，但左脚上的平底短勒靴清晰可见。这比新疆楼兰女尸脚上的皮靴还要早上 1000 年。说明 5000 年前的新石器时代晚期，即原始社会向奴隶社会的过渡时期，我国已有鞋履产生。

1988 年，在浙江宁波慈湖新石器时代晚期遗址中，又出土了两只平底木屐，经碳 14 测定，距今年代为 5400 年左右，属于良渚文化早期。江南先民们为了防雨水泥泞而发明的两只木屐，应是迄今为止我国乃至世界上最早的木屐实物。

上古时期的草鞋，因难以保存，没有实物传世。

夏、商时期是我国奴隶制国家形成和发展的重要时期，随着奴隶社会生产力的提高，农业、手工业和纺织业都得到一定的发展，为服饰提供了广泛的材质。至周代，鞋履材质除了皮革、麻草纤维之外，还有丝绸、麻布、葛布等。鞋的种类日益丰富，有革鞮、皮靴、丝屦、葛屦、麻屦、草蹻、复底舄、木屐等。鞋的款式、做工和装饰已十分考究。

周代统治者为巩固以君主为核心的王权专制统治，把礼制作为治理国家和人民的规则和道德行为准则。为此，统治阶层制定出完善的典章制度，服饰等级制度也被包括其中。鞋履的式样、材质、配色、图案都根据服饰制度有着严格的规定。夏商周时期，中原出土的鞋履实物极少，但有许多关于鞋履的文字记载。

二、古代鞋名释

1. 屦

屦，汉代以前对鞋子的总称。古代鞋子总称有"屦""履""鞋"三种。先秦时期称屦，汉魏称履，唐代以后多称鞋。

汉刘熙《释名·释衣服》云："屦，拘也，所以拘足也。"东汉许慎《说文解字·履部》曰："屦，履也，从履省，娄声。"清段玉裁注：

晋蔡谟曰："今时所谓履者，自汉以前皆名屦。《左传》：

图 2　《宣和册礼图》之二

踊贵屦贱。不言履贱。《礼记》：户外有二屦。不言二履。"……
按蔡说极精。《易》《诗》《三礼》《春秋传》《孟子》皆言屦，
不言履。

确如蔡谟所说，在记录先秦历史事件和儒家言行的文献中，"屦"
字多为"鞋"义，个别为动词"穿鞋"的意思。

春秋末年鲁国史官左丘明所著的《左传》，详细叙述了春秋时
期各诸侯国发生的重大历史事件，把纷繁的战争讲述得很有条理，
同时对人物的刻画也很生动。文中多处出现了"屦"字。

公惧，队于车。伤足丧屦，反，诛屦于徒人费。弗得，
鞭之，见血。(《左传·庄公八年》)

郤克伤于矢，流血及屦，未绝鼓音。(《左传·成公二
年》)

《孔子家语》载孔子弟子高柴因"未越屦""不履影"等循规蹈
矩的举止，而被推举为礼仪楷模："自见孔子，出入于户，未尝越屦，
往来过之，足不履影……是高柴之行也。"

在周代这个"非礼勿动"的社会里，人们的言行举止，甚至穿
鞋脱鞋的举动都要符合礼的要求。《礼记·曲礼上》云：

将上堂，声必扬。户外有二屦，言闻则入，言不闻则
不入。……毋践屦……侍坐于长者，屦不上于堂，解屦不

敢当阶。就屦，跪而举之，屏于侧。乡长者而屦，跪而迁屦，俯而纳屦。

唐以前，没有桌椅床几之类的陈设，人们都是"席地而坐"。现在所说的"筵席"，原本是指古时铺在地上的座席，通常为草席或竹席。"筵"铺在最下层，紧贴地面。"席"则铺在"筵"上，人坐于席上。"筵"的面积较大，如果穿鞋登堂入室，会踩脏人家的"筵"。所以，遵循周礼，做客和陪坐长者时，鞋履都要脱在门外。进门时，还要注意不要踩到别人的鞋。穿鞋和脱鞋的姿态也要有所避让。《礼记·曲礼》这部分有关鞋的礼仪规范，共出现八个"屦"字，六个都是鞋的意思，两个为动词"穿鞋"之意。

《礼记·檀弓下》这段有关"嗟来之食"的文字，也有"屦"字："齐大饥，黔敖为食于路，以待饿者而食之。有饿者，蒙袂辑屦，贸贸然来。"仅四字"蒙袂辑屦"，就让读者看到一位落难后竭力保持尊严，以袖遮脸、脚下拖拉着残履的灾民形象。

商周时期，按照材质，春夏着葛屦、草屦，秋冬则穿皮屦，贵族也着丝屦。

葛屦是以葛制成的单底鞋，包括葛布鞋和葛草鞋。葛是蔓藤植物，茎长可达二三丈，比苎麻要长一倍，粗葛常用来编扎筐、绳、草鞋等。撕剥的纤维可织成葛布，亦称"绤绤"，细者曰绤，粗者曰绤。最细的葛纤维，能织出薄如蝉翼的布。商周时期庶民百姓的生活水准不高，所穿葛屦指葛茎编的草鞋为多。

《诗经·魏风·葛屦》："纠纠葛屦，可以履霜？"意思是"纠缠交错的葛草鞋，怎么能走在冬天的寒霜上？"一句慨叹，道出底层百姓的生活辛酸。汉郑玄笺："葛屦贱，皮屦贵，魏俗至冬犹谓葛屦可以履霜，利其贱也。"

葛屦这类的草鞋，因原料采集方便，鞋制简单易编，成本低廉，一直是我国古代百姓的常穿之履，也是底层劳动人民的象征。宋李昉《太平御览·服章部》也有："诗曰：'葛屦五两，冠绥双止。'葛屦，服之贱者也。冠绥，服之尊者。笺云：'以喻不宜同处。'"

扉屦主要是指用各种草茎编扎的草鞋。

《左传·僖公四年》云："若出于陈、郑之间，共其资粮扉屦，其可也。"晋杜预注："扉，草屦。"唐王睿《炙毂子录》有："夏殷皆以草为之屬，左氏谓之菲（扉）履也。"

汉许慎《说文解字·尸部》："扉，履属。"清段玉裁注："履者，屦也。足所依也。云属者，屦之粗者曰扉也。"汉扬雄《方言》卷四有："扉屦，粗屦也。徐（州）兖（州）之郊谓之扉，自关而西谓之屦。"汉刘熙《释名·释衣服》又言："齐人谓草屦为扉。"可知，汉代以前，扉、屦和扉屦三者在不同地域，都是指草鞋一类的粗屦。

后来，人们把扉和屦做了季节性的区分。元王祯《农书·农器图谱七》言：

> 屦，麻履也，《传》云："履满户外，盖古人上堂，则
> 遗屦于外，此常屦也。"今农人春夏则扉，秋冬则屦，从
> 省便也。

据王祯所讲，麻草编扎的凉鞋称作扉。有帮，包住脚面的麻草便履称作屦，并配图说明（图3、4）。

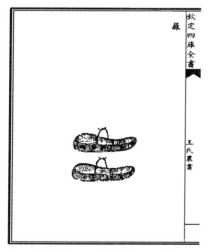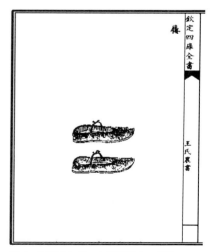

图3 《王祯农书·农器图谱七·扉》　　图4 《王祯农书·农器图谱七·屦》

明代王圻的《三才图会》中"扉"和"屦"的配图（图5）也跟王桢《农书》近似，图中的"扉"，一看就是草凉鞋款式，有鞋鼻、鞋袢和鞋带。"屦"同样为麻草编成的便履。

有几种草屦，周代的百姓不但日常穿着，同时也用作丧履。不同品种、粗细各异的草鞋分别搭配重丧或轻丧之服。古代的丧服制度是亲者服重，疏者服轻，"斩衰""齐衰""大功""小功""缌麻"五种丧制，依次递减。

菅屦是用菅草编成的草鞋。菅，茅草的总称。因草纤维较粗，所以用在哀悼程度最重的"斩衰"中。凡子为父、父为长子、诸侯为天子、妻妾为夫等服丧时，应穿不缝下边的生粗麻丧服，同时足着茅草直接编成的粗陋菅屦。

《仪礼·丧服》载："斩衰裳，苴绖、杖、绞带，冠绳缨，菅屦者。……诸侯为天子、君，父为长子，为人后者。妻为夫，妾为君……"贾公彦疏："菅屦者谓以菅草为屦。"

《左传·襄公十七年》载："齐晏桓子卒。晏婴粗缞斩，苴绖、带、

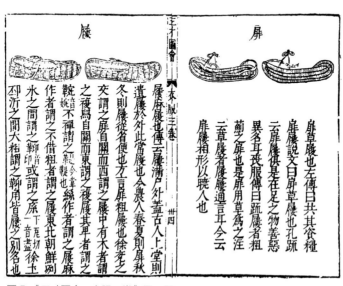

图5 《三才图会·衣服三卷》扉、屦

杖，菅屦。"

《荀子·礼论》则言："……衰绖、菲繐、菅屦，是吉凶忧愉之情发于衣服者也。"

菅屦作为丧履编扎时，最后要把草茎的余头向外结，不向内收净。跟不缉下边的"斩衰"粗麻丧服一样，以此表示内心哀痛至深，都无心修饰边幅。《仪礼·丧服》传云："菅屦者，菅菲也。外纳。"

绳屦，是先将各种草麻纤维捻成绳后，再用绳子编成的草鞋。显然，绳屦比菅草粗屦更费工，也更细致。绳屦用作丧履时，也用在"斩衰"三年中，跟菅屦的使用人群有所不同。《仪礼·丧服》载：

> 丧服，斩衰裳，苴绖、杖、绞带，冠绳缨，菅屦者。
>
> 诸侯为天子、君，父为长子，为人后者。妻为夫，妾
> 为君……三年。公士、大夫之众臣，为其君布带、绳屦。
>
> 传曰：公卿、大夫室老、士，贵臣。其余皆众臣也。君，
> 谓有地者也。……绳屦者，绳菲也。

服"斩衰"三年之丧，腰带为绞带，即粗麻绳绞合的带子，穿着最粗糙的菅屦。但公卿、大夫的众家臣例外，他们为其君服布带、绳屦。君是指有封地的公卿、大夫，他们的家相、谋士等都属于贵臣，其余的都是众家臣。那么室老贵臣同君的关系要比众家臣更亲近，亲者服重，所以室老贵臣应按斩衰三年的标准，为其君服绞带、菅屦。绞带比众臣的麻布带更粗，菅屦也比绳屦更粗陋。

疏屦，也称作苞屦，是一种用蔍草和蒯草编制的草鞋。

蔍草和蒯草都生长在水边阴湿地方，结实，有韧劲。其茎比菅屦用的茅草略细，常用来编索、织席、打草鞋和造纸。《左传·成公九年》载："《诗》曰：'虽有丝麻，无弃菅蒯；虽有姬姜，无弃蕉萃。凡百君子，莫不代匮。'言备之不可以已也。"可知，蔍蒯跟菅草都是商周时期编扎草鞋的主要原料。

这种蔍蒯草编的疏屦（苞屦）用作丧履时，比菅屦低一等，用于"齐衰"三年或"齐衰"杖期一年。子为母或继母、母为长子、

夫为妻、男子为叔伯父母、已嫁女子为父母等服丧时穿疏屦。"齐衰"丧服比"斩衰"的轻一等，是用略粗的生麻做成，辑缝下边。使用的丧履为藨蒯草鞋，也比菅屦要细些。

《仪礼·丧服》载：

> 疏衰裳齐，牡麻绖，冠布缨，削杖，布带，疏屦三年者。父卒则为母，继母如母，慈母如母，母为长子。

> 疏衰裳齐，牡麻绖，冠布缨，削杖，布带，疏屦期者

（一年）。父在为母、妻，出妻之子为母。

《礼记·曲礼下》则载："苞屦、扱衽、厌冠，不入公门。"汉郑玄注："此皆凶服也。苞，藨也。齐衰藨蒯之菲也。"

麻屦，麻纤维制作的布鞋或草鞋。早在 6000 年前的新石器时代，我国已采用苎麻作纺织原料。浙江余姚河姆渡和吴兴钱山漾新石器遗址都发现过苎麻织物残片及绳子。先秦时期，除了苎麻为纺织原料外，还有大麻和苘麻。苎麻纤维细，织出的细麻布凉爽透气，受贵族喜爱。普通百姓所穿的粗麻布衣和麻屦，大多来自大麻和苘麻的茎皮纤维。

周代存世的鞋履实物，主要为楚墓出土的麻屦。湖北江陵马山一号战国楚墓出土了三双女麻屦，其中两双有丝帛围缀鞋口和鞋帮，分别为菱形织锦和土黄色绨。湖北省荆州地区博物馆编写的《江陵马山一号楚墓·随葬器物》中记载："麻鞋，3 双。仅一双保存较好。大菱形纹锦面麻鞋，前端近圆形，侧视呈缓坡状。表层用麻布，髹黑漆，里层用草编成，鞋口和鞋帮均用锦面。鞋底用麻线编结，从中间向外逐圈缠绕共二十七圈。底下有许多乳丁（钉）状线结。"另两双鞋的结构与其一致，有一双的鞋面为土黄色绨。这双保存较完好的锦面麻鞋，鞋底和麻布鞋面均涂了较厚的防水黑漆，鞋底以麻绳立面盘曲二十七圈，连缀而成，并纳有许多防滑的乳钉状麻线结。这种鞋底盘立辫麻绳的工艺一直保存到现在。可能是为了美观和舒适，鞋帮和鞋口用稀疏的针脚缝上一层菱形织锦，便于拆换。

这一层缀锦使肃朴的黑漆麻屦出现了层次，也增加了女屦的柔和感。这种临时性的丝锦缀面，也有可能是当时贵族敛鞋的形式。

河南光山春秋黄国墓葬出土一双麻鞋底，也是由麻线绳盘曲连缀而成，顶端尖锐。鞋底形状与马山一号锦面麻屦不太一样。沈从文在《中国古代服饰研究》中认为此鞋"前端显著尖出，与鞋帮结合时必然要翻上一部分，作勾屦状"。

由此可知，周代时麻布屦至少有勾屦和圆头两种款式，材料上有绳编和麻布两种，而且还有丝锦缀布面这种形式。

麻屦在周代也用作丧履。《仪礼·丧服》载："不杖，麻屦者。祖父母，世父母，叔父母。"周礼规定服"齐衰"之丧，共有四种服丧时间，按关系亲疏，依次减短，分别为："齐衰"三年、"齐衰"杖期一年、"齐衰"不杖期一年、"齐衰"三月。丧服穿的都是同一种，只是"齐衰"不杖期一年，哀悼级别比有杖期三年和一年要轻些。因丧者是隔辈的祖父母，服丧者肯定都年轻，所以不用丧杖，并把蘸蒯草编的疏屦改为麻屦。

无论麻屦是麻绳草鞋还是麻布鞋，都比齐衰三年和有杖期一年所服的疏屦要细致。符合周礼丧服制度疏者服轻、依次递减的规则。

这里存在一个疑问，就是先秦时期葛、麻布制作的布鞋，是否包括在葛屦和麻屦中。唐宋以前，布都为葛、麻纺织而成。在先秦和两汉的文献里，把葛麻布衣服，称作"葛衣""麻衣"和"布衣"等。

战国韩非《韩非子·外储说左第二十三》载："孙叔敖相楚……冬羔裘，夏葛衣，面有饥色。"《韩非子·难一第三十六》又有："桓公曰：'吾闻布衣之士不轻爵禄。'"《诗经·曹风·蜉蝣》有："蜉蝣掘阅，麻衣如雪。"汉司马迁《史记·太史公自序》则说："夏日葛衣，冬日鹿裘。"汉戴德《大戴礼记·曾子制言中》云："布衣不完，疏食不饱。"

而先秦文献中，鞋屦的名称却只有"葛屦"和"麻屦"，没有"布屦"之说。

由于草屦编织起来容易上手，需求量又大，所以编屦卖屦成为许多人的谋生手段。《韩非子·说林上》载有著名典故"鲁人徙越"：

> 鲁人身善织屦，妻善织缟，而欲徙于越。或谓之曰："子
> 必穷矣。"鲁人曰："何也？"曰："屦为履之也，而越人跣
> 行；缟为冠之也，而越人被发。……"

是说一个善于编织草鞋的鲁国匠人，搬迁到越国，而越人习惯于赤脚走路，最后这位手艺人仅居越国三个月，便"悄怆而返"。

《春秋穀梁传》载鲁宣公弑君即位，其弟叔肸以为不义，终身不用其钱财，靠自己编屦为生，以此来抗议宣公："公弟叔肸卒，其曰公弟叔肸，贤之也。其贤之何也？宣弑而非之也。……织屦而食，终身不食宣公之食。"

《孟子·滕文公》提到农家学派的代表人许行主张自食其力，"贤者与民并耕而食"。他到滕国后，亲率几十名门徒，身着粗褐短衣，在江汉一代打草编屦织席为生："许行自楚之滕……文公与之处。其徒数十人，皆衣褐，捆屦织席以为食。"

用草绳编屦时，为使鞋子坚固耐穿，会一边砸，一边勒紧，李昉的《太平御览·服章部》对"梱（捆）屦织席"中的"梱（捆）"字解释道："梱（捆）音阃，犹叩板椓也。织履欲使坚，故叩之。卖履席以供饮食也。"

从以上文字可知，编屦织席这个手工行业，在周代还是比较普遍的。

农家学派的领头人许行主张贤者自食其力，可这种没有社会分工的乌托邦式思想并未被社会所接受。反而让善辩的孟子留下了那句深入人心的反驳之言，"劳心者治人，劳力者治于人"。

中国上古统治者按职业把百姓划分为士、农、工、商四类。初始，四个行业的等级层次并不显著，只有士阶层高些。到了战国时期，"奖耕战""抑商贾"的局面开始形成。秦汉大一统之后，更是主张以农为本，限制工商业的发展。士、农、工、商直接成为由高到低的社会

层次。此后，在中国这个以农业税收为主的社会里，手工业者和商人都备受各代统治者的轻视。而编屦贩屦这个技术含量和商业利润都不高的行业，一直以来都是地位低下的象征。

《庄子·列御寇》记载曹商暴富后，讥笑庄子生活清贫："宋人有曹商者……见庄子曰：'夫处穷闾阨巷，困窘织屦。'"

元末罗贯中《三国演义》第一回："玄德幼孤，事母至孝。家贫，贩屦织席为业。"家喻户晓的刘备被世人称为"鞋祖"，早年丧父的他，曾跟母亲一起编屦卖屦为生。因此袁术和曹操很看不起刘备。

第二十一回："袁术骂曰：'织席编屦小辈，安敢轻我！'"

第七十二回："（曹）操骂曰：'卖履小儿，常使假子拒敌！'"

小说是反映社会现实的一面镜子，由此可知，编屦卖履行业在中国古代等级社会里处于低下地位。

丝屦，是指以丝帛为帮面或有特定丝制装饰物的鞋履。春秋战国时期，贵族也穿丝制鞋履。河南信阳长台关一号春秋晚期楚墓出土第 2-02 号简文中载有："一两鞣（漆）缇屦、一两蔎（短）屦。"（河南省文物研究所《信阳楚墓》缇在古代多指丹红色丝织物。《说文·上丝部》云："缇，帛，丹黄色。从糸，是声。"那么，"缇屦"即是丝作之屦。

虽然周代王公贵族的祭祀礼服使用丝帛，但是周代文献却很少提及丝屦。可能丝屦在当时还不太普及，抑或是周代服制比较严格，上衣下裳要与天玄地黄、乾上坤下相对应，即上贵下贱，下裳和足衣从颜色到质地都不能僭越代表天和阳乾的上衣。

"丝屦"在《礼记》中出现过两次，唐代孔颖达的解释有着另一种含义。

《礼记·少仪》记载："国家靡敝，则车不雕几，甲不组縢，食器不刻镂，君子不履丝屦。"唐孔颖达疏："丝屦，谓绚、繶、纯之属，不以丝饰之，故云'不履丝屦'。"这里的丝屦不是指丝绸为帮面的鞋履，而是指有丝帛（绚、繶、纯）饰边的鞋履。此说有一定道理，

《仪礼·士冠礼》说"夏用葛，冬皮屦"，也并没有提到丝做的鞋。

周礼以絇、繶、纯三饰来区分舄屦的品级。饰物的多少、饰物的颜色等都有严格的规定。《周礼·天官·屦人》载："屦人掌王及后之服屦，为……赤繶、黄繶、青句。"《仪礼·士冠礼》曰："玄端黑屦，青絇繶纯，纯博寸。素积白屦，以魁柎之，缁絇繶纯，纯博寸。"郑玄注："絇之言拘也，以为行戒，状如刀衣鼻，在屦头。繶，缝中紃也；纯，缘也。"絇，是古代履头翘起部位的丝绦装饰物，状似刀鼻，似现在的鞋梁，上有一对小孔，从后跟牵过来的綦（鞋带）可由孔中穿过，再绕回去，系在脚上。絇有拘束穿履者谨慎之意。古时多用于成人舄履，服丧之人及未冠童子则无此饰。繶，为丝线编织成的圆柱状丝绦，缀于鞋帮与鞋底相接之缝，犹如现代鞋履的嵌条。纯，是古代鞋口处的那圈缘边，今日鞋履的缘口是其遗制。絇、繶、纯在鞋上做装饰时，三者皆为一色。

> 言繶必有絇纯，言絇必有繶纯，三者相将，则屦、舄皆有絇繶纯矣。凡絇繶纯，皆一色。（元末明初陶宗仪《南村辍耕录》）

《仪礼·士冠礼》讲到贵族青年行加冠三次的成人礼时，所换的三套服装应搭配固定颜色的鞋履和絇、繶、纯饰物：

> 屦，夏用葛，玄端黑屦，青絇繶纯，纯博寸。素积白屦，以魁柎之，缁絇繶纯，纯博寸。爵弁缥屦，黑絇繶纯，纯博寸。冬，皮屦可也。不屦繐屦。

行冠礼时，夏天穿葛制的鞋，冬天穿皮制的鞋，不能穿线缕细疏的麻布鞋。玄端服，要配以黑鞋，鞋头絇饰、嵌条和鞋口缘边，均为青色。鞋口镶边宽一寸。皮弁服的下衣为白裳，应配白鞋，用魁蛤灰涂注增白。絇、繶、纯镶边全为缁色布，缘口宽一寸。穿爵弁服时，下裳为缥色，应配缥色鞋，絇、繶、纯镶边全为黑色。

此文特别强调了行冠礼者的礼鞋都要镶絇、繶、纯三饰，由此可知"夏用葛"所说的这个"葛"鞋，为葛布鞋的可能性很大。"不屦繐屦"中的"繐"，意为细而稀疏的麻布，古时用作丧服"小功"的面料。"不屦繐屦"意思是指士之子行冠礼时不应穿质地稀疏的细麻布屦，因其质地稀疏，是制作丧服的材料。所以，贵族子弟行冠礼时的夏季用鞋应为纱支细腻的葛麻布鞋，上有絇、繶、纯全套装饰。

皮屦即是用兽皮制成的鞋履，多用于秋冬，以抵御风寒。上文引用过的《仪礼·士冠礼》亦提及："屦，夏用葛……冬，皮屦可也。"唐贾公彦疏："冬时寒，许用皮，故云'可也'。"士阶层在办丧礼时，给死者穿的敛鞋是有讲究的。《仪礼·士丧礼》载："夏葛屦，冬白屦。皆繶缁絇纯，组綦系于踵。"

"冬白屦"是"冬白皮屦"的省文，"夏葛屦"是"夏葛白屦"的省文，两句互文见义。夏穿白色葛屦，冬穿白色皮屦。而屦头絇饰和缘边皆用缁色布，鞋带系于后跟处。缁是一种泛深紫色的黑色帛布，视觉上还是白鞋黑边，有肃杀之感。如果夏屦和冬屦都有黑色絇、繶、纯镶边的话，那么，这里的葛屦应是白色葛布鞋。

所以葛屦和麻屦不仅是指粗屦草鞋，根据用途和使用者的阶层，也有可能是葛麻布鞋。

鞮屦是一种皮履，多指男子所穿的单底短靿皮履，由薄的皮革做成，鞋帮至脚踝处，有时也简称为"鞮"。

《说文解字·革部》说："鞮，革履也。"汉扬雄《方言》卷四则解释："（屦）复履其庳者谓之鞮下，禅者谓之鞮。"汉史游《急就篇》载："靸鞮卬角褐袜巾。"唐颜师古注："鞮，薄革小履也。"

贵族所穿没有絇饰的鞮屦，是一种丧履。《礼记·曲礼》载："大夫士去国：逾竟，为坛位，乡国而哭。素衣，素裳，素冠，彻缘，鞮屦，素簚。……三月而复服。"汉郑玄注："言以丧礼自处也。臣无君犹无天也……鞮屦，无絇之菲也。"唐孔颖达疏："鞮屦者，谓无絇饰屦也，屦以絇为饰。凶故无絇也。……今素裳则屦白色也。"宋赵彦卫《云麓漫钞·卷三》则载："屦之有絇，所以示戒，童子不絇，未能戒也。丧屦无絇，去饰也。人臣去国，鞮屦，以丧礼处之也。今人为皮鞋，不用带线，乃古丧屦。"

郑玄认为此处"鞮屦"是"无絇之菲"，即无絇饰草鞋，似有不妥。鞮是革字旁，表"皮革"之义，多指皮履。赵彦卫所说"今人为皮鞋，不用带线，乃古丧屦"，倒是认同无絇"鞮屦"是古时的皮制丧履。另外，士大夫去国以丧礼自处，"三月而复服"，仅服三月素服应与"缌麻"这类的轻丧近似。"缌麻"所配丧履为"非纯吉"履，即去掉鞋头絇饰的日常之履；那么，日常之履既有葛麻屦，也应有皮屦。所以孔颖达认为鞮屦是无絇饰的屦最为贴切。

"屦人"是管理天子后妃和文武百官礼鞋的人。周代形成了一整套完善的冠服制度，成为统治阶级整个行政体系划分贵贱的法则，后世各代制定服装制度，多以周制为参照。官府会派专人去收集丝绸、皮裘等四季服饰材料，颁与百工去制作冕服、屦舄等，并设置"屦人"来管理统治阶层参加春夏秋冬祭祀时，与祭服所搭配的各种鞋履。《周礼·天官·屦人》载："掌王及后之服屦。为……素屦、葛屦。辨外内命夫、命妇之命屦、功屦、散屦。凡四时之祭祀，以宜服之。"此处的葛屦，说明王和后在夏天也穿葛麻精编的凉鞋。

素屦是指王和后所穿没有絇、繶、纯等丝饰的鞋履，通常用于"大祥"仪式。"大祥"即是为父母去世两周年而举行的祭祀仪式。郑玄注："素屦者，非纯吉，有凶去饰者。"唐贾公彦疏："素屦者，大祥时所服，去饰也。"

命屦是指卿大夫和命妇们穿着天子所赐命服时所配的单底礼鞋。汉郑玄注："命夫之命屦，缲屦。命妇之命屦，黄屦以下。"

功屦是做工略粗于命屦的鞋，颜色为黑色或白色。郑玄注："功屦，次命屦，于孤卿大夫则白屦、黑屦。九嫔、内子亦然。世妇命妇以黑屦为功屦。"孙诒让正义疏："命屦人功最精，功屦次于命屦，故微粗，次命屦谓降一等也。"

散屦，则与素屦的功能一样，是指臣下所用的，没有任何絇、繶、纯装饰的鞋履。用于"大祥"仪式。郑玄注:"散屦亦谓去饰。""祭祀而有素屦、散屦者,唯大祥时。"唐贾公彦疏:"散即上之素,皆是无饰,互换而言,故云'谓去饰'者也。"

不论何种材质、何种等级的屦,其鞋底都是单层的,双层底的鞋则称为"舄"。

《周礼·天官·屦人》云:"掌王及后之服屦,为赤舄、黑舄。"汉郑玄注:"复下曰舄,禅下曰屦。"

《释名·释衣服》亦云:"履,礼也,饰足所以为礼也。……复其下曰舄。"

从战国后期开始,原来用作动词"踩、训践"之义的"履",逐渐引申为踩踏工具"鞋"的意思,跟"屦"成为同义字。

清段玉裁在《说文解字》"屦,履也"下注:

> 周末诸子、汉人书乃言履。《诗》《易》凡三履,皆谓践也。然则履本训践,后以为屦名。古今语异耳,许以今释古,故云古之屦,即今之履也。

《韩非子·外储说左上》载:"郑人有欲买履者,先自度其足,而置之其坐。"《庄子·山木》曰:"衣敝履穿,贫也,非惫也。"

汉代的丝绸产量大幅提高,穿着丝履比先秦普遍,装饰也更加

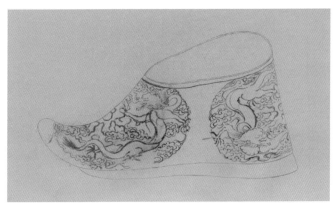

图6 《宣和册礼图》之三

奢华。汉时已将丝鞋称作"丝履"而不称"丝屦"。西汉扬雄《方言》曰："丝作之者谓之履。"

长沙西汉马王堆墓出土的一双歧头双色丝履和四双青丝便履是一位丞相夫人的陪葬鞋，体现出当时的丝绸纺织工艺已达到较高的水准。丝履在汉代不仅受王公贵族的青睐，普通官吏的家眷也穿得起。汉乐府诗《孔雀东南飞》描写焦仲卿之妻刘兰芝："足下蹑丝履，头上玳瑁光。""揽裙脱丝履，举身赴清池。"（《乐府诗集·杂曲歌辞十三》）

先秦时期，常指代草鞋粗履的"屦"，无法体现丝履的贵族感，淘汰成为一种必然。至汉代，"履"几乎完全取代了"屦"，成了鞋的总称。汉以后，"屦"成了古词语，只出现在诗赋和成语等特定语境中。

从唐孔颖达疏《左传》"共其资粮屝屦"的句子中，可以看出世人对屦、屝、履的习惯性认知："丝作之曰履，麻作之曰屝，不借粗者谓之屦。"至隋唐时期，本指生革之履的"鞋"，代替"履"字成为鞋的统称。此一时期，受西域胡风的影响，皮革靴履大行其道，男女皆穿。革字旁的"鞋"取代"履"，也是顺应了靴履流行的趋势。

清段玉裁《说文解字注·履部》言："履依叠韵。古曰屦，今曰履。古曰履，今曰鞋。名之随时不同者也。"清朱骏声《说文通训定声·履部》也说："古曰舄曰屦，汉以后曰履，今曰鞋。此字本训践，转注为所以践之具也。"此后鞋这种称法一直延续到现在。

2. 舄

舄始于商周时代，是君王后妃、公卿百官等贵族参加祭祀时穿着的礼鞋。舄为复底鞋。帮面多为皮革、丝帛，与祭服的下裳同色，上面镶有绚、繶、纯、綦等饰物。双层舄底的上层为皮或布帛，下层用注蜡木料。《诗经》《左传》和《周礼》等先秦古籍中有很多关于周代礼舄的文字记载，但没有实物和图绘存世。

《诗经·小雅·车攻》有："赤芾金舄，会同有绎。"《诗经·大雅·韩奕》则有："王锡韩侯，淑旂绥章。簟茀错衡，玄衮赤舄。"西周周公旦《周礼·天官·屦人》则载："掌王及后之服屦，为赤舄、黑舄。"

在各种郊祀活动中，天子和王公贵族们可能会长时间立于湿滑的泥地上行礼。礼鞋下多加一层木底，再涂上蜡可有效阻隔泥湿，并能保持足部和裳服下摆的爽洁。

汉刘熙《释名·释衣服》解释："履，礼也，饰足所以为礼也。复其下曰舄。舄，腊也，行礼久立，地或泥湿，故复其末下，使干腊也。"

唐末马缟《中华古今注》卷上《履舄》则说："舄者，以木置履下，干腊不畏泥湿也。"

按周礼规定，在不同祭祀场合，要穿着不同颜色的舄，与祭服的裳色严格搭配。天子与诸侯的祭祀礼服有九种，所搭配的舄有赤舄、白舄、黑舄三等。赤舄为上，天子和诸侯穿着最高级别的冕服时，必着赤舄。白舄、黑舄次之。

汉毛亨传："赤舄，人君之盛屦也。"

汉郑玄注《周礼·天官·屦人》：

> 复下曰舄，禅下曰屦。……王吉服有九，舄有三等。赤舄为上，冕服之舄；《诗》云：'王锡韩侯'，'玄衮赤舄'。则诸侯与王同。下有白舄、黑舄。

唐贾公彦疏：

> 云"舄有三等"者，谓赤舄、黑舄、白舄也。云"赤舄为上，冕服之舄"者。此经先言赤舄，是舄中之上，是六冕之舄也。……云"下有白舄、黑舄"者，白舄配韦弁、皮弁，黑舄配冠弁服。

王后礼服有六种，配玄舄、青舄、赤舄三等，玄舄为上。王后穿袆衣时，必着玄舄。青舄次之，配摇翟。赤舄配阙翟。王后穿鞠衣、襢衣、展衣、褖衣时则穿单底屦。汉郑玄注《周礼·天官·屦人》：

> 王后吉服六，唯祭服有舄。玄舄为上，袆衣之舄也。下有青舄，赤舄。鞠衣以下，皆屦耳。

唐贾公彦疏：

  云"王后吉服六，唯祭服有舄"者，以王舄有三，后舄不得过王，故知后舄亦三等……云"玄舄为上，袆衣之舄也。下有青舄，赤舄"者，玄舄配袆衣，则青舄配揄翟，赤舄配阙翟可知。

战国时期，周室衰微，七雄在争霸的战争中，礼制各有减损。秦始皇则将六冕制度完全废止，只服"袀玄"。舄制随之失佚。西汉服制记载不详。据史书记载，东汉明帝（显宗）在光武帝建立的舆服制度之上，进一步制定了冕服制度，舄制得以恢复。

唐房玄龄《晋书·舆服志》载：

  《周礼》，弁师掌六冕，司服掌六服。自后王之制爰及庶人，各有等差。及秦变古制，郊祭之服皆以袀玄，旧法扫地尽矣。汉承秦弊，西京二百余年犹未能有所制立。及中兴后，明帝乃始采《周官》《礼记》《尚书》及诸儒记说，还备衮冕之服。

南朝宋范晔《后汉书·舆服志》则载：

  显宗遂就大业，初服旒冕，衣裳文章，赤舄絇屦，以祠天地，养三老五更于三雍，于时致治平矣。

自汉起，衮冕服制和舄制一直沿袭至明代，各有损益。

《三国志·吴书·吴主传》记载魏文帝曹丕称帝后，孙权派使者去请求成为魏的藩属，曹丕也赐与孙权一套衮冕赤舄："君务财劝农，仓库盈积，是用锡君衮冕之服，赤舄副焉。"

魏明帝曹叡（204—239）尤其重视服制，规定天子服饰用刺绣纹样，公卿只能用编织纹样。两晋、南梁、南陈均沿袭前朝服制，朝服和祭服皆着舄。

《晋书·舆服志》载：

  魏明帝以公卿衮衣黼黻之饰，疑于至尊，多所减损，始制天子服刺绣文，公卿服织成文。

《隋书·礼仪六》则载：

> 梁制，乘舆郊天、祀地、礼明堂、祠宗庙、元会临轩，
> 则黑介帻，通天冠平冕……绛裤袜，赤舄。
>
> 又有通天冠……绛纱袍，皂缘中衣，黑舄，是为朝服。

北朝时期，皮靴盛行，舄改用双层皮底。隋朝尊崇古意，又改回木底，规定穿祭服和朝服时皆着舄。《隋书·礼仪七》载：

> 履，舄……近代或以重皮，而不加木，失于干腊之义。
> 今取干腊之理，以木重底。冕服者色赤，冕衣者色乌，履
> 同乌色，诸非侍臣，皆脱而升殿。凡舄，唯冕服及具服着
> 之，履则诸服皆用。

为彰显统治者的显赫地位，礼舄上面除了絇、繶、纯丝饰外，还会镶缀金饰。这种加有金饰的舄，也称作金舄。《诗经·小雅·车攻》中的"驾彼四牡，四牡奕奕。赤芾金舄，会同有绎"几句即是形容周宣王及贵族们身着赤色蔽膝和金舄参加狩猎活动的情景。贵重又耀眼夺目的金饰，很受统治者的青睐，自隋至明的衮冕服制度，都有"舄加金饰"的规定。

《隋书·礼仪志》载：

> 于是定令，采用东齐之法。乘舆衮冕，垂白珠十有二
> 旒……朱袜、赤舄，舄加金饰。

《旧唐书·舆服志》载：

> 唐制，天子衣服……大裘冕，无旒，广八寸……朱袜、
> 赤舄。祀天神地祇则服之。衮冕……舄加金饰。

《宋史·舆服志》载：

> 太祖建隆元年，太常礼院言：……衮冕，垂白珠十有
> 二旒……玄衣纁裳……朱袜，赤舄加金饰。

《明史·舆服志》载：

> 皇帝冕服：……（洪武）十六年,定衮冕之制。……衮，
> 玄衣黄裳……黄袜，黄金舄饰。

　　　　皇后冠服：洪武三年定，受册、谒庙、朝会，服礼服。……

　　祎衣，深青绘翟……青袜、青舄，以金饰。

　　辽、金、元三个少数民族政权，为加强对汉人的统治，保持天子的威严地位，也沿袭唐宋的冕服制度，舄制得以保存。从辽国第二任皇帝辽太宗开始，辽国服制"国服"和"汉服"并行，北班国服制，南班汉服制。自乾亨以后，三品以上官员皆用汉服，重熙以后凡祭祀大礼和朝会一律皆着汉服。《辽史·仪卫志》载：

　　　　会同中，太后、北面臣僚国服；皇帝、南面臣僚汉服。乾亨以后，大礼虽北面，三品以上亦用汉服；重熙以后，大礼并汉服矣。常朝仍遵会同之制。

　　辽国皇帝衮冕所配礼舄也加金饰。《辽史·仪卫志》又载：

　　　　衮冕，祭祀宗庙、遣上将出征、饮至、践阼、加元服、纳后若元日受朝则服之。……玄衣纁裳十二章：八章在衣……四章在裳……戴革带、大带，剑佩绶，舄加金饰。

　　有的礼舄上也会镶缀珍稀的珠玉，以体现统治阶层的尊贵。《晏子春秋》描述东周齐景公听朝时穿过一双极其奢华的鞋子："黄金之綦，饰以银，连以珠，良玉之絢。其长尺……晏子朝，公迎之，履重，仅能举足。"（西汉刘向《晏子春秋·内篇谏下》）这双镶满金银珠玉的鞋，仅能举足，可知其配饰的贵重程度。

　　据《金史》记载，金国皇帝和皇后的礼舄，金、玉、珠的装饰一应俱全。舄的帮面以丝罗取代皮革，舄里衬是白绫，舄首为如意头式样，销金黄罗作纯缘口，并镶缀上玉鼻和珠饰。《金史·舆服志》：

　　　　天子衮冕：……舄，重底、红罗面，白绫托里，如意头，销金黄罗缘口，玉鼻仁饰以珠。

　　　　皇后冠服：……舄以青罗制，白绫里，如意头，明金黄罗准上用，玉鼻仁真珠装，缀系带。

　　金国皇帝为表明自己是中原礼制的正统继承者，在各种祭祀活动中，遵循周礼，沿袭前代冕服制和舄制。宋初的礼舄，沿袭唐制的金钑花钿，还有玉鼻饰物。金国礼舄的玉鼻饰珠应是受北宋舄制的影响。

《金史·舆服志》载："金制皇帝服通天、绛纱、衮冕、偪舄。即前代之遗制也。"

《宋史·舆服志》则载："衮冕之制，宋初因五代之旧，天子之服有衮冕……金龙凤革带，红袜赤舄，金钑花，四神玉鼻。"

元代冕服制度虽然多次调整拟定，但基本是在宋金服制的基础上，再融合一些本民族的服饰传统。舄制有些变化，记录不太详明。《元史·舆服一》载：

> 天子冕服：衮冕，制以漆纱……衮龙服，制以青罗……
> 红罗靴，制以红罗为之，高靿。履，制以纳石失，有双耳二，
> 带钩，饰以珠。

皇帝衮冕是配红罗靴和织金锦履，没有使用礼舄。靴子是蒙古游牧民族常穿之履，织金锦为元代贵族最喜爱的织物之一，元代皇帝礼鞋基本保持了本民族的特色。

《元史·舆服一》又载，元至元十二年（1275），元世祖对皇帝冕服制定了详细的制度：

> 冕天版长一尺六寸……衮衣，用青罗夹制，五采间金，
> 绘日、月、星辰、山、龙、华虫、宗彝。……舄一，重底，
> 红罗面，白绫托里，如意头，销金黄罗缘口，玉鼻，饰以
> 珍珠。

在元初这次冕服制度的拟定中，礼舄完全照搬金国的红罗舄、玉鼻饰珠的形制。但这次冕服制定是否得以执行，却没有记载。

明朝建国之初，朱元璋开启节俭之风，放弃元朝还用的大裘冕，只保留衮冕一种，并禁止公侯以下的官员穿着衮冕。这种自周代以来文武众臣祭祀皆穿，只靠章文和冕旒多少来显示等第的冕服，终于成了帝王皇族所独有的尊贵象征。而且随着时间的推移，这种意识越来越强烈。仅从明朝皇后舄制的变化，便可以一窥明朝舆服制度的走向。

《明史·舆服二》记载：

皇后冠服：洪武三年定，受册、谒庙、朝会，服礼服。……祎衣，深青绘翟……青袜、青舄，以金饰。

永乐三年定制……翟衣，深青……青袜舄，饰以描金云龙，皂纯，每舄首加珠五颗。

永乐三年（1405）所定后妃礼舄的最大变化就是比以前历代多了描金云龙的纹饰。龙是具有超自然力量的形象，一直是中国古代皇权的象征；金饰也被皇族所垄断，各朝代时常颁布禁止民间使用描金和龙纹的诏令。《大明会典》对庶民的器用和服装之禁有详细的记载。描金云龙纹在明代后妃礼舄上的使用，更加强化了严格的社会等级，彰显了皇族的权威。

明代是中国古代使用礼舄的最后一个朝代。清代统治者没有沿袭汉制冕服，而是在满服基础上吸收了一些明代元素，从而制定出一套特有的舆服制度，祭祀和朝会皆着靴。中国历代统治者沿袭了3000年之久的舄制，从此废除。

各朝代礼舄的形制，除了上述装饰物各具特色外，舄头还有圆、方、弧形、双歧、刀鼻、如意云头等多种形式之分，体现了当时鞋履的流行形制和民族特色。朝鲜乐浪汉墓出土的汉代高底舄，圆头无翘，舄口有纯缘边，没有絇饰和綦。在唐代宫廷画家阎立本所绘的《历代帝王图》中，有七位皇帝穿着衮冕礼服，从汉光武帝刘秀（前5—后57）到隋文帝杨坚（541—604），七位帝王相差近600年，每位皇帝所处朝代的冕服制度都与前代有或大或小的区别。而阎立本所画的七件天子冕服形制基本雷同，比较吻合唐代的冕服服制。七位天子足上都穿着同款如意状赤舄（图7、8），应当也是隋唐时期出现的礼舄形制。敦煌莫高窟第220窟壁画《帝王出行图》的皇帝礼舄也是这种如意云头赤舄。

现唯一传世的中国帝王礼舄实物是藏于日本正仓院的唐代红色双歧头礼舄。上缀有金钑花钿，并有黄色縳纯丝绦沿边。《历代帝

图7　[唐]阎立本《历代帝王图·汉光武帝刘秀》（美国波士顿美术馆收藏）

图8　[唐]阎立本《历代帝王图·魏文帝曹丕》（美国波士顿美术馆收藏）

王图》中侍从们所着黑色重台履也是双歧头。可见，唐代画家基本是参照本朝代的宫廷服饰来画的《历代帝王图》。

　　宋代佚名《宣和册礼图》所绘的云龙纹礼舄（图9），舄首为尖头翘尖形，有纯饰缘口。没有文字标注，不知为哪个等级的后妃命妇所穿着。

图9　《宣和册礼图》之云龙纹礼舄

明代王圻在《三才图会》中所绘的明代礼舄，舄首为浑圆翘头，似有绚、繶、纯、綦四饰（图10）。

舄除了指祭祀用复底鞋之外，也有鞋子统称的意思。如《史记·淳于髡传》载："日暮酒阑，合尊促坐，男女同席，履舄交错，杯盘狼藉。"

明清时，把一种鞋头饰有云纹或者云头的鞋子，称作云舄。这个"舄"字也是鞋子统称的意思，不是复底鞋。云舄有以蒉草或棕编织而成的芒鞋，也有用青布做云头装饰的白布履，常为道人、野客及隐士穿着。明屠隆《考槃馀事·起居器服笺》载：

> 云舄，以蒉（蒉）草及棕为之，云头如芒鞋。或以白布为鞋，青布作高挽云头，鞋面以青布作条，左右分置，每边横过六条，以象十二月意。后用青云，口以青缘，似非尘土中着脚行，当为山人济胜之具。

《水浒传》第九十四回写道：

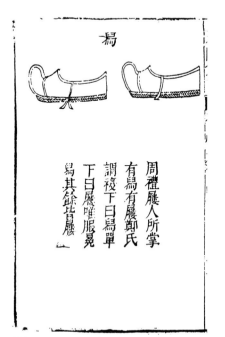

图10 [明] 王圻《三才图会·衣服三卷·舄》

那先生怎生模样，但见：头戴紫金嵌宝鱼尾道冠，身穿皂沿边烈火锦鹤氅，腰系杂色彩丝绦，足穿云头方赤舄。

清代和民国时期已不常见的"舄"字，在我国简化字方案的推行后，便退出了历史舞台。如今我们只能在古代文献中读到此字，在古代绘画和壁画中看到它的形象。

3.屐

"屐"是我国一种传统木制鞋履的总称。亦称木屐、散屐、屐子。屐底、屐齿皆为木，鞋面有绳带、木、布帛、皮等。

《庄子·天下》曰："以跂蹻为服。"唐李善注："木曰屐者。"清徐珂《清稗类钞·服饰类》则云："木屐，履类，底以木为之。"

木屐在中国已有 5000 多年的历史。在形制上分为平底木屐和双齿木屐两种。

我国浙江的两处良渚文化的遗址上都发现过平底木屐的遗存。浙江宁波慈湖良渚文化遗址出土了两件距今 5000 年左右的平底木屐，是中国目前所见最早的木屐实物，两件均为左脚屐，底部平坦无齿。从这两只木屐的外形看，屐面扁平，前宽后窄，略呈足形，底部前后均削磨成弧形。尺寸略小的那只，长度为 21.2 厘米，上有五孔，最上方一孔位于大拇指和二脚趾之间。中间和后跟处各有两孔，以穿进绳带。前三孔为人字形绳带，系在脚背，后两孔穿出的绳带用来固定足踝。此形制已接近现代凉鞋。木屐背面还有设计，两组小孔中间各有一道凹槽，为嵌置绕到背面的绳带，以防磨断。出土时绳带已腐。另一件为圆头方跟，钻有六孔，背面也有两道凹槽，凹槽已断裂。这两件残存木屐也是迄今世界上发现的最早的木屐实物，现藏于宁波博物馆。

浙江余姚卞家山良渚文化遗址也出土了一只木屐残件。平底、凿孔、穿绳的基本样式跟慈湖遗址发现的十分接近，只是处理绳结的方式略有不同。此屐钻有两两相对的六个孔，屐背面的两孔间未挖凹槽，而是将孔底面凿大，穿绳后在此打结，绳子的结头嵌入凿大的孔洞中，以此来固定系绳又可保持鞋底的平整。

慈湖木屐的系绳嵌槽与卞家山木屐的绳结嵌孔，有异曲同工之妙。就地取材并有巧妙设计的良渚木屐显示了我国古代先民的生活智慧。

夏代的"橇"与平底木屐在形制上较为接近。有人认为"橇"是木屐的前身（图 11）。现有良渚木屐实物出土，"屐"和"橇"孰前孰后，很难定论。

西汉司马迁《史记·河渠书》云："《夏书》曰：'禹抑鸿水十三年，

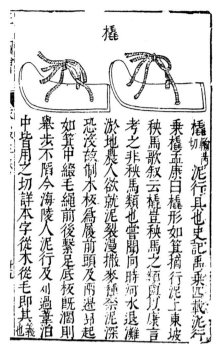

图 11　[明]王圻《三才图会·衣服三卷·橇》

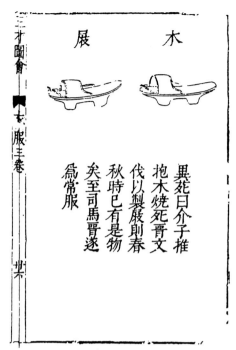

图 12　[明]王圻《三才图会·衣服三卷·木屐》

过家不入门。陆行载车，水行载舟，泥行蹈毳，山行即桥。'"

《尚书正义·益稷》则云："毳行如箕，摘行泥上。如淳云：'毳谓以板置泥上，以通行路也。'"

双齿木屐（图12）的齿在鞋子底部，前后各一，呈竖直状。

汉刘熙《释名·释衣服》云："屐，搘也，为两足搘以践泥也。"

汉史游《急就篇》云："屐屩䌰粗嬴窭贫。"唐颜师古注："屐者，以木为之而施两齿，所以践泥。"

古代路面以土路为主，雨后泥泞难行，木屐的双齿可减少鞋底与路面的接触，便于行走在泥泞之中，防止蹚溅泥水。前后有齿，也利于身体重心的平稳。初时雨天穿着，防湿防滑，后演变成一种晴天亦穿的便履。

最早的双齿木屐实物出土于扬州高邮神居山汉墓，墓主人被推断为西汉时期的广陵王刘胥，这座墓中发现的木屐底部增加了两根木齿，可抬高屐面，很适合在雨雪天的泥泞地面上穿着。

双齿木屐通常由三部分组成：

一是"楄"，即底板，以木料为之，作鞋底形。上钻有小孔数个，以穿绳带。《晋书·五行志》载："旧为屐者，齿皆达楄上。"

二是"系"，就是穿过小孔，固定足部的绳带。南朝无名氏《捉搦歌》曰："黄桑柘屐蒲子履，中央有系两头系。"（《乐府诗集·横吹曲辞五·梁鼓角横吹曲》）

桑柘木制成的木屐与蒲草编成的草鞋，都在前脚掌中央有个绳带，向足的两旁系过去固定。第一个"系"就是指屐上的绳带，第二个"系"是动词。最常见的绳带就是鞋底钻有三眼的人字形，形似后代的人字拖鞋。现在日本人穿和服时，依旧着平底或双齿的人字木屐。

三是屐齿。有扁平、四方及圆柱等多种形状，两齿呈直竖式居多，通常前后齿等高。屐齿分两种形制，一种是以整块的木料削成双齿的连齿木屐，齿和楄底为一体；另一种是将两块独立的木齿装在底板下，以卯榫或楔钉固定。《晋书·五行志》载："旧为屐者，齿皆达楄上，名曰露卯。太元中忽不彻，名曰阴卯。"由此可知，双齿固定于底板下有露卯和阴卯两种方式。露卯是先在楄底凿以榫眼，再把屐齿榫头穿过楄，最后以铁钉或木楔梢住。阴卯即在楄底凿以榫孔，孔不穿透底板，再把屐齿榫头插入榫孔槽内以楔钉固定。

1979年，江西南昌三国时期东吴高荣墓出土了一双木屐和一双漆彩屐，两者皆为连齿木屐。木屐是用整块木料削挖出屐面、屐底和屐齿，保存较完好。屐帮口呈椭圆鞋状，下有前后两齿，屐齿呈倒梯形，前齿下装有铁钉四枚，后齿下铁钉三枚。屐长25厘米，齿高6厘米，铁钉高1.5厘米。此屐为有钉木屐的最早实物。

1984年在三国东吴朱然（182—249）墓出土的一双木屐是目前中国最古老的漆木屐，现藏于马鞍山博物馆。此屐也是连齿木屐，略呈椭圆形的底板和前后屐齿由一整块木板刻凿而成，长20.7厘米，宽9.6厘米，厚0.9厘米。屐身小巧，应为朱然女眷所穿。底板上有三孔，前一，后二，绳带应为人字形，早已腐朽不见。木屐的黑漆底板上镶有五彩小石粒。当时工匠使用的是黑漆其外而彩石其内的髹漆工艺。即在木胎打腻子时，就镶嵌进一些细小的彩色石粒，然后再刷上黑漆，磨平，就露出点缀其间的彩色石粒，使之呈现璀璨美感。

春秋战国时期木屐穿着普遍，典故亦多。还有两个都与孔子有关。

孔子曾经穿着木屐周游列国。来到蔡国，投宿于客舍，木屐脱下放在门口。没想到，半夜里被人偷走了。孔子的木屐比一般人的大，有一尺四寸长，非常好认。此事说明孔子的名望之高，盗者偷孔子屐，绝不是为自己穿着，而是作为宝物来珍藏。《太平御览》卷六九八引《论语隐义注》：

> 孔子至蔡，解于客舍，入夜有取孔子一只屐去，盗者置屐于受盗家。孔子屐长一尺四寸，与凡人屐异。

《晋书·五行志》中还有这样一段记载：

> 惠帝元康五年闰月庚寅，武库火。张华疑有乱，先命固守，然后救火。是以累代异宝王莽头、孔子屐、汉高祖断白蛇剑及二百八万器械，一时荡尽。

可见在被大火焚烧之前，孔子的特大号木屐一直被视为"异宝"典藏于库。

唐宋诗词中亦有许多关于木屐的描写：

> 一路经行处，莓苔见屐痕。（《唐诗三百首·刘长卿·寻南溪常道士》）

唐宋诗词中有关"屐痕"和"屐声"的描写，很形象地表达出木屐的两大特点：一是踩在软土或泥地上容易留下清晰的鞋印，二是行走在硬地上会发出叽叽的声响。

汉代男子穿方头屐，女穿圆头屐，有寓天圆地方之意。至西晋太康时期男女皆穿方头屐。

晋干宝《搜神记》卷七载：

> 初作屐者，妇人圆头，男子方头，盖作意欲别男女也。

至太康中，妇人皆方头屐，与男无异。

汉代女子出嫁的时候会穿上彩画木屐。南朝宋范晔《后汉书·五行志》载："延熹中，京都长者皆着木屐，妇女始嫁，至作漆画，五采为系。"

行军作战时，士兵们着双齿木屐走在杂草蒺藜中，容易被绊住，所以晋代军队采用去齿平底木屐，鞋面为麻葛布等软材。《晋书·宣帝纪》载："关中多蒺藜，帝使军士二千人，着软材平底木屐前行。蒺藜悉着屐然后马步俱进。"

不仅军人如此，百姓也多着木屐，以防止脚被带刺植物划伤。南朝梁陶弘景《本草经集注·草木上品·蒺藜子》注蒺藜子："多生道上，而叶布地，子有刺，状如菱而小。长安最饶，人行多着木屐。"

南朝宋、齐、梁、陈四朝均以建康（江苏南京）为都，疆土范围在南地。木屐虽然保暖差，但其坚硬耐穿、防湿滑、易清洗的特点非常适合南方的天气，所以南朝很流行这种便于在雨后泥泞路上行走的木屐，人们无论晴雨皆喜穿着。

南朝宋武帝刘裕在登基后也保持一贯的节俭作风，经常穿连齿木屐在神武门周围散步："内外奉禁，莫不节俭。性尤简易，尝着连齿木屐，好出神武门内左右逍遥，从者不过十余人。"（《南史·宋本纪上第一》）宋武帝所着的连齿木屐是以整块木料削成，屐齿与屐底相连，无需另配，屐面也是用同一块木料斫之。

高齿屐不利于长途跋涉，也不适合走山路和蒺藜之路，它成了一种慵懒悠闲的象征。南梁的贵族子弟常着高齿屐，以此炫耀自己是有车马代劳的阶层。《颜氏家训·勉学篇》记载："梁朝全盛之时，贵游子弟，多无学术……无不熏衣剃面，傅粉施朱，驾长檐车，蹑高齿屐。"

南朝时期，也有适合走陡峭山路的木屐。南朝宋永嘉太守谢灵运发明了一种登山屐，这种木屐充分利用有榫头的插齿，上山可卸掉前齿，下山可去后齿，以帮助身体维持平衡。《宋书·谢灵运传》载："（灵运）寻山陟岭，必造幽峻，岩嶂千重，莫不备尽，登蹑常着木履（屐），上山则去前齿，下山去其后齿。"李白《梦游天姥吟留别》诗云："脚着谢公屐，身登青云梯。"（《全唐诗》卷一七四）隋唐后，着屐之风渐衰。

北宋女子已开始缠足，南宋正是盛行时期，露脚的木屐已不适合女性穿着。故南宋诗画中着木屐的人物都是男性。宋元时期木屐多为如斗笠、蓑衣一样的雨具，尤其在多雨的南方地区。

宋陆游《买屐》诗云："一雨三日泥，泥干雨还作，出门每有碍，使我惨不乐。百钱买木屐，日日绕村行。"（《剑南诗稿》卷三十一）

宋张端义《贵耳集》有一段文字描写了苏东坡被贬儋州（今海南西北部儋州市）时，遇雨"借笠屐而归"的情景："东坡在儋耳，无书可读，黎子家有柳文数册，尽日玩诵，一日遇雨，借笠屐而归。"

明清时期的木屐成为一种拖鞋。广东、福建一带男女均着。明谢肇淛《五杂组》卷十二载："今世吾闽兴化、漳、泉三郡，以屐当鞋，洗足竟，即跣而着之，不论贵贱，男女皆然，盖其地妇人多不缠足也。"清李调元《粤东笔记》载："广州男子轻薄者，多长裙散屐，人皆呼为裙屐少年，以贱之。"清屈大均《广东新语》载："今粤中婢媵，多着红皮木屐，士大夫亦皆尚屐，沐浴乘凉时，散足着之，名之曰散屐"。清徐珂《清稗类钞·服饰类》载："木屐，履类，底以木为之……然各处皆雨时所用，闽人亦然。粤人则不论晴雨不论男女皆蹑之。"

古代木底鞋履除了全木制成的木屐外，还有以布帛为面的木屐，叫作帛屐。汉刘熙《释名·释衣服》云："帛屐，以帛作之。"以皮革为鞋面的屐则叫作革屐或皮屐。《文献通考·四裔考》云："足履革屐，耳悬金珰。"唐代诗人崔涯《嘲妓》诗云："更着一双皮屐子，纥梯纥榻出门前。"

又有玉屐，以玉雕琢而成，用于陪葬。《南齐书·文惠太子传》载："时襄阳有盗发古冢者，相传云是楚王冢，大获宝物：玉屐、玉屏风、竹简书、青丝编。"

玉屐也是一种女鞋，《少室山房笔丛·丹铅新录八》载："躧屣、利履、玉屐、鸾靴、金华、远游、花文、重台诸制，并男子同。"

又有铁屐，以铜铁为楄底，下施铁钉。这种铁屐多用于士兵，便于攀登和在泥地里行军。《太平御览·服章部》引《晋书》说："石勒击刘曜，使人着铁屐施钉登城。"

直到20世纪50年代，我国南方穿着木屐还十分盛行，但自塑料和橡胶拖鞋问世，木屐便逐渐被淘汰。

通过对先秦时期古鞋"屦""舄""屐"的释名梳理，可了解到每个鞋名都是一个文化符号，承载着华夏服饰文化的沿革和历史变迁，刻印着封建等级制度的阶级烙印。"屦""履""鞋"三字的演变，体现了我国农业、手工业和工业生产水平逐步提高的几个阶段，其中还有很多方面值得我们再深入挖掘和研究。

参考书目：

[1] 曹雪芹. 红楼梦 [M]. 北京：人民文学出版社，1964.

[2] 曹庭栋. 养生随笔 [M]. 上海：上海书店，1981.

[3] 曹胜高，岳洋峰. 汉乐府全集：汇校汇注汇评 [M]. 武汉：崇文书局，2018.

[4] 韩非. 韩非子 [M]. 高华平，王齐洲，张三夕，译注. 北京：中华书局，2015.

[5] 戴圣，孔颖达. 礼记正义 [M]. 台北：台湾中华书局，1980.

[6] 房玄龄. 晋书 [M]. 北京：中华书局，1974.

[7] 范晔. 后汉书 [M]. 北京：中华书局，1965.

[8] 干宝. 搜神记 [M]. 郑州：中州古籍出版社，2010.

[9] 顾允成. 小辨斋偶存 [M] // 上海古籍出版社. 四库明人文集丛刊. 上海：上海古籍出版社，1993.

[10] 高春明. 中国服饰名物考 [M]. 上海：上海文化出版社，2001.

[11] 河南省文物研究所. 信阳楚墓 [M]. 北京：文物出版社，1986.

[12] 韩非. 韩非子集释 [M]. 陈奇猷，校注. 上海：上海人民出版社，1974.

[13] 任犀然 . 唐诗三百首 [M]. 北京：华文出版社，2009.

[14] 湖北省荆州地区博物馆 . 江陵马山一号楚墓 [M]. 北京：文物出版社，1985.

[15] 孔子及其弟子 . 孔子家语 [M]. 王国轩，王秀梅，译 . 北京：中华书局，2014.

[16] 刘熙 . 释名 [M]. 北京：中华书局，2016.

[17] 李昉 . 太平御览 [M]. 北京：中华书局，1960.

[18] 罗贯中 . 三国演义 [M]. 长春：时代文艺出版社，2013.

[19] 刘昫 . 旧唐书 [M]. 北京：中华书局，1975.

[20] 李昉 . 太平广记 [M]. 北京：中华书局，1961.

[21] 陆游 . 剑南诗稿 [M]// 陆游 . 陆游集 . 北京：中华书局，1976.

[22] 李延寿 . 南史 [M]. 北京：中华书局，1975.

[23] 沈约 . 宋书 [M]. 北京：中华书局，1974.

[24] 李调元 . 粤东笔记 [M]. 上海：上海会文堂书局，1915.

[25] 骆崇骐 . 中国历代鞋履研究与鉴赏 [M]. 上海：东华大学出版社，2007.

[26] 孟轲 . 孟子译注 [M]. 杨伯峻，译注 . 北京：中华书局，1960.

[27] 马端临 . 文献通考 [M]. 北京：中华书局，2011.

[28] 彭定求，等 . 全唐诗 [M]. 北京：中华书局，1960.

[29] 任中敏 . 敦煌歌辞总编 [M]. 南京：凤凰出版社，2014.

[30] 屈大均 . 广东新语 [M]. 北京：中华书局，1985.

[31] 钱金波，叶大兵 . 中国鞋履文化史 [M]. 北京：知识产权出版社，2014.

[32] 钱金波，叶大兵 . 中国鞋履文化辞典 [M]. 上海：上海三联书店，2001.

[33] 司马迁 . 史记 [M]. 北京：中华书局，1959.

[34] 史游 . 急就篇 [M]. 上海：商务印书馆，1936.

[35] 施耐庵，罗贯中 . 水浒全传 [M]. 上海：上海人民出版社，1975.

[36] 宋濂 . 元史 [M]. 北京：中华书局，1976.

[37] 沈从文 . 中国古代服饰研究 [M]. 香港：商务印书馆香港分馆，1981.

[38] 孙晨阳，张珂 . 中国古代服饰辞典 [M]. 北京：中华书局，2015.

[39] 陶宗仪 . 南村辍耕录 [M]. 沈阳：辽宁教育出版社，1998.

[40] 脱脱，等 . 辽史 [M]. 北京：中华书局，1974.

[41] 脱脱，等 . 宋史 [M]. 北京：中华书局，1977.

[42] 脱脱，等 . 金史 [M]. 北京：中华书局，1975.

[43] 陶弘景 . 本草经集注（辑校本）[M]. 北京：人民卫生出版社，1994.

[44] 礼记今注今释 [M]. 王梦鸥，注译 . 北京：新世界出版社，2011.

[45] 王聘珍 . 大戴礼记解诂 [M]. 北京：中华书局，1983.

[46] 魏徵，令狐德棻 . 隋书 [M]. 北京：中华书局，1973.

[47] 吴山 . 中国历代服装、染织、刺绣辞典 [M]. 南京：江苏美术出版社，2011.

[48] 许慎 . 说文解字 [M]. 北京：中华书局，1963.

[49] 荀况 . 荀子 [M]. 方勇，李波，译注 . 北京：中华书局，2011.

[50] 谢肇淛 . 五杂组 [M]. 北京：中华书局，1959.

[51] 徐珂．清稗类钞：第一三册 [M]．北京：中华书局，1986.

[52] 萧子显．南齐书 [M]．北京：中华书局，1972.

[53] 扬雄．方言 [M]．郭璞，注．北京：中华书局，2016.

[54] 余怀．板桥杂记（外一种）[M]．上海：上海古籍出版社，2000.

[55] 左丘明．左传 [M]．郭丹，译注．北京：中华书局，2016.

[56] 周公旦．周礼 [M]．吕友仁，李正辉，注释．郑州：中州古籍出版社，2010.

[57] 庄周．庄子 [M]．方勇，译注．北京：中华书局，2015.

[58] 赵彦卫．云麓漫钞 [M]．沈阳：辽宁教育出版社，1998.

[59] 张廷玉，等．明史 [M]．北京：中华书局，1974.

[60] 屠隆．考槃馀事 [M]．赵菁，编．北京：金城出版社，2012.

[61] 赵翼．赵翼全集 [M]．南京：凤凰出版社，2009.

[62] 张璋，黄畬．全唐五代词 [M]．上海：上海古籍出版社，1986。

[63] 张慧琴，武俊敏，田银香．中外鞋履文化 [M]．北京：中国纺织出版社，2018.

《宋人遗裍杂抄》[宋]

说人

《宋人遗裍杂抄》的原作者佚名。

说书

书名《宋人遗裍杂抄》是清代抄本作者方绚所取，原书名不详，方绚没有交待此书的出处，只在按语中说此书原是一部关于宋代妓女服饰、妆容方面的图文汇纂："杂抄皆载宋妓髻鬟、簪珥、脂粉、衣履诸事，各有图绘，惜已残缺。兹第节其足饰数条而图说，亦不全。"

方绚是金莲赏玩家，只对足饰感兴趣。所以他仅摘出下饰部分，共计十三页，其中四页为文字内容，九页为图绘，绘有：鞋五式、袜一式、靴一式和膝裤两式。

方绚在按语中提到，在宋代道学（理学）十分盛行的时代背景下，社会风气变得严厉正统，谈及女性服饰话题就是触禁犯讳，所以有关宋代缠足的记载都不可能详尽。然后便话锋一转："自两宋道学极盛，几言及闺装辄如触讳，故行缠一事宋不足征。乃教坊妓女则亦以两宋为最盛。"

不仅方绚，世人多把宋代社会风气严厉、妇女人身自由受限及缠足产生的根源都归结于理学的盛行。而本书又是以宋代底层女性妓女的足饰为主题，所以有些问题很值得探究一下，理学是导致宋代妇女地位倒退的主要原因吗？理学与缠足有何关联？为何宋代社会风气严厉，青楼教坊业却很红火？

有宋一代共历十八帝，延续了319年，这是一个华夏文明的根基和自尊被深深触动的时代。北宋皇朝末期丧失了北地疆土，妇女人身自由受限，缠足兴起，这一系列的紧缩、束缚，与大唐盛世的开放、包容形成了鲜明的对比。

方绚所说的两宋道学即宋代理学，是指两宋时期在儒家思想体系的基础上，吸收了佛教的节欲和道家的思辨而发展出来的新儒学体系。经"宋初三先生"的铺垫，周敦颐、邵雍、张载、程颢和程颐等理学家，于北宋中期创立了理学流派，确立了理学的最高范畴"天理"。南宋初期，二程的四传弟子朱熹又将其进一步完善，精细地构造出严密的理学体系，故称"程朱理学"。

程朱理学认为万物"之所以然"，必有一个天理："一草一木皆有理，须是察。"人与物同样都源于天理。对于物，通过研究探寻事物的道理（格物）等一系列学习实践，可达到认识真理的目的（致知）。"人伦者，天理也"，对于人，天理体现为"三纲五常"等伦理道德规范。"人欲"是超出人基本需求的欲求和违背礼仪规范的行为，所以要"灭人欲，存天理"。即通过自律修为，克制欲望，可归返上天赋予的本性，以达到圣人天人合一的最高境界。

每一种思想体系的形成都有一个缓慢的过程。理学在宋代，经历了宋初的酝酿，中期的创立，再到南宋朱熹的完善，最后于南宋末年才被朝廷认可为官学，其确立和完善的过程几乎贯穿了整个宋代。而理学在两宋的大部分时间里并没有成为官方意识形态。程颐和朱熹等著名理学家在世时，非但没有显赫官职，还都受到过政治打压和迫害，两人都是背负着"奸党"的罪名黯然去世的。

理学虽然至南宋末才被官方认可，但其对宋代社会，尤其是对南宋产生过一定的影响是不可否认的。只是世人动辄就把宋代社会风气严厉、妇女人身自由受限和缠足根源这三者的起因都甩给理学，而不从整体上剖析中国封建社会的文化结构和延续性，也不考虑两宋当时的国情，显得过于偏颇。

宋初赵匡胤"杯酒释兵权"，建立了稳定的文官制度。为戒五代世风混乱，亦为能与佛学对抗，统治者极力推崇孔子和儒学的纲常气节，倡导朝臣尊儒读经。宋太祖立下誓碑祖训："不得杀士大夫及上书言事人"，而且"不欲以言罪人"。儒学在宽松的氛围中开始复兴。

宋代儒士以儒家文化为核心，包容佛、道等诸家思想，力求突破汉儒以来训诂、义疏的刻板学风，向义理的纵深进行探索。他们探求人与自然的关系、自然界与人类社会变化的法则，用以论证伦理纲常，并想探寻出"经世致用"的道理和理论依据。这一时期的儒学，被称之为新儒学，亦称宋学。

随着新儒学的兴起和周礼纲常的复兴，让妇女待在家中的族规家训开始盛行。近代家族制度是宋代以后逐渐形成的。魏晋隋唐时期那些七、八代世袭为官的世阀大家族在五代战乱中早已分崩离析。从宋开始，取而代之的是普通士大夫家庭和地主宗法家族。同一家族共拥一方土地，共祀一个祖先。这些宗族家庭由族长、祠堂、家谱和族田连接了起来。聚族而居就有一个管理问题，于是，家法族规应运而生。

宋代的名儒显宦范仲淹、司马光、包拯、苏轼等都撰写过族训和家礼，用以规范家庭和社会秩序。其中以司马光的《家范》和《书仪》最为经典，许多宗族都以其为治家和族祠仪轨的范本。不读诗书的普通百姓自然不会知道贵族阶层所遵循的各种伦理规范，把礼义纲常以通俗的语言写进家规里，是最好的推广方式。

中国家族制度是从父而居的家长制，父亲掌控为儿子选妻子的婚姻大权。女子一嫁入夫家，就失去了独立的身份，成了从属于丈夫的"内人"。家训对于日常举止的规范也多集中于主持家务、教育子女的妇女身上。王安石说过："圣人之教，必由闺门始。"司马光言道："有国有家者，其兴衰无不本于闺门。"两位对立党派的领军人物，在重视妇德方面，竟出奇地一致。

这些家法族规主要是以礼仪典籍《礼记·内则》为基础，强调男女大防、授受不亲，女性要恪守妇道、谨守贞洁等。

徽州《绩溪东关冯氏宗谱》规定："凡男女不与并立，不相杂坐，男子不得入人内室，男女不得相笑谑，妇女不得入寺观烧香，三姑六婆不许入门。"（俞乃华《从徽州谱牒中的族规家训看其社会教化效应》）

司马光在《书仪·居家杂仪》中写道：

> 凡为宫室，必辨内外。深宫固门，内外不共井，不共浴堂，不共厕。男治外事，女治内事。男子昼无故不处私室，妇人无故不窥中门。妇人有故，出中门，必拥蔽其面（如盖头、面帽之类）。男子夜行以烛。男仆非有缮修及有大故（谓水火盗贼之类），不入中门。入中门，妇人必避之。不可避，亦必以袖遮其面。女仆无故，不出中门（盖小婢亦然），有故出中门，亦必拥蔽其面。

北宋保守派领袖司马光对家庭伦理道德表现出极大的热情，文字呈现出一个中上层家庭的完美画面：深宅大院，男女以中门相隔，各守其序。他的这番言论来源于《礼记·内则》中关于男女交往空间的内容：

> 男不言内，女不言外。……外内不共井，不共湢浴，不通寝席，不通乞假，男女不通衣裳。内言不出，外言不入。男子入内，不啸不指，夜行以烛，无烛则止。女子出门，必拥蔽其面，夜行以烛，无烛则止。道路，男子由右，女子由左。

稍作对比，即可看出《礼记·内则》并没有"中门"一说。司马光把《礼记》中没有特别说明的内外界限，做了清晰的划分。"无故不窥中门"，"有故"要出的也是"中门"，强调了以"中门"为限的内外分界，将妇女完全禁锢在中门以内的安全领地里，以免受到男人的骚扰和诱惑。这样妇女就可以专心地做手工、烧饭等分内之事。司马光的"中门"思想，看起来比《礼记》还严苛。

从张择端的《清明上河图》来看，北宋末期的汴京街上，女性踪迹寥寥。图卷中画有八百多个人物，其中女性人物不过十位左右。而且几位非贵即富的女子都隐藏在轿子里，真正在大街上露脸的几位都是底层妇女。名儒们的教化确实起到了作用，画家也可能为配合主流社会对妇女活动空间的限制，又减少了女性人数。

西汉刘向的《列女传》和东汉班昭的《女戒》，也乘着儒学的兴起而卷土重来，成为许多家族培养妇女贞节观的教材。家族法规也极力表彰所谓的节妇烈女。这种提倡女人从一而终、寡妇守节的传统由来已久。《礼记·郊特牲》载："信，妇德也，壹与之齐，终身不改，故夫死不嫁。"

让妇女守贞的理念也得到北宋众儒的广泛支持。司马光《家范·妻上》云："妻者，齐也。一与之齐，终身不改，故忠臣不事二主，贞女不事二夫。"

《程氏遗书》卷二十二下记载有某人与理学家程颐的一段问答："问：'孀妇于理，似不可取（娶），如何？'曰：'然！凡取，以配身也。若取失节者以配身，是己失节也。'又问：'或有孤孀贫穷无托者，可再嫁否？'曰：'只是后世怕寒饿死，故有是说。然饿死事极小，失节事极大。'"

这就是"饿死事小，失节事大"的原文出处。程颐说，从伦理道德的角度，孀妇再嫁和男人娶孀妇为妻，都是一种失节行为。这段极端话语，似乎未进入到公共空间传播，在北宋社会并没有掀起任何波澜。而且，程颐自己家的侄女和侄媳都选择了再嫁。在给父亲程珦写的传记《先公太中传》中，程颐骄傲而郑重地记述了其父接回寡居甥女，助其再嫁的经过，以说明其父的热心助人。

实际上，北宋社会的妇女守贞观念还是比较宽松的，寡妇再嫁现象很普遍，并得到皇帝的许可和士大夫的认同。再嫁之女上至宗室，下至平民百姓，遍布社会的各个阶层。神宗元丰元年（1078）诏："宗室袒免以上女，与夫离而再嫁，其后夫已有官者，转一官。"（宋李焘《续资治通鉴长编》卷二百八十九）

宋英宗的女儿也曾再嫁；范仲淹丧子后，帮儿媳改嫁门生王陶；王安石因子嫌妻，怕儿媳受委屈，热心帮其选婿另嫁。

综上，北宋时期理学对社会的影响力有限，只在寡妇守节言论上往前多走了一点。实际上，官方倡导儒学；各派名儒推崇纲常；随着宗族崛起，家训族规风行等诸多推动力让女性的社会地位和人身自由在宋代进入倒退时期。

南宋初期，北宋发展起来的新儒学流派，除理学外，其他几支相继衰落。南宋孝宗乾道和淳熙时期，学术空气自由宽松，程颢—陆九渊心学和程颐—朱熹理学这两大理学流派与浙东学派呈三足鼎立局面。朱熹（1130—1200）在这段学术频繁期，确立了其逻辑周密的哲学思想体系，完成了理学最后的集大成。

朱熹（卒于1200年）死后，又过了几十年，已到南宋晚期，理学才受到宋理宗的大力推崇，二程和朱熹被正式认可为孔孟道统的真正继承人。朱熹注释的《四书》也成了官办大学的通用教材，理学最终也成为了南宋以后几个朝代的官方意识形态。

中国社会直到唐代为止，一直奉行"礼不下庶人"，北宋司马光的《书仪》首开先河，将贵族仪轨写成家礼，广泛传播至社会各阶层。南宋则有朱熹《家礼》及《袁氏世范》和《郑氏规范》与其媲美，影响更深，更广。

朱熹《家礼》以《三礼》为源，以司马光《书仪》为蓝本，详尽地写出冠婚丧祭的各种礼仪，语言比《书仪》更为通俗简明。司马光的"中门"思想，也得到了朱熹的认可和引用，《书仪·居家杂仪》的文字被朱熹原封不动地搬进《家礼·通礼》这一章节。不过，《家礼》是朱熹死后十一年（1211）被其弟子整理出版刊印的，朱熹直到南宋末理宗朝才被平反，这意味着《家礼》一书在南宋只问世了几十年，它的巨大影响力产生于后世几个王朝。在官方意识的大力推动下，《家礼》成为元朝官方制定汉仪的范本，明代时更被采入国家礼典。

北宋时期，由于儒学兴起，司马光等名儒倡导"妇人出门，必拥蔽其面"，盖头和面帽一类的遮面服渐渐流行起来，并延续至南宋。

盖头也叫作面衣、幂首巾、面帽等，通常以质地轻薄的整幅纱罗，裁成一定长度。使用时自头帽披下，有的还以带系之。遮面巾长短不一，短可至颈，长可及地。当时紫色为妇女们喜爱的颜色。

> 面衣：前后全用紫罗为幅，下垂，杂他色为四带，垂于背。为女子远行乘马之用。亦曰面帽。（北宋高承《事物纪原》卷三《冠冕首饰部十四·帷帽》）

先是北宋中上层妇女出门遮蔽头面，后来汴京开封替高官贵族说亲的上等媒婆也戴起了盖头，北宋孟元老《东京梦华录·娶妇》载："其媒人有数等，上等戴盖头，着紫背子，说官亲宫院恩泽。中等戴冠子，黄包髻背子。"

上等媒婆戴盖头，中等媒婆戴冠子，这很值得玩味。经常与上层社会打交道的媒婆注意到贵族妇女这种外出戴盖头的服饰礼仪，并且把这种行为拔高成一种上流社会的高雅得体感。为了向贵族妇女靠拢和趋同，也为了显示自己在同行业中处于顶端，于是上等媒婆也仿效贵族妇女戴起了盖头。

北宋中晚期，连妓女出门也戴上盖头了。常年流连于秦馆青楼的北宋词人柳永（约984—约1053）在《荔枝香·甚处寻芳赏翠》词中描写一位春游归来的妓女揭开盖头时的样貌："素脸红眉，时揭盖头微见。笑整金翘，一点芳心在娇眼。"《东京梦华录·驾回仪卫》篇载："妓女旧日多乘驴，宣政间惟乘马，披凉衫，将盖头背系冠子上。"

宋代妇女出行还戴一种席帽，即帽檐围缀一圈面纱的帽子。北宋的高承和郭若虚认为席帽即是唐朝的帷帽："席帽……女人戴者，

四缘垂下网子以自蔽，今世俗或
然。"（北宋高承《事物纪原·冠
冕首饰部十四》）"帷帽，如今之
席帽，周回垂网也。"（北宋郭若
虚《图画见闻志·论衣冠异制》）

张择端在《清明上河图》画
卷末端的城门附近，绘有一男子
牵着一头驴，毛驴上坐着一位身
着浅色凉衫、头戴垂纱笠帽的女
子（图1）。她戴的帽子就是席帽。

图1　[北宋]张择端《清明上河图》局部·戴帷帽的
女人

画中面纱颜色较浅，大概是想突出这个女性人物的面容特征。实际
上，席帽戴上的效果应是外人看不到帽纱里面女子的面容，但女子
看外面则比较清楚。

随着儒教伦理不断地深入到南宋社会的各个层面，盖头的使用
也日渐广泛。南宋周煇（1126—1198）的《清波杂志》亦载，紫罗
盖头为妇女上街常用款式，这点与高承《事物纪原》所说的一致："妇
女步通衢，以方幅紫罗障蔽半身，俗谓之'盖头'，盖唐帷帽之制也。"
周煇在这段文字中没有强调年号，应当是他生活年代的真实记录。

南宋洪迈《夷坚志》中，多处提到妇女以盖头遮面。

日已暮，将及门，遇妇人幂首摇摇而前。（卷第四《吴
小员外》）

夜四鼓。街上行人寥落，独见一骑来。……妇人以巾
蒙首，不尽睹其貌。（卷第十五《京师酒肆》）

安定郡王赵德麟，建炎初……于驿邸憩宿，薄晚呼索
熟水，即有妾应声捧杯以进，而用紫盖头覆首。赵曰："汝
辈既在室中，何必如是？"（卷第八《泗州邸怪》）

白昼有绯衣妇人，蒙首入门，云有疾求治。（卷第
十五《薛检法妻》）

《夷坚志》多讲志怪之事，但幂首巾是社会上比较通用的服饰，才会多次出现在他的文字中。

江西鄱阳磨刀石南宋墓出土一件女瓷俑，女俑头上披覆着一件幂首巾，前后齐腰等长。实际上就是一块长巾兜头一披，两侧没有缝合，任其敞开。高春明《中国服饰名物考·冠式考·面衣》一节有其图像。通过女俑实物可直观看到宋代妇女出门时使用盖头的一种简易方式。现代中式婚礼中新娘披的红盖头，就是古代盖头的遗制。

南宋末诗人毛珝《吾竹小稿·吴门田家十咏》中的第八首，形象地描写了苏州一带农妇出入田野乡间，用皂盖头来防晒和遮羞的情景。这说明南宋末年遮蔽意识已普及至南方的农妇群体中。

> 田家少妇最风流，白角冠儿皂盖头，笑问傍人披得称，已遮日色又遮羞。

出门要遮面，在唐初已有过先例。胡人男女都穿着的"幂篱"本是一种障面防沙尘的长披风，用轻薄纱绢为之，罩于发冠或缀于帽檐四周，垂下可包裹全身。隋唐士人出远门时也穿。武德、贞观年间，依《周礼》旧仪，长安宫人和贵妇骑马上街时，多穿着"幂篱"，以防路人窥见："武德、贞观之时，宫人骑马者，依齐隋旧制，多着幂䍦。虽发自戎夷，而全身障蔽，不欲途路窥之。"（《旧唐书·舆服志》）

原本胡人防沙挡尘的"幂篱"摇身一变，成为具有封建意识意味的遮羞物。唐朝贵妇的骑马帽饰从幂篱到帷帽、胡帽，再到露髻驰骋，她们像花朵一样绽放了自己。这个历时百年的绽放过程与当时社会开放的潮流是同步的。

而宋代则是把唐朝妇女摘下的面纱又重新拾起，并从中上层妇女开始，后普及至妓女和农妇，阶层似乎越来越广泛。这也与宋代社会风气由宽至严的步调是一致的。

可见，社会的发展并不是一直进步的。在中国妇女地位发展史中，宋代是一个重要的转折点。以服饰嬗变来说明宋代妇女地位和自由的退步，遮面巾帽比襦裙领口高低变化更具典型意义。遮面有很强烈的干涉和囚禁意味，将女性最具有辨识度的五官颜面遮挡起来，阻隔了她们与外部世界的连接，也模糊了她们作为个体在社会上的存在感。

在理学盛行、家规普及、不出中门、从一而终、拥蔽其面等种种清规戒律的缠绕下，缠足有了适宜其快速生成壮大的气候与土壤。所以许多人认为缠足的兴起是理学家倡导的，实际上这是个误会。在图说夏侯审《香闺韵事》时，笔者已经分析过，缠足的酝酿时期应在唐代，五代已有睿娘缠足起舞的先例，宋初为萌芽期。北宋中期，缠足从宫廷传向民间，特别是在贵族和青楼女子中，缠足已经形成势头。而此时，程颢、程颐等学者刚刚创立起理学学派。理学与新儒学的其他学派正处于百家争鸣的阶段。

想要在文献中找到理学家对缠足所持的态度是很困难的，他们的儒学著述中都绝口不提缠足一事，以儒家伦常理念为指导的女训和族规里也未有记载。果真如方绚所云："几言及闺装辄如触讳，故行缠一事宋不足征。"

宋代理学家与缠足有关联的可信记载只有两例。

一为程颐后世女眷皆不缠足。白珽是宋末元初时期的诗文家、学者和书法家。他的《湛渊静语》卷一中记载程伊川（程颐）六世孙程淮的女眷们皆保持父母所给躯体之天然，不裹足，不穿耳洞，入元后依旧如此。

> 伊川先生六代孙淮，咸淳间为安庆倅。明道年五十四卒，二子相继早世，无后。淮之族尚蕃居池阳，妇人不缠足、不贯耳，至今守之。有《中庸大学理粹》一编。

程颐所处北宋的中晚期，缠足还是一种时尚新潮的习俗，恐怕不能被正统的理学家族所接受。既然大名鼎鼎的先人程颐家眷都不缠足，南宋的后几世子孙自然也要沿袭这种传统。

白珽特意为不缠足的理学名族女眷记上一笔，估计缠足在南宋贵族妇女中已比较普及，望族女眷不缠足的只占极小部分，是比较特殊的群体。

程颐后世女眷不扎耳洞也就避免了穿金戴银，又不跟风缠足时尚，这些都体现了宋代理学家们对族人在物质追求上的严格控制。

二是理学家车若水反对缠足。南宋理学学者车若水（约1209—1275）在其晚年写的《脚气集》里说道："妇人缠脚不知起于何时，小儿未四五岁，无罪无辜，而使之受无限之苦。缠得小来，不知何用？"

车若水出生于朱熹去世以后，他写《脚气集》时已至南宋末年。从南宋贵族墓出土女性的变形足部和金莲小脚鞋的实物中可得知，南宋时贵族女性缠足已有四五寸那么小，那么缠足的起始年纪肯定也就四五岁。师从朱熹弟子王柏的车若水，算是朱熹先生的二传弟子，作为一个理学学者，他是明确反对缠足的。这说明宋代有些理学家对于缠足的兴起也感到费解，并且觉得有损于健康和道德。

由于本专题以妓女衣饰为记录对象，因此简略回顾宋代青楼业的状况，对于理解缠足与教坊业的关系不无好处。

蓬勃发展的商业贸易导致了城市急剧扩展与繁荣。北宋数十个城市人口达到十万以上。据估算，首都汴京（开封）人口总数在一百万左右。北宋晚期，货币流通量达到唐朝的十至二十倍。原来唐都长安的一百零八个"坊"，可用于交易的集市仅有东西两个，模式封闭且有严格的开放时间。而宋代的城市和乡镇，随处可见临街开门的前店后宅式商铺，营业时间由店主自行决定。与唐都相比汴京更是商业繁荣并富于市井生活气息。

出生于北宋末年的孟元老在《东京梦华录》里追忆了汴京的种种繁华和生活便利："处处拥门，各有茶坊酒店、勾肆饮食。市井经纪之家，往往只于市店旋置饮食，不置家蔬。……夜市直至三更尽，才五更又复开张，如要闹去处，通晓不绝。"

通过北宋末画家张择端的《清明上河图》，我们也可直观地看到

图2　[北宋]张择端《清明上河图》局部

汴京一派车水马龙的繁华景象,百姓摩肩接踵,商铺鳞次栉比（图2）。

"饱暖思淫欲",在这样一个商业经济发达, 流动人口和民众富庶者增多的朝代, 青楼教坊业不会偃旗息鼓,只会更加兴旺。至宋代, 请妓侍宴风气日盛。庞大臃冗的官僚机构、比唐朝优厚的俸禄、名目繁多的公私酒宴等诸多因素让宋代的餐饮业和青楼教坊业的需求量大增。宋代的娼妓制度基本延续唐制, 京城官妓隶属教坊, 地方市妓隶属州郡, 称为"乐户", 此外还有众多私营妓馆。北宋汴京的妓院在数量、分布和规模上, 较之唐代长安有了较大的发展。

孟元老在《东京梦华录》中回忆汴京市区门面布局时, 提到许多街道上都开设有妓馆, 可见北宋都城妓院分布面之广。

> 朱雀门外街巷: 出朱雀门东壁, 亦人家。东去大街, 麦秸巷, 状元楼, 余皆妓馆。……东朱雀门外, 西通新门瓦子以南杀猪巷亦妓馆。以南东西两教坊, 余皆居民或茶坊。街心市井, 至夜尤盛。

> 潘楼东街巷:……南斜街、北斜街, 内有泰山庙, 两街有妓馆。……向东曰东鸡儿巷, 向西曰西鸡儿巷, 皆妓馆所居。

在豪华的大酒楼里有数百名浓妆妓女聚于主廊上，听任酒客的召唤，场面蔚为华丽奢靡。

> 凡京师酒店，门首皆缚彩楼欢门，唯任店入其门。一直主廊约百余步，南北天井两廊皆小阁子，向晚灯烛荧煌，上下相照。浓妆妓女数百，聚于主廊槏面上，以待酒客呼唤，望之宛若神仙。（宋孟元老《东京梦华录·酒楼》）

靖康之变（1127）以后，宋朝政治中心南下临安（杭州），进入南宋时代。临安位于大运河南端，其商业繁华的程度，不亚于北宋汴京。随高宗赵构南迁的"从者如市"，"四方之民，云集两浙百倍于常"。临安"城内外不下数十万户，百十万口"，成为当时世界上最大的城市。全城有四百一十四行，自御街到各个坊巷，"杭城大街买卖昼夜不绝，夜交三四鼓，游人始稀，五鼓钟鸣，卖早市者又开店矣"。并形成"东门菜，西门水，南门柴，北门米"的专门经济区域。元初马可·波罗到达杭州时，称该城是"世界最富丽名贵之城"。

当时西湖已出现了至今流传的平湖秋月、苏堤春晓等西湖十景之说。"湖山之景，四时无穷，虽有画工，莫能摹写。"在这座美丽的都市里，不思进取的南宋小朝廷，又陶醉在一派歌舞升平景象里。临安士人林升在《题临安邸》中写道："山外青山楼外楼，西湖歌舞几时休。暖风熏得游人醉，直把杭州作汴州。"

杭州妓馆的数量和规模不亚于汴京，而且酒楼、酒肆、餐馆、歌馆、茶坊和庵酒店皆有官、私妓侍候。南宋周密的《武林旧事》卷六《酒楼》载，和乐楼、和丰楼、中和楼、春风楼等十几家官办大酒楼（即官库），都以官妓侑酒；而熙春楼、三元楼、五间楼、赏心楼、花月楼等十八家私营酒楼之佼佼者，则公、私妓女兼备，包括"卖客""擦坐""赶趁"等各种档次的娼妓和艺人：

> 每楼各分小阁十余，酒器悉用银，以竞华侈。每处各有私名妓数十辈，皆时装祛服，巧笑争妍。夏月茉莉盈头，

香满绮陌。凭槛招邀,谓之"卖客"。又有小鬟,不呼自至,
歌吟强聒,以求支分,谓之"擦坐"。又有吹箫、弹阮、息气、
锣板、歌唱、散耍等人,谓之"赶趁"。

据南宋灌园耐得翁《都城纪胜》所载,一般大酒店,娼妓只侍
酒弹唱,而可以买欢过夜的"庵酒店"有个特别的标志,就是门口
挂的红灯是用箬笠罩着,让人一眼识得:

酒肆:除官库、子库、脚店之外,其余皆谓之"拍
户"。……庵酒店,谓有倡妓在内,可以就欢,而于酒阁
内暗藏卧床也。门首红栀子灯上,不以晴雨,必用箬蓋盖之,
以为记认。其他大酒店,倡妓只伴坐而已。欲买欢,则多
往其居。……酒家事物,门设红杈子绯缘帘幕、贴金红纱
栀子灯之类。……若命妓,则此辈多是虚驾骄贵,索唤高
价细食,全要出著经惯,不被所侮也。

王书奴在《中国娼妓史》中有段总结:"宋代蓄家妓风气之盛,
不亚于唐。但夺掠他人妓妾,或将自己家妓杀去,在唐代是寻常事,
宋代殆将绝迹。这就是有宋士大夫人格高于唐朝的地方。就蓄家妓
一桩事,就可观察社会士风之优劣了。"

宋代经济发达,妓院教坊业兴盛,是一个典型的物欲商业社会,
那么略为严苛的理学异军突起,也是一种制约和平衡。

古籍中专门记载宋代妓女足饰和缠足的资料很少,《宋人遗褌
杂抄》出处亦不详,文字说明也没有显示年号和地名,所以,对此
书描述的妓院风俗和足饰图样,很难判断它发生的具体年代和地理
区域。方绚在按语中加上了自己熟悉的清代妓馆的描述,与原作产
生了一定的时空对比。我想不妨也把本书的图文作为一个引子,用
已知的文献和实物,对宋代和近代娼妓业在缠足礼仪、妓院规矩、
妓女足饰创新和妓女等级服饰等方面做一个比较论述。这样,既可
以知晓此书的内容,也可多了解一些古代和近代的青楼习俗,也算
是将这本文献资料物尽其用。

说图

《宋人遗裀杂抄》（图3）虽然只有十三页，但却图文并茂，自成体系。前三页的文字内容，介绍了宋代妓女的来源、所属、入门第一日礼和缠足特点等，这些都有助于我们了解宋代青楼文化和宋妓的缠足习俗。

正文一上来就讲道："妓每购皆十二以下，八岁以上。鸨母代为缠脚。"这种被妓家买来的，并被鸨母管理和教化的妓女，一般都属于私妓。我国私妓早在先秦时就已出现，魏晋南北朝之前，尚未形成规模。南朝时，随着江南经济的发展，私妓开始大量出现。至唐代，私妓开始普遍化，宋代更是兴盛。元代以后，各朝都曾禁止私妓营业，但屡禁不止。

现代妓女是指为了经济利益而出卖皮肉的女子。但在古代，妓女远不只是卖淫女子的定位，而是有着更加宽泛的含义。

妓在古代常与"伎"和"技"通用，指在音乐、舞蹈、杂技等演艺方面上的技艺。《康熙字典·女部》妓字条目下载："《集韵》《正韵》：'巨绮切，并音伎。女乐也。'……又《广韵》《集韵》：'并居宜切，音羁。妓姿，女容。'"古代的妓就是指擅长歌舞技艺、姿容美丽的女子，卖淫并非本业。有些妓女纯粹以表演技艺为主，唐代封演的《封氏闻见记》卷六《绳妓》载："玄宗开元二十四年八月五日，御楼设绳妓者，先引长绳，两端属地……然后妓女以绳端，蹑足而上。往来倏忽之间，望之如仙。"

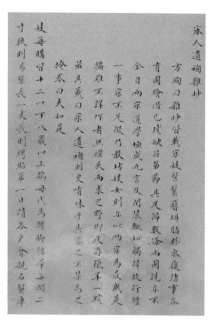

图3 《宋人遗裀杂抄》首页

唐崔令钦《教坊记·制度与人事》载：

"平人女以容色选入内者，教习琵琶、三弦、箜篌、筝等者，谓擘弹家。"许多乐坊女子原本出身官宦，因家道中落或突遭变故后，不幸落入红尘，她们本身就具有较高的诗词书画等修养。南宋名妓严蕊曾口吟一首《卜算子》表达对流落风尘的无奈：

> 不是爱风尘，似被前缘误。花落花开自有时，总赖东
> 君主。去也终须去，住也如何住！若得山花插满头，莫问
> 奴归处。（许渊冲编译《宋词三百首》）

因身份和服务对象的不同，宋代妓女大致可分官妓、营妓、家妓和私妓这四种。官妓是指朝廷和地方政府所掌管的在籍妓女。宫廷所属教坊乐妓的演出主要用于宫廷宴会，按演出形式分为菩萨蛮队、抛球乐队、采莲队、拂霓裳队等。地方州府所属的官妓主要为各级官吏服务，于迎来送往的官私宴会上应酬演出。

营妓也是官妓的一种，只不过是随配军营，为兵将服务。

私妓是指在私人经营的妓院里卖身为生的女子。她们不隶属于乐籍，服务对象没有限制，凡有钱进妓院消费的男子，都是她们的顾客。

家妓也称"姬侍""小妾""歌姬""侍儿"等，是蓄养在家里的乐妓，地位在妾和婢女之间。主人宴请宾客时，妻子通常回避在屏风后面。家妓则可陪侍酒席，并以歌舞助兴。她们是私人财产，不容外人侵犯。有时，豪爽的主人会直接将家妓赠送给客人。

北宋时期买良家妇女为娼已经盛行，至南宋则有专门买卖娼妓的人口贩子"娼侩"。贩卖分两种，一种自卖，遇到饥荒欠债等天灾人祸时，被迫将妻女卖与"娼侩"；另一种是拐卖，女子并不知情而被人骗抢拐卖到妓院。

如《宋人遗褌杂抄》所说，妓院买雏妓的年龄通常是在八岁到十二岁之间。妓家算账很是精明，买来的女童年龄太小，养育时间长，白白损耗金钱；年龄太大，过了梳拢和青春时光，可供榨取的剩余价值不高。

不幸落入娼门的女孩要接受一系列的训练。根据妓院档次和服务对象的不同，会有针对性地对这些女孩进行谈吐、仪态、唱词、操琴、识字、吟诗等专门的技艺训练。从宋代开始，对妓女的才艺培训，又多了一项特别的、可增加性魅力的内容：缠足。

《宋人遗裀杂抄》写到鸨母要亲自为刚买来的女童缠足："妓每购皆十二以下，八岁以上，鸨母代为缠脚。"这种情景经常在缠足时代的妓院里发生，有时是老鸨亲自操刀，有时是由有经验的女仆来完成。有些高档妓院还会从外面请来手艺好的脚婆来为女童缠裹。

无论缠足是何人发明，何时起始，有一点可以肯定的是，缠足在北宋初露端倪，南宋时已形成风气。任何一个社会，上行下效都是一个普遍规律。缠足之风很有可能是从宫廷嫔妃们的"宫样"传出，青楼女子和贵族妇女最先接受这种时尚，然后才普及至劳动人民。

南宋周辉《清波杂志》卷六记载：北宋官员强渊明要去陕西长安任职，临行前向蔡京告辞，京曰："公至彼且吃冷茶。"当时，强渊明不晓所以。等他到长安，应酬多起来，才体会到蔡京的话里有话。原来长安的官妓都裹了小脚，所以"步武小，行迟"，热茶让她们端上来，也差不多变冷茶了。

北宋神宗熙宁四年（1071）至七年（1074），苏轼在杭州任通判，"诸公钦其才望，朝夕聚首"，应酬尤多，酒筵上自然少不了歌妓舞姬的助兴。苏轼有首咏足的《菩萨蛮》作于此时："涂香莫惜莲承步，长愁罗袜凌波去。只见舞回风，都无行处踪。偷穿宫样稳，并立双趺困。纤妙说应难，须从掌上看。"（宋苏轼《苏轼词集》卷三）由此可知，在北宋中期，"宫样"小脚鞋不只在北方城市的妓女中流行，熙宁时已传至杭州。"偷穿宫样稳"，说明在当时的南方曲坊中，这种"宫样"鞋可能还是个时髦而稀罕的物件儿。

元末陶宗仪在《南村辍耕录》中写道："（缠足）如熙宁、元丰以前，人犹为者少。"那么，最迟在熙宁、元丰时期，缠足风已在北宋兴起。从苏轼及其他文人的诗词中可知妓女是主要的传播群体。南唐窅娘缠足起舞的惊鸿一现，被史书定格后，其形象还一直鲜活地存在于宫廷和民间的口耳传诵中，并不断地被加工神化。窅娘的缠足方法或缠足舞蹈遂成为宫廷嫔妃和教坊舞伎们跃跃欲试的顶级理想，并最终被模仿成一种新型的缠足实践，而且很可能与窅娘跳足尖舞的速缠法大相径庭，"步武小，行迟""并立双趺困"，谈何莲台舞蹈呢？

关于北宋的"宫样"暂时没有具体的鞋履实物、图画和缠裹法文字传世，只有这些文人零碎的文字，可供我们追溯。

北宋末赵令畤的《浣溪沙》序云："刘平叔出家妓八人，绝艺。乞词赠之。脚绝、歌绝、琴绝、舞绝。"赵令畤所处的年代是北宋和南宋之交。刘平叔即刘光世（1089—1142），南宋中兴四将之一，但他是一位最惧怕金兵的"抗金"将领，除了打仗不行，酒色享乐，样样都灵。"脚绝、歌绝、琴绝、舞绝"，赵令畤把脚放在第一位来评判，看来当时纤足已是家妓一个比较时髦而又扎眼的标志了。

南宋时期，贵族妇女缠足蔚然成风，福建和江西的南宋贵族墓葬出土的妇女尸骸显示，她们的足部都呈大脚趾上翘、其余四指向下折弯的缠足状，但没有后世鼎盛时期窝折脚面骨的弓弯。她们的随葬物还有裹足布和多双小脚鞋实物，这些弓鞋的长度都在四五寸以上，比三寸要长。据《宋史·五行志》记载，北宋末理宗朝的宫人束脚纤直，名曰"快上马"。《宋人遗褕杂抄》也记载宋妓的缠足形状讲究"平、尖、圆、曲、低"："脚式：底要平，前要尖，后要圆，背要低，指要曲。从来以平、尖、圆、曲、低五字为式。"即足底要平，大脚趾要尖翘，足跟圆润，足背低平，脚趾（后四脚趾向下）折曲。

宋代缠足没有"弓弯"，所以前后脚掌受力较平均，足底平坦，足背低平。南宋贵族墓出土的小脚鞋和《宋人遗褕杂抄》中的鞋样也全都是平底，匹配的就是这种脚底平坦的纤直式缠足。

作为社会最底层的妓女，她们的服饰很难有实物传世。南宋文人留下一些雪泥鸿爪可供我们串联起北宋至南宋时期，缠足在妓女群体中的发展走向。

明人杨慎的《艺林伐山》记载："谚言杭州脚者，行都妓女，皆穿窄袜弓鞋如良人。言如良人者，南渡流人谓北方旧式。"谚语向来有"杭州脚"之说，说的是宋室南渡后，行都临安（杭州）的妓女全都像流亡到杭州的北方女子一样缠起足来。

赵令畤在《侯鲭录》中说过："京师妇人妆饰与脚，皆天下所不及。"

北方妇女的足型和弓鞋都源于或者接近北宋汴京城的"宫样"样板。杨慎和赵令畤的文字也说明缠足是从北方"南渡"后，辐射至南方各地的。

南宋诗人王之望《好事近》词云："弓靴三寸坐中倾，惊叹小如许。子建向来能赋，过凌波仙浦。"（唐圭璋《全宋词》）

辛弃疾《菩萨蛮》词亦云："淡黄弓样鞋儿小，腰肢只怕风吹倒。"（宋辛弃疾《辛弃疾词集》卷四）

一进入南宋，从赵令畤到王之望，都提到妓女的纤足有三寸之小，虽不一定真的能到三寸，但显示出妓女之间有了攀比纤巧的趋势。宋代以后，"弓鞋行酒"（又名金莲杯）成了酒筵上一个新的助兴游戏，即是将斟好酒的酒杯置于妓女的弓鞋内，酒客们皆持妓鞋行酒。元代文人杨维桢（号铁崖）最好此乐。其洁癖好友、著名画家倪瓒，一遇到弓鞋载杯传饮，即大怒离席。

元陶宗仪《南村辍耕录》卷二十三云：

> 杨铁崖耽好声色，每于筵间见歌见舞，女有缠足纤小者，则脱其鞋，载盏以行酒，谓之金莲杯。予窃怪其可厌。

后读张邦基《墨庄谩（漫）录》载王深辅《道双凫》诗云："时时行地罗裙掩，双手更檠春潋滟，旁人都道不须辞，尽做十分能几点。春柔浅蘸蒲萄暖，和笑劝人教引满。洛尘忽浥不胜娇，划踏金莲行款款。"观此诗老子之踈狂有自来矣。

明沈德符《万历野获编》载：

> 元杨铁崖好以妓鞋纤小者行酒，此亦用宋人例，而倪元镇以为秽，每见之辄大怒避席去。（明沈德符《万历野

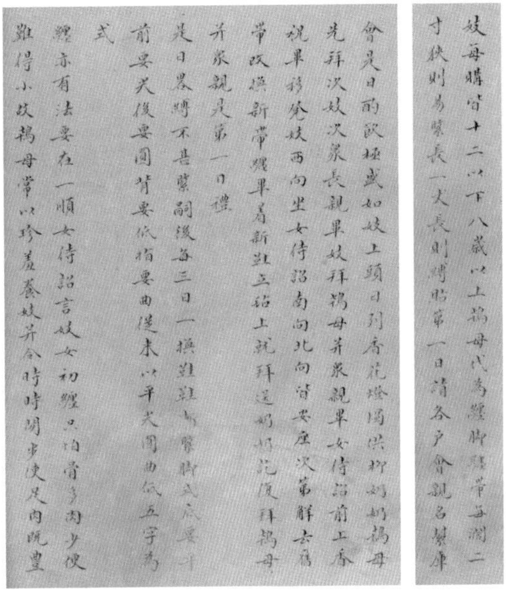

图 4　《宋人遗裰杂抄》第一、二页局部

获编》卷二十三《妓女·妓鞋行酒）

清代文人梁绍壬在《两般秋雨庵随笔·行酒之法》中写道："行酒以碧筒为最雅，鞋杯则俗矣。"

客人醉心于玩赏金莲纤足，鸨母就要精心帮雏妓打造出香软周正的一双小脚来。高洪兴《缠足史》第四章第四节引述清宣鼎《夜雨秋灯录》云："人间最惨事，莫如女子缠足声，主之督婢，鸨之饰（叱）雏，惨尤甚焉。"

刚到妓院的女童还在懵懂中，就被鸨母用裹脚布拴住了双脚，同时，还有一大堆妓院的规矩在等着约束她。如若反抗，只会给身心带来更大的伤害。娼妓业虽为下等职业，却有着头等的规矩。作为封建社会的产物，娼业同每个行当一样都有许多严格的祭拜礼仪和清规戒律，妓家以此掌控这些作为摇钱树的妓女们。

《宋人遗裰杂抄》详细描写了新妓第一日缠足之礼（图 4），这在古籍中还是第一次出现。虽然该杂抄文字里没有年号，来历也不详，但这种身临其境的仪轨描写，似乎很可信，这就是缠足时代的一种妓馆风俗。

第一日请各户会亲，名韰库会。是日，酌饮极盛，如妓上头日，列香花灯烛供柳奶奶，鸨母先拜，次妓，次众长亲。毕，妓拜鸨母并众亲。毕，女侍诏前上香。祝毕，移凳。妓西向坐，女侍诏南向、北向皆安座，次第解去旧带，改换新带。缠毕，着新鞋立毡上，就拜送奶奶。讫复拜鸨母并众亲，是第一日礼。

作者写道，雏妓进入妓院后，要先有个第一日的拜仙礼，这一天就像清倌妓女的上头日（梳拢日）那样隆重。妓馆备有丰盛的酒席，并列香花灯烛供奉"柳奶奶"。鸨母带领妓女们依次拜过"柳奶奶"后，新妓解开旧的缠足布，换上新的一根，缠完后，穿着新鞋站在毡垫上再拜"柳奶奶"、鸨母和众长亲。

这样，新妓的第一日礼，包含了入门和重新开始缠足两层意义。在认祖拜师的森严氛围中，正式入行，成为鸨母和妓院的摇钱树。两根缠足布不仅束缚了女孩的双脚，也束缚住了她的身体自由。

这位被妓女们奉拜的"柳奶奶"可能是某一地区民俗中，主管妓业的神仙，也有可能是女子缠足时祭拜的小脚神。其他文献上暂时没有发现关于"柳奶奶"的图文资料。

看起来，新妓来到妓院的第一天要拜大仙，这是从古代一直沿袭下来的妓院习俗。那么，娼妓业祖师爷和保护神是哪位呢？

现得到大家一致公认的娼妓业祖师爷是管仲，清末民初时华夏各地的许多妓院都有供奉。

春秋时期齐桓公的重臣管仲曾于齐宫中设"女闾"数百，此为国营妓院的雏形。《战国策·东周策》载："齐桓公宫中七市，女闾七百，国人非之。"《韩非子·难二》载："昔者桓公宫中二市，妇闾二百（一说三百），被发而御妇人。"虽然两个记载在女闾数量上有差异，但两籍互证，说明女闾这种妓户的存在是有根据的。政治家管仲奇思妙想设置的"女闾"既可增加国家的税收，又可满足好色齐桓公的享欲之乐，还有利于吸引和网罗周边诸国的人才，并缓解了因女少男多（许多女性被奴隶主和贵族们蓄养）形成的社会矛盾。

在官办妓院"女闾"的影响下，春秋各国纷纷仿效。从此娼妓制度获得合法地位。娼妓业由此奉管仲为祖师爷，此习俗一直延续到民国时期。清人纪晓岚在《阅微草堂笔记·滦阳消夏录四》中云："百工技艺，各祠一神为祖，倡族祀管仲，以女闾三百也。"

清陈作霖在《炳烛里谈》谈及南京社会风俗时，亦云："妓女祀管仲，优伶祀唐明皇，犹有不忘其始之意。"

虽然此等说法普遍流行，充其量也是官妓所仰。至于民间尚有许多其他所供奉的神明。

娼妓处于社会最底层，受尽各方欺凌，所以妓院管理者和妓女都希望得到神的庇护。中国古代的神灵信仰体系众多而庞杂，从各个方面影响着青楼从业者。在缠足时代，小脚形状的美丑与一个妓女的性魅力有关，有着一双妙莲的妓女可以成为妓院的招牌，身价不菲。所以，当一个女童初入妓行，第一天缠足时，也很有可能要求她先拜小脚神，行缠足礼，以求神仙来保佑该新妓日后收获一双纤莲。

史载南唐李后主嫔妃窅娘以帛绕脚，于莲花台上起舞。后人便以窅娘为金莲的始作俑者并加以祀拜。《采菲录》中的《醉莲肆虐记》讲到，有位金莲痴迷者强迫他的妻妾们缠足并拜窅娘为小脚神："受缠诸女，由生妻和秦姬领导，鼎礼窅娘。旋令诸女跪诵祷词：'信女某某，今日开始缠足，乞娘娘福佑，减少痛苦，三寸金莲，速速成功……'"

高洪兴在《缠足史》第五章第一节中引述清邓文滨《醒睡录》的记载："明末相国某……雅爱小脚，多姬妾，脚最小，裹疼痛，有襀解法，土人奉为脚神。每岁上巳，有贩妇于墓前设修脚场，童女往来如市，娼娃多过从焉，焚楮奠茗，祝公呵护，痂症累累，迎刃而解。"

明末有位相国，因姬妾脚小，被当地人奉为脚神。每年的三月三上巳节，即驱除邪气（祓禊）的日子，前来相国墓祭拜的女子络绎不绝，以至于专治缠足顽疾的修脚摊都在墓前支了起来。

寺庙中的娘娘像，不论她来自传说中的什么年代，如果建造于缠足时代，足下也必是三寸金钩。妇女们在娘娘庙烧香时，也多了一项任务，就是给娘娘敬献自己亲手做的漂亮弓鞋。《采菲录·蒪菲闲谈》引《东鳞西爪》记："泰山之巅有东岳庙，庙中供娘娘一位，泥塑金身，三寸金莲。每届春夏，朝拜者仕女如云，且多制锦鞋为娘娘寿。"

可见，在缠足时代，世人被整个社会风气所裹挟，对于各种小脚神"趋之若鹜"，每位母亲都愿意自己女儿嫁得好，每个女子都希望自己在男人眼中永远具有女性魅力。所以，缠足就成为我国古代妇女在当时特定历史背景下，无法逃脱的命运枷锁。

清末民初时，北京著名南派妓馆"庆余堂"老板女儿张文钧也曾下海为妓，亲历过当时北京娼妓业的兴衰变迁。她在《北京清吟小班之内幕》中写道，鸨母对妓女的训练是非常严格的，女孩子被鸨母买来时七八岁，首先要裹脚，那时妇女虽缠足却不似妓院要求那样苛刻。"当时有句俗话说，头是头，脚是脚。所以缠足必须要求缠小而端正。"为了缠足，女孩子要挨很多打骂。"最后，缠足用带子缝上，肉烂掉了才算。"这在当时是妓院买的女孩子进入娼门的头一道关口。旧时有"苏州头，扬州脚"一说，北京的南派妓院还特别雇用扬州娘姨专管给女孩子裹脚。

《宋人遗褂杂抄》里绘有一款"借娘鞋"（图5），图旁有文字说明："凡妓女初出门第一夜着一种鞋，软底连片，前后不锁口，以扣扣之，赠梳拢者，名借娘鞋。""借娘鞋"是宋妓在梳拢日所穿的鞋，要作为定情物留给客人。如果这是宋代妓院普遍习俗的话，此鞋（或多双鞋）会成为男人之间的炫耀之物。

"软底连片"的"借娘鞋"是由软布鞋底和一整片绣满花的鞋帮组成，类似金莲睡鞋，薄软轻盈，适合收藏。鞋的前脸正中和后帮中间裁有很深的开气，以扣祥相连。

雏妓第一次住夜接客称作"梳拢"或"梳弄"，是借古代女子十五岁行成人笄礼和婚后改换妇人发型之意。笄礼，俗称"上头礼"，所以，古代娼家也把"梳拢日"叫作"上头日"。雏妓在未梳拢前，也如良家少女，梳着发辫、丫鬟和丫髻等发型，就是把两鬓和后脑勺的头发都梳成小辫垂下来，只有头顶的头发扎发髻。梳拢后，就要像已婚女子一样，把头发全部挽起，梳成发髻，插上簪子。

我国古代作定情信物的小物有很多，如：香囊、荷包、手帕、玉佩、梳子、钏镯、簪钗等。在缠足年代，最隆重、最性感的赠物应当是一只金莲绣鞋。

《宋人遗禈杂抄》就画了一种"赠鞋"（图6），即是妓女赠予客人的留情之物，此鞋为平底翘尖款式，后帮缀有一对带子。图旁文注："赠鞋，鞋上题曰：不须凭翼舞，何用启唇言。王妙姊。"

聪慧善文的王妙姊，将弓鞋赠给钟情的客人时，用鞋面题诗的方式来表情达意，让接受绣鞋的客人感受到来自形象和文字的双重魅力。男子若是收到纤莲名妓的弓鞋，那更要大肆宣扬一番。明代戏曲家何良俊（字元朗）在《四友斋丛说》中写道，隆庆年间的一天，他身上揣着妓女王赛

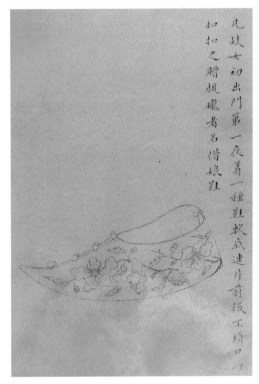

图5　《宋人遗禈杂抄》之借娘鞋

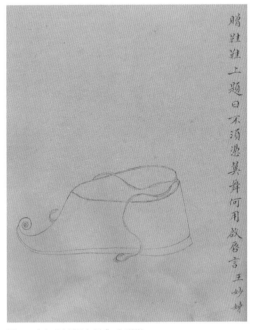

图6　《宋人遗禈杂抄》之赠鞋

玉所赠的弓鞋，在街上走着，正好遇到王世贞（号凤洲、弇州山人），被王拉进一场酒宴中，喝到兴头时，他便拿出弓鞋给大家行酒，这些礼部的官员们非但不避讳地捧着妓鞋喝酒，而且还都喝得很尽兴，王世贞更是赋诗云"手持此物行客酒，欲客齿颊生莲花"。

无论是现实生活中，还是文学戏曲作品里，古代女子总是乐于把自己亲手缝制的绣花弓鞋赠予中意的郎君。清代俗曲总集《霓裳续谱》中有两首《怯寄生草》：

> 红绣鞋儿三寸大，天大的人情送与了冤家。叫情人莫嫌丑来可莫嫌大，对人前千万别说送鞋的话，你可要紧紧的收藏，瞒着你家的他。他若知道了，咳，你受嘟囔我挨骂，那时节你才知奴的实情话。

> 红绣鞋儿三寸大，穿过了一次送与了冤家，我那狠心的娘啊，今年打发我要出嫁。叫声冤家，附耳前来说句话。你要想起了奴家，看看鞋上的花。要相逢除非约定在荼蘼架，我与你那时同解香罗帕。

在中国缠足史的一千年中，女人双脚的性象征意义被开发到了极致。层层包裹之下，这难得一见的小脚，隐藏得越深，就越令男人着迷。著名心理学家弗洛伊德认为女性的脚被隐藏起来后，特别是中国女性包裹多年的小脚，对男性有着致命的吸引力，男性透过偷窥女性的脚，能获得心理上窥破别人秘密的快感。

不止男性，忍受了多年痛苦的女子对自己的小脚也是从童年时的被动抵制，渐渐变得欣赏起来。总归是自己忍受无数煎熬后的杰作，更何况还有周遭姐妹们更纤小的美足比着呢。最后，女子们会加倍呵护起双足来，睡觉也要穿着袜子或睡鞋以防止缠足变形，即便是母亲或丈夫平时也难得看见自己的小脚。洗足和换裹脚布都是私下地进行，小脚的魅力从宋代开始与日俱增。直到民国时期，大同地区还流行"晒足会"便是明证。

德国心理学家艾格雷芒特认为："赤裸的脚是表现性魅力的一种

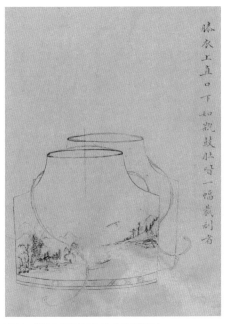

图7 《宋人遗褔杂抄》之宋妓膝衣　　　　图8 《宋人遗褔杂抄》之清妓膝衣

方式，脚和有关性的事物有着密切的联系。"英国心理学家哈沃洛克·艾里斯说："脚是身体中最有诱惑力的部位。"林语堂说："缠足自始至终都代表着一种性意识的自然存在。"

《宋人遗褔杂抄》里还有两幅膝衣图，一为宋妓款，呈瓶型（图7）；另一为清妓款（方绚自绘），呈斧型（图8）。

膝衣，即膝裤。主要是指从膝盖到脚面之间的胫衣，为两件独立的裤筒，上面缀有带子，穿膝裤时，要用带子绑缚在小腿上。膝衣，在古代文献中常被称作裤袜、膝袜、半袜、褶衣、藕覆、罩裤脚、套裤等。用料依时而定，裤筒长短、宽窄随潮流而行，精美者有刺绣花纹图案。除了图示这两种瓶型和斧型之外，最常见的还有直上直下的筒型以及前片比后片长、裤口有弧度的马蹄型等。

远古时期的先民们为了保护下肢和取暖，把兽皮缝成两条筒套于胫上，就产生了膝裤这种胫衣。它是最原始、最古老的"裤子"。

"膝裤"一词最早出现于宋代的文献上，朱熹在《朱子语类》中写道，南宋时期高宗赵构虽然重用秦桧，但对他也有防范之心。秦桧死后，高宗终于松了口气，对自己的心腹殿帅杨沂中说："朕今日始免得这膝裤中带匕首。"（《朱子语类（第八册）》一百三十一卷）

赵翼《陔余丛考》卷三十三《袜、膝裤》：

吕蓝衍《言鲭》，谓袜即膝裤。然今俗袜有底，而膝裤无底，形制各别。按《炙毂子》曰："三代谓之角袜，前后两只相成，中心系带。"则古时袜之制，正与今膝裤同。岂古之所谓袜，本如今膝裤之制，后人改为有底，遂分其名，而一则称袜，一则称膝裤耶！

古人的裤服就是从最早的两条裤筒渐渐发展出有裆裤、无裆裤、连脚底的膝袜、踩脚带的膝裤"钓墩"、长至大腿而吊带于腰间的"驯马裤"、绑小腿的行缠等各种长短不一的裤服形式。

明胡应麟《少室山房笔丛·丹铅新录八·双行缠》云："然今妇人缠足，其上亦有半袜罩之，谓之膝裤。"

清刘廷玑《在园杂志》载：

旧时妇人皆穿袜，即宦娘亦着素袜而舞，袜制与男子相同，有底，但瘦小耳。自缠足之后……遂不用有底之袜，易以无底直桶，名曰褶衣，亦曰凌波小袜，以罩其上。盖妇人多以布缠足，而上口未免参差不齐，故须以褶衣覆之。然亦有平底者至睡鞋则用软底（今称褶衣，即膝裤也）。

后来连脚底的膝袜又分离出袜子和膝裤两种。有底包脚的，叫作袜子；无底只到脚面上的，称作膝裤。

南宋时缠足风气兴起，元、明、清三代逐渐盛行。缠足女性就不再着"袜"，而是用裹脚布缠足，外面再套上一对膝裤，来遮住金莲上面层层叠叠的裹脚布、过于高隆的足背、歪斜的脚型，并可避免露出腿部肌肤和小衣的不雅。此后膝裤就成为女性的专利，金莲弓鞋的必备饰物。为区别于女子，男子也就不再穿膝裤了。

清叶梦珠《阅世编·内装》载："膝袜，旧施于膝下，下垂没履。……考其改制之始，原为下施可以撩足，丰跌者可以藏拙也。今概用之纤履弓鞋之上，何哉？"

叶梦珠认为原来不缠足时，膝裤可以帮着女主人遮挡天足的肥大，现在缠足时代，每个女子的脚都那么一点小，还有必要再遮吗？叶先生实在不理解女人为了追求时尚美的拳拳之心。当所有女人都缠足，大家又重新站在同一个起跑线上，要博得出位，就得越纤巧越好，所以，膝裤一是为了遮蔽缠足带，二是更加衬托出莲钩小巧。另外，膝裤长短肥瘦和装饰的变化，全凭主流社会导向，潮流兴起时，势不可当。

缠足时代的膝裤，有长过膝部，覆盖大腿的；也有只覆盖小腿，或仅遮盖缠足带的短款；也有一种膝裤与弓鞋缝在一起的。所用质料也宽泛，有棉布、绸缎、罗纱、毛呢等。形式上还有夹裤或夹层中间絮棉的棉套裤。裤管的造型也有流行趋势，有时流行上下直筒型，有时时兴上宽下窄型。裤口偏小，还为穿着方便，于裤脚外侧开衩。晚清又盛行一种宽松的阔脚套裤。清代吉祥纹样盛行，手巧的女性会在膝裤裤口镶花边、绣纹样，并让花色与弓鞋的颜色相协调。随着缠足的消失，装饰性的膝裤也就销声匿迹了。

方绚说他所处的清代某时，妓女时兴穿这种形如斧样的膝裤，妓院常客戏称为"遮羞袱子"。嫖客所说的遮羞已不是最初遮盖缠足带的意思，而是指遮住足部，特别是没缠好的大足和丑莲。余怀《板桥杂记》上写道，妓女顾喜"跌不纤妍"，被人讥称"顾大脚"。周栎园《因树屋书影》则记录了秦淮八艳之一的马湘兰足稍长，明代才子陆弼赋诗《赠金陵马姬》戏之曰："杏花屋角响春鸠，沉水香残懒下楼。剪得石榴新样子，不教人见玉双钩。"因此脚不够纤小的妓女，都要想方设法地遮蔽伪饰一番。

徐珂《清稗类钞》载，乾隆时期秦淮妓女马四肤白貌美，就是双足偏大了些，所以常靸小号方头拖鞋，让一部分脚后跟悬空在外，以显足小。

乾隆末叶，苏州有妓曰马四者，明眸善睐，肤如凝脂，惟双趺不甚纤妍，故常靸小方鞋（即拖鞋），作忙促装，以自揜其足之大也。（徐珂《清稗类钞·服饰类·马四靸小方鞋》）

素帛长袜、方头靸鞋也是当时秦淮妓女的流行装扮，当妓女们都穿同一款靸鞋时，一切又回到原点。

乾隆末叶，秦淮妓院之衣裳妆束，以苏为式……咸以素帛制为小袜，似膝裤而有底，上以锦带系之，能使双缠不露，且竟夕不松脱也。其履地用方头鞋，如童子履而无后跟，即古靸鞋遗制，今之拖鞋也。灯影下曳之以行，亦复彳亍有致。（清徐珂《清稗类钞·服饰类·秦淮妓女之方头鞋》）

方头靸鞋之功用之一便是藏拙。

《采菲录初编》附表燕贤所绘《十年前北方莲鞋略图》可帮助我们了解清末民初时北方弓鞋的各部件名称（图9）。

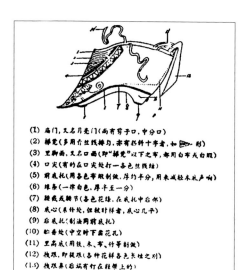

(1) 庙门，又名月亮门（两有穿子口，中分口）
(2) 靽龙（多用衮丝掸匀，亦有扣件十字者，如	形）
(3) 里脚面，又名口面（即"靽龙"以下之革，每用白布夹白眼）
(4) 口尖（有的在口尖处打一杏色丝线结）
(5) 靽底扎（用杏色革眼制做，厚约半分，用来或较本水声响）
(6) 堆条（一律白色，厚半至一分）
(7) 靿底及靿节（杏色花珠，在靽化中后水）
(8) 底心（系钵处，但靽针样者，底心几平）
(9) 后底扎（制法同前底扎）
(10) 扣高处（中立针下面花孔）
(11) 里高底（用铁、木、革，扩革制做）
(12) 拔限，即提限（各种花样各色丝性之别）
(13) 拔限鼻（后端有彳在靽帮上的）
(14) 扶帮（有的有四角，褪色以红绿方多）

《宋人遗裬杂抄》还绘有一小脚靴（图10）。靴筒较宽，靴沿前后有口，后沿卅口处缀带子，沿口缘有一圈花边。靴底赫然可见四齿，若是木齿，此靴应是雨雪天穿着，防湿滑的雨靴或冬靴。文注："靴式前后开口，系带有拔名要财靴"。方绚附注："今改贪才又作贪财，然妓家皆讳之。"

还有一袜图（图11），形制简洁如文注："袜式上如月，前后开口，皆系钮，名不存。"方绚附注："今名套钱亦讳之，但相会不着袜曰：

图9 《采菲录初编》附表　燕贤《十年前北方莲鞋略图》

某姐何不带了套钱来。"

　　大概靴筒、袜筒皆宽大，才被客人讥讽为"要财靴"和"套钱袜"。方绚说清代妓家全都忌讳"要财"和"套钱"的说法，应当比较可信。妓家虽把妓女当成摇钱树，对嫖客的钱财虎视眈眈，但当着客人的面，还是很有江湖上那套礼面的，不会直白地说钱、财等心中最贪念的那些字眼。而且还将妓女陪喝茶、抽烟、吃点心、唱曲、陪睡等诸多项目冠以"打茶围""摆盘子""做花头""出局""住局"等行话，并按钟点和摆盘子数量收费，让你的钱财撒出得痛快又体面。娼业是三百六十行中的一行，下九流中的一流，为了交易的方便及躲避官吏的讹诈，业内自有一套自己的行语和半公开的黑话。豪客在妓女梳拢前要给其置办首饰衣物、房间家具一类的"嫁妆"，这要花费不少钱财，却被妓家轻描淡写地说成"出毛巾"。

　　妓女梳拢接客后，在妓院的一众妓女中，就有了一定的身价等级。妓院因排场、装潢、妓女素质、服务对象等不同会有高低

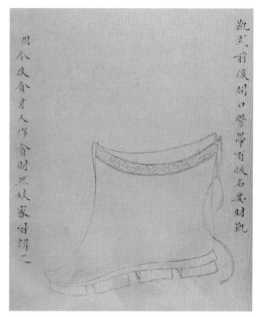

图 10 《宋人遗褌杂抄》之要财靴

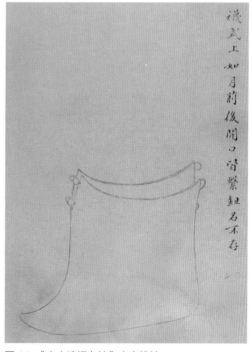

图 11 《宋人遗褌杂抄》之套钱袜

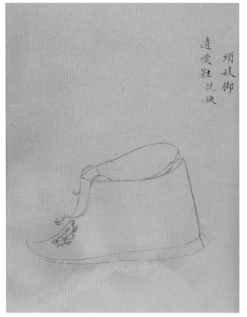

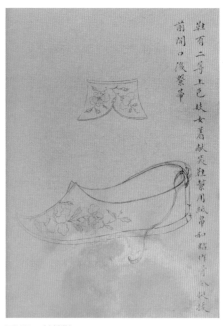

图 12 遗爱鞋 图 13 献笑鞋

档次之分。妓女也会根据年龄大小、色艺高低而有不同的身价等级。

《宋人遗祸杂抄》里面有三双鞋提到妓女的等级，分别是头妓穿着的"遗爱鞋"（图 12）；二等上色妓女所着的"献笑鞋"（图 13）；中色妓女所着的"媚人鞋"（图 14）。

在我国古代封建社会的每个阶层之间，以及每个阶层的内部，都有严格的等级观念和制度，所以，很有可能身处大型妓院里的妓女真要按身价等级来穿匹配自己的服饰和鞋子，有些颜色和款式是不可越矩乱穿的。官方也对娼家有种种的服饰限制。

宋人耐得翁在《都城纪胜》里面写道："天府诸酒库，每遇寒食节前后开沽煮酒，中秋节前后开沽新酒，各用妓女乘骑作三等装束：一等特髻大衣者，二等冠子裙背者，三等冠子衫子裆裤者。"

每年寒食节和中秋节前后开沽煮酒，各酒库要大造声势，迎送新酒样，各库全都派出由妓女组成的华丽方阵，巡游街上。她们化着艳丽的妆容，骑着高头大马，有高中低三种不同的装扮。一等妓

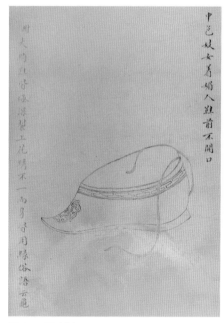

图 14　媚人鞋

女头戴高耸华丽的特髻（假发或金银丝盘好的假发髻），身披潇洒华丽的大氅，派头十足。二等和三等妓女穿褙子、裳裙和衫子、裤装。妓女的等级通过服装划分一目了然。

北宋政和年间，倡优多效仿宫掖中妃嫔等贵人服饰，官员丁瑾建议朝廷应禁止倡优穿华丽服装：

> 权发遣提举淮南东路学事丁瑾言：衣服之制，尤不可缓。今间阎之卑，倡优之贱，男子服带犀玉，妇人涂饰金珠，尚多僭侈，未合古制。……俾间阎之卑，不得与尊者同荣，倡优之贱，不得与贵者并丽。此法一正，名分自明。
> （元脱脱《宋史·舆服五》）

明清两代也有类似的服饰规定。《明史·舆服志》载："正德元年，禁商贩、仆役、倡优下贱不许服用貂裘。"（《明史·舆服三》）

清代《钦颁服色条例》也规定："门子优娼不许擅戴貂帽，穿花素缎。"

自宋代起，对于娼妓乐伶还有服色的限制法令。宋代端拱二年（989）朝廷下诏："端拱二年，诏……伶人，只许服皂、白衣，铁、角带，不得服紫。"（元脱脱《宋史·舆服五》）元仁宗延祐元年（1314）定服色等第诏："娼家出入，止服皂褙子，不得乘坐车马。"（明宋濂《元史·舆服一·服色等第》）《明史·舆服志》载洪武三年（1370）定："教坊司……乐妓，明角冠，皂褙子，不许与民妻同。"

不止规范娼妓的服色，就连她们的男性亲属都要头裹低贱的青色巾帻，以与庶民区分。

《元典章》记载，至元五年（1268）中书省规定："娼妓各分等第，穿着紫皂衫子，戴着冠儿。娼妓之家家长并亲属男子，裹青头巾。"

《明史·舆服志》载："教坊司冠服，洪武三年定。教坊司乐艺，青卍字顶巾，系红绿褡褲。……教坊司伶人，常服绿色巾，以别士庶之服。"

元明两代的娼妓出门服装几乎都是皂角巾冠、皂色褙子。一身肃穆暗哑的玄色从各种颜色中独立出来，以别民妻之服。而男乐户和伶人一律头上裹着象征低贱的绿色顶巾。从最底层娼优阶层的服饰规定可以看出我国封建社会严格而鲜明的等级序列。上至国家对各行各业服饰的统一规范，下至最低贱娼妓行业自身的行规，无不在延续中国封建等级制度对百姓的精神控制，并深入渗透到每个百姓的观念意识中。

《宋人遗褐杂抄》对宋代妓女足服的图文介绍比较详尽，自成体系，对于我国宋代民俗的研究，提供了宝贵的资料。

笔者在写作过程中，越来越觉得这些绘画在纸上的鞋样和作者的附注文字，都在诉说一个社会最底层女子的一生。从新招雏妓入门的缠足礼，到代表妓女急切盼嫁的梳拢鞋；成年妓女以年龄姿色来定鞋子款式的等级标准；色衰凋零后被客人奚落等，这些鞋样几乎涵盖了一个妓女全部而短暂的职业生涯。在父系社会和封建礼教的束缚下，每个缠足的妇女，深陷这个陋俗中，没有自知。落入娼门的多数妇女只得接受自己的最底层社会角色，无力跳脱苦海。一代又一代的妇女就这样自己用裹脚布裹着身体的自由，任封建礼教约束着精神和灵魂，在历史的某个阶段演绎着自己的一生。

参考书目：

[1]　白珽 . 湛渊静语 [M]. 北京 : 中华书局，1985.

[2]　张福清 . 女诫——妇女的枷锁 [M]. 北京 : 中央民族大学出版社，1996.

[3]　曹庭栋 . 宋百家诗存 [M]. 上海 : 上海古籍出版社，1993.

[4]　崔令钦 . 教坊记 [M]. 沈阳 : 辽宁教育出版社，1998.

[5]　陈高华，等 . 元典章 [M]. 天津 : 天津古籍出版社，2011.

[6]　陈东原 . 中国妇女生活史 [M]. 北京 : 商务印书馆，2015.

[7]　邓之诚 . 骨董琐记 [M]. 北京 : 中国书店，1991.

[8]　邓文滨 . 醒睡录 [M]. 台北 : 广文书局，1970.

[9]　费成康 . 中国的家法族规 [M]. 上海 : 上海社会科学院出版社，1998.

[10]　封演 . 封氏闻见记校注 [M]. 赵贞信，校注 . 北京 : 中华书局，1958.

[11]　冯梦龙 . 警世通言 [M]. 天津 : 天津古籍出版社，2004.

[12]　高承 . 事物纪原 [M]. 北京 : 中华书局 :1989.

[13]　孟元老，等 . 东京梦华录　都城纪胜　西湖老人繁胜录　梦粱录　武林旧事 [M]. 北京 : 中国商业出版社，1982.

[14]　高洪兴 . 缠足史 [M]. 上海 : 上海文艺出版社，2007.

[15]　顾禄 . 清嘉录 [M]. 上海 : 上海古籍出版社，1986.

[16]　高春明 . 中国服饰名物考 [M]. 上海 : 上海文化出版社，2001.

[17]　洪迈 . 夷坚志 [M]. 北京 : 中华书局，1981.

[18]　黄庭坚 . 黄庭坚词集 [M]. 马兴荣，导读 . 上海 : 上海古籍出版社，2011.

[19]　胡应麟 . 少室山房笔丛 [M]. 上海 : 上海书店出版社，2009.

[20]　韩非 . 韩非子 [M]. 长沙 : 岳麓书社，2015.

[21]　纪昀 . 阅微草堂笔记 [M]. 长春 : 吉林大学出版社，2011.

[22]　罗慧兰 . 中国妇女史 [M]. 北京 : 当代中国出版社，2016.

[23]　李焘 . 续资治通鉴长编 : 第三册 [M]. 北京 : 中华书局，1979.

[24]　柳永 . 柳永词集 [M]. 谢桃坊，导读 . 上海 : 上海古籍出版社，2009.

[25]　刘昫 . 旧唐书 [M]. 北京 : 中华书局，1975.

[26]　陆游 . 老学庵笔记（外十一种）[M]. 上海 : 上海古籍出版社，1993.

[27]　刘永升 . 宋诗选 [M]. 天津 : 天津古籍出版社，1997.

[28]　刘斧 . 青琐高议 [M]. 西安 : 三秦出版社，2004.

[29] 梁绍壬.两般秋雨庵随笔 [M].范春三，编译.乌鲁木齐：新疆人民出版社，1995.

[30] 刘廷玑.在园杂志 [M].北京：中华书局，2005.

[31] 李渔.闲情偶寄 [M].刘仁，译注.北京：中国纺织出版社，2007.

[32] 骆崇骐.中国历代鞋履研究与鉴赏 [M].上海：东华大学出版社，2007.

[33] 孟元老.东京梦华录 [M].北京：中华书局：1985.

[34] 安格斯·麦迪森.世界经济千年史 [M].伍晓鹰，等，译.北京：北京大学出版社，2003.

[35] 冯梦龙.警世通言 [M].天津：天津古籍出版社，2004.

[36] 赵翼，捧花生.檐曝杂记 秦淮画舫录 [M].上海：上海古籍出版社，2012.

[37] 蒲松龄.聊斋志异 [M].长春：长春出版社，2015.

[38] 钱金波，叶大兵.中国鞋履文化史 [M].北京：知识产权出版社，2014.

[39] 钱金波，叶大兵.中国鞋履文化辞典 [M].上海：上海三联书店，2001.

[40] 秦观.秦观词集 [M].徐培均，导读.上海：上海古籍出版社，2010.

[41] 任萍.青楼文化 [M].北京：中国经济出版社，2014.

[42] 司马迁.史记 [M].北京：中华书局，1959.

[43] 司马光.涑水记闻 [M].北京：中华书局，2017.

[44] 司马光.温公家范 [M].王宗志，注释.天津：天津古籍出版社，1995.

[45] 司马光.家范 [M].北京：中国书店，2018.

[46] 司马光.司马氏书仪 [M].北京：中华书局，1985.

[47] 苏轼.苏轼词集 [M].刘石，导读.上海：上海古籍出版社，2009.

[48] 沈德符.万历野获编 [M].北京：文化艺术出版社，1998.

[49] 宋濂.元史 [M].北京：中华书局，1976.

[50] 孙晨阳，张珂.中国古代服饰辞典 [M].北京：中华书局，2015.

[51] 田汝成.西湖游览志余 [M].上海：上海古籍出版社，1958.

[52] 脱脱，等.宋史 [M].北京：中华书局，1977.

[53] 陶宗仪.南村辍耕录 [M].沈阳：辽宁教育出版社，1998.

[54] 唐伯虎，等.伯虎杂曲等三种 [M].扬州：广陵书社，2014.

[55] 谈迁.枣林杂俎 [M].北京：中华书局，2006.

[56] 田艺蘅.留青日札 [M].杭州：浙江古籍出版社，2012.

[57] 王梦鸥.礼记今注今释 [M].北京：新世界出版社，2011.

[58] 王溥.唐会要 [M].北京：中华书局，1955.

[59] 王书奴.中国娼妓史 [M].长沙：湖南大学出版社，2014.

[60] 文芳.民国青楼秘史 [M].北京：中国文史出版社，2012.

[61] 王双启.晏几道词新释辑评 [M].北京：中国书店，2007.

[62] 许渊冲.宋词三百首 [M].北京：五洲传播出版社，2012.

[63] 辛弃疾.辛弃疾词集 [M].上海：上海古籍出版社，2016.

[64] 宣鼎.夜雨秋灯录 [M].济南：齐鲁书社，2004.

[65] 许真人.增补万全玉匣记 [M].赵嘉宁，注译.北京：中医古籍出版社，2012.

[66]　西周生.醒世姻缘传 [M].天津：天津古籍出版社，2016.

[67]　杜松柏.清诗话访佚初编 [M].台北：新文丰出版公司，1987.

[68]　袁采.袁氏世范 [M].北京：北京图书馆出版社，2003.

[69]　佚名.河南程氏遗书附录 [M].北京：北京图书馆出版社，2003.

[70]　俞乃华.从徽州谱牒中的族规家训看其社会教化效应 [J].黄山学院学报，2009，11（04）：
　　　1—4.

[71]　杨慎.艺林伐山 [M].北京：中华书局，1985.

[72]　余怀.板桥杂记 [M]// 李海荣，金承平.南京稀见文献丛刊.南京：南京出版社，2006.

[73]　姚灵犀.采菲录初编 [M].天津：天津时代公司，1936.

[74]　姚灵犀.采菲录续编 [M].天津：天津时代公司，1936.

[75]　姚灵犀.采菲录三编 [M].天津：天津书局，1936.

[76]　姚灵犀.采菲录四编 [M].天津：天津书局，1938.

[77]　袁枚.新齐谐　续新齐谐 [M].北京：人民文学出版社，1996.

[78]　孔宪易.如梦录 [M].郑州：中州古籍出版社，1984.

[79]　叶梦珠.阅世编 [M].上海：上海古籍出版社，1981.

[80]　伊佩霞.内闱——宋代的婚姻和妇女生活 [M].南京：江苏人民出版社，2004.

[81]　姚平.当代西方汉学研究集萃：妇女史卷 [M].上海：上海古籍出版社，2016.

[82]　朱熹，吕祖谦.近思录 [M].杨浩，译注.北京：中华书局，2020.

[83]　黎靖德.朱子语类 [M].武汉：崇文书局，2018.

[84]　郑强胜.郑氏规范 [M].郑州：中州古籍出版社，2016.

[85]　周辉.清波杂志 [M].北京：中华书局，1994.

[86]　吴自牧，周密.梦梁录　武林旧事 [M].傅林祥，注.济南：山东友谊出版社，2001.

[87]　中华书局编辑部.康熙字典 [M].北京：中华书局，1958.

[88]　赵令畤.侯鲭录 [M].北京：中华书局，1985.

[89]　张先.张子野词 [M].北京：中华书局，1985.

[90]　张若华.三寸金莲一千年 [M].济南：山东画报出版社，2014.

[91]　赵翼.陔余丛考 [M].石家庄：河北人民出版社，2007.

[92]　徐珂.清稗类钞：第一三册 [M].北京：中华书局，1986.

《劝谕不缠足图说方书》及《劝放脚图说》[清]

说人

《劝谕不缠足图说方书》未注明作者（图1）。但是其卷首文字部分显示此书来源于陆军部尚书两江总督部堂的札饬，而根据文中所说：“现由本部堂加撰六言白话告示，并将该中书赍呈天足图说及放足良方，刊印多张，分发宁、苏、皖、赣各厅州县。”可以断定此图说之图为文中的“中书”沈亮棨所作。

札饬，本意是长辈写信训斥晚辈，后成为旧时官府上级对下级的训示公文。严格说此文献的作者当有两人。

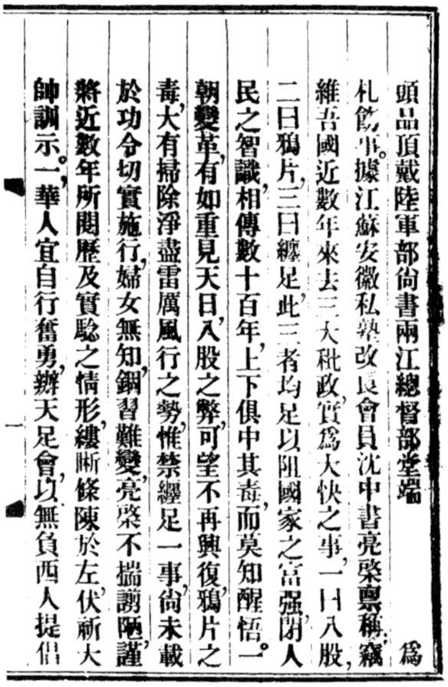
頭品頂戴陸軍部尚書兩江總督部堂端　爲
札飭事。據江蘇安徽私塾改良會員沈中書亮棨禀稱，竊
維吾國近數年來去三大秕政，實爲大快之事，一曰八股，
二曰鴉片，三曰纏足，此三者均足以阻國家之富强，閉人
民之智識，相傳數十百年，上下俱中其毒，而莫知醒悟。一
朝變革，有如重見天日，八股之弊，可望不再興，復鴉片之
毒，大有掃除淨盡雷厲風行之勢，惟禁纏足一事，尚未載
於功令切實施行，婦女無知，錮習難變，亮棨不揣謭陋，謹
將近數年所閲歷及實驗之情形，縷晰條陳於左，伏祈大
帥訓示。一，華人宜自行奮勇，辦天足會，以無負西人提倡

图1《劝谕不缠足图说方书》书影

其一是托忒克·端方（1861—1911），字午桥，号匋斋，清末大臣，金石学家。满洲正白旗人，幼年时被过继给伯父桂清为嗣子，官至直隶总督、北洋大臣。光绪二十四年（1898）三月在翁同龢与刚毅的保荐之下，端方第一次被光绪帝召见，由此获得了年轻皇帝的青睐。戊戌变法中，朝廷下诏筹办农工商总局，端方被任命为督办。戊戌变法期间，端方全身心地投入到新筹办的部门当中，他曾一天连上三折，其工作热情与效率，可见一斑。但是，戊戌变法很快被慈禧太后推翻，除京师大学堂予以保留之外，其他新政措施包括农工

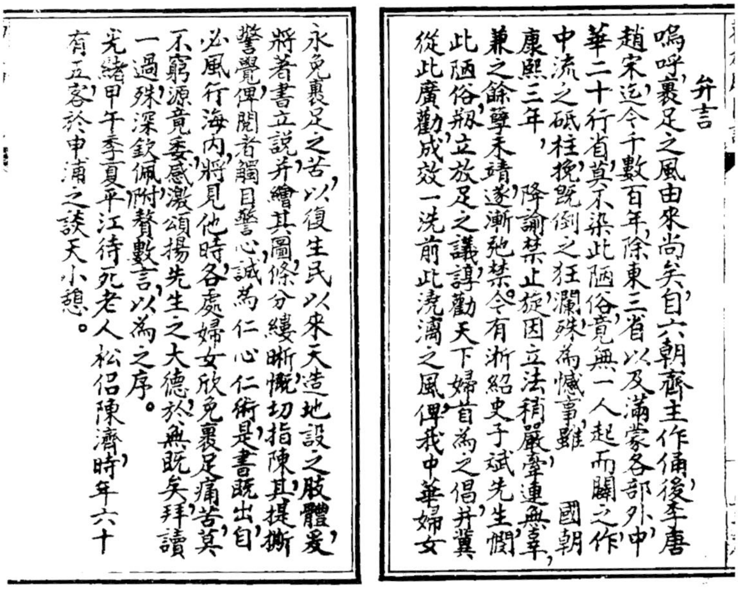
弁言

嗚呼，裹足之風由來尚矣，自六朝齊主作俑，後李唐趙宋迄今千數百年，除東三省以及滿蒙各部外，中華二十行省莫不染此陋俗，竟無一人起而闢之，作中流之砥柱，挽既倒之狂瀾，殊爲憾事，雖 國朝康熙三年， 降諭禁止，旋因立法稍嚴，牽連無辜，兼之餘孽未靖，遂漸弛禁。今有浙紹史子斌先生，憫此陋俗，剏立放足之議，諄勸天下婦首爲之倡，并冀從此廣勸成效，一洗前此澆漓之風，俾我中華婦女永免裹足之苦，以復生民以來天造地設之肢體，爰將著書立說，并繪其圖，條分縷晰，懇切指陳，其提撕警覺，俾閱者觸目警心，誠爲仁心仁術，是書既出，自必風行海內，將見他時各處婦女欣免裹足痛苦，莫不窮源竟委，感激頌揚先生之大德於無既矣。拜讀一過，殊深欽佩，附贅數言，以爲之序。

光緒甲午季夏平江待死老人松侶陳濟時年六十有五，客於申浦之談天小憩。

图 2 《劝放脚图说》弁言

商总局一律撤销，端方本人也被革职。

而引起陆军部尚书两江总督部堂发布札饬的则是江苏安徽私塾改良会员沈亮棨。沈亮棨，江苏省川沙厅龚镇人，曾是教书先生，后在苏州设立私塾改良社。是沈亮棨的告示《天足图说》及《放足良方》引起陆军部尚书两江总督部堂重视，才引出此文。有研究者认为世上流言沈亮棨为私塾改良运动的首倡者与史实不符，并指出沈亮棨与端方素有私交。而此书就是在沈亮棨上书禀报缠足之害之后，由端方发文而形成的。

而关于《劝放脚图说》的作者有两种说法，一为史子斌，二为陈济。翻阅本书弁言（图 2）可以得出明确结论，“浙绍史子斌先生”为本书作者，而陈济是为此书作序的人。弁言为光绪甲午年（1894）所作。

史子斌事迹不详。陈济字用舟，上海金山人，贡生。

鉴于这两部书均是宣传缠足危害、提倡放足的普及性读物，与其花费更多的时间查证此书作者的详细生平，不如让我们拉开放足

图3　古卫庄姜图说

图4　窅娘缠脚图

图5　近世美女图

历史的大幕,让今天的人们了解凝重而迟缓、艰难而曲折的反对缠足、提倡放足的天足运动的过程。因为在某种意义上说,时代才是这两部书名副其实的作者,而作者不过是那个时代的记录者与执笔人。

说书

《劝谕不缠足图说方书》共有十七页,封面一页（图6）,札饬正文七页,两江总督部堂端示两页,图四页,附录三页。内容为宣传天足的益处。所谓天足就是天然之足,没有经过人工强力扭曲转变之足。

正文中沈亮榦道:"窃维吾国近数年来去三大秕政,实为大快之事,一曰八股,二曰鸦片,三曰缠足,此三者均足以阻国家之富强,闭人民之智识,相传数十百年,上下俱中其毒,而莫知醒悟。一朝变革,有如重见天日,八股之弊,可望不再兴复,鸦片之毒,大有扫除净尽雷厉风行之势,惟禁缠足一事,尚未载于功令切实施行,妇女无知,锢习难变。"

随后沈亮榇陈述三条理由，请求端方"训示"。其一，"华人宜自行奋勇办天足会"。并列举美国立德尔夫人"奔走各行省，游说各大帅，以去除野蛮之风，酷虐之俗"的事情，告知唯有禁缠足才能"免西人之诟笑"。其二，"请用官力以助绅立天足会之穷绅"。并指出"非有威力足以迫人民之服从，非有政刑足以令人民之畏惧"，"非借官力，万难有效"。其三，"请撰禁止缠足普通告示，分发两江各属"。并提出"于编查户口之时，顺便加注某户缠足之妇若干人，缠足之幼女若干人，逐年比较，以察风俗之变化与否"的具体措施。

图 6　《劝谕不缠足图说方书》封面

两江总督部堂端示为六字俗言告示，共十七行，三十四句，二百零四字。均为通俗易懂的语言，如"试看天足妇人，举止端庄可喜""再不急旦回头，吃亏真要到底"等。

从画面来看，妇人衣着淡薄，门窗皆江南样式。此书类似今天的连环画，只是没有太多的情节串联故事，仅仅是从天足妇女的健康、女红、学习方面宣传不缠足的益处。画面淳朴温馨，令人愉悦。

附录有光绪二十七年（1901）的上谕、督抚告示摘录以及放足良法。

《劝放脚图说》共有图二十幅，封面明确标明：西历一千九百年、光绪二十六年庚子重刻（第三次）（图 7）。本书版本有三种著录：

1. 史子斌辑，清光绪二十年（1894）石印本（上海图书馆藏）。

2. 陈济撰，清光绪二十六年（1900）上海书局石印本。

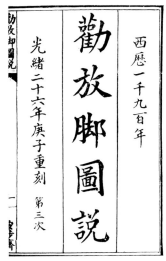

图 7　《劝放脚图说》封面

3. 史子斌编，清光绪三十二年（1906）安步斋石印本（国家图书馆藏）。

在网络上有许多研究者相互转抄："道光年间（公元1821年），由外国人开办的耶稣教会发起天足运动。'长老会后学'的史子武编著《劝放脚图说》是第一部宣传放足大众性读本，于光绪二十年（公元1894年）由上海书局石印出版。"

台湾研究者称："光绪二十年（1894）教会出版《劝放脚图说》，图中画有一个长老会宣讲福音的情景，'教师为首''教友率徒'劝告人们'勿再行残酷之风，违背上主之旨'。此书为'最初鼓吹不缠足之刊物'。"

前一段资料文字极其不严谨，如"史子武"应该是"史子斌"之误，参考需精心核实。

结合上面两种说法，大致可以梳理出此书基本脉络，从清光绪二十年（1894）开始，经过光绪二十六年（1900）（重刻）至光绪三十二年（1906）此书曾经印刷三次。而最后一次印刷安步斋特意标明"第三次"以区别于光绪二十六年（1900）上海书局的版本。

从我们所见到的文献来看，内容上丝毫不见教会之痕迹，因此光绪二十六年（1900）所刊之本是经过删改的本子。而我们现在看到的版本应该是清光绪三十二年（1906）安步斋石印本。

《采菲录》一书载有《劝放脚图说》提要：

> 《劝放脚图说》一册，共四十叶。光绪二十年甲午蒲月，耶稣降世一千八百九十四年（此行书于右），安步斋刻本；光绪甲午夏仲上海书局石印。第二页有英文横排。M.J.Farnham所撰文。弁言一，署名为"平江待死老人松侣陈济，时年六十有五，客于申浦之谈天小憩"。又有西治原源子序。后为自序，署名为"长老会后学史子斌谨识于美华书馆"。此书即浙绍史子斌所著也。每叶左图右文，共图十八帧、文十八则，其目如下：

图8　步莲图

古时美女　　今世美女

缠脚原委　　取名金莲

缠脚缘故　　各国脚样

各种小脚　　各国缠扎

缠脚样式　　缠脚忍心

缠脚痛苦　　缠脚害处

缠脚罪孽　　放脚缘故

放脚立法　　放脚有益

放脚家人　　放脚时候

　　其中如"缠脚罪孽"即因"违背神旨";"放脚缘故"即系"听从主命";"放脚有益"则云"生安死乐,荣归上帝,足报佳音,终身快乐。毫无俗见,他日天堂可望,福享永生";"放脚家人"则云"教士为倡","惜无达道之人,以化导耳。若领袖教师出体救主之仁心，尽救援之美意"。图中绘一长老会福音讲堂，门悬"沪北公会史寓"门牌，以"教师为首"，"教友率徒"，其文有云"夫戒其妻，母戒其女。行有余力，以劝化外之人。勿再行惨酷之风，违背上主之旨，其体贴救主爱人如己之心"等云。后有伦敦信徒陆涤非之跋。题签者则介清王亨统也。此书为四十年前最初鼓吹不缠足之刊物，但含有宗教色彩，尤以不奉耶稣者目为化外之人，语最荒谬。因适先生以余有《采菲录》之辑，出以见示，选图提要，记其崖略如此。

从这段文字可以看出前面的判断基本无错。只可惜删改后的版本至少缺失三幅图。

我们现在所见版本目录如下：

古时美女图说 （一幅）　今世美女图说 （一幅）

缠脚原委图说 （一幅）　取名金莲图说 （一幅）

缠脚缘故图说 （一幅）　各国脚样图说 （一幅）

各种小脚 ★　　　　　各国缠扎 ★

缠脚样式图说 （一幅）　缠脚忍心图说 （一幅）

缠脚痛苦图说 （一幅）　缠脚害处图说 （二幅）

缠脚罪孽图说 （二幅）　放脚缘故图说⊙ （二幅）

放脚立法图说 （三幅）　放脚有益图说⊙ （一幅）

放脚家人 ★　　　　　放脚时候图说 （一幅）

其中带有★者为光绪二十年（1894）版本目录所记载的图说，此版本已经删节。带有⊙者为本版本目录不载，但是内页有图说的内容。

其中《缠脚罪孽图》《放脚缘故图》中已经见不到《采菲录》所载的《劝放脚图说》提要中有关"违背神旨""听从主命"等宗教词汇，代之以"干犯王章""习成陋俗"等语言。

说图

民俗既有其顽固的一面，也有一种随风倒的特点。说其顽固，是指一种习俗当成为风气、形成一种观念，很难改变；说其随风倒，是指当强大的外力作用于民俗，其原有的惯性也并非不可改变。官俗与民俗是互相转换的，因此移风易俗从来就不是一件容易的事情，特别是当官俗成为民俗之后。

清朝统治者入关以后，对汉人服饰进行了两个"大手术"，一个是"剃发易服"，另一个就是"禁止缠足"。清代从顺治到康熙、从道光到光绪，多次下发禁止缠足的禁令："清顺治元年，孝庄皇后谕：'有以缠足女子入宫者斩。'二年诏：'以后人民所生女子禁缠足。'顺治十七年，特下制书，普下海隅，痛改积习。有抗旨缠足者，其父若夫杖八十，流三千里。康熙元年，再禁缠足。道光十八年，重申缠足禁令。至光绪二十七年，复下禁缠足上谕。"（李荣楣《中国妇女缠足史谭》）

然而在士大夫和社会民情的双重抵制下，这些禁令基本没有执行。昔日一言九鼎的皇帝，在长久以来根深蒂固的风俗面前也显得束手无策。究其根本，首先是封建礼制的长期作用，其次是缠足对统治无害，第三是有了"男从女不从"的惯例。可是令清代统治者想不到的是，竟然有满族女子也悄悄仿效汉族女子裹起脚来，因为缠足实在是当时的一种时尚，成为大户人家女子孜孜以求的目标。《听雨丛谈》云："东西粤、吴、皖、云、贵各省，乡中女子多不缠足。外此各省女子无不缠足，山、陕、甘肃

图 9　媒婆引看

图10　诱骗缠脚

此风最盛。甚至以足之纤钜，重于德之美凉，否则母以为耻，夫以为辱，其至亲串里党传为笑谈，女子低颜自觉形秽，相习成风，大可怪也。"

此种现象在嘉庆时遭到多次申斥。道光皇帝还于道光十八年（1838）重申禁令。其实早在清皇太极崇德三年（1638）就有诏禁"有效他国裹足者重治其罪"之制。尽管"禁止缠足"对汉人妇女成为一纸空文，但是对旗人女子却一直有效。

鸦片战争之后中国门户大开，早期倡导天足的是一些进入中国的传教士。同治十三年（1874），伦敦传教士约翰·麦克高望在厦门成立了第一个反对缠足的组织——厦门天足会。光绪四年（1878），立德夫人（她的丈夫是第一个把轮船开过三峡抵达重庆的外国人）利用旅行的方式反对缠足。她在上海也设立了"天足会"，并在无锡、苏州、扬州、镇江、南京等地设立分会。在《穿蓝色长袍的国度》一书中，立德夫人专门写了一章反对裹足之行，认为裹足是中国最古老、最根深蒂固的风俗之一。她在书中记载了她拜见时任两广总督李鸿章的情景，李鸿章说，你想让全国的女人都不缠足吗？不，这不可能。我没有这么大的权力。你能让全国女人穿一样的鞋吗？不可能。你想让我像张之洞那样给你写几个字吗？我老了，写不动了。女人不裹脚会变得很强壮，男人已经很强壮了，他们会推翻朝廷。这正道出了统治者的内心独白，由此也可以得到清代对缠足屡禁不止的真正答案。这正是所谓

图 11　各国脚样

的"缠足难，反缠足更难"。

　　缠足之所以如此根深蒂固，是因为不仅有民风习俗的巨大推动力，更有上层人士荒唐观念的引导。他们除了要让女子深陷闺中、恪守妇道之外，甚至还认为缠足也可以成为御敌的武器。明朝中叶，有位叫黄冈瞿的文人，写过一本《征君九思》，顾名思义，当然是能够分君之忧。他提出一条以弱胜强的"妙策"——建议在御边时对敌人要"诱化其俗，令彼妇人习中国法，俱束缚双足为弓样，使男子惑溺，减其精力，惰于击刺"。真是可笑可悲。

　　中日甲午战争撕碎了国人最后一块遮羞布，面对着国破家亡的残酷现实，伴随着亡国灭种的深刻反思，维新派举起了反对缠足的大旗。当时欧美人以我国女子缠成足形用蜡仿制模型，陈列该邦博物院中。国人睹者，无不愧愤，返国劝戒缠足，以洗此耻。此时缠足已经不仅仅是民风习俗的现象，更是国运衰败的象征。要想强国，妇女必须解放，而形体的解放是妇女解放的先决条件之一。

光绪九年（1883），康有为在广州南海联合一些开明乡绅创建"不缠足会"，发表《戒缠足会檄》："试观欧美之人，体直气壮，为其母不裹足，传种易强也。……今当举国征兵之世，与万国竞，而留此弱种，尤可忧危矣！"并且以身作则，让他的妻子和女儿都不缠足。这在当时是需要顶着巨大压力的。光绪二十一年（1895），他与胞弟康广仁在广州创办粤中不缠足会。光绪二十三年（1897）又推广到上海，由康广仁、梁启超、谭嗣同等设立天足会。该会章程约定，会员所生女子不得缠足，所生男子不得娶缠足之女。光绪二十四年（1898），康有为上书光绪帝，请求下旨禁止女子缠足。《请禁妇女裹足折》内容如下：

> 奏为请禁妇女裹足，以全肌肤，而维俗化，恭折仰祈圣鉴事：窃惟汉臣贾谊上《治安策》，谓"大臣以簿书、期会为大故，至俗流失、世败坏则不知怪"，此诚知治乱之体要者也。夫为政之道，本末兼该，而莫大于保民；圣化之隆，纤悉备举，而莫先于正俗。方今万国交通，政俗互校，稍有失败，辄生讥轻，非复一统闭关之时矣。吾中国蓬荜比户，蓝缕相望，加复鸦片熏缠，乞丐接道，外人拍影传笑，讥为野蛮久矣。而最骇笑取辱者，莫如妇女裹足一事，臣窃深耻之。

> 夫刖足者，为古肉刑之一。刑者成也，一成不变，后王恐波及无辜，犹为废之，史称其美。女子何罪？而自童幼，加以刖刑，终身痛楚，一成不变，此真万国所无，而尤为圣王所不容者也。夫父母抚子，以慈为义；女子体弱，尤宜爱护。乃乳哺甫离，髫发未燥，筋肉未长，骨节未坚，而横絷弱足，严与裹缠。三尺之布，七尺之带，屈指使行，拗骨使折，拳挛蹜蹜，局地蹐天，童女苦之，旦旦啼哭。

图 12　退缩不前　　　　　　图 13　坐卧不安

或加药水，日夕熏然，窄袜小鞋，夜宿不解，务令屈而不
伸，纤而不壮。扶床乃起，倚壁而行。富人苦之，贫家尤
甚。亲操井臼，兼持馈浣；下抚弱息，上事病姑；趺往报来，
走无停趾；临深登高，日事征行，皆扪足叹嗟，愁眉掩泣，
或因登梯而坠命，或因楚病而伤生。若夫水火不时，乱离
奔命，扶夫抱子，挟物携衣，绝涧莫逾，高峰难上，乱石
阻道，荆棘钩衣，多有缢树而弃生、坠楼而绝命者，不可
胜数也。即使治世承平，富家大户，婢妪盈前，安坐而食，
而人伦有礼，疾病不时，仰事俯畜，接亲应友，能无劳苦乎？
且劳苦即不足道，而卫生实有所伤。血气不流，气息污秽，
足疾易作，上传身体，或流传孙子，奕世体弱。是皆国民也，
羸弱流传，何以为兵乎？试观欧美之人，体直气壮，为其
母不裹足，传种易强也。回观吾国之民，尫弱纤偻，为其
母裹足，故传种易弱也。今当举国征兵之世，与万国竞，
而留此弱种，尤可忧危矣！

夫父母之仁爱，岂乐施此无道之虐刑于其小儿女哉？徒以恶俗流传，非此不贵，苟不缠足，则良家不娶，妾婢是轻，故宁伤损其一体，而免摈弃其终身。此为一人一家之事，诚有茹苦含辛而无如何者。若圣世怀保小民，一夫之有失，引以为予辜；一物不得所，引以为己罪。而令中国二万万女子，世世永永，婴此刖刑；中国四万万人民，世世永永，传此弱种。于保民非荣，于仁政大伤，皇上能无恻然矜之、怒然忧之乎？

臣尝考裹足恶俗，未知所自。《史记》利屣，不过尖头。唐人诗歌，尚未咏及。宋世奄被，遂至方今。或谓李后主创之，恐但恶风所扇耳。宋人称只有程颐一家不裹足，则余风可知。古今中外，未有恶俗苦体、非关功令，乃能淹被天下、流传千年，若斯之甚也。其可骇莫甚焉！以国之政法论，则滥无辜之非刑；以家之慈恩论，则伤父母之仁爱；以人之卫生论，则折骨无用之致疾；以兵之竞强论，则弱种辗转之谬传；以俗之美观论，则野蛮贻诮于邻国。是可忍也，孰不可忍！且国朝龙兴，严禁裹足，故满洲妇女皆尚天足。凡在国民，同隶覆帱；率土妇女，尤宜哀矜。且法律宜一，风俗宜同。皇上怜此弱女，拯此无辜，亟宜禁此非刑，改兹恶俗。乞特下明诏，严禁妇女裹足，其已裹者，一律宽解。若有违抗，其夫若子有官不得受封，无官者其夫亦科锾罚。其十二岁以下幼女，若有裹足者，重罚其父母。如此，则风行草偃，恶俗自革；举国弱女，皆能全体；中国传种，渐可致强；外人野蛮之讥，可以销释。其神圣化，岂为小补！伏惟皇上圣鉴。谨奏。

另一位著名维新派领袖梁启超也积极从事反对缠足的活动："光绪中叶，上海绅组天足会，一时四方响应，分会蜂起。梁任公执政湖南时务学堂，仗义而赴，为当地倡。"（《采菲录》）

光绪二十三年（1897）四月，康有为、谭嗣同、梁启超等人在《时务报》上发起组织不缠足会的运动。梁启超在《戒缠足会叙》中阐述了他的观点：

> 眼、耳、鼻、舌、手、足，受诸天，受诸父母，有一不具若残缺者，谓之废疾，谓之天之僇民。古王之制刑也，为劓、为刵、为刖，将以天僇僇不肖，以威天下，仁者犹或讥之，恶其伤天而残人类也。男女中分，人数之半，受生于天，受爱于父母，匪有异矣。虽然，人类之初起，以力胜者也。力之最悬绝不相敌而势最易分者，莫如男女。……是故尘尘五洲，莽莽万古，贤哲如鲫，政教如海，无一言一事为女子计。其待女子也有二大端：一曰充服役，二曰供玩好。由前之说，则豢之若犬马；由后之说，则饰之若花鸟。禀此二虐，乃生三刑，非洲、印度以石压首使成扁形，其刑若黥；欧洲好细腰，其刑若关木；中国缠足，其刑若研胫，三刑行而地球之妇女无完人矣。缠足不知所自始也，要而论之，其必起于污君、独夫、民贼、贱丈夫。……嗟夫！天下事良法每惮于奉行，而谬种每易于相袭，以此残忍酷烈轻薄猥贱之事，乃至波靡四域，流毒千年。父母以此督其女，舅姑以此择其妇，夫君以此宠其妻。龀齿未易，已受极刑。骨节折落，皮肉溃脱，创疡充斥，脓血狼藉。呻吟弗顾，悲啼弗恤，哀求弗应，嗥号弗闻。数月之内，杖而不起；一年之内，舁而后行。

图 14 江南大学民间服饰传习馆所藏缠足设备

图 15　干犯王章

梁启超将放足运动与兴办女学相联系。他在《时报》载论《论学校六：女学》云："吾推极天下积弱之本，则必自妇人不学始。……缠足一日不变，则女学一日不立。"

光绪二十三年（1897）六月，梁启超在上海成立不缠足总会，提出不缠足、不要娶缠足女为妻、八岁以下放解缠足等倡议。

当戊戌变法失败以后，天足运动的步伐并未停止。而之后举起反对缠足大旗的恰恰是维新派的死对头慈禧太后。

光绪二十七年（1901）十二月二十三日慈禧太后下达了劝禁缠足的谕旨：

我朝深仁厚泽，浃洽寰区，满汉臣民，朝廷从无歧视。惟旧例不通婚姻，原因入关之初，风俗语言或多未喻，是以著为禁令。今则风同道一，已历二百余年，自应俯顺人情，开除此禁。所有满汉官民人等，着准其彼此结婚，毋庸拘泥。至汉人妇女率多缠足，由来已久，有伤造物之和。嗣后缙绅之家，务当婉切劝导，使之家喻户晓，以期渐除积习。断不准官吏胥役，藉词禁令，扰累民间。如遇选秀女年分，仍由八旗挑取，不得采及汉人，免蹈前明弊政。以示限制，而恤下情。将此通谕知之。钦此。

与此同时，各地的封疆大吏也陆续提倡女性不要缠足。反缠足运动自此成为全国精英的一致共识。《采菲录》录直隶总督袁世凯发布《劝不缠足文》：

　　恭读光绪二十七年十二月二十三日上谕……云云。钦此。大哉圣人之言，仁至义尽。凡在子民，罔不感喻。世凯敬译明诏，愿为我绅民劝者，厥有数端：

　　一曰保身。《孝经》有曰："身体发肤，受之父母，不敢毁伤。"今妇女之缠足者，自幼龄以迄成人，束缚磨折，备尝痛苦，甚至骨节溃落，血肉消耗，趑趄局蹐，举步维艰，以故中国女子大都孱弱多病。徇世俗之习尚，而残父母之肢体；忘天性之亲爱，而忍令其女受百般之酷虐，岂仁者之所为乎？此言保身而当去缠足之害者也。

　　一曰教育。古者女子最重姆教，今东西学者论强国之道，辄推原于女子教育。盖德育、智育、体育，男女并重，不可或废。中国妇女尚缠足，敝精劳神于猥贱纤屑之举，矫揉造作以修容饰媚为工，而智识不开，德性不充，体质不健，竟不知教育为何事。欲尽义务，先除恶习。此言教育而当去缠足之害者也。

　　一曰母仪。人之材质本于初生，学养基于幼稚。盖求异日之男子躯体强伟、智能发达，必先求今日之女子躯体强伟、智能发达也。今缠足之妇，气血羸弱则生于不壮，蹕步伶仃则教于者鲜。幼学荒废，嗣续式微，其于种族盛衰之故、人才消长之原，有隐相关系者。此言母仪而当去缠足之害者也。

　　一曰执业。人之智愚，男女相近，若农、医、格致、制造等专门之业，女子或胜于男子。今缠足之妇女，深居纤步，缚其手足，窒其灵明，而受养于其丈夫。其上者或仅工针黹，或略解吟咏，要皆于事无补。苟释缠足之苦，则四体安舒，使得执一业以自养，而一切新理新法，女子亦可以研求，其裨益于国政工业与家人生产者甚大。此言

图 16　荒工废时　　　　　　　图 17　临难莫逃

执业而当去缠足之害者也。

　　凡此皆为今日缠足之妇女言也。夫缠足之害，近人亦言之切矣，兹特举其荦荦大者，为缙绅之家告。亦愿地方士绅，仰体朝旨，婉切劝导，家喻户晓，俾除积习，予有厚望焉。

　　1904 年秋瑾女杰发表《敬告中国两万万女同胞书》，号召对缠足兴师问罪。她说："足儿缠得小小的，头儿梳得光光的；花儿、朵儿，扎的、镶的，戴着;绸儿、缎儿，滚的、盘的，穿着;粉儿白白、脂儿红红的搽抹着，一生只晓得依傍男子，穿的、吃的全靠着男子。身儿是柔柔顺顺的媚着，气虐儿是闷闷的受着，泪珠是常常的滴着，生活是巴巴结结的做着，一世的囚徒，半生的牛马。"

　　这是对女性寄生生活的揭露，是对缠足的控诉。秋瑾解放缠足的目的十分明确，就是让妇女解放，不再成为男子的附庸品;让妇女独立，不再成为男子的依赖者。

　　1912 年中华民国成立，南京临时政府申明禁止妇女缠足。3 月 13 日中华民国临时大总统孙中山发布命令通饬全国劝禁缠足：

图 18　放宽脚带

　　　　缠足之俗，由来殆不可考。起于一二好尚之偏，终致滔滔莫易之烈。恶习流传，历千百岁。害家凶国，莫此为甚。将欲图国力之坚强，必先图国民体力之发达。至缠足一事，残毁肢体，阻淤血脉，害虽加于一人，病实施于万姓，生理所证，岂得云诬？至因缠足之故，动作竭蹶，深居简出，教育莫施，世事罔闻，遑能独立谋生，共服事务？以上二者，特其大端，若他弊害，更仆难数。曩者志士仁人，尝有天足会之设，开通者已见解除，固陋者犹执成见。当此除旧布新之际，此等恶俗，尤宜先事革除，以培国本。为此令仰该部，速行通饬各省，一体劝禁。其有故违禁令者，予其家属以相当之罚。切切此令。

　　与此同时各地方政府也纷纷响应，发布文告，采取措施，开展放足运动。1934 年 11 月 22 日山东省政府主席韩复榘通饬放足告示：

　　　　照得人身肤发，受之父母，不可损伤，古有明训。而妇女缠足，虽为古道，实极矛盾。要知足虽贱物，然同受于父母则一。古人将大好天足，用布纠缠，裹成小脚，不满三寸，既碍健康，又发奇臭，可笑亦复可恨。故革命以来，本主席即以解放小脚为唯一要图。良以解放小脚，可以除

图19 劝放莫迟

去妇女之束缚，可以促进国民之健康，可以省却数丈裹脚布，实有百利而无一弊。今见鲁南各县，民情敦厚，俭朴可风，甚合本主席之心。但妇女缠足，比比皆是，未免美中不足。本主席治鲁心切，见此形状，无任痛心。故特布告周知，凡尔妇女，即日起实行放足，不得有违。倘有不法之徒，仍以小脚为妖艳，不愿解除裹脚布者，概以军法治罪。其各凛遵。切切此布。"

这一时期的放足运动以大张旗鼓、措施严厉、方法多样为特点。例如提出了"不要小脚女为妻"的口号，规定"二十五岁以下小足女子不准在马路上行走"，还有向缠足女子征收"小脚税"等措施。下面略举数例，可以窥见当时反缠足风之剧烈、宣传形式之别开生面：

· 内政部于民国十七年八月颁布全国，河北民政厅于八月十一日转令各县遵照，其条例共十六条。民政厅于九月九日复按照部颁条例，规定办法八条，公布各新闻纸。内容要点如左：

对妇女之规定：未满十五岁之幼女，已缠者立即解放，未缠者不许再缠，违者罚以一元以上、五元以下之金额。三十岁以上之妇女，劝令解放，不在强制。

对期限之规定：以三月为劝导期，三月为解放期。

对办法之规定：（一）各县县长及公安局长于城镇集市亲为演讲，随时召集当地士绅耆老，嘱其代为劝导。（二）各界得自由集合，组设放足会。（三）遴派女检查员，协同警察及街长、村长分期检查。

· （一）脚带会。邓厅长自提倡放足后，恒私出检查，且嘱在厅人役亦外出私访。见有妇女缠足之脚带，辄取之来，不数日间已集得数千条。邓氏将脚带存放一室，先期函请各县长官，并招请人民，开一脚带会。见者莫不掩鼻而笑，邓氏亲自演说放足。（二）赤脚游行。邓氏复因乡间妇女不能提倡，乃临时组织一种赤脚小脚游行，邓厅长亲自引导。至各乡各邑游行，见有小脚者，善言劝导，并述小脚有何害处，闻者辄动容。……

经此宣传，妇女在都会者解放甚多，而内地妇女知识卑陋，仍有缠足者。邓氏乃发出极严罚律：凡妇人在四十以外仍不放者，罚大洋二元，二十以外者罚大洋五元，幼者罚大洋十元。自发出后，始渐见解放（以上见十六年《申报》）。

· 县长王善友就职以来，对于政务之进行不遗余力。近张贴布告，劝令放足，并附放足方法，分条指示，详细无遗。……放足方法尤切实际，并录于左：

· （一）做放足鞋时，比平时所穿的尺码要长一寸或半寸。穿的时候，如觉着鞋头太宽，可用棉花填塞；俟觉着脚渐渐的放大时候，再把棉花渐渐的减少，至不填塞棉花为止。（二）截短裹脚布，只留一尺或二尺，略为缠绕，使脚慢慢的舒展才好。千万别即行除去脚布，以免血脉流行太暴，致发生痛肿之患，初放脚时须特别注意。（三）每天晚间用热水洗脚，水内加醋少许。（四）用棉填塞脚趾间，使脚趾逐渐的展开。（五）每晚睡时，须脱去脚布和袜子，使血脉流通。早起仍松松裹上，至不肿痛时再将脚布完全取消。（六）照此方法去做，一个月即可放开。既免苦痛，且不致生出别的毛病来（以上均载十七年八月十四日《益世报》）。

· 小学课本加入戒缠之专课

劝戒从男女幼生方面入手，使直接戒其本身，间接劝其家族亲友，中华、商务所编课本均然。

· 南城缠足之风最盛，三岁以上女子无不受此痛苦，然恬然不觉。迭经胡县长作种种宣传工作，均不见效。近胡县长为扩大宣传起见，又组织妇女放足委员会，四出宣传。另召集全县各界开放足运动大会，到会人数约万余人，日则游行，夜则化装。又组织检查队分道检查，收罗小足之鞋带数十担，埋于城内天一山，并竖一大碑，文曰"小足鞋带冢"，俾行人往来触目惊心，借以自儆。

· 冯玉祥治豫以来，对于妇女缠足之事极力破除。对于全军官佐兵士家属通令首先放足，为人民提倡，颇著功效（事载十七年六月二十四日《益世报》）。

为此河南当时流传着"蒋介石生的傲，先打神后拆庙""冯玉祥生的恶，先剪头后放脚"的顺口溜。阎锡山认为缠足是造成山西贫弱的主要原因，大力宣传放足。笔者几年前在平遥

图20　平遥县衙之石碑

县衙门口拍了当时残留下来的一块石碑，上面书写"吃烟、缠足、赌博，民生三害，非改了不可"（图20）。在与当地村民交谈中得知，那个时候曾经制作过一批徽章用以奖励禁足有功者，可惜却从来没有见到过实物。不过此说在《采菲录》中得到证实：

> 正定自开放足大会以来，连日解放者已实繁有徒。近又由许县长发起，拟将全县各级小学生联合一气，组织不娶缠足妇女会，令饬教育局王局长督促进行。并制造徽章二千枚，上刊"正定县放足会"，下刊"不娶缠足妻"，中刊青天白日。凡入会者佩于制服上，以资识别。（见十七年九月七日《新天津报》）

1920年，美国妇女获得了选举权；1928年，英国女子取得了与男子同等的政治权利，并且开始致力于争取同工同酬。而同时期我国广大妇女还被禁锢在裹脚布之中，放足的任务仍然任重道远。

图21 《劝谕不缠足图说方书》书影

图22 妇女缝纫图

图 23　手工图

图 24　绘画图

1939 年 8 月，陕甘宁边区政府发布《禁止妇女缠足条例》，条例规定：

> 凡边区妇女年在十八岁以下者，自本条例公布之日起，一律禁止缠足。
>
> 凡边区妇女已缠足者，自本条例公布之日起，须一律解放。
>
> 妇女联合会、抗敌后援会、青年救国会及其他人民团体工作人员，动员妇女，实行本条例努力者，由边区民政厅予以奖励。

该条例训令各县、区、乡，要求厉行放足运动，限期六个月之内，全区完成妇女放足任务。这为广大妇女争取摆脱传统恶俗提供了有力的法律保障。

新中国成立以后，1950 年 7 月 15 日中央人民政府政务院下达了关于禁止妇女缠足的命令。命令指出："查我们尚有一部分妇女仍存在有缠足的现象，这是封建社会对妇女的压迫，且有害于妇女健康，妨碍妇女参加生产，必须加以禁止。"

自此以后年轻女子不再缠足，中老年妇女也纷纷放足，扔掉了裹脚布，缠足终于淡出了我们的视野。

谁说红颜多薄命，洗尽铅华得天足。如今缠足近于绝迹，但是我们不应该忘记这段难以启齿的历史，不应该忽视放足运动的凝重与迟缓。

参考文献：

[1]　班固，等 . 白虎通义（外十三种）[M]. 上海：上海古籍出版社，1992.

[2]　柏杨 . 丑陋的中国人 [M]. 北京：人民文学出版社，2008.

[3]　董士伟 . 康有为佚文《戒缠足会启》及其评价 [J]. 历史档案，1992（01）：117—120.

[4]　福格 . 听雨丛谈 [M]. 汪北平，点校 . 北京：中华书局，1984.

[5]　陶宗仪 . 南村辍耕录 [M]. 北京：中华书局，1959.

[6]　无名氏 . 杂事秘辛 [CP/DK]// 文渊阁四库全书 . 上海：上海人民出版社，1999.

[7]　姚灵犀 . 采菲录 [M]. 上海：上海书店出版社，1998.